영 계 일 기

[4]

E. 스베덴보리 지음
안곡 · 박예숙 옮김

예 수 인

영 계 일 기
(the Spiritual Diary)

예 수 인

THE SPIRITUAL DIARY

Records and Notes made by

EMANUEL SWEDENBORG

between 1746 and 1765

from his experiences in the spiritual world

PUBLISHED POSTHUMOUSLY

SWEDENBORG SOCIETY (INCORPORATED)
20-2I Bloomsbury Way
London, W.C.I
1962

옮긴이의 서문(序文)

이 책의 제목 ≪영계 일기≫(the Spiritual Diary)에서 알 수 있듯이, 그리고 저자가 타계한 후에 다른 사람들에 의하여 편집, 발간되었다는 사실에서 알 수 있듯이, 이 책의 내용은 저자가 그 내용들을 널리 공표하기 위하여 집필한 것이 아니고, 단지 저자가 그의 저서들을 집필할 때 그 저서의 자료들로 사용하려는데, 목적이 있었음을 독자들은 먼저 이해하여 주시기 바랍니다. 특히 이 책의 내용 중에는, 성경에 등장하는, 모든 역사상의 저명한 인물에 관한 것들이 있기 때문에, 어떤 면에서는 흥미도 있지만, 어떤 경우는 이해하기 난해한 것들도 있다는 것을 밝혀둡니다. 옮긴이들의 소박한 소견은, 저자가, 독자들을 위한 것이 아니고, 저자 자신을 위한 자료였기 때문에 그렇게 표현, 기술하였을 것이라는 것과, 그리고 저자는 그 인물과 그 인물의 역할—성서 안에서든, 사람들의 생각에서든—이 우리 독자들과는 다른 견해를 가지고 있다는 것입니다. 다른 말로 하면, 극 중의 배우의 역할이 곧 그의 실제적인 성품이 아닐 수 있다는 것입니다. 아마도 이런 오해는 그분의 많은 저서들을 탐독할 때 해결될 수 있는 사안들이라고 생각합니다.

이 책의 내용을 이해하는데 다소 도움이 되게 하기 위하여 먼저 간략하게 아래의 내용을 기술하겠습니다. 즉 이 일기가 언제 쓰여졌는가? 이 일기가 어떻게 해서 현재 형태로 보전되어 왔는가? 이 일기의 내용은 무엇인가? 라는 내용이 되겠습니다.

1. 저자는 언제 이 일기를 썼는가?

저자는 이 일기를 1746년부터 1765년에 걸쳐 기록하였습니다. 우리가 알 수 있듯이, 그분의 생애를 세 부분으로 나누는 것이 보통인데, 1688년부터 1710년(22세)까지를 유년 시대와 학업 시절이라 할 수 있고, 1710년부터 1742년(22세부터 54세까지)까지를 과학 탐구 기간이라 할 수 있고, 1742년부터 1772년(54세부터 작고하기)까지를 영적 진리의 탐구 기간이라 할 수 있겠습니다.*

그러니까, 스베덴보리 선생께서는 제 3 기의 생애에 들어간 뒤에 이 일기를 쓰기 시작했다고 말할 수 있겠습니다. 그리고 그분은 계속해서 그분이 작고하기 7년 전까지 그의 연세로 말한다면 57세부터 77세까지 20년간에 걸쳐 기록한 것입니다.

그렇다면 독자들이 기억해야 할 것은, 이 일기는 젊은 사람이 쓰지 않고 노숙한 사람이 썼다는 것입니다. 그것도 18세기의 유럽에서 과학지식이 절정에 도달한 사람이 그의 말년에 썼다는 사실입니다.

2. 어떻게 해서 이 일기가 현재의 형태로 보전되어 왔는가?

스베덴보리 선생께서는 이 일기를 라틴어로 기록하였습니다. 그 당시 유럽 학자들의 관례가 라틴어 사용이 보편적이었기 때문입니다. 그는 이 일기를 공중 독자들을 위하여 출판할 목적으로 쓰지 않았을 것이라는 것이 연구가들의 공통된 의견입니다. 그 이유로 스베덴보리 선생께서 출판될 저서들을 쓸 때 그의 일기로부터 인용한 것들이 허다하다는 사실, 또 그분이 일기를 쓸 때 단어들을 많이 생략하고 자기가 알 수 있는 정도이면 자기 개인적인 문장 스타일을 택하였다는 사실들을 들 수 있겠습니다.

이 일기의 맨 처음 부분(# 1-148)을 연구가들은 "페이지에 깊이 밀어 넣어 쓴 문단들"(indented paragraphs)이라고들 합니다. 스베덴보리 선생께서 영적 진리 탐구 기간으로 들어가면서 성서를 연구하고, 그 연구 결과들을 집필하였는데, 그것이 <u>The Word of the Old Testament Explained</u> (간단히 The Word of Explained)입니다. 이 저서에서부터 그는 이 처음 부분의 일기를 페이지에 "깊이 밀어 넣어 시작

---

* 더 자세한 내용을 알기 원하는 독자는 <u>스베덴보리의 신학총서 개요</u>, 하권 뒤에 실린 "E. 스베덴보리 약전"을 참조하면 좋을 것이다.

된 문단"이라는 명칭을 얻게 된 것입니다.

스베덴보리 선생께서는 자기의 원고에 책명을 붙이지 않았습니다. Dr. Immanuel Tafel이 원고를 모아 라틴어 판 4권으로 1843년에서 1846년까지 출판하였는데, 그가 라틴어 판에 Darium Spirituale라는 명칭을 부여하였습니다. 이것이 나중에 영어로 The Spiritual Diary (영계 일기)로 번역되었고, 스베덴보리 협회 위원회(The Council of the Swedenborg Society)는 그 이름을 계속 사용하기로 결정하였습니다.*

3. 이 일기는 어떠한 내용인가?

이 일기는 스베덴보리 선생께서 영계에서 듣고, 보고, 경험한 것들을 즉시, 즉시 써 놓은 기록들을 모은 것입니다. 다른 말로 표현한다면, 스베덴보리 선생께서 경험을 통하여 발견한 영적 사실, 현상, 원리 등등의 기록을 모아 놓은 저장고(貯藏庫), 또는 보고(寶庫)라고 말할 수 있겠습니다. 스베덴보리 선생의 저서와 친밀한 독자들은 이 일기를 그리 큰 문제없이 읽을 수 있을 것입니다. 단어들을 생략하고 쓴 스타일이 곳곳에서 좀 어려움을 줄지는 모르겠으나, 대체로 이들 독자들은 스베덴보리 선생의 특이한 사명을 다시 한 번 이해할 수 있는 기회를 가지게 될 것입니다. 스베덴보리 선생께서 모든 사람들이 자연계와 영계 사이의 대응(對應)의 원칙에 따라 성서의 영의(靈意)를 이해할 수 있는 길을 열었고, 그러므로 해서 그들이 기독교의 순수한 가르침을 다시 찾을 수 있는 기회를 마련했다는 것을 독자들은 이 일기를 통하여 새삼스럽게 깨달을 것입니다.

---

* 미국의 General Church of the New Jerusalem에서 1998년에 출판한 번역은 "Emanuel Swedenborg's Diary, recounting Spiritual Experiences" 라는 명칭을 보이고 있다. 그러니까 "영적(혹은 영계의) 경험(혹은 체험)을 진술하는 일기"라는 뜻으로 "경험" 혹은 "체험"을 강조하려는 의도를 나타내고 있다.

스베덴보리 선생의 저서에 아직 익숙지 못한 독자들이라도 성서와 접하고, 그 성서가 가르치는 인간 영혼의 불멸, 사후의 삶, 등등에 관한 지식을 갖추고 있다면, 큰 부담 없이 이 일기를 읽을 수 있을 것입니다. 이러한 성서 원칙들을 우리들의 지각과 정서(感情)의 차원에서 더욱 더 밝히 깨닫고 체험할 수 있다면 이보다 더 이로운 도움이 있겠습니까? 스베덴보리 선생의 영적 경험을 기록한 이 일기가 바로 그러한 도움을 줄 수 있으리라 믿습니다.

이 책이 출판되기까지 번역에 참여하신 박 예숙 권사님, 자료를 보내주시고, 많은 격려를 주신 미국에 계신 진 용진 목사님, 그리고 스베덴보리 선생을 흠모하고, 존경하는 동역자 여러분들과, 특히 〈예수인〉 동지들에게 재삼 감사의 말씀을 드립니다. 그리고 표지 장정에 수고하신 민 경석 님에게도 감사의 말씀을 드립니다.

2003년 3·1절 아침
안곡 드림

사람의 열정이 파괴되지 않기 위해서 그것들이 어떻게 바뀌는가?

2011. 사람의 생명이 존재해 있는, 사람의 정동(情動 · affection)이 파괴되는 일 없이 휜다는 것은 어느 누구나 경험에서 잘 알 수 있습니다. 왜냐하면 동료들이 분노(忿怒)하게 되면 친구들이나 부인들은, 격노한 상대가 그의 격정으로부터 다른 방향으로 바꾸고, 휘게 할 때까지, 온갖 아첨들이나 고분고분함들에 의하여 그들을 진정(鎭靜)시키기 위하여 애를 씁니다. 이러한 일은 누구나 수많은 경험에 의하여 입증할 수 있겠습니다.

2012. 이런 일도 영들 사이에서 매우 잘 알려져 있는데, 그 이유는 교류(交流)들이나 내통(內通)들은 영적인 방법에 의하여 행해지고, 따라서 정동들이나 그것들의 결과들은 보다 더 충분하게 이해되기 때문입니다. 이런 일은 그들의 지각(知覺)들에 의하여 일어나고, 동시에 그들의 인식(認識)에 의하여 일어납니다. 그리고 그들의 영적인 개념들은 동일한 성질을 지니고 있습니다. 어떤 영들은, 영적인 방법으로 그들의 분노가 갑자기 그들을 사로잡게 되었을 때, 격분하였습니다. 비록 그들이 격분할 수는 없었지만, 행위에 의하여 자극을 받은 격분은 그대로 남아 있었습니다. 그 때, 예컨대, 칭찬과 같은, 그들의 자기사랑에 아첨하고 어떤 것들이 주입되고, 그리고 영적인 방법으로 다스려졌는데, 그들의 분노와 원망 따위는 우호적인 관계로 바뀌었고, 따라서 그 분노와 원망은 사그러들었습니다. 여기에서 다른 사안들에 대해서도 동일한 결론들을 얻을 수 있겠습니다. 예를 들면 주님께서는, 사람들의 온갖 욕망들이나 탐욕들을 파괴하지 않고 어떻게 휘게 하는지, 그리고 또한 가끔 사람의 욕망에 의하여 인도되는 것을 허용하면서도, 그럼에도 불구하고 그들이 아주 경이(驚異)로운 방법으로 선 쪽으로 방향을 바꾸게 한다는 것 등이 되겠습니다. 1748년 5월 20일

악을 주님의 탓으로 돌린다는 것에 관하여

2012[A]. 성경에는 악·분노·복수 그 밖의 많은 유사한 것들을 여호와의 탓으로 돌리는 따위의 일이 매우 일반적인 일이지만, 그럼에도 불구하고 그 때 그런 것들은 모두가 사실에서 매우 동떨어진 것들입니다. 그 이유는, 사람은 주님께서 우주를 다스리신다는 것 이외에는 더 이상 알지 못하고 있기 때문에, 따라서 사람은 응당 주님께서 악들을, 그리고 무수한 유사한 것들을 어떻게 허용하시는지를 알지 못하기 때문에, 그러므로 이와 같이 단순하고 매우 조잡하고, 그리고 가장 불영명한 개념에서, 우리가 성경의 수많은 곳에서 읽는 것과 같이, 주님께서는 악을 행하신다는 잘못된 결론을 도출(導出)하기 때문입니다.

2013. 그러나 사악한 자에게서 그 원인은, 그들이 자신들에게서부터 온갖 악들을 일으킨다는 것이고, 그럼에도 불구하고 주님을 탓하고, 주님에게 책임을 돌린다는 것입니다. 이런 일은 그들의 변함없는 습관이고 일상적인 것입니다. 우리는 여기에 부연할 수 있는 것은, 어떤 자들은, 자신들의 생애에서 이런 종지(宗旨·persuasion)가 몸에 배었기 때문에, 그 밖에 것은 알지 못한다는 것이고, 그리고 더욱이 그것들은 표면에서 더 이상 깊숙이 침투하지 않은 그런 부류들이고, 따라서 허용의 성질과 근원(the nature and origin of permissions)을 알지 못하고 있다는 것 등입니다. 더욱이 어떤 사람은 그것을 순전히 악의(惡意)에서 행하는데, 나는 많은 경험들을 통해서 그 사실을 알게 되었는데, 가끔 악에 속한 일들이 일어나게 되면 그들은 주님의 탓으로 돌렸습니다. 그리고 그 주제에 대한 그들의 생각들이 어떤 것인지 나에게 알려졌습니다. 1748년 5월 20일

모든 것들의 다양성(多樣性·variety)에 관하여

2014. 아주 많은 사람들이, 아니, 거의 대부분은 지옥은 모두에게 동일하고, 역시 주님나라도 그러하다고 설득되고 있습니다. 따라서

그들은 그것들에 관해서 가장 조잡한 생각들이나 불영명한 개념을 가지고 있습니다. 결과적으로 그들은 지옥이나, 주님나라에 속한 지식에 이르는 길을 자기들 스스로 차단(遮斷)하고 있습니다. 그 때 사실인즉슨, 지옥이나 주님나라의 다양성은 매우 매우 무한(無限)합니다. 따라서 만약에 영혼들이 영원히 증대된다고 해도, 다른 누구와 아주 꼭 같은 지옥도, 주님나라도 결코 존재하지 않지만, 그러나 거기에는 무한한 다양성은 존재할 것입니다. 아니, 영원히 영겁(永劫)의 세월에 이르는 다양성에 속한 무한한 변화가 있을 것입니다.

2015. 따라서 거기에는 다른 자의 영혼과 아주 꼭 같은 영혼은 결코 존재할 수 없는데, 이러한 사실은, 내가 영적인 관념 가운데 깊이 생각에 잠겼을 때, 어떤 사실에 의하여 나에게 알려졌는데, 만약에 '꼭 같은 두 영혼'이 존재한다면, 그들은 자신들이 서로 별개의 존재다고 인식할 수 없고, 오히려 그들에게는 하나의 존재로 여길 것입니다. 내가 말하고, 내가 한 존재의 복수(復數)적인 생각이 드러났을 때, 그 때 영들이나 천사적인 세계에서는 그 생각을 매우 싫어하기 때문에, 그것은 사물들의 진실성에 정반대이다는 것이 분명하였습니다. 1748년 5월 20일

2016. 단 하나의 존재도 수많은 것의 화합(和合・harmony)으로 말미암아 존재합니다. 또한 절대적인 하나의 존재는 존재하지 않고, 다만 화합적인 존재만 있을 뿐입니다. 1748년 5월 20일

용(龍)에 관하여

2017. 내가 생각하기에는 "용"에 관해서는 이미 기술되었습니다. 다시 말하면, 용은 자신의 모습을 여러 형태들로 바꿀 수 있고, 그리고 자신을 선량한 천사처럼 보이기 위하여 눈물을 흘리고, 이른바 매우 큰 진실성을 겉꾸며서 회개하고, 나에게도 그렇게 했지만, 다른 사람들에게도 겉보기에는 아무런 차이가 없는 것 같이 말을 하고, 동시에 다른 자들과 더불어 사기(詐欺)적인 것들을 날조(捏造)하

지만, 그러나 그것은 모두가 그의 말에 속한 공평(公平)에서 생긴 것이고, 거기에는 방심의 잔재가 주입되고 있고, 그리고 이와 비슷한 다른 것들도 주입되고 있습니다.

2017[A]. 그러나 용이 관대하게 취급받고 강제적으로 아래로 밀리지 않지만, 이런 일은 자주 일어나는데, 그것은 일순간에 일어날 수 있습니다. 그 이유는 이 세상에서 그를 숭배했던 자들은 육신의 삶 뒤에, 또는 더욱이 육신의 죽음 뒤에도 그들에게는 저 세상에서도 비슷하고, 그리고 또한 그들은 그들이 육신을 입고서 산다는 것 외에는 다른 것을 알지 못하는데, 따라서 그 밖의 다른 것이 알려지게 되면 그들은 놀라움으로 충격을 받습니다. 그러므로 이런 부류의 자들은 자신들의 마음 안에서 하나의 우상으로서 용을 깊이 숭배하기 때문에, 처음에는 그들은 그에게 근접하는 것이 허락됩니다. 왜냐하면 욕망들이나 거짓들은 일순간에 제거되지 않기 때문입니다. 그 때 영혼들은, 갑작스러운 변화나 극심한 변화에 의하여 그들이 깨어질 수 있는 그와 같은 상태에 있을 수 있기 때문에, 그러므로 그 진전 과정은 점진적이고, 묵인(默認)이나 허용(許容)이 허락되고, 종국에 그들은 한 발자국씩 이끌리어, 다른 곳으로 옮겨지게 됩니다. 사실 이와 같은 경우는, 그들의 우상들에게 빌던, 이방 사람의 경우와 다르지 않은데, 그러나 이 세상에서의 그들의 삶의 상태들에 따라서 그들은, 그들의 남다른 관능적인 원칙이 힘을 잃게 되면, 그 순간 그들에게서 멀리 떠나게 됩니다. 1748년 5월 20일

2018. 악령의 경우도 꼭 같지만, 이것이 그에게서는 가장 친근한 관습인데, 그는 계속해서 성실한 자를 박해(迫害)하고, 그리고 성실한 사람이 그를 전혀 해하지 않지만, 허용하는 한, 계속해서 그들을 질책(叱責)하고, 욕하고, 해코지한다는 것입니다. 그는 가끔 자신은 참된 믿음 안에 있는 자들에 의하여 매우 심한 고통을 받는데, 지금 그는 그 고통을 겪고 있다고, 불평불만을 늘어놓고는 합니다. 그러나 일러진 대답은, 그들은 결코 그를 괴롭히지 않았고, 오히려 그와

반대로 그가 그들을 매 순간 공격하고, 괴롭히고, 비난합니다. 그런 사안에 대해서 그는 깊이 생각하지 않았으며, 그리고 그가 그 사실을 시인한다고 말하는 것을 알지 못하기 때문입니다. 그러므로 그는 자기 자신을 해치는 원인을 스스로 제공하는 자입니다. 1748년 5월 20일

일반적으로 사람들과 영들의 서로 상이한 상태에 관하여

2019. 영들로서의 영들의 상태들과 사람들로서의 분별되는 상태들 사이에는 수많은 차이점들이 있는데, 나는 이 차이점들에 관해서 적절한 곳에서 충분하게 다루겠습니다. 여기서는 단순히 이것만 살펴보겠습니다. 즉, 사람들은 자신들의 내적인 감관들(internal senses)을 움직이고(to move), 수정하고(to modify) 방향을 바꾸는(to bend) 다종다양한 외적인 대상물들을 가지고 있지만, 영들에게서는 그렇지가 않습니다. 사람들은, 심지어 그들의 관계들이 자신들에게 서로 맞지 않는다고 해도, 여러 가지 원인들로 인하여 서로 결합, 관계를 가지고 살 수 있는 그런 온갖 사회들 안에서 살 수 있는 존재이지만, 영들은 자신들과 비슷한 자들끼리 결합, 관계를 가지는 그런 존재입니다. 사람들은 육신적인 기억에 속한 생각들에 의하여 분별되고, 그리고 그것에 의하여 그들의 학식들(學識 · acquisitions)도 얻게 되지만, 영들에게서는 그렇지가 않습니다. 역시 사람들은 과거로부터 미래를 추측하지만, 그러나 과거의 기억을 가지고 있지 않는 영들에게서는, 어떤 목적들을 위해서 자극받는 일을 제외하면, 전혀 그렇지가 않습니다. 사람들은 비교적 통찰력(洞察力 · penetration)을 가지고 있지만, 영들은 월등한 통찰력을 가지고 있습니다. 영들은 다른 자들의 생각들을 잘 알고 있지만, 사람들은 사람들이 지각들로부터 아는 것과는 차이가 있는데, 사람들은 그 지각에서 그들에게서 나온 다른 사람 안에 있는 것들을 알 뿐입니다. 사람들의 생각들은, 그들의 유기적인 원질(原質 · organic substances)들과 같이, 육신적인 것에

얽매여 있지만, 영들에게서는 전혀 다릅니다. 1748년 5월 20일

주님은 전체적인 것들을 다스리고, 개별적인 것들도 다스린다

2020. 나는, 전체적인 것들이나, 개별적인 것들의 통치를 자기 자신에게 기꺼이 귀속(歸屬)시키려는 악령들과 이야기하는 동안, 모두가 일상적으로는 하나의 시리즈로 연결되어 있는 연속적인 생각들에게 무엇인가를 기여(寄與)하는 수많은 영들이 내 주위에 있다는 것을 깨달았습니다. 내가 그 때 지각한 사실은, 거기에는 아주 무수한 자들이 모두 연속적이고, 서로 연결되어 있는 생각들에 동의하고 있는데, 그것은 하나가 전부를 다스려야 한다는 것이나, 그들 전부를 서로 연결된 것으로 처리해야 한다는 것 이외에는 달리 할 수 없다는 것, 그리고 계속해서 서로 의견을 달리하고, 반대하는 다른 자들은 반드시 동의하여야만 하는데, 그러므로 수많은 모순(矛盾)들이나 장애물(障碍物)들은 방해물들을 생성하기 위해서는 존재하면 안 된다는 것 등입니다. 그러므로 주님을 가리키는 최고의 통치자(最高統治者 · one Supreme ruler)가 존재하지 않는다면, 그 존재는 믿음에 속한 위대한 목적이고, 대상이기 때문에, 그 어떤 것도 생각할 수 있는 것은 전무(全無)합니다. 그러나 수많은 것들로부터, 심지어 헤아릴 수조차 없는 수많은 상이한 것들로부터는 전적으로 혼란(混亂)이나 혼돈 이외에는 아무것도 존재하지 않을 것입니다. 그들은 이것을 시인하는 것 이외에는 달리 아무것도 할 수 없을 것입니다. 그 이유는 영적인 개념에 의하여 그 사실을 깨닫게 하기 위하여 그들에게 주어진 것이기 때문입니다. 여기에서 잘 알 수 있는 것은 주님께서는, 일반적인 것이든 매우 특별한 것이든, 모든 것들을 다스리신다는 것이고, 만약에 그분의 다스림(His control)이 없다면 전 조직체(全 組織體 · the whole system)는 붕괴(崩壞)될 것이다는 것 등등입니다. 하나가 다른 자들에 대하여 대립관계에 있기 때문에 그 통치권을 자기 자신에게 귀속시키려는 자들은 이 점에 대하여 도전(挑

戰)을 받았지만, 그러나 그들은 그들이 그것을 실천할 수 있는 유능한 적임자들이라고 다시 반박하였습니다. 자기사랑(自我愛)이 매우 우세하기 때문에, 증오가 모든 것들을 지배하는 한, 수많은 자들로 이루어져 있고, 그리고 서로가 상반되어 있는 그들을 어느 누군가 다스릴 수 있느냐는 질문이 곧 그 대답이었습니다. 1748년 5월 21일

주님께서는 영적인 개념에 의하여 어느 누구나 내면적인 것들을 지각할 수 있게 하신다

2021. 어떤 영들은 오직 자신만이 영적인 개념에 의하여 내면적인 것들을 지각하고, 하나의 영으로서 존재하는 그런 생태에 있을 수 있다고 여겼습니다. 그들은 거기에서부터 일상적으로 일종의 불길한 추측을 끄집어내지만, 그러나 그들에게 일러진 것은, 주님께서 기뻐하시는 일이라면, 심지어 미련한 자까지도, 어느 누구나 모두 그와 같은 사람이 될 수 있다는 것입니다. 그리고 그 때 내가 오래 전부터 잘 알고 있었던 어떤 어리석은 개인에 대한 생각이 떠올랐습니다. 이 사람은 어떤 때에는 공중연설을 하는데 익숙하였고, 그리고 그 때 그는 다른 때에는 마음에 상기시킨다는 것이 불가능한 수많은 것들을 생각하였습니다. 더욱이 그 때 경험들에 의하여 나에게 입증된 것은, 이와 같은 영적인 개념에서 물러나게 되면 생각하는 측면에서 보면 다른 사람과 꼭 같은 존재였습니다. 그런데 그 생각은 영들에게는 매우 경이로운 일들이었고, 그리고 주님의 아주 좋은 기쁨에 일치하였습니다. 그리고 이 능력은 나에게 열리었을 뿐만 아니라, 주님께서 그것을 주기에 합당하다고 여기는 모든 영들에게도 열리었습니다. 더욱이 경험을 통하여 내가 이전에 배운 사실은, 영들이 이와 유사한 상태에 있게 되면, 그들은 그들에게 속해 있는 것들을 나에게 전달한다는 것이고, 그리고 나 자신이 언젠가 그것들을 알고 있었다는 것 이외의 다른 것이 아니다는 것, 따라서 그것들이 다시 회상되었다는 것이다는 것 등입니다. 그리고 그런 일이 있은

뒤, 내가 안 사실은, 그것은 영들의 작용에서 기인하였다는 것이고, 그리고 그와 같은 일은 영들에게 사람에게 작용하는 것과 비슷하다는 것 등입니다. 그리고 영들은 사람이 알고 있는 것을 다 알고 있다고 여겼는데, 따라서 그 결과는 상호적이기 때문입니다. 이런 사실들에서, 그리고 수많은 다른 사실들에게서 얻을 수 있는 결론은 주님께서는 어느 누구에게나 마음을 여는 것을 좋아하신다는 것, 그러므로 영적인 개념에 의하여 수많은 것들이 직관(直觀)으로 지각될 수 있다는 것입니다. 이러한 일은 믿음 안에 있는 자들에게는 질서에 맞는 방법으로, 그리고 믿음 안에 있지 않는 자들에게는 기적(奇蹟)적인 방법으로 행한다는 것입니다.

2022. 주님 보시기에 적합하다고 여겨지는 자에게, 따라서 사울이 했던 것과 같이 예언을 했던 모세의 70인 장로들에게 영(靈)이 주어졌던 표징적 교회(the representative church)에 있었던 예언적인 영의 사실에 의하여 부연적인 확증을 입증할 수 있겠습니다. 그 예언적인 영은 그들에게 알려지지 않는 낱말들이나 방법들에 의하여 그들로 하여금 말하게 하고 행동하게 고무(鼓舞)하는 영향력(影響力·influence) 이외의 다른 것이 아닙니다. 그들이 말하고 행한 것들은 외적인 것들이었지만, 그러나 내적인 것들을 뜻하고 있습니다. 따라서 만약에 그것이 주님을 기쁘게 하는 것이라면 지금도 유사한 영들이 주어지고, 그리고 오늘날도 더 많은 사람들이 지식들 안에 있고, 진실된 믿음 안에 있기 때문에 내면적인 것들을 직관적으로 통찰하는 영들이 주어질 수 있습니다. 그리고 영적인 것들을 훼방하고, 가로막는 관능적인 것들이 있는데, 그런 것들이 사멸하거나, 분리하게 되면 영적인 것들에 속한 남아 있는 것이 활동하게 됩니다. 1748년 5월 21일

2023. 결번입니다.

영들의 열정이 어떻게 완화되는가?

2024. 어떤 영이 무엇인가를 취하려는 욕망에 빠져 있었습니다. 사실 그는 이른바 그 열망으로 불타고 있었지만, 그러나, 내가 다른 때에서 경험한 것과 같이, 내 지각에 그의 상태는 들어오지 않았습니다. 그러나 그 열망은 나의 내적인 시각에는 분명하게 드러났습니다. 말하자면 어떤 불꽃의 영기(靈氣 · sphere)와 같은 것이 있었는데, 그것은 바로 그가 그 안에 사로잡혀 있는 욕망의 영기였습니다. 그 때 나에게 그는 그 영기 속을 떠도는 지극히 작은 것 이외의 것으로는 보이지 않았는데, 그 욕망의 영기가 그를 에워싸고 있었습니다. 그는 그 상태에서 몹시 슬퍼하였는데, 그가 하는 말은, 그가 원하는 것을 얻지 못하기 때문에 아주 극심한 고통 속에 있다는 것입니다. 그 모습이 나에게는 마치 그가 죽은 것 같이 보였습니다. 그러나 바로 그 때 또다른 매우 미묘한 영기가 주님으로부터 들어왔는데, 그 영기는 선용들의 영기(a sphere of uses)였는데, 그것으로 인하여 그의 고통은 누구러졌습니다. 그는 그것을 고백하여 하는 말이, 자신은 위로를 받을 수 있었고, 그리고 선용의 영기에 속한 광선이 확장하는 정도에 비례한다고 하였습니다. 따라서 그가 가르침을 받은 것은 선용에서 비롯된 것을 제외하면 턱없이 열망하는 것은 아주 무기치(無價値)한 것이다는 사실이고, 그리고 그 선용은 반드시 정동을 분발시켜야 한다는 사실입니다.

2025. 더욱이 선용을 고려하지 않고, 무엇인가를 가지겠다는 것으로 가득한 욕망들도 전하여졌습니다. 뒤에 가서 선용을 가장(假裝)하는 짓에 의하여 그들은 그것을 변명하였습니다. 이것은 일상적으로 여자들에게 흔히 있는 경우인데 나는 그것에 관해서 그들과 이야기를 하였습니다. 1748년 5월 20일

사람은 야생 짐승들 보다 더 악하다는 것에 관하여

2026. 나는 오늘, 내가 전에 했던 것과 같이, 영들과 함께 인류는 야생 짐승들보다 더 악하다는 인류에 관해서 대화를 하였습니다. 그

들이 그와 같이 악한 이유는 사람들이 도치(倒置)된 질서(inverted order)에 따라서 살고, 야생 짐승들은 참된 질서에 따라서 살기 때문입니다. 왜냐하면 사람들은 자기 자신들의 목적을 위해서 모든 사회들을 근절(根絶)시키는 것에 자극을 받지만, 이에 반하여, 짐승들은 그와 같은 일은 없고, 다만 어떤 짐승의 경우, 강압을 받을 때나 배고픔에 허덕일 때 이런 일은 있습니다. 그것도 그들의 성질이 한 종류가 다른 종류를 먹이로 먹어야 한다는 것에 일치해서일 뿐입니다. 한마디로, 인류는 본질적으로 인류를 살펴보면 온갖 구속에서 풀려나게 되는 경우, 숲속의 야생 짐승에 비하여 더 포악하다는 것은 수많은 증거들에 의하여 입증될 수 있습니다.

2027. 포악한 야생 짐승들은 그들에게 각인(刻印)된 질서에 일치하여 역시 살아가고, 그것에 역행해서 살지 않는다는 것은 이러저러한 사실들에게서 잘 나타나고 있습니다. 그들의 영혼이 그러한 존재이다는 것에서 파생된 그와 같은 성질에 따라서 살고 있기 때문인데, 그러므로 그들은 질서에 일치하여 삽니다. 그러나 사람에 관해서 보면 그의 내면적인 것이나 극내적인 것 안에 있는 그의 영혼은 마치 자기 자신처럼 그의 이웃들을 사랑하는 그런 것이지만, 그러나 그의 외면적인 마음, 즉 그의 자연적인 마음이나 그의 관능적인 충동(衝動)들이나 자극들은 그것과는 전적으로 정반대입니다. 사람은 사랑하지 않고, 오히려 그에게 가까운 자들이라고 칭할 수 있는 모두를 파괴하기를 더 열망하고, 가까우면 가까울수록 그들은 그들에게 대한 반대되는 감정을 심하게 느낍니다. 따라서 그는 자기 자신의 영혼에 속한 질서에 일치하여 살지 않고, 오히려 그것에 반대하여 살아갑니다. 이렇게 사는 것은 야생 짐승들의 질서에 전적으로 어긋나는 것입니다. 이런 이유 때문에 내가 그 영들에게 말한 것처럼, 만약에 사람의 자연적인 마음이 야생 짐승들을 닮았다면, 그 마음은 그 사람을 위해서 매우 좋았을 것입니다. 그러나 사람은 그 둘에 속한 더 나쁜 존재가 되었습니다. 이런 나의 말에 그 영들은 경청하였

지만, 대답은 전무(全無)하였습니다. 1748년 5월 21일

2028. 어떤 짐승들이나 물고기들은 동일한 종과 유의 짐승들이나 물고기들을 잡아먹지만, 그러나 그와 같은 일은 그들이 배고픔에 시달릴 때입니다. 이런 경우 그것들은 이런 근원에서 먹거리로 제공된 것이고, 따라서 그런 일은 그것들의 너무나 빠른 증식(增殖)을 막는 일이기도 합니다. 그러나 그것들이 배고픔이 해결되었을 때에는 그것들은 휴식을 취합니다. 사람은 피를 흘리면 그럴수록 더욱더 그는 그의 이웃의 재물을 훔치려고 하고, 그리고 그의 열망은 더욱 더 커지고, 만족스러운 일은 결코 있지 않습니다. 그의 욕망이나 탐욕들은 주님나라 자체를 소유하기를 갈망하는 데까지 성장하고, 증가합니다. 이러한 욕망은 자기사랑에 속한 지극히 작은 빛 안에 내포되어 있습니다. 1748년 5월 21일

2029. 여기에서 밝히 알 수 있는 것은, 사람의 존재로 살았고, 현재 사람의 존재들은 모두가 뒤쪽을 향하는 경향을 지녔고, 그리고 같은 뜻이지만, 아래쪽을 주시하고, 선호하며, 결과적으로는 지옥을 우러르면서 사는 존재입니다. 만약에 주님께서 그들을 지옥에서 불러내시는 일이 없다면 모두는 지옥을 향해서 머리를 쑤셔 박을 것입니다. 영들에게 이런 일을 말하였을 그 때 그들은 묵묵히 있었습니다. 1748년 5월 20일

최근에 사망한 어떤 자에 관하여

2030. 어떤 영이 저녁에 나를 찾아 왔는데, 나는 그 영과 함께 이야기를 나누었습니다. 그리고 확실한 몇 가지 드러난 것에서부터 알 수 있는 것은 그가 근자에 지구에서 왔다는 것입니다. 영들은 모든 것에 관해서 잘 알기를 열망하기 때문에 그들은 각양각색으로 그의 성품을 알려고 했습니다. 만약에 그들이 일치하지 않는 것을 찾게 되면 그 때 그들은 그 자를 괴롭히기 위하여 그 즉시 자세를 갖춥니다. 그러나 그들은 그러한 일을 하는 것에서 아주 자주 억제되고

는 하였습니다. 그래서 그는 계속해서 보호받고는 하였습니다. 더욱이 그가 신참자라는 사실에서 보호되었는데, 그것은 그에게는 늘 좋게 대하여야 한다는 것이 명령되었기 때문입니다. 그러므로 그는 선한 영들에 의하여, 천사들에 의하여, 그리고 주님에 의하여 온갖 공격들로부터 보호받았습니다. 비록 영들은 그 사람을 자신들의 동료로 만들어서, 일상적인 것들과 같이, 각 가지 방법에 의하여 그 사람을 해하려고 하였고, 사실, 그들은 그들의 특수한 술책들을 사용하였지만, 그 짓도 허사였습니다. 그는 처음에는 머리 위에 있었고, 그 뒤에는 소뇌 아래에 있었기 때문에, 그들은 그의 성품을 규명(糾明)할 수 없었습니다.

2031. 그는 처음에는, 마치 육신을 입고 사는 것과 같아서, 자신은 이 세상에 있다고 생각하고 있기 때문에 자기가 어디에 있는지 알지 못하였습니다. 왜냐하면 육신을 입은 삶에서 떠난 지 얼마 되지 않은 영혼들은 장소에 관해서 생각하는 것이 주어지지 않기 때문에 그와 같은 인상을 가지고 있기 때문입니다.

2032. 감각들의 대상인 시간이나 이와 비슷한 것들에 관해서 생각하는 것이 주어지지 않았습니다. 나는 이런 것에 관해서 이미 설명하였지만, 이런 일을 통해서 그들은 자신들이 저 세상에 있다는 것을 알 수 있게 되지만, 그들은 단지 이른바 육신을 입고서 산다는 것과, 그리고 그것에 따라서 생각한다는 것을 알지 못합니다.

2033. 그 뒤에 그가 자신은 저 세상에 있다는 것이나, 그의 종전의 소유물들, 예를 들면 집·재산이나 이와 비슷한 것들을 아무것도 가지지 못한다는 것을 알게 되었을 때, 그러나 그가 이른바 그가 그의 이 세상적인 삶에서 가지고 있던 모든 것들이 박탈된 다른 지역에 있다는 것을 알게 되었을 때, 그 때 그가 어디로 가야 하고, 어디서 살아야 하는지를 알지 못하기 때문에, 그는 어떤 불안이나 근심 따위에 휩싸이게 됩니다. 그 때 그에게는 주님께서 그 사람 자신을 위해서, 그리고 모두를 위해서 이런 모든 것들을 준비하고 계시

다는 것이 일러집니다.

2034. 그 때 삶에 대한 본질적인 것들은 모두 박탈되었기 때문에 육신을 입고 사는 것처럼 해야 할 것이 무엇인지 생각하기 위하여 자신이 생각하는 일에 남게 되었습니다. 그리고 지금은 그가 선한 영들이나 천사들의 사회에 있기 때문에, 그의 생각은, 그가 결코 나쁜 생각을 품지 않도록 지시를 받고 있었습니다. 그것으로 말미암아 악령들은 그를 괴롭히는 원인들을 모두 빼앗겼고, 그리고 이 상태에서 그 사람은 아주 오랜 기간을 머물렀습니다. 여기에서 인지할 수 있는 것은 영혼들은 육신을 입은 삶에서 하던 것에 익숙한 대로 생각한다는 것이고, 그리고 이런 감각기관에 의하여 탐색이 행해진다는 것입니다. 문제의 그 영은 선한 영의 사회에 있을 수 있고, 그리고 그가 주님을 우러르는 믿음 안에 있었던 한 사람이었다는 것이 밝혀졌습니다.

2035. 그 때 비록 악령은 계속해서 그를 공격, 괴롭히려고 하였고, 그리고 그들의 술책들을 사용해서 선한 영의 교제에서 그 영을 이 끌어내려는 목적을 가지고 자신들의 사회들로 그를 끌어들이려고 했지만, 그럼에도 불구하고 그는 여전히 보호, 지켜졌습니다. 이런 악령들에게 그들의 술책이나 간계(奸計)를 고집하여 어느 정도까지 공포와 불안 따위를 그 사람 안에서 생성하는 정도까지 허락되었습니다. 그러나 이런 일은 참된 믿음 안에 있는 자들에게 종종 일어나는 것인데, 그것은 그들이 주님께서는 홀로 그들을 지켜주시고, 모든 공포나 불안 따위가 없다면, 그들은 그 사실을 거의 시인하지 않을 것입니다.

2036. 그 뒤에 그는, 심장의 영역인 다른 장소로 옮겨졌습니다. 거기의 선한 영들이나 천사들이 악한 영들로부터 그들을 보호하고, 그리고 아주 세심한 돌봄으로 그를 감싸주었는데, 그것은 그들이 그가 어디에 있는지를 알지 못하게 하기 위한 것입니다. 이와 같은 특별한 돌봄이나 배려(配慮)는 그와 같은 지나친 근심이나 걱정 안에 있

는 천사들에게 맡겨집니다. 그 이유는 모든 방법에 의하여 그를 보호하려는 것이 목적이고, 그리고 그 목적을 위해서 영적인 관념들에 따라서 그 영 주위에 일종의 보호대(guardian circle)를 쳤습니다. 이와 같은 세심한 배려에서 그들은 그를 위한 다른 많은 친절한 임무들을 수행하였는데, 이런 일들에게서 얻어진 결론은, 천사들이 선한 영혼들을 어떻게 지키고 보호하는지 알게 되었고, 그리고 그들이 동일한 방법으로 비슷한 동정(同情)을 어떻게 실천하는지를 알게 되었다는 것입니다.

2037. 역시 그들은 그에게 모든 도움을 제공하였고, 그리고 이것들도 그들이 그에게 준 것이지만, 그의 생각들 안에서 원하고, 열망하도록 생각나게 하는 모든 것들도 그들이 그에게 제공한 것입니다. 따라서 그의 생각들이나 열망들 가운데 들어간 것들은 모두가 그들이 제공한 것입니다. 왜냐하면 그들은 열망하는 것은 무엇이든 다 줄 수 있기 때문입니다. 이런 것들은 드러내질 수 있고, 따라서 마치 그가 이 세상에 있을 때 그것들을 소유했던 것과 같이, 그 사람에게 드러내 보여 줄 수 있기 때문입니다. 왜냐하면 이 세상에서의 재산들의 소유는 일종의 상상 이상의 아무것도 아니기 때문입니다. 그리고 그 상상이 충분하게 그들에게 만족을 줄 때, 그리고 그들이 그의 눈으로 그것들을 보았을 때, 그 때 그것은 이 세상에서처럼 그것들을 소유한 것이고, 그 소유는 그들에게 매우 기쁘고 즐거운 일입니다.

2038. 그 뒤 그는 자기 자신의 인식들 안에 남았기 때문에, 그는 어떻게 해서 이런 좋은 것들에 대한 감사를 나타낼 수 있었는지에 관해서 깊이 생각하기 시작하였고, 그것에서 얻어낸 결론은 영혼은 주님에 의하여 인도를 받는다는 것이고, 그리고 대부분 사후(死後) 즉시 천적인 것들 가운데 오른다는 것 등입니다. 1748년 5월 22일

2039. 그가 나와 같이 한 주님의 기도문에서 내가 깨달은 것은 그는 지금까지 문자적인 뜻을 넘어서 앞으로 나가지 못하였다는 것이

고, 따라서 순진함과 믿음 안에서 기도하였다는 것이고, 그럼에도 불구하고 그의 내면적인 것들은 저 세상에서 즉시 열릴 수 없었다는 것입니다. 1748년 5월 22일

비판자들은, 비판자가 아닌 다른 자들과의 비교에서, 아무것도 알지 못한다는 것에 관하여

2040. 나에게는 자주 이런 일들이 나타나고는 하였는데, 비판자들이나, 또는 히브리어와 같은 언어들에 능숙한 자들 대부분은, 예를 들면 사전(辭典)을 만드는 자들이나, 모세의 글이나 예언서들을 번역(飜譯)하는 자들은 비판자들이 아닌 자들과 비교해서 훨씬 더 이지(理智)적이지 않았습니다. 왜냐하면 낱말들을 고찰(考察)할 때, 거기에 부여된 다양한 뜻들에 의하여 마음을 어지럽게 하는 결과를 가지기 때문인데, 그 원인은 적나라한 낱말들에게 밀착시키기 때문입니다. 이런 부류의 비평자들이 한 낱말의 특정한 뜻을 거머쥐게 되면, 그들은 그것에 얽매이고, 순수한 본연의 뜻에 관해서는 무시(無視)해 버리고, 그리고 그들은 이것저것을 생각하고, 그리고 난폭함이나 곡해(曲解) 따위를 가지고 서두르는데, 그것은 자신들의 견해들에게 그것을 일치시키려고 애쓰기 때문입니다. 한 낱말의 뜻이 한번 가정(假定)되면, 그들은 수많은 방법으로 그렇다고 결정합니다. 이러한 모든 것들은 생생한 경험에 의하여 나에게 입증된 것들입니다.

2041. 그것에서 비롯된 결과는 물질적인 관념이나 낱말들 안에 있는 그것들의 내재한 것들로 인하여 영적인 것들에 대하여 그들은 덜 총명적일 뿐만 아니라, 그 중에서 몇몇은 주님의 성언을 다루는데 있어서 잘못된 길로 빠지는 자들도 있고, 그리고 그들은 참된 뜻 이외의 다른 뜻들을 적나라한 낱말들에게서 수집하고, 그리고 자기사랑(自我愛)에 그것을 정당화하여 방어하고, 왜곡되게 하기도 합니다. 왜냐하면 어떤 낱말의 뜻을 옳다고 가정하는 경우, 그 때 그들은, 앞에서 언급한 것과 같이, 수천의 방법으로, 그것에 일치하여 그

뜻을 왜곡하기 때문입니다. 그러므로 온갖 거짓들이 물질적인 관념들 안에 포함되어 있기 때문에, 물질적인 관념들과 뒤섞인 것들에 의하여 위화(僞化)되거나, 저 세상에서 그들을 방해하고 손상을 일으키는 영적인 관념들은 반드시 소산(消散)되어야만 합니다. 1748년 5월 22일

믿음을 신조(信條)로 삼고 있는 영혼들이 저 세상에서 천적인 존재들에게 즉시 나타난다는 것에 관하여

2042. 독자들은 위에서 언급한, 근자에 저 세상에 온 신참자 영혼에 관해서 설명한 내용을 참조할 수 있겠습니다. 그는 지금 천적인 영들(celestial spirits) 사이에 있고, 그리고 지체 없이 그들의 일반적인 대화의 흐름 안에 있을 수 있었습니다. 또한 그의 관념들 안에 내포되어 있는 어떤 오류적인 것들에게서부터 그의 진전을 방해하는 것은 아무것도 없고, 그리고 또한 자기사랑에서 생겨난 모순된 것이나, 혐오스러운 것도 없다는 것을 인지하였습니다. 왜냐하면 거기에는 천적인 제휴에 들어가는 영혼들의 안내를 방해하는 거짓들과, 자기사랑들이나 세상사랑들이 있기 때문인데, 이런 상태에 있는 것이 제외되지 않으면, 다시 말하면 거짓들이나 탐욕들이 박탈되기 전에는, 어느 누구도 거기에 들어가는 것이 허락되지 않기 때문입니다. 말하자면 그런 것들은 벗겨져야만 하기 때문입니다. 이와 같은 것들은 다수의 많은 자들의 일치된 대화에서 쉽게 회전하는 것을 예방하는 천사들의 모습에 비유될 수 있겠습니다. 1748년 5월 22일

무(無)의 존재가 뜻하는 것에 관하여

2043. 흔히 사람들이 우리는 허무(虛無)의 과정을 겪어야한다, 또는 무의 존재(無存在・nothing)가 되어야 한다고 말하는 그 진의(眞意)를 이해하지 못하는 영들은, 그들이 자기 자신의 특별한 것들을 잃는 것이라고 생각하기 때문에, 사람이나 영이 지적으로 자신의 주

인이 되지 못할 정도로 모든 감각이나 깊은 반성이 결여된 한낱 기계처럼 되어버린, 전적으로 아무것도 없는 공허(空虛)한 존재로 생각합니다. 이런 부류의 영들이 가끔 나에게 당신은 아무것도(nothing) 아니고, 또한 아무것도 아닌 그런 존재가 되어야 한다고 말하지만, 그러나 그것은 장난조로 말한 것뿐입니다. 그들은 무의 존재(無存在·being nothing) 안에 포함된 내용이 무엇인지 이해하지 못하였기 때문입니다. 그러나 그들에게 대답할 말이 주어졌는데, 그것이야 말로 내가 열망하는 것, 다시 말하면 무(無)의 존재가 된다는 것, 사실은 전적으로 아무것도 아니다는 것(absolutely nothing)이 되는 것입니다. 왜냐하면 그 때 나는 비로소 처음으로 무엇인가가 되기 시작하는 것이기 때문입니다.

2044. 그 뒤, 그들이 배우게 된 것은, 아무것도 아니다, 즉 무의 존재가 뜻하는 것은 사람이 자기 자신의 것이라고 하는 모든 것들을 잃어버려야 한다는 것, 다시 말하면 자신의 욕망들이나 탐욕들을 놓아 버려야 한다(to lose)는 것을 뜻한다는 것입니다. 그러므로 그의 모든 죄악들이나 불법적인 것들을 놓아야 한다는 것입니다. 따라서 그 사람은 다른 인물로 존재하게 된다는 것입니다. 그리고 또한 그들은, 그들 자신의 것이라고 하는 것들을 놓을 때까지는 어떤 존재(anything)가 될 수 없다는 것이고, 그리고 그 놓아버리는 것을 경험하는 것에 비례하여, 또는 무의 존재가 되는 것에 비례하여 그들은 어떤 존재(something)가 되기 시작한다는 것이고, 그리고 그 때 그들은 그들이 열망하는 것이나 생각한 것을 소유하게 되고, 앞에서 언급한 영혼과 같이 될 것이다는 등등이었습니다. 왜냐하면 그는, 자기 자신에 대하여 아무것도 아니다고 하는 한, 주님에 의하여 적절하게 열망한 그런 것들을 받게 되고, 그리고 충분하게 얻게 되고, 그는 단절 없는 기쁨으로 그것들을 향유할 것입니다. 이런 근본에서 그는 그에게 주어지는 무한한 은혜를 받게 되고, 그는 그것을 최고의 즐거움과 기쁨으로 즐기고, 그리고 다른 사람들이 즐기는 그들의

희열에서 인식하는 것에 비하여 월등이 충분한 지각을 가지고 즐깁니다. 그것들과 함께 하는 무한한 변화는 말할 것도 없습니다. 그들이 소멸할 것이다고 생각하는 느낌이나 지각은, 자기사랑이 그들의 기쁨들을 다스리는 주도적인 원칙이 되지 않을 때, 무한히 고양(高揚)될 것입니다. 이와 같은 내용의 가르침을 받았는데, 영들은 반성하고 열망하기 시작하였습니다. 비록 그들이 선하지는 않지만, 그럼에도 불구하고 그들은 어떤 잠자는 상태에 있었는데, 그 상태에서 그들의 온갖 악들은 정지되었습니다. 1748년 5월 22일

2045. 그러나 그들이 잠에서 깨어난 상태에 있게 되었을 때, 그들은 다시 그들의 본성(本性)으로 되돌아오기를 시작하였는데, 그 본성이란 교묘한 사기적인 술책을 날조하는 그런 것입니다. 그러므로 나에게 일러진 것은 그들은 잠자는 상태에서는 이런 성품이 될 수 있지만, 그러나 깨어 있는 상태에서는 결코 좋은 성품은 아니다는 것입니다. 그 상태에서 지각들이나 느낌들은 깨어 있고, 그리고 생기발랄하기까지 합니다. 왜냐하면 그들은 모든 것들을 관찰할 수 있고, 일반적으로 깨어 있는 상태나 빛의 상태에 따라서 생기발랄하기 때문입니다. 1748년 5월 22일

2046. 매우 특이한 것은 그들이 말을 할 때 그들의 음성을 듣는 것으로 말미암아 그들이 처해 있는 상태가 어떠한지 명확하게 알 수 있다는 것입니다. 예컨대 그들이 잠자는 상태에 있는지, 아닌지, 마찬가지로 그들이 사기(詐欺)적인지, 아닌지, 알 수 있다는 것입니다. 비록 다른 방법으로는 그 사기적인 것을 알 수 없지만, 언어 자체에는 너무나도 잘 드러난다는 것입니다. 그러나 이러한 것은 나쁜 의도에 속한 다양한 변화에 일치하는 것인데, 그러므로 모든 정동들은 사랑이 넘치는 주님의 애정을 통하여 특별한 설명이 없어도, 오직 언어로 말미암아 천사들은 잘 알 수 있다는 것입니다. 사기적인 것에 속한 언어는 무언(無言)이지만, 그 모든 어조(語調)에는 사기의 형상이 있을 뿐입니다. 이러한 사실은, 주님께서 그것을 깨닫게 하

신 자들에 의하여 명확하게 인지됩니다. 그리고 그 외의 다른 많은 것들 안에서도 역시 마찬가지입니다.

2047. 만약에 사기적인 어떤 영이 다른 자로 하여금 말을 하도록 한다면, 그리고 그 사기적인 것이 본래 말을 하는 자에 속한 것인지, 아닌지, 또는 다른 자에 속한 것인지도 잘 알 수 있습니다. 왜냐하면 영들 사이에서는 다른 자를 통해서 말하는 경우가 일반적인 것이지만, 후자의 부류는 전자의 주체적인 화자(主體的 話者 · the subject-speakers)가 되는 것입니다. 이러한 사실들이, 앞에서 언어에 관해서 내가 언급한 것을 오늘 생생한 경험을 통하여 알게 하였습니다. 사실 나는 앞에서도 동일한 것을 알게 하는 기회를 가졌지만, 그러나 내가 동일한 정도의 반성의 기회를 받았는지도 나는 잘 모릅니다. 1748년 5월 22일

2048. 그들의 지극히 미세한 행동들 가운데서도 그들의 기질(氣質) 자체가 그대로 드러나는데, 그 이유는 그들의 대부분의 개별적인 것들도 그들 자신의 초상(肖像)들이기 때문입니다.

주님나라에 대한 열망으로 불안을 자초한 영들에 관하여

2049. 앞에서 언급한 자와 동일한 생각을 가지고 있고, 그리고 아주 정교한 지각을 할 수 있는 한 영이 오른쪽 팔 아래에서 말을 하였는데, 그가 하는 말은 자기 자신처럼 주님나라를 열망하는 사람은 없을 것이다는 것이고, 그리고 그는 자주 천국의 즐거움도 열망하지만, 그러나 그들은 자기가 거기에 들어가는 것을 허락되지 않는다는 것 등등이었습니다. 그래서 그가 내게 구하는 것은, 그가 거기에 들어가는 방법을 알고 있으면 가르쳐 달라는 것이었습니다. 그래서 나는 그에게 알려 주었습니다. 나에게 그 대답이 알려졌는데, 그 대답은, 그는 그가 거기에 들어가려는 탐욕을 떼어 놓기 전까지는 주님나라에 들어갈 수 없다는 것입니다. 왜냐하면 이런 부류의 열렬한 바람(熱望)은, 비록 그가 지복(至福)의 정점에 있다고 해도, 그것을

깨닫는 그의 지각을 방해하기 때문입니다. 따라서 그가 자신의 그 욕망의 짐을 내려놓기 전까지는 그는 주님나라에 들어갈 수 없기 때문입니다. 그가 참된 주님나라가 어떤 것인지 모르고 있기 때문에, 그것에 관해서 질문을 받게 되면, 그가 표현할 수 있는 것에 비하여 보다 더 큰 즐거움이요, 지복이라고 대답할 것입니다. 이런 관점에서 보면 그는, 기쁨의 상태를 가리키는 천계에 속한 가장 조잡한 개념 이외의 다른 것들을 가지고 있지 않는 대다수의 사람들과 비슷할 뿐입니다. 그러나 그것이 어디에 존재하는지, 그것의 본질은 무엇인지 등에 대해서 그들은 전적으로 무지(無知)합니다. 1748년 5월 22일

2050. 이런 욕망이나 탐욕이 사람 안에 똬리를 틀고 있는 한, 그런 자들은 천계에 결코 들어갈 수 없습니다. 왜냐하면 만약에 그들이 천적인 기쁨(celestial joy)의 상태에 있게 되면, 그들은 그 탐욕이나 욕망 때문에 그것에 속한 느낌이나 지각을 가지지 못할 것이기 때문입니다. 따라서 그들은 결코 만족하지 않을 것이기 때문입니다. 1748년 5월 22일

영들은 냄새를 피울 수 있다는 것에 관하여

2051. 가끔 영들이 냄새를 피우는 일이 일어나고는 하였습니다. 그것은 마치 냄새의 물체가 존재해 있는 것 같았습니다. 내가 오류를 범하는 것이 아니라면, 그 일에 관해서 나는 전에 자주자주 언급하였습니다. 오늘, 지각할 수 있는 여러 종류의 꽃들이나, 백합에 관해서 대화하는 동안, 그들은 꽃들이나 백합의 향기를 뿜어냈습니다. 이것에 관해서는 그러나 그 사실을 그대로 인지한다는 것은 반드시 필요한 것입니다. 1748년 5월 22일

서로 서로 잘 알고 있는 사회 안에 있는 자들에 관하여

2052. 그들이 아는지, 그들이 얼마나 많은지에 관해서 내가 질문

을 받은 영들의 사회가 있었습니다. 왜냐하면 언제나 그랬듯이, 단지 한 사람이 말하였고, 그리고 그는, 언어가 아니면서도 알 수 있는 어떤 특징적인 것들로부터 서로가 정확하게 알고 있다고, 대답하였기 때문입니다. 1748년 5월 22일

황홀한 상태에서 천계에 오른 자에 관해서

2053. 어떤 영 하나가 나와 함께 있었습니다. 그는 육체를 떠난지 오래 지나지 않았는데, 그것은 그가 저 세상에 있다는 것을 알지 못하고 있다는 사실에서 얻은 결론입니다. 왜냐하면 어느 누구나, 다양한 생각들로 만족할 수 있게 하는 반성의 기회를 주지 않으면 무엇 하나 알 수 없기 때문입니다. 이 인물은, 그의 육신을 입은 삶 동안에 여러 학문들에 몰두했던 사람 같이 나에게 비치었습니다. 그러나 나는 그 사람과 한 동안 대화를 하였지만, 이 이상의 것은 그에 관해서 특정한 것을 말할 수는 없겠습니다. 그러나 그가 갑자기 내 위로 올라갔는데, 그 일은 나로 하여금, 그가 살아 있는 생애에서 고매한 포부(抱負)를 가지고 있었던 부류의 한 사람이다는 것을 알게 하였습니다. 그 때 고매한 마음의 상태에서 그가 한 영으로서 여러 영들과 이야기하려고 왔을 때, 그는 갑자기 끌려갔기 때문에 그는 그들과 더 이상 대화를 할 수가 없었습니다. 따라서 그들은 그가 어디로 가려고 했는지 이상하게 생각하였습니다. 왜냐하면 그는 천적 천사들의 사회에 올려졌고, 결과적으로는 이승의 영들의 시야에서는 사라졌기 때문입니다. 그러므로 나는 그가 높은 상태인 황홀한 상태에 올려졌다고 추측할 수 있다는 것이 당연한 것이다고 느끼었습니다. 이런 이유 때문에 그의 생애에서 그는 천계 자체는 최고로 올리워지는 것이고, 낮은 것이나, 땅 가까이에 있지 않다고 여겼고, 그리고 이런 소견에 의하여 그는 보다 위에 태어나고, 거기에 나타날 것이라고 생각하였을 것입니다. 왜냐하면 각자 각자의 소견은 그 사람을 따라가고, 그리고 그 사람을 좌지우지 할 것이기 때문

입니다. 천적 천사들의 사회에서 온 천사가 나와 이야기를 하였는데, 그가 하는 말은, 무엇인가 생각하는 사람의 마음의 능력을 월등히 초월하는, 높고, 장엄하고, 매우 고상한 것들을 그는 보고 있다는 것입니다. 1748년 5월 23일

2054. 그가 거기에 있을 때, 나는 신명기서 1장에 있는 유대 백성에 관한 기록을 읽었습니다. 그 내용은 그들이 그 땅을 답사하기 위하여, 그리고 거기에 무엇이 있는지에 관해서 알기 위하여 정찰대를 파견하는 일이었습니다. 거기의 모든 사실들은 천적인 자들에 의하여 영적인 뜻으로 바뀌었습니다. 그러므로 그들은 문자적인 뜻으로는 아무것도 깨닫지 못하였고, 다만 영적인 뜻에서만 무엇인가를 깨달았을 뿐입니다. 그 때 그 문제의 영이 나에게 한 말은 그는 내가 읽고 있는 것이 무엇인지 알 수가 없고, 다만 그는 놀라운 것들만을 듣고 있다는 것이었습니다. 왜냐하면 거기에는 내면적인 뜻(an interior sense)만 있기 때문입니다. 다시 말하면 아모리 사람의 산들은, 그들을 통해서 천계에 이르는 길이 있는, 악령들의 세계를 뜻하고, 온갖 과일들이나, 포도송이들이 있는 에스골 강은 내면적인 천계(the interior heaven)를 뜻하기 때문입니다. 그가 말한 이러한 것은 그 장절에 있는 낱말의 진정한 뜻이지, 결코 문자적인 뜻은 아니었는데, 그는 그것에 관해서는 아무것도 깨닫지 못하였습니다. 이런 사실에서 우리는, 주님의 성언(聖言 · the Lord's Word)의 뜻이 어떻게 천계의 내면적인 것들에게 올리워지는지, 그러므로 문자적인 뜻에 속한 것은 아무것도 남아 있지 않다는 것도 판단할 수 있겠습니다. 그가 시인했던 것을 나에게 명확한 목소리로 말한 사실은, 그가 눈으로 직접 본 것들은 정말로 장엄하다는 것이었습니다. 1748년 5월 23일

2055. 따라서 주님의 성언에 속한 생명과 영광이 속뜻으로 생생한 경험을 통해서 관찰되었을 때 얼마나 대단한 것인지를 밝힐 수 있겠습니다. 영들의 세계에 있는 영들이 이런 사실이 바로 주님의 성

언의 내면적인 뜻에 속한 영광이라는 것을 지각하였을 때, 그들은 이런 뜻의 존재를 믿지 않으려고 했다는 사실을 회개하기 시작하였습니다. 비록 그들은 거의 그것을 실천할 수는 없는 상태이지만, 그들이 하는 말은, 지금은 그들이 그런 상태에서는 믿을 수 있다는 것입니다. 그 상태에서 떠나게 되면 그들은, 이 영이 보고, 들었던 것들에 관해서 아무것도 이해할 수 없고, 지각할 수도 없습니다. 왜냐하면 그는 보았고, 들었고, 지각하였기 때문입니다. 믿으려고 하지 않았던 몇몇은 그와 같은 것들은 모두가 환상들이라고 여겼고, 또 그렇게 말하였습니다. 그러나 그가 보고, 듣고 지각한 것들이 진지하게 승인되었을 때 더 이상 무엇을 말할 수 있겠습니까? 그 천계에 올리워진 자들은 종국에 환상들이 아니다고 고백하였습니다. 왜냐하면 그들은 진실된 것들로서 깨달았기 때문이고, 그리고 육신에 속한 것 보다는 더 뛰어난 정교한 지각으로서 인지하였기 때문입니다.

2056. 따라서 여기서 잘 알 수 있는 것은 문자의 뜻은, 마음이 그 뜻 안에 있지 않을 때에는 보다 깊이 침투합니다. 왜냐하면 그 때 주님께서는 내면적인 뜻을 가지고 입류하시는데, 그 뜻은 그것이 뜻하는 것이 무엇인지에 관해서 문자적인 뜻을 밝혀 주고, 알기 쉽고, 명쾌하게 만들어 주기 때문입니다. 비평가의 경우에서와 같이, 마음이 문자들이나 낱말들 안에 있는 동안에는 그와 같은 경우는 생기지 않습니다. 1748년 5월 23일

2057. 사실은, 그들은 내면적인 천계(the interior heaven)로부터 나의 생각들을 보고 있을 뿐만 아니라, 내가 생각하려고 하는 것들이나, 내가 행하려고 하는 것들을, 그리고 주님께서 허락하시는 정도까지 그것들의 원인들까지도 모두 잘 알고 있었습니다. 그러므로 주님께서 예견하시고, 장만하시지 않는다면 눈을 깜박이는 것이나, 한 발자국의 옮김까지도 일어나지 않습니다.

2058. 지금도 여전히 천계에 올리우는 자들이 있었는데, 특히 내

가 그들의 생애에서 잘 알고 있었던 자들 중에서 한 사람이 있었습니다. 그는 너무나도 큰 놀라움 때문에 그것의 광영을 기술할 수 없었습니다. 다만 그는 사람들이 이와 같은 놀랍고, 신비스러운 것들에 속한 지식을 전혀 가지고 있지 않다는 것은 너무나도 이상한 일이다는 연민의 정을 가지고 말하였을 뿐입니다. 그들에게 내 생각들이나 정동들을 주의 깊게 살필 수 있는 것이 허락되었습니다. 그들이 말을 하였고, 나 또한 깨달은 것은 그들은, 어느 누구가 상상할 수 있는 것에 비하여 생각들 안에 있는 보다 많은 것들을 정식으로 인정하였고, 또한 원인들까지도 정식으로 인정하였다는 것입니다. 그런데 사람들은 그러한 것들을 파악하려고 시도하였지만 허사였다는 것입니다. 그리고 사람은 그것에 대하여 주의를 하지 않으면, 이런 것 저런 것이 발출하는 원천적인 것들과 함께, 그리고 그 밖에 이와 비슷한 여러 다른 것들에 대해서도 관심을 두지 않습니다. 더욱이 현재 나의 집필(執筆)에 관해서도, 그것들이 어떻게 제시된 것인지, 또한 방임(放任)에 의한 것인지, 아니면 허락에 의한 것인지 관심을 두지 않았습니다.

황홀한 상태에서 천계에 오른 어떤 자에 관하여

2059. 그들은 사람에 속한 관념들이 어떠한 것인지를 인지하였습니다. 그것들은 서로 상반되고, 상이한 것들이 뒤섞여 있다는 것과 그리고 전적으로 분열되고, 분별될 것이다는 것 등을 인지하였습니다. 왜냐하면 그런 관념들은 그들의 모든 생각의 연속 안에 되풀이되어 다시 떠오르기 때문입니다. 그리고 거기에는 수많은 영들이 있기 때문에, 어떤 영들은 혼합된 한 개념을 자극하고, 어떤 영들은 또 다른 것들을 자극하기 때문에, 그것으로 인하여 혼돈(混沌)이 생겨납니다. 그러나 그런 것은, 영적인 것 안에 있는 것처럼, 관능적인 것들이나 자연적인 것들 안에서는 유해한 것은 아닙니다. 그러나 구역질나는 것이나, 육생(陸生)적이고, 관능적이고, 자연적인 것들로 뒤

섞이고 감염된 영적인 것들은 매우 유해합니다. 그 이유는 그런 것은 영혼이 천적인 사회들로 이주(移住)하는데 방해하기 때문입니다. 왜냐하면, 거기에는 수많은 자들 사이에는 관념들의 교류가 있기 때문에, 그들은, 그것들이 혐오(嫌惡)스러운 것들이거나, 또는 혐오 따위로 채워진 것들을 즉시 지각하기 때문입니다. 그리고 또한 어떤 관념 안에 혼합된 성질이 있다면, 비록 그것이 감추어져 있다고 생각되는 것일지라도, 그럼에도 불구하고 그것은 분명하게 인지되기 때문입니다. 그러므로 그 사회에서 옮겨지는 것 이외의 다른 것이 있을 수 없고, 그리고 그것에 의하여 생긴 오염이나 모독 따위도 제거될 수 있습니다. 왜냐하면 매우 정교한 지각은 각종의 요소들로 합성된 천적인 존재들에게 주어졌기 때문인데, 만약에 그것들이 동일한 상태에서 인지되지 않고, 서로 다른 상태에서 인지된다면, 그것은, 명확하면 할수록, 오염된 관념들에 정반대가 되는 그 상태에 더 가까이 있을 것이기 때문입니다. 이런 식으로 한 영혼은 천계에 허입되지만, 그러나 어떤 상태들이나, 어떤 사회들 가운데서 이루어지며, 수많은 영들에 의한 수많은 예비책들이 행해지고 있습니다 (1748년 5월 23일).
이와 같은 일은 천계에 오른 자들이 시인하였고, 그리고 충분히 납득된 것을 가리키는 음성으로 시인하였습니다.

2061.* 내가 신명기서 3장 처음부터 마지막까지 읽고 있는 사이에 어떤 영들이 천계에 올리워졌습니다. 그동안 그들은 영적인 뜻으로 그 내용들을 이해하였고, 내가 그것 읽기를 마쳤을 때, 그들은, 거기에는 영적인 뜻에 일치하지 않는 것은 극소의 점 하나까지도 있지 않으며, 따라서 각각의 개별적인 것이나, 심지어 가장 미세한 것까지도 영감을 받은 것이라고 말하였고, 그리고 몇몇 낱말들이나

* 2061항과 2060항이 바뀌었는데, 저자 자신이 항수를 부여한 것 같다. (역자 주)

인명(人名)들도, 영들에 의하여 확증된 성언의 시리즈에 일치한 것들을 뜻한다고 주장하였습니다. 그리고 그들이 매우 강하게 그들은 맹세코 그것을 입증할 것이다고 말하였지만, 이런 일은 허락되지 않았습니다. 1748년 5월 23일

사람이나 영은 자기 자신으로부터 어떤 것도 알면 안 되고, 그런 경우 그는 비로소 지혜를 얻기 시작한다는 것에 관하여

2060. 영들에게 일러진 것은 그는 아는 것이 거의 없는 자, 다시 말하면 자기 자신으로부터는 아는 것이 아무것도 없다는 것을 알게 되었을 때, 그 때부터 그는 현명하기 시작하였다는 것입니다. 이 말은 곧 자신은 무가치(無價値)한 존재라고 한다면 그는 어떤 값있는 존재이다는 말과 동일한 뜻입니다. 또는 자신이 아무것도 아니라고 하는 것에 비례하여 그는 그 어떤 것 이상의 존재이다는 말과 같다는 것입니다. 그 이유는 그 때 처음으로 주님은 그 사람과 함께 계시고, 그리고 그 때 처음으로 그는 현명하게 되기 때문입니다. 왜냐하면 이와 같은 지혜는 그 사람 자신의 것이 아니고, 다만 주님의 지혜이기 때문입니다. 그 밖의 다른 것들에게서도 그와 같습니다. 그 영들은 내가 왜 이와 같은 것들을 그들에게 말하는지 이상하게 여겼습니다. 그리고 지금은 그들은 묵묵히 그 사안에 대해서 생각하고 있습니다. 그럼에도 불구하고 그것은 진리입니다. 그리고 그것은 자기 자신의 고유속성(固有屬性 · proprium)으로부터 아무것도 가질 수 없으면 없을수록 그는 주님으로부터 더 많은 것을 가질 수 있다고 말하는 것과 동일한 것입니다. 1748년 5월 23일

2061. 결번입니다.

주님께서는 개별적인 것들이나, 전체적인 것들을 조정, 통제하신다는 것, 그래서 모든 개념이나 정동 안에는 무한한 것들이 현존한다는 것에 관하여

2062. 오늘 아침 나에게 분명하게 입증된 사실은, 모든 사람의 개념이나 지극히 작은 정동(情動 · affection) 안에는 무수히 많은 것들이 내재해 있다는 것입니다. 사실, 인간적인 신념을 뛰어넘는 것들을 말하는 것이 적법(適法)한 것이라면 동일한 상태가 영들의 보편적인 세계에서도 일어난다는 것입니다. 나는 한 동안 계속해서 어떤 정동 안에 있었고, 그리고 그것에서 비롯된 그것의 개념 안에 있었습니다. 그런 일이 있은 뒤, 나에게 보여진 사실은, 영들의 수많은 사회들이 그 정동의 개념 안에 있는 일이 일어났습니다. 그것에 대해서 몇몇은 단순한 것들이라고 생각할 것입니다. 아니, 사실은 정말로 단순한 개념이라고 생각할 것입니다. 왜냐하면 가까이에서 협력하는 영들에 속한 사회들은 생생한 말에 의하여 자신들의 사회들을 드러내는데, 그들이 하는 말은, 그들은 이것을 원하고, 주장했던 장본인들이고, 그리고 어떤 원인이나 목적 때문에 그들은 그렇게 행하였다는 것입니다. 이와 같이 한 사회는 다른 사회에 뒤이어서 그와 같이 하였습니다. 그럼에도 불구하고 그와 같은 일은 그들의 탐욕들 · 열망들 · 목적들에게서 일어나고 있는데, 공통적인 생각이나 개념이 나에게 존재했다는 것입니다. 각각의 사회에 얼마나 많은 자들이 있었는지 나는 알 수 없지만, 아마도 더 이상은 아니지만, 네, 다섯 사회들이 있었는데, 공개적인 말에 의하여 그들 자신들은 모두 드러났고, 그리고 그들이 그 개념에 속한 원인 안에 있다는 것이, 그리고 어떤 목적 때문에 그 일이 일어났다는 것이 공개적으로 시인되었습니다.

2063. 이런 사실에서, 그리고 그 밖의 수많은 사실들에게서 얻는 명확한 것은 한 개념 안에서 헤아릴 수 없는 다른 수많은 것들이 함께 협력한다는 것이고, 사실, 그 때 그것을 수용할 수 없는 자들은 분노한다는 것입니다. 그렇기 때문에, 그들은 그것으로 인하여 추측할 수 있는 것과 같이, 그들은 아무것도 생각할 수 없지만, 그러나 그들의 생각들 안에 협력하는 자들이다는 것을 용납하였습니

다.

2064. 여기에서 얻는 명확한 사실은 하나의 개념 안에는 무수한 다종다양함이, 실제로는 서로 상반되는 것들이, 존재한다는 것이고, 그리고 또한 영들에 속한 무수한 다른 다양함도 드러난다는 것입니다. 또한 이와 같은 다종다양함이 없다면 어느 것 하나 존재하거나, 존속할 수 없다는 것, 그리고 이런 다종다양함은 주님에게 현존해 있는 목적 때문에 주님에 의하여 다스려지고, 조절되고, 변화된다는 것 등등입니다.

2065. 따라서 주님께서 보편적인 천계나 우주계를 지배하시지 않는다면, 그리고 그것들이 생성한 무수한 다종다양한 것들을, 그리고 그것들에게서 중간매체로서 생겨난 목적들이나, 그 목적들에게서 비롯된 처음 것이나 마지막 것을, 그리고 그 때 신령능력으로 말미암아 개별적인 것들이나 전체적인 것들 안에 있는 것들을 처리하시지 않는다면, 결코 아무것도 존재할 수 없고, 존속될 수 없을 것입니다.

2066. 사실은 여기에서 얻는 결론은, 주님께서 다스리시고, 처리하실 때, 주님의 뜻과 주님의 기쁨에 일치하는 사람들·영들·천사들이 많으면 많을수록 매개적인 측면이나 중재적인 측면에서 보면 더욱 더 바람직스러운 매우 좋은 일입니다. 왜냐하면 매개적인 것이나 중재적인 것이 없다면 주님께서는 역시 개별적인 것들이나 전체적인 것들을 다스릴 수 있지만, 그러나 주님께서는 인류를 불쌍히 여기시기 때문에, 주님께서는 중간매체로서 그것을 생성하시고, 그리고 모든 것들이 주님 안에 있도록 처리하시기 때문입니다. 모두는 불쌍히 여김 때문에 천계적인 선물을 향유할 수 있습니다. 1748년 5월 24일

모독된 것들이 손상된 개념들과 뒤섞이게 되면, 손상된 개념들은 어떤 것을 야기(惹起)시키는가에 대하여

2067. 그러므로 사람의 모든 개념 안에는, 그리고 영들의 모든 개

념 안에는 영들의 세계나, 천계의 세계에 속한 수많은 사회들의 개념들이 작용하기 때문에 여기서 얻는 것은, 만약에 더러운 것들이나 모독적인 것들이 그 개념들 안에 밀착되어 있다면, 정결한 것들은 그런 불결한 것들에 의하여 반드시 불결하게 되든가, 또는 신성한 것들은 모독적인 것들에 의하여 불경스러운 것들이 될 것입니다. 그 이유는 동시에 거기에 현존하기 때문입니다. 그런 것들은 순결한 사회들을 오염시킬 수밖에 없고, 그리고 그들로 하여금 욕지기나게 하고, 혐오감을 일으킵니다. 그러므로 주님께서 이런 것들을 분리시키기 전에는 그들은 선한 영들의 사회들 안에 있을 수 없는데, 하물며 어떻게 천적인 사회들 안에 있을 수 있겠습니까. 왜냐하면 그들이 그와 같은 사회들 안에 있는 경우, 주님께서는 그들을 분리시키시기 때문입니다.

2068. 보잘것없는 경험까지도 그런 사실을 역시 확증합니다. 어떤 사람이 질그릇에 불과한 어떤 그릇을 칭찬하였는데, 그는, 종전에 내가 좋다고 이 그릇을 생각한 것에서 그렇게 한 것이고, 그리고 또한 영들의 개념들 안에서 멋진 것이고 아름다운 것이라고 여겼던 신념에서 그렇게 한 것입니다. 만약에 어떤 원인에서 그것에서 비롯된 불결한 것을 생각하였다면, 정반대의 일이 생겨났을 것입니다. 1748년 5월 24일

2069. 시선을 어떤 대상물들에 집중하고, 따라서 거기에 수많은 개념들의 다양함들이 있는가를 관찰하는 일이 허락되었습니다. 헤아릴 수 없이 많은 불영명한 것들이 지각되었고, 그리고 어느 누구도 하나의 대상물에 속한 꼭 같은 개념을 가진 자는 하나도 없었는데, 그 이유는 혹자는 하나의 대상물의 다양함에 있고, 또 다른 자는 다른 것의 다양함 안에 있었기 때문입니다.

2070. 능동적인 능력이 있듯이, 역시 비슷한 노력들(*conatus*)이 있습니다. 왜냐하면 노력들(*conatus*)은 살아 있는 능력들(living powers)에서 비롯되었고, 그리고 그 노력들은 대상물에 대하여 능동적인 힘

을 생산하기 때문인데, 이러한 사실은 경험이나 인간적인 지혜의 치세(治勢 · rules)들에게서 잘 나타나고 있기 때문입니다. 1748년 5월 24일

2071. 내가 생생한 경험에 의하여 입증할 수 있는 사실은, 능력 자체시고, 생명 자체이신 주님께서는, 일상적인 일에서나, 지극히 작은 것에서, 모든 천사들이나 영들에 속한 노력들(*conatus*) 사이에서 이와 같은 하나의 평형(平衡)을 주관하신다는 것, 그리고 지극히 작은 이탈(離脫)도 일으킴이 없이 주관, 보존하신다는 것 등입니다. 지극히 작은 과오(過誤 · error)도 결과적인 것에서는 매우 매우 큰 혼돈(混沌)을 생성하는데, 이러한 사실은 생생한 경험들에 의하여 입증되고 있습니다. 1748년 5월 24일

성질이나 내용이 어떤 것이든, 관념들(=개념들 · ideas)은 영들이나 천사들에 의하여 교류된다는 것에 관하여

2072. 아주 단순한 예(例)에서도 개념들(=관념들 · ideas)이 잘못된 것들이나, 더러운 것들 안에 어떻게 존재하는지를 잘 드러내고 있습니다. 어떤 정원에 문제의 지역이 있었는데, 그것에 대하여 영들은 나에게 공포 따위를 일으키었습니다. 그 이유는 그들은, 그것이 마음에 드러내는 것을 원하지 않기 때문이었습니다. 사실 비록 그 지역이 아름다운 곳이고, 많은 나무들이 자라고 있는 곳이기는 하지만, 그들은 나에게 아주 무섭고, 비참한 것들로 나타났습니다. 이런 개념은 여전히 남아 있었습니다. 그 후 2년이 지난 뒤에 영적인 개념으로 그 문제의 지역을 다시 나타내었을 때, 그 때 지금 내 주위에 있는 영들은 공포에 사로잡혔고, 이른바 무섭고, 비참한 것으로 휘말리기 시작하였습니다. 그 이유는 종전에 괴롭혔던 이런 비참하고 무서운 환상들이 다시 자극하기 시작하였고, 그들은 거의 참고 견딜 수 없을 만큼 공포에 사로잡혔기 때문입니다. 그러므로 나는 그들에게 그것이 어떠한 것인지를 보여 주었습니다. 그리고 그것은 무섭고

비참한 것들을 야기시키는 악령들의 망상들(妄想 · illusions)이다는 것도 보여 주었습니다. 이와 같은 가르침을 받았기 때문에, 그들은 다른 감정을 느끼기 시작하였고, 그리고 공포 따위들도 또한 사라졌습니다.

2073. 그러므로 참된 것과 거짓된 것, 그리고 거룩한 것과 불경스러운 것이 뒤섞인 그와 같은 개념을 가지고 있는 작자들의 성품이 어떤 것인지 잘 알 수 있겠습니다. 왜냐하면 한 개념 안에 있는 것은 어떤 것이나 즉시 되살아나기 때문입니다. 예를 들면 거룩한 것 안에 있는 불경스러운 것이 되살아나기 때문입니다. 이런 것 때문에 선한 영들이나 천사들은 그것에 대하여 전율 따위에 사로잡히기 때문입니다. 이런 일은 참된 것 안에 있는 거짓된 것의 경우도 마찬가지입니다. 왜냐하면 개념들 안에 있는 이런 것들의 중요한 부분은 되살아나고, 그리고 악령들은 더욱 더 그것들을 더럽히고, 그러므로 그들은 아주 고약한 것으로 드러나고, 따라서 그들은 그런 개념을 보고, 피해버립니다. 왜냐하면 선한 영들이나 천사들에게는 그들의 성품에 대해서 개별적인 개념들에 대한 관찰하는 능력이 주어졌기 때문입니다. 그러므로 그들에게는 역시 사람이나 영혼의 성품에 대해서도 아는 능력이 주어졌습니다. 1748년 5월25일

2074. 정원의 구역에 대한 첫 번째 표징적인 개념에서 비롯된 공포 따위로 사로잡힌 영들은, 그들에게 거기에 어떤 불결한 것이 나타난다고 해도 다른 자에 의하여 사로잡힌 것이라면, 어느 누구도 불결한 것에 결코 사로잡힌 것은 아니다는 것이 일러지게 되면 그와 같은 공포나 전율 따위는 떨어버릴 수 있습니다. 예를 들면, 예루살렘에 있는 성전은, 참된 예배자들이 거기에 있다면, 비록 우상들에 의하여 그것이 더럽혀졌다고 해도, 신성한 것이 되겠습니다. 1748년 5월 25일

매우 음흉한 영들에 관하여

2075. 다른 자들에 비하여 보다 음흉한 방법으로 선한 정동들에 의하여 그것들을 자기 자신에 도용(盜用)하는, 따라서 속이는 방법으로 활동하는 한 영이 있었습니다. 이와 같은 사기적인 방법은 그에게나 그와 같이 있는 동료들에게도 아주 자연적인 것이기는 했지만, 그러나 그러한 방법은 결코 바람직한 것은 아니었습니다. 그와 같은 짓거리는 선한 영들이나, 더욱이 천사들에 의하여 그 즉시 탄로(綻露)가 났습니다. 지금 그 작자는 조사를 받고 있습니다.

2076. 그러는 가운데 그는 사악한 영들에 대해서 생각하기를, 그가 생각했던 것을 시인하면 그들은 스스로 어떤 것이든, 또는 모든 것을 수행할 수 있다고 여겼습니다. 그러나 그에게 그는 주님에 의하여 다스려지는 헤아릴 수 없이 많은 자들 가운데 하나이다는 것과, 따라서 그는 어떠한 것도 수행할 수 없다는 것 등이 지적되었을 때, 그는 그와 같이 생각하기 시작하였고, 또 회개하기 시작하였습니다.

2077. 그 때, 이런 영들은 반성의 상태에 있지 않기 때문에 반성(反省 · reflection)에 관해서 의논하였습니다. 그 이유는 그 때 그들은 자기 자신들의 성품에 따라서 마음대로 행동하였지만, 그 때 그들에게 반성의 상태가 주어졌기 때문입니다. 그 때 주님께서 허락하시지 않는다면 거기에 개혁(改革 · 바로잡음 · reformation)은 존재하지 않을 것입니다. 그 이유는 그 때 그들은 자신들의 능력으로부터 활동하기를 열망하였기 때문인데, 그와 같은 짓거리는 그들을 더욱 사악하게 하였고, 또한 그것은 자신들이 그런 존재가 아니다는 것을 보여 주기 위하여 무척 애를 쓰는 일이었지만, 그러나 그런 일은 결코 허용되지 않았기 때문입니다. 그 밖의 다른 여러 가지 손해 보는 일이 생길 것입니다.

2078. 그 영이 조사를 받은 뒤, 그에게 일러진 것은 그는 선한 일에는 전혀 마음이 쏠릴 수 없다는 것이었고, 따라서 그는 선천적으로 그렇게 행동할 수밖에 없다는 것이었습니다. 그런데 그와 같은

성질은 제일 먼저 근절(根絶)되어야만 한다는 것이었습니다. 이런 성질이 근절되기 위해서는 매우 많은 시간이 요구되는데, 왜냐하면 그것은 일종의 매우 이상한 독약과 같은 것이었기 때문입니다. 그러나 그에게 그것은 아주 매우 달콤한 것처럼 여겨졌기 때문입니다. 그러므로 그는 그것을 단념할 수 없었습니다. 이러한 사실은 그의 배신적인 행위에서 잘 드러나는데, 다시 말하면 이른바 다른 자들의 희열을 자기 자신의 것으로 전유(專有)하는 짓에서 잘 드러납니다. 1748년 5월 25일

2079. 이런 자들에게서 이상한 일이 있는데, 그들은 그 즉시 다른 자들을 기쁘게 하는 것을 인지하고, 빼앗아 버린다는 것입니다. 왜냐하면 그들은 잽싸게 이런 것들을 파고들기 때문입니다. 그와 같은 일은 다른 자들에게는 불가능합니다. 일러진 사실은 육신의 삶에서 떠난 뒤, 2년 가량 되었다는 것입니다.

2079[A]. 보다 음흉한 영은, 육신을 입은 삶에서 남을 속이는 존재이고, 그리고 그들이 다른 사람에 속한 것이다는 것을 알게 되면, 그런 모든 것들에 관해서 악한 방법을 날조(捏造)하는 부류의 일종입니다. 그들은 악 이외에는 아무것도 생각할 수 없습니다. 그리고 남들에 대하여 좋은 일은 거의 생각할 수 없습니다. 이런 일은 일종의 선천적인 악의(惡意)에서, 특히 증오 따위에서 비롯된 것입니다. 그리고 그들은 다른 자들의 쾌락이나 기쁨에 자기 자신을 침투시키는 일이 다른 원인들에게서 생겨난다는 것, 그리고 육신을 입은 삶에서 그들은, 얼굴 표정이나 몸짓들, 말들에 의하여 자기 자신을 삽입시키고, 동의하게 하고, 우쭐하게 만들지만, 그러나 마음 속에서는 증오 따위에서 야기된 온갖 생각들을 품고 있습니다. 그러므로 이런 영은 자기 자신을 모든 동의하는 것들에 침투시키지만, 그러나 그가 그런 짓을 하는 것은 내적으로 품고 있는 증오에 의하여 지배하는 성품 때문입니다. 저 세상에서 이런 성품은 숨겨질 수 없고, 오히려 능동적인 것이 되고, 겉으로 내뿜습니다. 이런 영들은 다른 자들의

즐거운 것들의 전부를 파괴하려고 무척 애를 쓰고, 그리고 그들의 즐거운 것들을 불쾌한 것으로 만들려고 애를 씁니다. 그러므로 이런 기쁨들을 가지고 있는 자들에게서 그들은 빼앗습니다. 왜냐하면 죽은 뒤에 외적인 용모는 제거되고, 생각이 거기에 나타나는데, 그것은 육신을 입은 삶의 경우와는 전혀 다르게 지각되기 때문입니다.

2080. 이와 비슷한 증오에 속한 또다른 종류의 무리가 있었습니다. 왜냐하면 거기에는 그들에 속한 수많은 무리들이 있기 때문입니다. 그러나 다른 한편 다른 무리들도 있었는데, 나에게 그들을 관찰하는 기회는 주어지지 않았습니다. 그들은, 어느 누구가 즐거움을 가지고 있으면, 증오 따위로 넘치기 때문에, 어떤 자들은 공개적으로 공격하고, 어떤 다른 자들은 비밀리에 공격하고, 어떤 자들은 그 즐거운 것들에 침투하고, 어떤 자들은 그들이 싫어하는 그것들의 파괴에 의하여 공격합니다.

2081. 이런 영들은 자기 자신의 모든 것들에 적합한 존재라고 여깁니다. 왜냐하면 그들은 자신에 대하여 매우 큰 신뢰를 가지고 있고, 자신들만이 오직 현명한 존재라고 생각하기 때문입니다. 그들이 다른 자들을 경멸하기 때문인데, 이러한 사실은 다른 자들에 관한 그들의 나쁜 생각에서 잘 드러납니다. 따라서 그들은 다른 모두에 비하여 자신들을 더 사랑하기 때문입니다. 그러나 이런 생각은 자신의 속으로, 또는 생각 속에서 하는데, 그러므로 그들은 이른바 선한 영들의 사회들 안에 있는 성가신 존재들(pests)이었고, 그리고 천사들의 사회들 안에서는 거의 용납될 수 없는 존재이었습니다. 그 사회에서는 모두는 마음에서부터, 또는 정동으로부터 다른 자들의 즐거움을 선호하고, 그리고 그것을 몇 배나 증가시키고, 자기 자신을 다른 자에 비하여 낮은 존재로 여깁니다. 따라서 자기 자신을 다른 자에 비하여 덜 사랑합니다. 결론적으로 절대로 다른 자들을 미워하거나, 증오할 수 없습니다.

2082. 비밀스럽거나, 내적인 증오나, 생각들 안에 내재해 있는 미

움 따위는 밖으로 드러난 증오나, 또는 미움이나 분노에서 솟는 증오에 비하여 매우 더 해로운 것들입니다. 후자의 것들은 쉽게 제거될 수 있습니다. 왜냐하면 비밀스럽거나, 내적인 증오, 또는 생각들 속에 있는 것은 이런 것들이 뒤따르게 되는데, 그것은 생각 안에서 내면적인 영들에 속한 즐거운 생각들 속에 침투하고, 그것 자체에 그런 생각들을 사로잡아 버리기 때문에, 그리고 즉시, 또한 사실은 일순간에 그것들을 모두 파괴시켜 버리기 때문입니다. 1748년 5월 27일

영들의 보다 심오한 표징(表徵)에 관하여

2083. 몇 마디 말로 기술할 수도 없고, 인간적인 개념에 의해서는 수용되지도 않는 여러 종류의 표징이 공개되었습니다. 왜냐하면, 사람이 깨어 있을 때에는 사람에게는 표현될 수도 없고, 인지될 수도 없는 것이지만, 그러나 잠자는 상태이거나, 또는 깨어 있을 때와 꼭 같이 사람이 충분하게 지각할 수 있는 상태인 무아의 경지(無我境地 · ecstasy)의 상태에서 지각될 수 있을 것들에 결집되어 있는 그런 것들이 있기 때문입니다. 그러나 사람이 깨어 있는 상태에 있게 되면 이런 일들을 어떻게 표현하는지 결코 알지 못합니다. 다시 말하면 더욱 쉽게 파악할 수 있는 것들에 관련된 수많은 개념들을 어떻게 표현하는지를 전혀 알지 못합니다. 이러한 개념들이 지금 깨어 있는 상태에서 잠자고 있는 쪽으로 더 기운 상태에 있는 나에게 잘 보여 주고 있습니다. 그와 같이 드러난 것들은 혼인의 축제 행사에서의 무도(=춤 · 舞蹈 · dancing)에 관련된 것인데, 그것이 어느 정도 허용되었는지, 허용되지 않았는지, 같은 것인지, 아닌지, 나는 그것들을 이해할 수가 없었습니다. 그것들은 서로가 연속적인 시리즈의 상태에 있었습니다. 그런 것들 가운데에는 천적인 비의(the celestial arcanum)에 속한 것도 있다는 사실을 나는 의심하지 않습니다. 왜냐하면 그것들은 이런 상태에 있는 동안의 영들에 속한 표징들이기

때문이고, 그리고 많은 천사들의 서로 다른 상이점들에게서 파생되었기 때문입니다. 1748년 5월 27일

입맛에 맞지 않는 음식물로 살아가는 자들에게 있는 일종의 반감(反感)이 관측될 수 있다는 것에 관하여

2084. 어린 것들은 우유를 좋아하고, 어른들은 우유에 대하여 별로 익숙하지 않다는 것은 주지의 일입니다. 따라서 어떤 자들은 우유가 그들을 해한다는 것을 사실 용납하지 않을 것입니다. 그러므로 와병(臥病) 중에 있는 경우 그 우유가 해롭다는 것은 의사들의 하나의 규칙이 되어 있습니다. 비록 그것이 가장 단순한 먹거리이고, 그리고 해가 전혀 없는 모든 것들 중에서 가장 뛰어난 먹거리들이지만, 우유가 해로운 이유는 사람들 입맛에 맞지 않는 먹거리들에 익숙하기 때문인데, 특히 맥주 따위에 익숙하게 되어 있기 때문입니다. 그것으로 인하여 그들의 위(胃)나 장(腸)들은, 혈액에서와 꼭 같이, 그것에 점점 더 익숙하게 되었는데, 그것 때문에 사람들은 우유라는 먹거리의 식사를 참고, 견딜 수가 없기 때문입니다. 이런 부류의 사람들이 저 세상에서 처음으로 교제하는 상태에 있게 되면 일종의 반감(反感)이 일어나게 됩니다. 왜냐하면 내가 우유를 먹고 있을 때 그들 중의 몇몇에게서 알코올 도수가 높은 맥주의 냄새를 명확하게 인지하였기 때문입니다. 1748년 5월 26일

모든 관념(觀念) 안에는 무한한 것들이 내재해 있다는 것에 관하여

2085. 어떤 것들에 관해서 언급될 때, 그들 중에서 모두는 관념을 가지고 있다는 사실을 영들에게서 아주 명확하였습니다. 본질적으로 그 관념은 일종의 일반적인 것들입니다. 사실 그것은 무한한 개념들에 속한 지극히 일반적인 그릇일 뿐입니다. 그러므로 그 개념이 단순하게 보인다고 해도, 어떤 한 개념에 관해서 말한다면, 아주 꼭

같은 동일한 개념은 거기에 결코 존재하지 않습니다. 따라서 사람의 형체·정신·마음 따위에 속한 관념(=개념)이 사실 단순하게 보인다고 할지라도, 그러나 그것이 무한한 그릇(an infinite field) 안에 존재하기 때문에, 거기에는 누구나 생각할 수 있는 수많은 것들이 내재해 있습니다. 이러한 내용은 수많은 사실들에 의하여 명확하게 밝힐 수 있는 것입니다.

2086. 이러한 것에서 잘 알 수 있는 것은 영혼들에 속한 무한한 다종다양함들이나, 그들의 관념들이 있다는 것, 따라서 비록 아주 단순한 개념 같이 보인다고 해도, 다른 개념과 꼭 같은 개념을 결코 내보일 수 없다는 것입니다. 그러나 모두 그들의 다종다양함들은, 아무런 충돌이 없지만, 그러나 그것들은 하나의 일치된 몸 안에 존재하는 매우 적합한 형체로 주님에 의하여 정리 정돈되어 있습니다. 1748년 5월 26일

사람 주위에 있는 영들의 영기(靈氣·sphere)에 관하여

2087. 말하자면 사람 주위에는 영들의 영기가 있을 뿐만 아니라, 사람은 그 영기 안에 있는 많은 자들 중에 하나이다는 사실이 영적인 개념에 일치하여 분명하게 드러났습니다. 그러나 나에게는 마치 사람이 말하자면 어떤 튼실한 하나의 점(点)이었고, 그 주위에 영기가 있는 그런 것으로 보였습니다. 왜냐하면 사람이 육체를 입고 있는 동안, 그의 육생(陸生)적인 부분들은 이런 하나의 점(点)에 의하여 드러나는데, 그것은 마치 그들의 대기(大氣)에 에워싸여 있는 지구들에 지나지 않기 때문입니다. 그러나 그의 육체적인 부분들이 벗겨지게 되면, 그는 많은 영들 가운데 한 존재가 되고, 한 영과 꼭 같은 존재로 그 영기 안에 존재하기 때문입니다. 이와 같은 영들의 영기는, 크고 작은 차이는 있지만, 주위로 발산(發散)합니다. 영들을 통해서 활동하는 능력의 영기나, 또는 애씀들에 속한 영기(a sphere of efforts)는 내 주위에 있는 영들에게는 명확하고 분명하게 드러납

니다. 그 영들은 이런 정리 정돈을 시인하고, 지각하였고, 그리고 그들은 그것을 명확하게 지각하였다고 말하였습니다.

2088. 그럼에도 불구하고 거기에는 그것을 부인하는 몇몇 영들이 있었습니다. 그러나 다른 자들에 의하여 인지된 것은 그들이 그것을 시인하고, 이해하기를 원하지 않았기 때문에, 그들은 악의에서 그와 같이 말하였을 것이고, 따라서 그들은 그 사안의 진실에 반대로 말하였다는 것입니다. 그들이 역시 그것을 시인하면서 하는 말은 그들은 말이나 부인(否認)에 속한 구속받지 않는 방종(放縱)을 실천하기를 갈망하였다는 것입니다. 그들은 이것을 육신을 입은 삶에서 취하였기 때문입니다.

2089. 그러나 그 때 드러난 사실은, 이 세계를 에워싸고 있는 영기 속에는, 다시 말하면 대기 속에는 조화를 이루지 못하는 것들은 쫓겨나는 일이 일어나고, 따라서 그것 자체의 능력에 의하여 영기는 모든 것들을 균형 상태에 있게 하는 일이 일어난다는 것입니다. 그 상태는 소용돌이치는 대기나 물에서 명확하게 알 수 있습니다. 그것들은 점차적으로 평온의 상태에 이르게 됩니다. 이런 일은 그것의 원인을, 전체적이든 개별적이든, 모든 자연적인 것들이나, 이 세상의 것들이 그렇게 되듯이, 영적인 영기에서 취합니다. 이런 일이 입증된 것은, 조화되지 않는 모든 영들이나, 선천적인 방종으로부터 진리를 반대했던 영들은 모두 쫓겨나거나, 퇴출되었고, 따라서 그들의 제거에 의하여 그 영기는 평온하게 되었고, 깨끗하게 정리되었습니다. 그들은 그것에 대하여 불평을 하였는데, 그들이 하는 말은 자신들이 쫓겨나게 되었다는 것입니다. 그들에게 일러진 것은 그 사안들이 어떤 여건 하에 놓이게 되었는지, 그리고 그 사회들에 일치하지 않는 자들은 추방된다는 것이고, 그리고 또한 이러한 일은 그 영기들에 존재하는 상태에 일치하여 무한한 변화에 맞추어 일어난다는 것 등입니다. 1748년 5월 26일

조화스러운 노래나 음악에 의한 영들이나 천사들에게 생긴 현상들에 관하여

2090. 나는 전에 악기들의 연주를 들었던 것과 같이 두세 번 아주 멋진 노래 소리를 들은 일이 있었습니다. 그 노래에 영들은 매우 기뻐하였고, 그들은 그 노래에 매료(魅了)되었습니다. 따라서 그 노래의 감미(甘味)로움은 그들의 속마음을 사로잡았습니다. 천사들에게도 꼭 같은 일이 있었습니다. 나는 확실한 느낌을 통하여 그들의 즐거움을 인지할 수 있었습니다. 1748년 5월 26일

영들과 천사들은 어떻게 다양한 사회들 안에 있는가

2091. 영들이나 천사들은 모든 주님의 진정한 기쁨에 맞추어 사회들을 바꾸는데, 따라서 한 사회에서 다른 사회로, 그리고 수천수만의 사회들로 바꿉니다. 이런저런 관점에서 모든 변화들은 적절하고, 그리고 그들의 열망들에 따라서 일치합니다. 칭찬 받을 만한 일은 그들의 정동들에 따라서, 그러므로 그들의 열망의 변화에 일치한다는 것입니다. 이와 같이 그들의 사회들은 계속해서 그들의 기쁨이나 즐거움에 맞게 형성된다는 것입니다. 그리고 또한 그 때 그들은 또 다른 기쁨 상태에 자신이 있다는 것을 지각하는데, 왜냐하면 그들의 기쁨이나 즐거움들은 그들의 사회들과 일치하기 때문입니다.

2092. 이런 사회들 안에서 있는 일은, 그 사회들이 일치하기 때문에, 그리고 사회들이 일치할 때, 그들의 지복(至福)들은 증대하기도 하고, 축소하기도 하였습니다. 이런 일은 전적으로 사회들에게 따라서 일어나고, 그리고 다른 사회들에게서 비롯되고 있는 그 사회들의 정동에 따라서 일어납니다.

2093. 사회들의 변화들은 그것들의 상태들의 변화들이고, 그리고 영들과 천사들은 정동들의 상태에 일치하며, 그러므로 무한하고, 주님에 의하여 처리되는 상호적인 사랑이나, 사랑의 변화들에 일치하여 사회들 안에 있게 됩니다.

2094. 나는 수많은 사회들의 수많은 변화들을 그들의 얼굴의 변화들에 비교할 수 있겠는데, 그 이유는, 천사들이 한낮에서와 같이 자기 자신들을 볼 수 있게, 그리고 충분하게, 사실은 아주 명료하게 표현하였을 때, 그들은 얼굴을 변화시킬 수 있었고, 그리고 차례로 계속해서 정동의 모든 변화에 따라서 얼굴을 변화시키는 것을 나는 직접 보았기 때문입니다. 그러므로 정동에 속한 모든 변화들은 질서 가운데 표현되었고, 그리고 거기에는 수많은 다종다양함들과 변화들 가운데 분별되는 이른바 특유하고도 적절한 정동만 남아 있는 것을 보았기 때문입니다.

2095. 사실은 얼굴들의 온갖 변화들을 볼 수 있는 기회가 주어졌기 때문입니다. 그러므로 나는 어린 것에서부터 노인에 이르기까지 그들의 정동들의 변화를 볼 수 있었습니다. 이러한 변화들은 영들 가운데서 일어났기 때문에, 그러므로 나는, 어린 것들의 정동들이 어떻게 남아 있는지, 또는 어떻게 그것들이 다른 것들로 바뀌는지를 인지하였습니다.

2096. 이와 같이 한 천사는 무한한 즐거움과 그 즐거움의 다양함을 가지고 온 천계에 두루 있는 모두와 서로 대화를 할 수 있습니다. 그와 같은 즐거움은 영원히 감퇴(減退)될 수 없지만, 그러나 그것들이 무한하기 때문에, 새로운 다종다양한 변화들은 계속해서 일어날 것입니다.

기독교인에서 유대교도가 된 자들에 관하여

2097. 기독교인으로 태어났고, 기독교인의 교육을 받은 자들이 공공연하게, 또는 비밀리에 유대교 신봉자가 된 부류의 인물은 저 세상에서 이른바 미치광이가 되어 버렸습니다. 이런 영들 가운데서는 육신을 입은 삶에서 존재하였던 것처럼, 미치광이로 나타날 수는 없습니다. 그러나 영들 가운데 있는 그들의 광기(狂氣)는 이런 데에 존재하는데, 다시 말하면 육신을 입은 삶에서 정상적인 사람으로 여겼

던 자들에게 일어나는 공상(空想)이나 망상(妄想)들 때문에 그들은 발광하게 됩니다. 그러나 유대교 신봉자로 개종한 자들은 다른 영들과 함께 있게 되면, 미친 사람들과 같이 되어 버립니다. 그들은 동일한 상태에 있게 되었는데, 이러한 일은 그들이 공격하고, 사로잡고, 방출하는 영들에게서, 따라서 마음에서 포로가 된 전적으로 그들과 꼭 같이 된 영들에게는 문제가 되지 않습니다. 오늘 나는, 자기 스스로 그와 같이 처신했던, 어떤 영 하나를 멀리 떨어진 정면 약간 위에서 보았습니다. 뿐만 아니라 이런 인물은 즉시 그 사회들로부터 추방되었고, 그리고 어디론가 사라져 버렸습니다. 그 자신은 다른 영을 꼼작 못하게 사로잡고, 그를 뱅뱅 돌리듯 한다고 여겼습니다. 사라져 버린 자가 어디로 갔는지 나는 아직까지는 알지 못합니다. 1748년 5월 27일

주님께서는 오직 자비(慈悲 · mercy)로 사람을 구원하신다는 것에 관하여

2098. 수많은 사실들로부터 명확한 것은 주님께서는 오직 자비(慈悲 · mercy)로부터 사람을 구원하신다는 것이고, 그리고 주님께서는 주님의 신령은혜(His Divine benefits)에 대한 찬양이나 감사 따위를 요구하시지 않는다는 것은, 주님께서 허락하시지 않는다면, 또는 허가를 그들에게 주시지 않는다면, 생각할 수도, 말할 수도, 그 어떤 것을 행할 수도 없는 영혼들 · 영들 · 천사들의 상태에서 명확하다는 것입니다. 그들은 자신들 스스로는 아무것도 행할 수 없는데, 그 이유는 그들에게서 비롯된 것들이나, 그들의 성품에 속한 것들에게서 발출한 것은 모두가 악한 것이기 때문입니다. 왜냐하면 그와 같은 찬양이나 감사는 결코 있을 수 없기 때문입니다. 만약에 어떤 영이 감사나 찬양을 드리려고 한다면 그는, 명확한 허락이나 허가에서 비롯된 것이 아니라면, 그렇게 결코 할 수 없습니다. 따라서 이와 같은 일, 즉 찬양이나 감사와 같은 일은 주님에게 속한 것들입니다.

그러나 이와 같은 일은, 영적인 뜻에서, 나에게는 아주 명백합니다. 그 영적인 뜻(=개념)이라는 것은 주님께서는 영혼들(=사람들)·영들·천사들에게 주님의 신령은혜에 대하여 절대로 아무것도 요구하시지 않는다는 것입니다. 1748년 5월 27일

사람이나 영은 주님께서 허락하시고, 시키시는 그런 것들을 반드시 생각하여야 하고, 말하여야 한다는 것에 관하여

2099. 근자 3년 동안 여러 가지, 그리고 매일 매일 경험에서 내가 확실하게 안 것은 사람이나 영은 주님께서 허락하시고, 시키시는 것을 생각하고, 말하도록 강요받고 있다는 것입니다. 왜냐하면 내가 원하든 원하지 않든, 나는 반드시 생각하여야 하고, 말하여야 하기 때문입니다. 이러한 일은 영들에게서도 꼭 같은데, 그들은 그들이 생각한 것에 대하여 반대로도 말하는 것을 강요받고 있거나, 또는 그들은 가능한한 단념할 수 없도록 강요받고 있었습니다. 왜냐하면 그들은 다른 자들과 함께 한 사회에 결합되어 있고, 따라서 이른바 생각하고 말하는 하나의 흐름 속에에 휩쓸려 가기 때문입니다. 이런 일에 대하여 영들은 불평을 토로하였는데, 다시 말하면 모든 것들을 자기 자신으로 말미암아 생각하고, 말한다고 여기는 자들은 불만을 토로하였습니다. 그리고 이와 같은 일이 사실이 아니다는 것은 생생한 경험에 의하여, 나에게 명확한 것처럼, 그들에게도 명확하게 입증된 것이기 때문입니다. 더욱이 이런 사실이 명확하지 않거나, 또는 그것에 관해서 깊이 생각하는 일이 주어지지 않는다면 사람이든, 영혼이든, 영이든, 모두는 그들 스스로 말한다고 생각할 것입니다. 그러므로 그들은, 비록 그들이 그렇게 한다고 생각하겠지만, 그들은 자기 스스로는 생각할 수도 없고, 말할 수도 없기 때문에 그들이 무가치한 존재이다는 것을 알게 하기 위하여 이런 경험을 통하여 가르침을 받았습니다. 자신들의 경험이나, 다른 자의 경험들에 의하여 악령들은 가르침을 받았지만, 그리고 그들과 함께 말하는 다른 영들

을 억제하는 것이 그들에게 허락된 것이다는 것을 가르쳐 주었지만, 그럼에도 불구하고 악령들은 여전히 그것이 사실이다는 것을 믿으려고 하지 않았습니다. 그 이유는 그것이 그들의 자기사랑에 대한 불만이고, 그것에 거슬리는 것이기 때문입니다. 왜냐하면 그들은 자기 자신에게서 비롯된 모든 것들을 성취하고, 이루는 일에 자기 자신이 적임자이다는 것을 열망하기 때문입니다. 1748년 5월 27일

2100. 주님에 의하여 지각이 주어진 자들은, 생각들이나 언어가 흘러든 사회 안에서나, 또는 사회 밖에서, 그리고 아주 정교한 방법으로 주님의 진정한 기쁨에 일치하여 이런 것들을 알고, 터득합니다. 많은 자들이 어떤 언어에서 서로 협력하고 있을 경우, 그들은 명확하게 서로서로를 알고 있지만, 그러나 서로 협력하고 있다는 것에 대한 앎이 주어지지 않는 자들에게는 서로가 명확하게 분별되지 않고, 오히려 각자들은 자신만이 말할 수 있다고 여깁니다. 그 때 말하는 일이 그에게만 주어진 것이 아니고, 많은 자들과 더불어 교제하는 가운데 주어진 것이고, 그리고 그들의 도구로서, 그는 그들의 말에 속한 하나의 종속적인 존재일 뿐이다는 내용들이 언명되게 되면, 그는 몹시 분노합니다. 그것을 그에게 확신시키기 위하여 그를 통해서 협력하고 말했던 가장 가까운 영들이 자기 자신들을 명확하게 드러내는데, 그런 뒤에 자기 자신을 명확하게 드러냈던 동일한 자들이 자기 스스로 말한 것이다고 생각하게 되면, 나머지 자들은, 처음에는 멀리 떨어져 있었지만, 그들이 그들을 통해서 말하였다는 것을 시인하고 그런 존재로 반드시 자신들은 드러냅니다. 따라서 여기에는 명확한 연관관계가 있는데, 말하자면 그것은 인체 안에 있는 많은 능력과 능동적인 원인과 연계된 일종의 고리(=띠 · chain)가 있다는 것입니다. 모든 사람에게서도 이런 것은 비슷하다는 것입니다. 그러나 나는 거의 어느 누구도 이런 사실을 믿지 않는다는 것을 잘 알고 있습니다. 그럼에도 불구하고 이 사실은 진리입니다. 그리고 그것은 여러 가지로 매일 매일의 경험을 통하여 나에게 확증되었습

니다.

2101. 그러므로 보조적인 원인들이 한 몸 안에서 다스려지는 것과 같이, 주님께서 각각의 것이나 모든 것들을 다스리지 않는다면, 인간적인 생각들이나 행동들 따위에 협력하는 수많은 것들은 존재하지 않을 것이고, 더욱이 혼돈이나 전혀 무가치한 것만 존재할 것입니다. 1748년 5월 27일

평화(平和)에 관하여

2102. 나는 일종의 평화(=평온·peace)의 상태에 있었습니다. 따라서 나는 영들이 주입시키는 온갖 욕망이나 탐욕들에게서부터 멀리 옮겨져 있었는데, 그들은 이런 상태를 관찰, 매우 이상하게 생각하기 때문에, 그들은 나에게, 나에게는 욕망이나 탐욕 따위가 전혀 없는데, 어떻게 해서 생명(=삶)을 소유하는 것이 가능한지를 물었습니다. 그들은, 이와 같은 생명(=삶)이 욕망이나 탐욕에서 비롯되기 때문에, 욕망이나 탐욕에 속한 것 하나까지도 제외하면 생명은 주어지지 않는다고 생각하였습니다. 왜냐하면 그들은 자신들의 것들이라고 여기는, 따라서 욕망에 속한 하나 하나가 생명이다고 여기는 것 이외에는 다른 생명을 전혀 알지 못하기 때문입니다. 그러나 내게 그들에게 대답하는 것이 주어졌는데, 그 때 나는 아주 뛰어난 생명(a much superior life)을 향유(享有)할 수 있다는 것이었습니다. 왜냐하면 내가 생각하기에, 나는 평화(=평온) 자체이신 주님의 생명 안에 있고, 따라서 천계적인 생명, 즉 그런 것들에 관해서 그들이 전혀 알지 못하는 천적인 정동들에 속한 하나의 상태 안에 있었기 때문입니다. 더욱이 그들은 이런 부류의 생명은 어느 누구 안에 있는 것이 아니고, 반드시 밖에 있어야 한다고 생각하였습니다. 그러나 생각할 수 있었던 것은, 그들이 자신들의 것이라고 생각하는 온갖 욕망이나 탐욕에 속한 생명이 그들 안에 있다고 생각하였습니다. 따라서 또한 온갖 죄악들은, 비록 이런 것들이 자신들의 것들은 아니지만, 이런

부류의 인물들의 탓으로 돌릴 수밖에 없습니다. 결과적으로 만약에 그들이 주님을 향한 믿음 안에 있다면 거기에는 그와 같은 죄악들은 그들에게 전가(轉嫁)될 수 없을 것입니다. 주님의 생명에 관해서 언급하면 그것은 사람에 의하여 보다 내면적으로나, 내부적으로, 그리고 가장 지심한 곳에 전유(專有)되기 때문에, 그러므로 그들을 더 많은 것을 전유하고, 그리고 매우 정교한 기쁨들에 대한 지각을 갖습니다. 1748년 5월 28일

사회들은 특히 같은 종(種)과 유(類)에 속한 자들로 구성된다는 것에 관하여

2103. 영적인 사회들이나, 천사적인 사회들은 같은 종(種)과 유(類)에 속한 자들로 구성되었다는 것은 유사(類似)한 정동들에서 잘 알 수 있습니다. 왜냐하면 이 세상에서 같은 종류의 것들은, 말하자면 자연적으로 제휴하기 때문이고, 그리고 영들의 세계에서나, 천계에서도 그와 같은 일은 주님의 처리하심에 의하여 일어나기 때문입니다. 그리고 이 땅에서의 경우와 같이, 필요에서, 그리고 유사성의 결핍(缺乏)에서 결합되는 것이 아니기 때문에, 그러므로 정동들이나 총명적인 확신들의 측면에서 유사한 것들은 주님에 의하여 제휴, 결합합니다.

2104. 사회들이 이런 성질이다는 것은 자주 나에게 허락된 경험에서 잘 알 수 있습니다. 수많은 얼굴들이 나타나는 때에서 보면 그 얼굴들은 계속해서 일순간에 수많은 얼굴들로 바뀌는데, 역시 거기에서도 유사한 종류의 정동들은 두드러졌지만, 그러나 그 종류에 일치하여서 다양하게 변하였습니다. 사실 그것은 한 사회의 활동(acting) 이외의 아무것도 아니고, 그리고 그 사회에서 계속해서 뒤이어지는 활동 이외의 아무것도 아니었습니다.

2105. 사회들이 정신이나 마음의 상태들에 일치하여 변한다는 것은 아주 분명한데, 사실 때로는 지극히 작은 순간에 일어나기도 하

였습니다. 1748년 5월 28일

영들은, 마치 거울을 보듯이, 내 얼굴에서 자신들을 인지(認知)한다는 것에 관하여

2106. 내가 거울에서 내 얼굴을 보고 있을 때, 그와 같은 일은 수도 없이 일어났습니다. 나와 같이 하는 영들의 생각들이나, 동시에 내 눈을 통해서 보고 있는 영들의 생각들 때문에 그와 같은 일이 일어났지만, 그러나 사실은 그들은 육신을 입고 있고, 이 세상에 있었다는 것 이외에는 아무것도 볼 수 없었습니다. 그러나 그들은 그들이 육신을 입은 삶에서 가지고 있었던 것과 같은 얼굴들을 가지고 있다고 여겼습니다. 따라서 얼굴의 생김새는 가능한 한 어느 정도는 자신들의 용모로 변하였습니다. 그리고 그들은 차례차례 자신들의 모습을 깨달았습니다. 대부분 많은 자들이 성을 냈습니다. 따라서 나머지 다른 자들도 그들이 다른 삶의 상태에 있다는 사실을 인지하였습니다. 그 때 그들은 거울로부터 자신들이 자신들로서 가지고 있는 일종의 마음의 상태들을 지각하였습니다. 이런 일에 관해서 내가 그들과 이야기할 때마다 그들은 그 사실을 시인하였습니다. 1748년 5월 28일

심사숙고(深思熟考 · 反省 · reflection)란 무엇인가?

2107. 영들이나 천사들은, 비록 그들이 자신들은 사람들에 비하여 더 많이 반성한다고 생각할지라도, 주님께서 그들에게 허락하신 것을 제외하면 결코 아무것도 반성하지 않습니다. 반성(反省 · reflection)은 과거의 것들에게서 발출하는 하나의 시각(視覺 · sight)입니다. 자신을 아는 것(self-knowledge)은 거기에서 비롯됩니다.

멋진 가락의 노래에 관하여

2108. 다시 나는 아주 멋진 노래를 들었습니다. 그 노래의 멋진

화음의 가락은 주님에 의하여 조화스럽지 않은 것들로부터 영들이나 천사들의 기쁨들을 야기시켰는데, 그들은 오직 그 기쁨들로 사로잡혔습니다. 그들은 자신들이 극내적 천계(=삼층천)에 옮겨졌다는 것 이외의 것은 아무것도 알지 못한다고 말하였습니다. 심지어 선하지 않은 영들까지도 그렇게 말하였습니다. 그러므로 그들은 그 감미로움에 자신을 잃고 있었습니다. 그것은 여전히 계속되었고, 그리고 그것은 아주 고요하였습니다. 나는 그와 같은 고요함을 자주 지각하지 못하였는데, 그 이유는 그들은 너무나 기쁜 망각의 상태에 빠져 있었기 때문입니다. 1748년 5월 28일

2109. 그들이 이런 상태에, 다시 말하면 기쁨의 망각의 상태에 있는 동안, 그들은 천적인 것들 가운데 있는 천계에로 옮겨졌습니다. 왜냐하면 이런 상태에서, 그것이 계속되는 동안, 그들은, 말하자면 외적인 것・관능적인 것・환상적인 것 등등의 측면에서는 잠자는 상태에 빠져 있기 때문입니다. 그런 것들은 그 때 정지된 상태입니다. 그리고 그들은, 자신들이, 그들이 말하고 있듯이, 천계에 있다고 상상하였고, 여전히 그들은 거기에 있다고 상상하였습니다. 그러나 이런 상태가 소멸되었을 때, 그 때 그들은 자신들의 처음 상태로 다시 되돌아왔는데, 그와 같은 일은 점차적으로 서서히 일어났습니다. 그것은 그들이 천적인 것들을 해치지 않게 하기 위해서이고, 그리고 그들이 해를 입지 않게 하기 위해서입니다. 나는 어떤 자가 그가 표현할 수 없는 것을 지각하였다고 하는 말을 들었습니다. 의심할 것도 없이 그것은, 그들이 자신들의 망상들이나, 욕망들의 상태에 되돌아왔을 때의 그런 것들에 속한 쉼도 없고, 평안하지도 않은 상태일 것이고, 또한 그와 비슷한 상태였습니다. 반면에, 그들 중의 하나가 나와 함께 대화를 하고 있었고, 또 거기에 머물고 있는 동안, 그런 취지에서 보면 그는 지금 처음 한 동안은 천계에 있는 아주 큰 기쁨 (=즐거움)을 느끼었습니다. 그리고 천적인 것에 관해서 다른 생각(=개념)을 품는다는 것은 그들에게는 아주 큰 오류라는 것, 다시

말하면 그들은 전혀 감각이나 지각을 가지고 있지 않다는 것을 느끼었습니다. 이러한 내용은 앞에서 자주 생각하였고, 언급하였지만, 그럼에도 불구하고 그 때 그들은, 매우 놀라운 방법으로, 기쁨에 속한 그들의 가장 내적인 지각을 느끼고 있었고, 그 때 육신을 입은 삶 가운데 있는 기쁨이나 즐거움을 느끼고 있었습니다. 이러한 것은, 그들이 말하고 있듯이, 자신들이 이런 것들로 기뻐했던 것들로, 매우 역겨운 것이고, 추한 것인 것을 깨닫고, 경멸한다는 것입니다. 한 영은, 천계에서 그가 처음으로 그들을 감동시킨 수많은 기쁨들에 속한 지각 이상으로 뛰어나게 하는 그 어떤 것을 가질 수 있다고 말하였습니다. 그 이유는 이런 것들은 내면적인 것들을 감동시키기 때문에, 그리고 말하자면, 내면적인 감관에 의하여 지각되기 때문에, 그것들은 그들의 본연의 것이기 때문입니다.

2110. 결번입니다.

2111. 그 동안 나는 이웃에 관해서 기술하고 있었는데, 그 내용은 그 때 그들은 이웃에 대해서 증오하는 상태에 있지 않았고, 그들은 거의 천적인 상태에 있었다는 것이었습니다. 그리고 그들이 고백한 것은, 증오는 그들의 지복(至福)을 모두 파괴하기 때문에, 자신들에게서 그것은 몹시 싫어하는 것이고 꺼림칙한 것이라고 하였습니다. 그리고 또한 그들은 그들이 그런 상태에 있는 동안 자신들이 증오의 상태에 있을 수밖에 없다는 것을 깨달았다고도 고백하였습니다. 드문 일이기는 하지만, 깊은 침묵이 있었습니다. 그 침묵은 한 시간 이상 지속되었습니다. 그것은 바로 그들의 무기력한 상태인데, 말하자면 그들이 거기에 빠졌을 때 그들은 아무것도 느끼지도, 깨닫지도 못하였습니다.

2112. 육신을 입은 삶에서 악한 자도 역시 어떤 상태에, 말하자면, 자기 스스로 무엇을 수행할 수 있는 어떤 상태에 있을 수 있는데, 그 때 그들은 악기로 연주되는 음악을 듣고, 그리고 이른바 천계적인 감미로움을 지각할 수 있습니다. 1748년 5월 28일

포피(包皮 · prepuce)가 본래 뜻하는 것에 관하여

2113. 본래 포피(包皮)는 다른 사람의 행복에 대한 선망(羨望)이나 부러움 따위를 뜻합니다. 그러므로 포피는, 다른 사람들의 행복을 선망하고, 시기하기 때문에, 반드시 제거될 수밖에 없습니다. 이런 내용이 오늘 나에게 밝혀졌습니다. 왜냐하면 선한 영들이나 천사들은 내면적인 즐거움의 상태에, 또는 그들이 전에 소유하고 있었던 것보다 매우 뛰어난 지복의 상태에 들어간다는 것을 내가 지각하였기 때문입니다. 이에 반하여 거기에는 다른 자들이 행복의 상태에 들어가기 때문에, 그들에게서는 일상적인 것이지만, 분노하고, 시기 따위로 가득 찬 영들이 거기에 있다는 것을 내가 지각하였기 때문입니다. 양자의 상태, 다시 말하면 영들의 분노로 뒤섞인 선망(=시기)의 상태와 꼭 같이, 행복한 영의 지복의 상태도 그것이 어떤 것인지 충분하게 지각되었고, 그리고 그것의 근원도, 그리고 또한 나 때문에 분노하고, 시기나 부러움으로 가득 찬 자들이 최고의 지복의 상태에 들어갔을 때, 이른바 제거되어야 할 포피가 표징하는 것도 지각되었습니다. 그리고 어떤 천사에 의하여 나에게 일러진 것은, 그것으로 말미암아 포피나 할례(割禮)가 뜻하고, 표징하는 것을 알 수 있었다는 것입니다. 1748년 5월 29일

2114. 그러므로 포피는 사랑에 속한 것들과 대립하여 다투는 것을 표징합니다. 결과적으로 오직 사랑에서 비롯된 행복의 상태를 방해하는 것을 표징합니다. 왜냐하면 완전무결한 상태에는 순진무구(innocence)에서 나온 솔직함(nakedness)이 존재하기 때문입니다. 따라서 포피는 이노센스를 표징하지만, 그러나 왜곡된 상태 안에는 솔직함이 내재해 있다고 말할 수 없기 때문입니다. 왜냐하면 애욕들은 더러운 것이기 때문에 추문(醜聞)들이 즉시 발생하기 때문입니다.

내면적인 천계의 화음(=조화 · 和音)은 내적인 것으로부터 일어

나고, 그리고 주님으로부터 일어난다는 것은 결코 논박(論駁) 될 수 없다는 것에 관하여

2115. 보다 더 정교한 영적인 개념에 의하여 천사들이 볼 수 있는 수많은 것들을 이른바 동시적으로 내가 볼 수 있는 일이 내게 허락되었습니다. 그들은 즉시 조화스러운 것, 선한 것, 참된 것이 무엇인지 알았습니다. 그럼에도 불구하고 그 때 그것들은 어떤 개념에서는 부정(不定)적이고 명료하지는 않았지만, 그러나 이것들은 서로서로 명확하게 분별되었고, 또한 그것들은 그들이 수용하는 조화를 만들어 냈습니다. 나에게는 동시적으로 조화스러운 것을 어느 정도 이해하는 것이 허락되었습니다. 그것에서부터 나는 이런 것들은 내부로 움직이는 것에서 온 것이다고 말하지 않을 수 없었습니다. 따라서 이런 것들은 보다 더 내적인 천계에서 온 것이고, 결과적으로는 주님에게서 온 것이다고 말하였습니다. 그 이유는 만약에 그렇지 않다면 그것들은 서로 분명한 것으로 나타날 수 없기 때문이고, 그리고 명료하지 않은 수많은 것들의 조화(調和)나 화음이 있을 수 없기 때문이고, 더욱이 그런 부정(不定)적인 수많은 것들에게서 비롯된 정선(精選)이 어떻게 있을 수 있겠습니까? 이런 견해는 천계에 있는 어떤 자의 음성에 의하여 확증되었는데, 그가 한 말은, 어떤 영적인 개념에 의하여 자기는 처음으로 동일한 내용을 알게 되었다는 것입니다. 육신을 입은 삶의 상태에 있는 동안 이런 부류의 개념은 주어질 수 없을 뿐만 아니라, 따라서 시인될 수도 없었습니다. 그는 어느 누구가 그것을 시인할 것인지 아닌지 의심하였지만, 그럼에도 불구하고, 그 때 그것은 그저 단순한 진리일 뿐입니다.

2116. 역시 그들은, 주님에게서 온 것은 가장 완벽하고, 최고의 것이다는 것을 제외하면 그러한 일은 불가능하다는 생생한 음성으로 시인하였습니다. 왜냐하면 원칙적으로 가장 완전하고, 최선의 것이 아닌 지극히 작은 것이 존재한다면, 거기에서 파생된 것들 안에 매우 큰 혼란이나 파산, 또는 몰락이 있을 것이고, 또한 거기에서부터

내려가거나, 밖으로 향하는 길에 역시 매우 큰 혼란과 파멸이 있을 것이기 때문입니다.

2117. 그러므로 그들이 영적인 개념으로 지각한 것은 주님에게는 악에 속한 것은 아무것도 없지만, 그러나 악한 것은 오로지 사람이나 영(靈)에게서 나오는데, 그들이 오로지 악의 근원일 뿐이다는 사실입니다. 역시 이런 사실은 필연적인 결론으로서 명확하게 그들은 지각하였습니다. 1748년 5월 29일

2118. 그 때 그들은, 어떤 것이 안에 있고, 밖에 있는지, 동시에 보았습니다. 그리고 아주 명확하게 어떤 것이 사람의 마음이나 생각 안에 있는지, 또는 일반적인 개념들이나 개별적인 개념 안에 있는지 직시할 수 있었고, 또한 사람들이 결코 믿으려고 하지 않는 수많은 것들도 알 수 있었습니다. 나는 역시 그 밖의 수많은 것들도 말할 수 없겠습니다. 왜냐하면 그들은, 그들이 감히 시인하는 것들 이상으로 모든 것들을 알고 있다고 주장하기 때문입니다. 그 이유는 내 안에는 가장 비천(鄙淺)한 것들이 있는데, 그것들은 그렇지 않은 것은 아무것도 있을 수 없다고 아주 명백하게 보여 주고 있기 때문입니다. 1748년 5월 29일

비록 사악한 영들이 그들과 있으려고, 그리고 그들에게 나쁜 것들을 옮기려고 애를 쓴다고 해도, 어린 것들은 재미있게 놀 수 있고, 결코 어떤 것도 두려워하지 않는다는 것에 관하여

2119. 종전에도 여러 차례 경험하였지만, 오늘도 역시 나는 순진무구하게 노는 어린 것들로 이루어진 사회 안에 내가 있는 것이 허락된 경험을 하였습니다. 왜냐하면 그들이 하는 것 안에는 어떤 것이나 이노센스(純眞無垢·innocence)가 내재해 있고, 그리고 그 때 그 주위에 있는 사악한 영들은, 그들에 대하여 격분하였고, 분노하여 때리려고 하였고, 중상하였고, 욕설을 하였기 때문입니다. 그러므로

그들은 그들에게 나쁜 짓을 시도하였지만, 그러나 어린 것들은, 그런 일이 일어난다고 해도, 따라서 욕을 퍼붓고, 해치려고 한다고 해도, 그것에 대하여 전적으로 알지 못할 때에는, 전혀 아무것도 두려워하지 않았습니다. 만약에 그들이 그런 것을 안다고 해도, 그들은 자신들의 이노센스에 의하여 보호될 것입니다. 따라서 사자들이나 곰들이 양들과 함께 눕는 일이 일어날 것이고, 젖먹이들은 뱀의 굴에서 뱀과 같이 노는 일이 일어날 것입니다(이사야 11장 6-8절 참조). 1748년 5월 29일

영들은, 육신을 입은 삶 동안에는 서로 닮았다고 하는 것에 비하여, 저 세상에서는 서로 전적으로 닮지 않았다는 것에 관하여

2120. 저 세상에서는, 모든 것들이 자신들에게 맡겨져 있기 때문에, 그리고 육신을 입은 삶에서와 같이 그들이 마음 속에 가지고 있는 것과 다르게 얼굴에서 보여 줄 수 있는 것은 아무것도 허용되지 않습니다. 왜냐하면 외적인 것에 일치하는 것은 허락되지 않기 때문입니다. 위장(僞裝)에 속한 것은 무엇이나 곧바로 명확하게 분별되기 때문에, 말들이나 생각에 속한 지극히 작은 불일치(不一致)까지도 분명하게 드러납니다. 따라서 저 세상에서 그들이 자신들의 성품에 일치하여 행동하게 하는 것이 강제로 주어지게 되면, 이런 일은 경험으로 알게 하기 위해 주어지는 일이지만, 육신을 입은 삶에 있는 자들은 온화하고 상냥한 모습으로 꾸미고, 따라서 오만하거나, 괴팍한 성미의 표정 따위는 거의 나타내지 않는 자들도, 성격이 매우 괴팍하기 때문에 그들은 비난하는 일이 없이, 또는 그들의 바람들에 걸맞는 것 없이, 살 수는 없습니다. 그들은, 많은 자들이 생각했던 것과 같이, 그들이 나를 지배할 수 있다고 여기고, 나에게 잔소리하는 일이 허락되었습니다. 이런 일을 통해서 내가 경험한 것은 그들은 야단치고, 호통치는 것으로 즐거워한다는 것입니다. 심지어 사려 깊

은 자들이라고 여겼던 자들까지도 숨기는 일이 없이, 상스럽게 욕을 내뱉었습니다. 그리고 육신을 입은 삶에서 부끄러움도 모르는 낮거나, 가장 낮은 신분의 사람들도 별로 차이는 없었습니다. 그러므로 수많은 사람들, 그리고 아마도 신분이 높은 수많은 사람들도 거의 그들과 차이는 없을 것입니다. 그러므로 그들이 내적으로 품고 있던 것은 무엇이나 밖으로 명확하게 드러나게 됩니다. 왜냐하면 그들이 온갖 구속들에게서 풀려나게 되면, 또는 법률에게서, 또는 그들 자신들의 탐욕들에게서 풀려나게 되면, 그들은 이런 성품이 되기 때문입니다. 1748년 5월 29일

동풍(東風)에 관하여

2121. 내 주위에 있는 영들에게 이런 일이 일어났습니다. 다소 늦었다는 이유 때문에 그들은 위해(危害)한 사회들과 결합하였는데, 그것은 질서에 일치해서는 거의 다스려질 수 없는 사회들이었습니다. 이런 일은, 이질적인 잡다한 종류의 영들로 이루어진 어떤 사회가 어떤 한 사람을 귀찮게 괴롭히기 시작하였을 때 나타나는데, 그가 여기저기로 팽개쳤는데, 이러한 일은 무자비하게, 계속적으로 그 자를 해치려고 하였을 뿐만 아니라, 그들의 또다른 계획들도 그와 꼭 같았습니다. 그런데 그와 같은 그들의 계획들은 영들이나 천사들이 관찰할 수 있는 것이었습니다. 명확한 사실은, 이런 부류의 사회들이 수많은 자들을 해치기 위하여 그들에 의하여 그런 사회를 형성한다는 것이었습니다. 이런 일은 자신들에게 허가되었을 때 일어나는 그들의 관습에 지나지 않습니다.

2122. 이와 같이 이질적인 잡다한 종류의 영들이 이런 사회들을 형성하였을 때, 이와는 별도의 다른 영들이 그런 또다른 사회들을 형성했다는 말을 들었는데, 이런 소식은 정면의 다소 오른쪽의 우측 관자놀이의 오른쪽 눈과 오른쪽 귀 사이의 영역의 높은 쪽에서 들려 왔습니다. 그것은 일종의 시끄러운 소리였는데, 소위 파도치듯이

들렸고, 매우 큰 소리였습니다. 이런 소리가 점점 더 가까이에서 들려왔을 때, 영들 사이에 소동(騷動)이 일어났습니다. 그들 중에서 몇몇은 여기저기로 분산되었습니다. 그 이유는, 그것은 이질적인 영들에 의하여 형성된 사회들에게는 큰 소란과 해체를 일으키는 큰 소동이기 때문이었습니다. 그들에게 그것은 마치 최후심판(最後審判)이 임박한 것처럼 보였고, 따라서 모든 것이 소멸할 것처럼 보였습니다. 어떤 자들은 몹시 슬퍼하였고, 또 어떤 자들은 괴로워하였습니다. 그럼에도 불구하고 나에게는 두려움 따위는 일어나지 않았습니다. 이런 경우가 나의 처지였는데, 그 이유는 종전에 이런 일이 한두 번 내 주위에서 일어났기 때문입니다. 역시 그들은 그 때에도 최후심판이 곧 일어날 것이다고 생각하였습니다. 나는, 번갈아 가면서 일어나는 일단의 큰 무리의 영들의 소리를 들었습니다. 한 영이 나에게 일러 준 것은 그의 귀에는 그것은 여러 말들(horses)의 소리와 같다고 하였습니다. 그러나 어떤 자는, 공포의 상태에 따라서 서로 다른 소리로 들었습니다. 그것은 나에게 마치 번갈아 가면서, 굽이치는 분명한 파도소리로 들렸습니다.

2123. 그 일이 계속되었을 때 나는 매우 큰 패거리의 목적이 무엇인지 알게 되었습니다. 다시 말하면 그것은 사악한 의도에서 잡다하게 형성된 그들의 사회들을 소멸시키는 것이 목적이었습니다. 그 이유는 그 사회들은 이런 식으로 다른 자들에게 악을 행하려고 획책하였기 때문인데, 그와 같은 사실은 종전에 경험을 통해서 잘 알았기 때문입니다. 그 때 영들의 큰 패거리는 온갖 공포를 가지고 그들을 공격하는 것에 의하여 그 사회 안에 있는 자들로부터 다른 자들을 분리시키는 것 이외의 것은 아무것도 생각하지 않았고, 그리고 역시 그 전체 사회가 파멸된 것이다는 것 이외의 것도 생각하지 않았습니다. 따라서 그들은 서로 분리되었고, 그리고 그들은 도망가는 것 이외에는 아무것도 생각하지 않았습니다. 몇몇은 자기 자신의 파멸만을 생각하였습니다.

2124. 그 때 그들이 내게 일러준 말은, 대기 속에서 바람에 의해서 일어나는 것과 같은 이런 흩어짐(分散)은 모든 것들을 질서에 맞게 바꾸어 놓는다는 것입니다. 왜냐하면 비록 그와 같이 해체, 분산된다고 해도, 그럼에도 불구하고 그들은 주님에 의하여 주님 자신의 기쁨에 따라서 재집결하기 때문입니다. 나에게도 영적인 뜻에 의하여 이런 일도 밝히 알게 하기 위하여 허락되었는데, 그 일은 곧 악의를 가지고 획책된 것들이 분산, 해체하게 되면, 그 때 그런 것들은 주님에 의하여 질서에 따라서 다시 재집결한다는 내용입니다.

2125. 이러한 사실은 주님의 말씀에서는 동풍(東風 · the east wind)에 의하여 드러나고 있는데, 그것에 관해서는 이미 여기저기에서 다루었습니다. 예를 들면 애굽에서는 메뚜기 떼를 불러왔고, 홍해(紅海)에서는 뭍을 드러나게 하였습니다. 홍해를 마르게 한 것은 이스라엘 자손이 마른 땅 위를 지나가기 위해서입니다. 왜냐하면 악한 영들의 결합체들을 분산, 해산시키지 않는다면, 그들은 이스라엘 자손의 어느 누구도 남겨둘 수가 없었기 때문입니다. 그러나 그는 그를 공격, 괴롭힐 것이고, 또한 선한 사회들로 옮기는 것을 방해할 것이기 때문입니다. 그러므로 선한 영들이나 천사들과의 영들의 교류는 방해를 받을 것입니다. 왜냐하면 악한 무리들은 회복된 뒤에도 온갖 교류들을 그 즉시 제거하기 때문입니다. 1748년 5월 30일

2126. 규모가 크든, 작든, 내면적인 것이 외면적인 것들과 서로 다른 개별적인 영혼들에 관해서 살펴보면, 이러한 경우 여러분들이 앞에서 일어난 것들을 보았듯이, 그와 같은 분산이나 해체는 이런 분리의 방법에 의하여 행해집니다.

2127. 혼란이나 소동이 지나간 뒤, 고요한 상태가 펼쳐졌습니다. 그래서 아무 소리도 들리지 않았고, 또한 음모(陰謀)나 간계(奸計) 따위도 인지되지 않았습니다. 이러한 사실은 거기에 있던 자들에 의하여서도 시인되었습니다. 1748년 5월 30일

쾌락에 관하여

2128. 영적인 개념으로 육체나 감관에 속한 쾌락이 어떤 성질의 것인지 나에게 일러졌습니다. 내면적인 기쁨에서 분리된 경우 그런 쾌락들은 짐승들의 것과 같이, 매우 조잡한데, 그 이유는 그것들은 오직 육체에 속해 있기 때문입니다. 다시 말하면 마시는 쾌락과 같기 때문입니다. 평온이나 순진무구(innocence)가 내재해 있는 내면적인 즐거움은 매우 감미롭습니다. 그런 즐거움이나 기쁨은 영적인 개념에 의해서 지각되고, 알 수 있습니다. 그리고 그것 안에 있는 자들에 의하여 역시 지각되고 알 수 있지만, 육신을 입은 삶 안에 있는 자들에 의해서는 인지되지 않습니다. 이런 부류의 쾌락이나 기쁨들은 그 때 분리되고, 거의 육체에 속한 것들이 됩니다. 1748년 5월 30일

악한 자의 사회들이 이질적이고 잡다한 것들로 이루어질 경우, 그것들은 다른 방법들에 의하여 해체된다는 것

2129. 우리는 이미 앞에서 악한 영들의 집합체들을 해체시키는 영들의 무리에 관해서 다루었습니다. 성경에서 그들은 동풍(東風)에 대응합니다. 그러나 이런 결합체들뿐만 아니라, 개인에게 관해서도 그런 무리들을 해체하기 위한 또다른 수많은 방법들이 있습니다. 다시 말하면, 그와 같은 경우는 어떤 한 영이나 영혼에 속한 개념들이 이질적인 것들로 만들어졌고, 그리고 그것들이 해체되는 경우가 되겠습니다. 나에게 이런 매체들을 아는 것이 주어지지 않았지만, 그러나 그것들이 어떤 존재인지 이미 알려 주었습니다. 육체에서, 또한 모든 용매제(溶媒劑)에서 대응하는 수많은 것들이 있는데, 그것들은 침의 용매제나, 간에서 나오는 것들에게서 잘 알 수 있는 것과 같이, 모든 밀착된 입자(粒子)에 잘 맞게 어울리고 있습니다. 따라서 사회들에 속한 사악한 구성체는 그것 자체를 용해시키는 자체의 방법(=매체)을 가지고 있습니다.

2130. 나는 다만 한 가지만 여기에 기술할 수 있겠습니다. 그들은 보다 더 밀접하게 결합되어 있고, 따라서 그들은 이른바 접착제처럼 붙어 있습니다. 따라서 그들은 서로에게 잘 드러나 있습니다. 탐욕에 의하여 서로들은 분리됩니다. 그 이유는 그들에 대하여 분리한다고 지각되는 것은, 그들이 종국에 해체될 때까지 서로 다투기 때문입니다. 이런 일은 자신들의 동의에서 일어납니다.

2131. 이런 부류의 무리들의 해체는 매우 일상적입니다. 왜냐하면 그들은 모두가 서로를 미워하기 때문입니다. 그들의 행위에 속한 성질에 따라서 엄청난 것이 그들에게 주어진다면, 그들은 즉시 해체하여 버릴 것입니다. 그러나 주님께서는 이런 일을 원하시지 않습니다. 왜냐하면 이와 같은 욕망이나 탐욕 따위들은 깨져버릴 것이기 때문입니다.

2132. 심지어 내면적인 천계(the interior heaven)에도 이런 부류의 무리들이 있는데, 여러 방법에 의하여 반드시 조절되어야 한다는데 의심의 여지는 없습니다. 나는 이미 여러 곳에서 그것에 관해 언급하였습니다. 한 예로 이런 일이 일어났는데, 그 때 천계에서는, 말하자면, 발효작용(醱酵作用)이 있었습니다. 그와 같이 가끔 일어나는 발효작용은 자기 자신들을 잠입(潛入)시키는 것이 허락된 악령들에 의하여 일어나는데, 이런 무리 때문에 그런 일이 일어나지는 않습니다. 1748년 5월 30일

성도(聖徒)들에 관하여

2133. 가톨릭 종파의 어떤 한 사람이 오늘 나에게 찾아 왔는데, 그와 같은 일은 근자에 죽은 다양한 종파에 속한 자들이 매일 하는 것과 마찬가지입니다. 가톨릭의 그 사람은 나와 대화를 가졌는데, 그의 대화는 이 땅에서 성도(=성인 · saints)들로 세워진 그런 자들에 관한 내용이었습니다. 그에게 일러진 사실은, 주님 이외에는 온 천계에 거룩한 존재나 성인은 하나도 없다는 것이었고, 그리고 천사들

이 성인들이라고 불리운 것은 거룩함(Holiness) 자체이신 주님의 거룩함에서 비롯된 것이다는 것이었습니다. 따라서 역시 천사는 성령(聖靈 · the Holy Spirit)이라고 호칭되었습니다. 이런 부류의 천사들은 그들 안에 거룩함은 전혀 아무것도 없고, 다만 자기들 안에 있는 것은 불결한 것이고, 그리고 거룩함은 오직 주님의 것이다는 것 등을 고백하였습니다. 왜냐하면 천사들이 거룩한 것이 아니다는 사실은 다윗의 시편서에서 잘 알 수 있기 때문입니다.

2134. 그 때 이 땅에서 성인이라고 불리웠던 몇몇 자들이 동의하는 뜻으로 말하였습니다. 그러나 그의 말은 어떤 것과 뒤섞인 소리를, 말하자면 몹시 흥분된 소리를 하였습니다. 그가 한 말은 자신들의 거룩함(神聖)은 오직 주님에게 속한 것이고, 그리고 자신들은 불결하고, 신앙 따위는 전혀 없는 존재이다는 것이었습니다.

2135. 이 땅에서 성인으로 추앙되었기 때문에 자기 자신을 거룩한 존재로 여겼던 다른 자들에 관해서는 다른 곳을 참조하십시오.

2136. 주님나라의 열쇠들이 주어졌다는 베드로가 어떤 존재인지 조사(調査)되었습니다. 주어진 답은, 베드로에 의해서는 믿음(faith)을 이해하여야 하고, 믿음에 대하여 주님나라의 열쇠가 주어졌다는 것입니다. 그 이유는, 어느 누구나 주님을 믿는 믿음을 통하지 않고, 주님나라(=천계)에 허입될 수 없기 때문이고, 그리고 주님을 제외하고서는 어느 누구도 믿음을 줄 수 없기 때문입니다. 그러므로 오직 주님만이 천계의 열쇠들을 소유하시고 있고, 주님께서 선하다고 인정하는 자들에게만 주님나라는 허락되기 때문입니다. 따라서 그것은 결코 사람의 것이 아닙니다. 베드로에 의하여 이해되는 믿음은 다른 사도들에 의해서 이해됩니다. 예를 들면 야고보에 의해서는 인애(仁愛 · charity)가, 요한에 의해서는 인애의 결실(the fruits of charity)이 이해됩니다. 그 안에는 믿음에 속한 많은 것들이 있기 때문에, 그는 주님의 가슴에 있었습니다. 1748년 5월 31일

모든 말은 영들의 언어에서 비롯된 근원에서 파생되었다는 것에 관하여

2137. 그들이 어떤 인물들과 이야기할 때, 영들은 마치 그들 자신의 언어와 같은 그런 언어로 말하고, 또한 그들의 땅에서 태어났고, 그 언어로 교육을 받았다는 것 이외의 다른 것은 알지 못하는 것처럼 말합니다. 이것이 바로 그들 자신의 말이고, 또한 그들에게 심사숙고(深思熟考)가 주어지지 않았다면 그들은 역시 달리 알 수 없었을 것입니다. 따라서 유럽이나 이 땅의 다른 곳에서 살았고, 수천 년 전에 살았던 죽었던 자들도 나의 언어로 나와 말을 하였는데, 그 언어를 그들은 나 자신의 것과 꼭 같이 아주 잘 알고 있었습니다. 그들은, 그러므로 그들에게 일러지기 전에는 그들은 다른 지역에 속해 있었기 때문에 나 자신의 언어를 알지 못하였습니다. 그러나 만약에 그것이 주님께서 좋아하는 것이라면 그들은, 그 지역에서 태어났고, 그 언어로 교육받은 어떤 누구보다도 더 정확하게, 그리고 유창하게 그 말을 구사(驅使)할 것입니다. 이러한 사실은 내 개인적인 경험에 속한 사안입니다.

2138. 이상에서 얻는 결론은, 영들의 언어는 보편적인 언어이다는 것, 그리고 그것에서부터, 말하자면 모든 말들이 생겨나왔다고 하겠습니다. 왜냐하면 그것이 그들의 언어를 구성하는 영적인 개념들이기 때문입니다. 이런 개념들이 사람의 기억 속에 입류할 때, 그것들은 사람이 기억 안에 가지고 있는 개념들이나 동일한 것에 대응하는 낱말들을 자극하였습니다. 더욱이 그것들은 뒤섞여 있는 개념들을 자극하였습니다. 이러한 것은 매우 일상적인 경우이기 때문에, 그런 것들은 다양한 여건에서 비롯된 것으로 서로서로가 잘 어울렸습니다. 그리고 결합되어 있는 수많은 것들, 말하자면 주위에 있는 것들을 자극하였습니다. 이런 모든 것들은 영들의 본성이나 기질에 따라서 일어났습니다. 왜냐하면 영들은 개념들을 자극하였고, 따라서 그들의 본성에 적합한 낱말들을 자극하기 때문입니다. 그러므로

이런 일들은 영들이나, 그들의 상태들에 속한 다양성이나, 차이에 따라서 일어났습니다.

2139. 이상에서 명확한 것은 매우 보편적인 것을 가리키는 천사들의 언어는, 말하자면 영들의 언어의 모체(母體)이다고 하겠습니다. 그러므로 그것은 서로 상이한 영들의 개념들 속에 입류하는데, 그 개념들은 그들의 본성의 다양성에 따라서 거기에서 발출하고 있습니다.

2140. 역시 여기에서 뒤이어지는 것은, 거기에는 보다 더 보편적인 언어가 있다는 것입니다. 다시 말하면 보다 더 내면적인 천계나 극내적인 천계의 언어가 있다는 것입니다. 그런데 그런 언어는 내면적인 천사들에게도 인지되지 않는 것인데, 하물며 영들이나 사람들에게 어떻게 인지되고 지각되겠습니까! 그러므로 그것은 말로 표현할 수 없는 것들을 내포하고 있고, 또한 쉽게 믿을 수 없는 것들을 내포하고 있습니다. 왜냐하면 내면적인 천계에 속한 천사의 지극히 작은 개념 안에는, 주님의 기쁨에 따라서 보다 내면적인 천계나, 극내적인 천계의 천사들에 의하여 지각될 수 있는 무한한 것들이 담겨 있습니다.

2141. 따라서 지금 명확한 사실은 주님 홀로 언어(言語 · Speech) 자체시고, 낱말(Word) 자체시는 것입니다. 왜냐하면 모든 것들은 주님에게서 비롯된 것이기 때문입니다. 1748년 5월 31일

사람들이나 영들은 자신들의 정해진 한계를 전혀 빗나갈 수 없습니다. 이러한 사실은 다양한 경험에 의하여 입증됩니다. 왜냐하면 영들은, 그들이 구속받지 않는 자유의지, 즉 특허를 향유하고 있기 때문입니다.

영들의 언어에 관한 속편

2142. 이미 언급한 것과 같이, 영들은 낱말들의 근원적인 개념들(the primitive ideas of words)을 가지고 말을 합니다. 왜냐하면 그것

은 모든 낱말은 그것 안에 있는 어떤 개념을 가지고 있다는 것과, 그리고 낱말의 모든 합성체(合成體 · composition of words)는 수많은 낱말들에 의하여 표현된 하나의 복합적인 개념을 가지고 있다는 것을 반드시 알아야 하기 때문입니다. 이러한 사실은 낱말들에게서 떨어져 나온 우리들의 생각들에게서 볼 수 있겠는데, 서로 간에 가지고 있는 영들의 말도 이와 같다고 하겠습니다. 사실, 그것은 그들이 역시 가지고 있는 생각일 뿐만 아니라, 서로 간의 그들의 언어이기도 합니다. 나는 이 사실을 알 수 있었고, 그리고 그들이 나에게 한 말은, 그들은 서로서로 말을 한다는 것이었고, 또한 나는 그것의 속삭임까지도 들었기 때문입니다. 이러한 사실은 그것이 나의 내적인 감관에 들어왔을 때 명확한 낱말들로 분별되었고, 그리고 영들의 대화들이 뜻밖에 내 관념들 안에, 유입하였기 때문입니다. 그리고 그들이 말을 할 때 낱말들 안에 유입하였기 때문입니다. 그리고 그들은 그 때 나에 관해서, 또는 이런저런 것들에 관해서 대화하였다고 말하였습니다. 그러나 그들은 그들이 영적인 언어로 말한다는 것을 알 수도 없었고, 알지도 못하였는데, 그 이유는, 사람이 깊이 생각하지 않는다면, 마치 사람이 그가 말하고 있는 언어(tongue)가 무엇인지 알 수 없고, 그의 낱말들이 무엇인지 알 수 없는 것과 같이, 그들은 깊이 생각하지 않기 때문입니다.

2142[A]. 그러나 천사적인 언어는 매우 내면적인 것입니다. 그런 사실을 나는 파악할 수 있었습니다. 내가 경험을 통해서 단 하나의 단순한 개념 안에도 수많은 것들이 존재한다는 것을 배우게 하기 위해 나에게 주어진 것이 무엇인지를 설명하고자 합니다. 이러한 사실은 주의(注意)하는 사람들에게는 아주 명백합니다. 그러나 만약 단 하나의 낱말을 가정한다면, 그러나 이런 낱말은 개념적으로는 단순하고, 그리고 비슷한 낱말이지만, 그럼에도 불구하고, 이런 낱말들은 무수한 것들을 내포하고 있습니다. 그러므로 영들의 단순한 개념 안에 있는 나머지 것들 안에 있는 이런 것들도 내면적인 계도 안에서,

사실은 숫자적으로 수도 없이 많은 것들을 드러내고 있습니다. 이러한 내용들은 영이 어떤 지각에 의해서 결코 깨달을 수 있는 것이 아니고, 다만 총명적인 것에 의해서만 지각할 수 있다는 것입니다. 결과적으로는 일반적으로 조잡한 것이나, 가장 불영명한 지각에 의하여 알 수 있을 것입니다. 만약에 내가 예증(例證)을 사용해도 좋다면, 크게 다르지 않을 것입니다. 다시 말하면, 기근(饑饉)이나 갈증(渴症)은 하나의 일반적인 감정(感情 · a common affection)으로 지각됩니다. 그리고 기근이나 기갈을 제외하면 거의 아무것도 지각되지 않지만 그럼에도 불구하고 그 때, 인체 · 지체 · 모든 섬유 · 모든 혈구(血球) 등등의 것 안에는 수많은 것들이 있습니다. 그리고 이런 내면적인 것들은 기근이나 기갈이 어떤 것인지를 형성하고, 만들고 있습니다. 마찬가지로 모든 감각도 그러합니다. 예를 들면, 미각(味覺 · taste)의 경우가 되겠는데, 그것은 일반적인 감정(a common affection)으로서 지각되지만, 그럼에도 불구하고 혀나 그 대상물(=食物) 안에는 그것을 구성하는 헤아릴 수 없이 많은 것들이 있습니다. 나머지 것들의 경우도 마찬가지입니다.

2143. 마찬가지로, 내면적인 천계의 천사들의 개념들은 내면적인 천계의 천사들에 의하여 보다 내면적인 계도에서 지각되고 있습니다.

2144. 여기서 분명하게 알 수 있는 것은, 만약에 그들이 관능적인 것에만 존재하고, 그리고 영적인 것에 대해서는 거의 흥미를 가지고 있지 않는 경우 그들의 지각이 어떠한 것인지 잘 알 수 있겠습니다. 마찬가지로 관능적인 기억에 속한 개념들의 지각이 어떤 것인지 잘 알 수 있겠습니다. 1748년 5월 31일

그들은 동시적인 교류(society)에서 말한다는 것에 관하여

2145. 더욱이 영들이나 천사들의 모든 언어는 교류 안에 있습니다. 왜냐하면 수많은 것들로 형성된 사회 안에서는 언어에서 따로 떼어

서 어떤 사물의 개념을 생각할 수 없기 때문입니다. 그 경우 영은 아무것도 알지 못하고, 그리고 그 영은 이른바 무가치한 존재라 할 만큼 어리석습니다. 그러나 그의 영민함(英敏 · sagacity), 결과적으로는 그의 말은 그 사회나 그 사회의 상태에 따라서 지배됩니다.

2146. 한 영이 말하고 있는 동안, 비록 동시적으로 동일한 말을 하는 다른 영들이 있다고 해도, 말하고 있는 그 자만이 있다는 것 이외에는 그가 알지 못하게 하기 위해서 동시적인 언어(simultaneous speech)라고 부르는 하나의 언어가 생겨납니다. 거기에는 이와 같이 말하는 몇몇이 있었고, 그리고 동시에 나도 말을 하였습니다. 그리고 듣고 있던 자들은 그 뒤에 말하는 자는 바로 나이다고 말해 주었습니다. 이와 같이 나에게 일러준 자도 그는 자기 혼자였다고 생각하였고, 다른 자들이 동시적으로 동일한 것을 말하고 있다는 것을 알지 못하였습니다. 1748년 5월 31일

영혼의 불멸(不滅 · immortality)에 관하여

2147. 내가 생각하기 시작한 것은, 온갖 공적(功績)들이나 저서들, 그리고 이와 유사한 것들에 의하여, 그리고 또한 묘비(墓碑)나 이와 비슷한 많은 것들에 의하여 명성의 불멸(名聲不滅)을 갈망하는 사람들이 여럿 있다는 것이었습니다. 여기에서 밝히 안 사실은, 비록 그들이 언젠가는 죽는다는 것을 알고 있고, 그들 중 대부분은 그들이 사후에 산다는 것을 거의 믿을 수 없지만, 그러나 무엇인가가 그들을 불멸의 열망에 내몰고 있다는 것입니다. 이것은 로마 사람들의 경우인데, 그들 중에서는 다른 자들에 비하여 더 불멸을 열망하고 있다는 것을 잘 알고 있습니다. 그래서 그들은 자신들의 이름을 사후에 남게 할 수만 있다면 자신들의 나라를 위하여 자신을 죽음에 던진다고 잘 알려져 있습니다. 그럼에도 불구하고 그들의 대부분은 영혼의 불멸이나, 사후의 삶에 관해서는 거의 생각할 수 없습니다.

2148. 이런 바람이 어디에서 기인한 것인지 생각하게 되었습니다.

그 이유는 만약에 보다 월등한 입류가 있지 않았다면, 그와 같은 생각은 있을 수 없기 때문입니다. 그리고 나는 동일한 사안을 가지고 천적인 존재들과 대화를 하였고, 따라서 내가 알게 된 사실은, 그 원인은, 그들이 사후에도 산다는 것과 그리고 이것이 예컨대 어린 것들에 대한 사랑, 즉 익애(溺愛 · *storge*)와 같이, 주님에게서 비롯되는 일반적인 입류로서 모두에게 유입한다는 일반적인 입류가 있다는 것을 어느 누구에게도 숨기지 않게 하기 위해서 불멸의 지각(the perception of immortality)을 주님께서 주입시키신다는 것 등등입니다. 그분을 떠나서 그 원인은 결코 존재할 수 없습니다. 그러므로 명성의 열망이나, 내면적인 명성의 열망도 꼭 같습니다. 다시 말하면 사후 불명의 열망도 마찬가지입니다.

2149. 그러나 모든 것에서도 이런 일이 일어납니다. 이와 같은 입류는 그들의 기질 · 본성 · 형체에 따라서 그것의 주체들이나 개체들 안에서 상황을 달리합니다. 그래서 비록 이와 같은 계속적인 유인(誘因)들은 어떤 자들에게 입류하지만, 어떤 자에게는 그들의 삶이나 탐욕에 따라서 오직 열정(熱情 · passion)으로 변한다는 것입니다. 그리고 다른 자들에게서는 그것은 달리 변합니다. 많은 자들에게서는 그것은 그들의 애욕들을 채우기 위한 오직 명성의 정욕으로 변하고, 또 어떤 자들에게서는 그것의 나타남 조차도 없습니다. 한마디로, 그들의 삶에 따라서, 다시 말하면 욕망들이나 바람들에 따라서 바뀌게 된다는 것입니다. 1748년 5월 31일

비록 모든 것이 자기 자신에게서 비롯된 것처럼 보인다고 해도 사람들이나 영들은 지극히 작은 것조차도 자기 자신으로부터 행할 수 없다는 것에 관하여

2150. 오늘 수많은 경험을 통해서 내가 알도록 허락된 것은, 비록 그들에게 자신들이 자신들로부터 모든 것을 생각하고, 말하고, 수행할 수 있는 것처럼 보인다고 해도, 영들은 지극히 작은 것까지도 수

행할 수 없다는 사실입니다. 이런 일에 관한 나의 경험은 너무나도 많습니다. 만약에 모든 나머지 것들을 열거한다면 여러 페이지를 채울 것입니다. 나는 오늘은 내가 영들에게 그들은 자기 자신으로부터 아무것도 할 수 없다고 했을 때, 그러자 그들은 몹시 성을 내면서 그들은 자신들로부터 모든 것을 능히 할 수 있다고 말했다는 것만을 언급하겠습니다. 따라서 그들에게 그렇게 입증된 사실은, 그들은 아무것도 수행할 수 없다는 것이었고, 그들이 말한 것은 무엇이나 다만 허락된 것 뿐이다는 것 등입니다. 나는, 영적인 개념으로, 이른바 제한을 받는 영기(靈氣)가 있고, 그 제한을 넘어서는 그들은 결코 나아갈 수 없다는 것을 깨달았습니다. 따라서 이런 부류의 영기가 보여졌는데, 그 때 영들은 그 너머로 나아가려고 시도했으나, 말하자면, 말하려고 했으나, 그들은 결코 그렇게 할 수 없었습니다.

2151. 그러므로 확증된 것은, 그들은 확정된 범위(=한계)를 넘는 것이 허락되지 않았다는 것입니다. 그것이 그 확정된 범위인데, 그 범위(=한계)들은 결코 어떤 것도 허락되지 않는 그런 것이 아니고, 다만 주님에 의하여 좋은 것으로 바뀌는 것 뿐이다는 것입니다. 허용이 없다면, 따라서 자신들에게 자유처럼 보이는 것이 없다면, 그들은 거의 살아갈 수가 없을 것입니다. 그들은 이런 사안에 대한 수많은 경험에 대하여 몹시 성을 냈습니다. 그리고 그들은 그들이 더 이상 앞으로 나아갈 수 없다는 것을 잘 알고 있다고 고백하였습니다. 그럼에도 불구하고, 그들은 여전히 고집을 부렸는데, 그 이유는 그들은 그들이 자기 자신으로부터 모든 것을 수행할 수 있다고 생각하는 그런 부류의 영들이기 때문입니다.

2152. 역시 그들에게 또 일러진 것은, 그들은 영적인 개념으로 지각하였고, 그리고 지금 지각할 수 있다는 것입니다. 말하자면, 그들의 바람들에 따라서 행동하는 자유나 또는 허가 따위가 그들에게 주어진다면 모든 것들은 소멸할 것이다는 것입니다. 왜냐하면 그것은 끝이 없이 증가할 것이고, 따라서 그들은 모든 것들을 파괴하는

것에게로 돌진할 것이기 때문입니다.

2153. 사실, 나에게는 가끔 고정된 제한들 안에 그들을 잡아두는 것이 허락되었고, 그리고 나 자신으로부터 그들이 생각하고, 말하고, 행동하도록 강요하는 것이 허락되었습니다. 그래서 그들은 결코 이리저리 빗나갈 수 없었고, 다만 그들은 나에게서 비롯된 동일한 것을 생각하고, 말하고 행하도록 구속을 받았습니다. 그래서 경험에서 내게 명확한 사실은, 영들이나 사람들은, 비록 그들에게는 자기 자신으로 말미암아 행하는 것 같이 보인다고 해도, 자기 자신으로부터는 지극히 작은 것까지도 수행할 수 없다는 것입니다. 그리고 만약에 영들이 자기 자신으로 말미암아 행동하는 것처럼 자기들에게 보이지 않는다면, 그들의 모든 쾌락들, 말하자면, 생명은 모두 소멸할 것입니다. 영들은 지금 내가 그들에게 허가가 있기를 간청하는 이런 것을 부연하기를 열망하였습니다. 그러나 주님께서 좋아하시는 범위 안에서입니다. 그들은 이런 말들을 사용하는 선한 영들입니다. 1748년 5월 31일

내면적인 기억, 그리고 외면적인 기억에 유입하는 내면적인 기억의 입류에 관하여

2154. 이런 것들에 관해서 특히 주지하여야 할 것은, 사람이 행하고, 말하고, 생각했던 개별적인 것이나, 전체적인 것 모두가 거기에 각인(刻印)된 이른바 내면적인 기억(a interior memory)이 있다는 것, 그리고 기질(氣質 · 性稟 · disposition)이라고 할 수 있는 보다 더 내면적인 기억(a more interior memory)이 있다는 것, 그리고 또한 개념들에 속한 지극히 미세한 요소(要素 · elements)들이 거기에 있다는 것 등입니다. 그러므로 사람이 최초의 유아기에서부터 생애의 마지막에 이르기까지 이른바 거기에 각인되지 않거나, 간직되지 않는 것은 결코 아무것도 존재하지 않는다는 것입니다. 사람은 이런 사실을 거의 믿으려고 하지 않는데, 그 이유는 사람은 오직 관능적인 기억

(corporeal memory)에 속한 지식만을 가지고 있기 때문입니다.

2155. 천사들에 의하여 이런 사실이 나에게 보여졌으나, 다만 나에게는 불영명하였습니다. 만약에 주님께서 그 일을 기뻐하시는 것이라면, 비록 나는 한 줄이나 또는 연속적인 것도 기억할 수 없지만, 내가 수년 전에 기술했던 낱말들의 개념 안에 있는 특별한 개념들까지도 그것들의 순서에 따라서 그 특별한 개념을 낱말들 하나하나로 암송(暗誦)할 수 있었습니다.

2156. 여기에서 명확하게 알 수 있는 것은 사람은 사후(死後) 밝은 빛에 들어가지 않는 것은 그 어떤 것도 결코 생각할 수 없다는 사실입니다. 사실 사람이 생각했던 모든 것은 밝은 빛 가운데로 들어가기 때문에, 지극히 작은 것까지도 숨겨지는 것은 아무것도 없습니다. 그런 것들은 모두 그의 기질(=성품)에 각인되어 있습니다. 만약에 이런 사실을 믿을 수 있게 된다면 각자의 생명책(every one's book of life)이 뜻하는 것이 무엇인지도 믿을 수 있겠습니다. 1748년 5월 31일

2157. 그러나 갑자기 내면적인 천계에 그것 자체를 침투시키는 이상한 일이 일어났는데, 나는 그것을 인지하였습니다. 그 이유는 그 이상한 일은, 그것이 그들 중 어떤 자를 감동시켰기 때문에, 갑자기 닫혀버렸습니다. 그리고 특히 그것은 유전적인 악이나, 후천적인 악에 의하여 그들의 내면적인 부분들은 해를 입지 않고, 다만 자연적인 마음에 속한 부분들만 해를 입었기 때문입니다. 그러므로 처음 보기에는, 보다 내면적인 것들이 해를 입지 않았기 때문에 이들 천사들은 그 때 악행은 없는 것으로 보였고, 또한 결과적으로 그들은 순결하고, 거룩한 그런 자들로 보였습니다. 그들 중의 몇몇은 이 이상한 일에 관해서 생각을 하였습니다. 그러나 그 뒤 이 이상한 일은 소멸되었습니다. 그 이유는, 이런 사안은, 천사들은 만약에 내면적인 천계의 천사들에 속한 자연적인 마음에 동시에 있지 않다면, 천사들은 결코 내면적인 천계에도, 보다 내면적인 천계에도, 극내적인 천

계에도 있을 수 없는 여건이기 때문입니다. 자연적인 마음은 떨쳐버릴 수 없습니다. 왜냐하면 그와 같이 되면 그 때 질서를 이루는 것을 완전히 빼앗기는 것이고, 그리고 그들은 더 이상 천사들이 아니기 때문입니다. 그러므로 자연적인 마음에 속한 유전적인 것이나 현실에서 터득한 부도덕한 원칙들은, 마치 보다 내면적인 것들이 극내적인 것들과 조화를 이루듯이, 이런 것들과 내면적인 것이 반드시 조화스럽게 대응하여야 합니다. 대응에서 이탈한 것은 그 어떤 거룩함도 존재할 수 없습니다. 그러므로 대응은 주님에 의하여 주어진 것이고, 그것은 주님께서 주신 능력이요, 기능입니다.

2158. 그들이 그와 같이 대응하기 위해서는 그들이 자연적인 원칙을 가지고 있는 것에 관해서 거의 모르고 있습니다. 왜냐하면 만약에 대응이 그들에게 주어졌다면 자연적인 원칙은 이른바 무가치한 것이고, 그리고 마치 그것은 투명한 것과 같이, 그것은 존재하지 않는 것입니다. 그래서 보다 더 내면적인 것은 명확하게 드러나게 됩니다. 이러한 사실은 오직 주님께서 주시는 선물인데, 그런 일은 가끔 경험에서 명확하게 입증되었습니다. 다시 말하면 근자에 육체를 떠난 영혼들이나, 또는 아직까지 자신들의 환상들이나, 관능적인 것들 안에 있는 영혼들조차도, 사실은 선한 영들이 아니라고 해도 주님에 의하여 천계에 올려질 수 있습니다. 그러나 그것은 그들이 단지 어떤 상태에 있는 동안만 그와 같은 일치는 주어질 뿐입니다. 한마디로 대응은, 비록 그들이 아직까지 자연적이지만, 천사들은 자신들에게 자연적인 영들이 아닌 것처럼 보이게 하는 어떤 원인들을 가리키지만, 그러나 자연적인 원칙은, 말하자면, 대응을 통하여 어떤 상태들 안에서 보이지 않게 됩니다. 그럼에도 불구하고 사람은 타락한 그런 존재이고, 영들이나, 천사들도 타락한 그런 존재입니다. 그래서 만약에 주님께서 계속해서 그것을 초래하지 않는다면, 대응은 결코 영원까지 일어날 수 없습니다. 그러므로 그들이 일치하지 않는다면, 그들은 그 때 천계로부터 영들에게로 쫓겨나고, 주님께서 대

응을 주시기까지, 그들은 거기서 징계 하에 있을 것입니다. 1748년 5월 31일

2159. 내면적인 것들의 측면에서 보면 보다 내면적인 것들은 무제한적이기 때문에 여기서 얻는 명확한 사실은 내면적인 마음의 지극히 작은 개념조차도 충분한 대응에 바뀔 수 있다는 것이고, 더욱이 그 개념들의 전부는 그들의 확신이나 정동에 속한 다양한 상태의 측면에서는 대응에 전혀 바뀔 수 없다는 것 등입니다. 그 이유는 상태들 역시 무제한적이기 때문입니다. 1748년 5월 31일

내면적 천계에 있는 선한 영들이나 천사들의 기쁨(喜悅)에 관하여

2160. 내면적인 희열・보다 더 내면적인 희열・극내적인 희열 이외에도 그들은 감관에 속한 기쁨(喜悅)을 수도 없이 가지고 있습니다. 예를 들면, 만약에 여기서 이 밖의 것을 내가 언급해도 좋다면, 거기에는 매우 아름다운 장식품들로 꾸민 우아하고 긴 포취들(porches)이 있는데, 특히 그들의 떠남(their departure)에서는 더욱 멋집니다. 이와 같은 낙원과 같은 포취・궁전・정원 따위는 그들이 떠남을 생각하고 있다는 것을 나타냅니다. 모든 조화에 일치하여, 직물(織物)로, 어떤 때 두 겹으로 꾸민, 그리고 위에는 아취 형으로 꾸민 포취(porch)에서는 그들은 자신에게는 거닌다고 생각하겠지만, 대화 가운데 서로 함께 있습니다. 더욱이 거기에는 이 세상에서는 어느 누구도 상상할 수 없는, 매우 화려하고 훌륭한 궁전들이 여럿 있습니다. 그 밖의 다른 자들은 무한히 다종다양함 가운데 있는 또다른 기쁨들을 가지고 있습니다. 1748년 6월 1일

주님 이외의 그 어디에서도 선은 발출하지 않는다는 것에 관하여

2161. 영들은, 선을 실천하고, 선을 원하고, 선을 생각하는 것이 명령되었을 때, 그럼에도 불구하고 영들은 자신이 어떤 선도 생각할

수도, 원할 수도, 행할 수도 없고, 어느 누구나 주님에게서 비롯되는 것을 제외하면 어떤 선도 행할 수 없다는 것을 어떻게 이해하여야 하는 것에 그들은 무척 혼란스러웠습니다. 그러므로 그들은 그들이 무엇을 해야 하는지, 아니면 손을 축 늘어뜨리고, 그저 흘러가는 대로 가만히 있어야 하는지, 이해할 수가 없었습니다. 가끔 그런 것들이 그들의 말거리가 되었습니다. 왜냐하면 그들은 그 이상의 더 좋은 것을 이해할 수도 없고, 또한 깨달을 수도 없었기 때문입니다. 그러나 그들에게 일러진 것은, 그들은 한결 같이 선한 것을 생각하고, 원하고, 행하여야 한다는 것과 그리고 결코 손을 구어박고 있지 말라는 것 등입니다. 그 때 그들은 비록 그것이 그들에게서 나오는 것이다고 생각하였지만, 그럼에도 불구하고 그들이 자신들의 선에 속한 생각이나 참된 것에 속한 원함이 어디에서 온 것인지 그 근원을 깊이 생각한다면 그 때 그들은 그것이 주님에게서 오는 것인지, 자신들에게서 오는 것이 아니다는 것을 반드시 시인할 것이다는 것도 일러졌습니다. 주님께서 선에 속한 생각도, 선에 속한 원함도 주시기 때문에, 따라서 누구나 모두 선을 실천하여야 하고, 그럼에도 불구하고 반드시 알고, 이해하여야 할 사실은 선은 그들의 것이 아니고 주님의 것이다는 것입니다.

2162. 어느 누구가 영적 천사적 개념 안에 있다면 그는 반드시 명확하게 깨달을 수 있는 것은, 어떤 생각이나 원하는 것이 자기 자신에게서 비롯되는 것은 전무(全無)하지만, 그러나 비록 사람이 그것은 자기 자신에게서 오는 것이라고 생각하겠지만, 그것이 아니고, 그 어디에서 유입한다는 것 등입니다. 그러나 영적 천사적인 개념 안에 있지 않는 자는 결코 이 사실을 이해할 수 없는데, 더욱이 모든 선은 주님에게서 온다는 것을 어떻게 이해할 수 있겠습니까! 그럼에도 불구하고 이런 사실은 천사들에 의하여 명확하게 이해되고, 지각됩니다. 내면적 천계에 있는 이런 존재들은 그것을 잘 이해하고 있고, 따라서 이지(理智)적으로도 납득됩니다. 내면적인 천계나, 극내적 천

계에 있는 자들은 그것을 잘 깨닫고, 인지하고 있습니다. 1748년 6월 1일

주님께서는 천계나 지상에 있는 모든 것들을 섭리하시고, 직시하시고, 인지하시고, 다스리신다는 것에 관하여

2163. 주님께서는 모든 것을 다스리시고, 그것으로 말미암아 섭리하시고, 그러므로 직시하시고, 인지하신다는 것은 하나의 진리이기 때문에, 나는 그 사안이 어떠한 것인지에 관해서 천적인 존재들과 대화를 하였습니다. 그 이유는 사람이 이런 것들에 관해서 깊이 생각하게 되면, 매우 수많은 것들이 온갖 의문들을 마음에 심는 일을 야기시킬 것이기 때문입니다.

2164. 나는 천적인 존재들과의 대화를 통해서 많은 것을 배웠기 때문에, 아래와 같은 사실을 공언한다는 것은 온당한 일이라고 생각합니다. 다시 말하면, 그 사안은 이런 것 이상의 크게 다르지 않는 처지에 있게 될 것입니다. 즉 만약에 비교(比較 · comparison)에서부터 그 개념을 형성하는 것을 취한다면, 그리고 환상에 의하여 내게 입증된 것과 같이, 그것은 하나의 깨끗이 씻은 원통(圓筒 · a polished cylinder)같아서, 그것 안에 있는 것은 광학(光學 · optics)에 의하여 주위에 던져진 것들과 어울리는 멋진 형상 같은 것이 나타납니다. 주위에 던져진 것들은 무질서하고, 형체도 없이 나타나지만, 그러나 잡다한 것이 섞인 혼란스러운 것으로 그것 안에는 멋진 것에 속한 편린(片鱗)도 보이지 않는데, 하물며 어떻게 아주 멋진 형상이 나타나겠습니까! 그럼에도 불구하고 거기에는 무질서의 상태에서 멋지게 보이는 형상인 그런 것들의 형상이 있습니다. 마찬가지로 사람들이나 영들의 눈 앞에는 이 세상에 있는, 개별적인 것이든 전체적인 것이든, 모든 것들은 무질서하고, 혼란스럽게 보이지만, 그럼에도 불구하고, 그 때 주님의 안전(眼前)에서는 그것들은 아주 멋진 형상을 이루고 있습니다. 다시 말하면 멋진 청년이나 아름다운 처녀의 형상으

로 보이는데, 그것은 총체적으로는 주님나라이고, 그리고 그것은 현재의 그 어떤 것이 아니고 주님께서 원하시고 뜻하시는 그런 것입니다. 다시 말하자면 그것은 곧 주님의 형상입니다. 1748년 6월 2일

2165. 따라서 그것은 주님의 성언 안에 있는 것들과 같습니다. 거기에서 그런 것들은 문자적인 뜻으로는 모순되고, 산만한 것이지만 그럼에도 불구하고 그 때 주님의 안전에서는 그것들은 내게 일러진 그런 것들입니다. 1748년 6월 5일

영들의 사회들에 관하여

2166. 자신들의 특권을 사용, 여기저기를 돌아다니기를 열망하는 영들로 이루어진 사회들이 있습니다. 이런 사회들 안에는 그들의 특권에 대하여 싫어하고, 따라서 그들이 질서를 회복하기 위하여 스스로 그들에 대하여 반항하는 몇몇이 있습니다. 이런 부류의 사회들에서 발견되는 이런 종류의 작자들 중에서 어떤 자들은 이 세상에서는 모든 자들에게 알랑거려서, 비위를 잘 맞출 수 있지만, 그럼에도 불구하고 그와 달리 생각할 수 있고, 그리고 그들은 항상 성실함과 정중함의 얼굴을 보이기 때문에 그들의 얼굴에서는 그들의 생각들이 보이지 않습니다. 그러나 그런 생각들이 영들에 속한 저 세상에서는 명확하게 드러나기 때문에, 그리고 그것에 의하여, 반감(反感)은 다른 자들에게 인지되기 때문에, 비록 많은 사람들 가운데서 이런 부류의 인물은 묵인, 관대히 취급받는다고 해도, 그들은 여전히 그 작자에 대하여 적의(敵意)를 가지고 있습니다. 그리고 만약에 어떤 계기가 주어지게 된다면 그 작자를 해칠 것인데, 그와 같은 일은, 어떤 불결한 모습이 생기게 되면, 말하자면 그들을 자신들에게서 내쫓는 그런 일에 의하여 그들이 폭로되는 그런 일과 비슷합니다. 나는 이와 같은 일이 행해지는 것을 자주 보았고, 지금 언급한 것과 같이 그 원인은 양쪽에서 시인되었습니다. 1748년 6월 2일

2167. 더러운 모습들을 드러내게 되면, 그들은 그 작자를 문 밖으

로 내쫓고, 그 작자로 하여금 그와 같은 더러운 모습의 대상물로 만들어 버립니다. 예를 들면, 무덤 안에 있는 죽은 사람의 모습을 드러낸다든지, 또는 들판에 버려진 죽은 사람으로, 또는 그런 것과 같은 것을 드러내게 되면, 그 때 그들은 자신들의 환상에 의하여 그 작자를 무덤 속에 버리기도 하고, 들판에 버리기도 합니다. 그리고 그와 같은 일은 그에게는 그가 그저 거기에 있다는 것 이외에는 달리 보이지 않고, 심지어 그 자가 불만을 토로하고, 그렇게 해서 거기에서 그는 풀려납니다. 그 때 그들은 이것이 바로 그 원인이다는 것을 모든 면에서 시인합니다.

2168. 육신을 입은 삶에서도 성실한 모습의 얼굴을 드러내는 일들이 있습니다. 그래서 어느 누구도 그가 아주 성실한 사람이다는 것 이외의 다른 인물로 달리 생각하지 않습니다. 그럼에도 불구하고 이런 부류의 인물들은, 그것이 나쁜 것이다는 것을 찾아내기 위하여, 다른 자들의 행동들·언행들·걸음걸이들·얼굴표정들을 유심히 살펴볼 것입니다. 그들은 이와 같이 탐색하는 짓을 계속할 것입니다. 다른 자의 잘못들은 찾아내지만, 다른 사람의 선행들은 거의 찾아내지 못하는 그런 무리들이었습니다. 1748년 6월 2일

이와 같이 각각의 사회는 개혁됩니다. 이런 자들은 반대로 생각하는 것이 보통인데, 즉 만약에 거기에 선한 것들이 있게 되면, 그 때 그들은 그들의 악한 것들을 생각하고, 만약에 악한 것이 있다면 그들은 그들의 선한 것을 생각합니다. 이런 이유는 그들이 악하고, 선하지 않기 때문이다고 생각합니다.

거기에는 모든 종(種)과 유(類)의 영들이 주어졌다는 것에 관하여

2169. 오직 상태의 측면에서 본다면, 나쁘든 좋든, 사람의 총명이나 정동 안에 존재하는 어떤 것에 전적으로 대응하는 영들과 영들의 사회들이 있었습니다. 그 때 나는 별로 중요한 것들도 아닌 것들로 기뻐하였습니다. 그런 것들은 글을 쓰고, 먹고 마시는 따위였고,

또한 그 밖의 여러 것들에 관한 것들이었습니다. 예를 들면 예전에 원했던 것을 구매(購買)하는 것이고, 따라서 거기에서 비롯된 익숙해진 성질 따위에서 비롯된 것이었습니다. 그 때 이런 유의 기쁨들이 되살아났을 때 거의 꼭 같은 기쁨을 가지고 있는 영들과 그 영들의 사회들이 거기에 있었습니다. 그래서 그들은 나에 비하여 더 강한 바람을 가지고 있었습니다. 그래서 그들은 어느 정도까지는 자기 자신들을 억제하지 못하였습니다. 만약에 욕망이 채워지지 않거나, 만족스럽지 않다면, 말하자면 죽을 것 같았습니다. 그들은 이런 사실들이 그들에게는 아무런 소용이 없고, 나에게 퍽 유익한 것이다는 것을 알았습니다. 따라서 사람의 총명이나 정동에 속한 것이나, 그들을 만족스럽게 하고, 즐겁게 하는 영들의 사회들에 속하지 않은 것은 아무것도 없었습니다.

2170. 비록 이런 것들은, 그들이 사람일 때, 그들이 가지고 있었던 것과 꼭 같은 쾌락들은 아니지만, 그럼에도 불구하고 거기에는 쾌락이나 기쁨에 속한 종(種)과 유(類)가 있기 때문에, 육신을 입은 삶에서 일반적으로 이런 부류에 속한 자들은 특별하게 그런 종과 유에 대응합니다. 1748년 6월 2일

사람을 멸망시키기 위하여 계속해서 애쓰는 무리들에 관하여

2171. 계속해서 사람에게 위해(危害)를 가하려고 획책(劃策)을 도모하는 그런 부류의 종과 유에 속한 작자들이 있었습니다. 사실 그들은 사람에게 온갖 고통을 주고, 잔인하게 다루고, 그를 죽이기까지 하였습니다. 이런 자들이 구속 가운데 갇혀 있게 되면 그들은 그들의 고약하고, 사악한 성질을 거의 알지 못합니다. 그러나 구속이 풀리게 되면 그들은 즉시 복수(復讐)의 여신과 같이 갑자기 사람을 죽이려고 날뛰기 시작합니다. 이런 일이 가끔 나에게 일어났는데, 그 때 그들은 어떤 위해를 나에게 시도하였고, 그 구속이 풀려났을 때, 그들은 그 즉시 그들이 원했던 행동들을 일으켰습니다. 그것은 나를

해치겠다는 것들에 관한 그들의 망상들이었습니다. 그들의 구속들이 풀려졌을 때, 그들은 크게 소리를 질러댔습니다. 이런 것에서 잘 알 수 있는 것은 비록 구속들 안에 있기는 하지만, 계속해서 작용하려고 하는 그들의 획책(劃策·attempt) 안에는, 그 구속이 풀려나게 되면, 그 구속의 정도에 따라서 실제적으로 활동하는 획책이 내재해 있다는 것입니다. 1748년 6월 2일

천적인 영들의 감미로운 언어에 관하여

2172. 천적인 영들의 사회가 나와 대화를 하였는데, 내가 안 사실은, 그들의 언어(speech)는 감미롭고, 그리고 가장 부드러운 대기와 같이 유연(柔軟)하였고, 거기에는 지극히 작은 지체도 없이 신속하고 정확하였지만, 그러나 낱말들은 마치 감미로운 흐름에서 나오듯이 유창하였습니다. 1748년 6월 2일

2173. 감미로운 흐름은, 그들이 선한 영들이고, 거의 천사들이다는 것에서, 더욱이 천적인 것들의 기질에서 나온 것입니다. 그들이 한 말에는 불일치하는 것이나 부조화스러운 것은 전혀 아무것도 없었습니다. 다시 말하면 그들의 생각에 일치하지 않는 것은 전무(全無)하였습니다. 생각의 개념들 안에 불일치가 적으면 적을수록 그 언어는 더욱 감미롭습니다. 그 이유는 그것 안에는 참된 선함이 있고, 또한 사랑에 속한 믿음이 있기 때문입니다. 따라서 거기에는 진정한 감미로움이 있을 수밖에 없습니다. 1748년 6월 2일

생각들의 보편적인 것들은 영들의 세계에나, 천계에 전해지고, 두루 퍼지게 된다는 것에 관하여

2174. 경험을 통해서 내가 안 사실은, 나의 생각이 관능적인 주제나, 물질적인 주제에 관해서 고정되어 있지 않을 때, 그 때 내 생각은 많은 자들 가운데 두루 퍼져나갔다는 것입니다. 그리고 비슷한 신념이나 정동을 가지고 있는 영들이나 천사들 사이에도 두루 퍼져

나갔다는 것입니다. 예를 들면 어떤 정동이, 어떤 주제도, 한정된 것도, 특정의 인물도 없이, 보편적인 방법으로 생각하게 되었을 때 두루 퍼져나갔습니다. 경험에서 내게 알려진 사실은, 그런 때에 주님께서는 그것을 값진 것이라고 여기신다는 것입니다. 그것은 한정된 것을 멀리하고 정동에 속한 일반적인 개념 이외의 것을 소유한다는 것이 알려졌습니다. 그 때 나는 영적인 개념이나 지각에 의하여 내 주위에 있는 영들의 사회들이나 천사들의 사회에 영향을 주는 그 어떤 것을 지각하였습니다. 그러나 이미 언급하였듯이, 주제들에 대한 한정적인 것이 있게 되면, 그 때 거기에는 이른바 닫혀짐이 일어나고, 또한 그들도 일반적인 방법으로는 감동되지 않는 일이 일어납니다. 그러나 보편적인 생각이 뜻하는 것이 무엇인지는 단지 물질적인 것 안에 있는 자들에 의해서는 파악될 수 없을 것입니다. 1748년 6월 2일

악들에 속한 다양성(多樣性)들은 무수(無數)하고, 사실은 무한(無限)하다는 것에 관하여

2175. 사람・영・천사 안에는 악 외에는 아무것도 없고, 그것이 그들의 고유속성이라고 하는 말을 들은 어떤 영들이, 능수능란한 간계의 술책을 행하였을 때, 그들은 나와 다른 자들에 관해서, 자신들도 그들과 꼭 같다고 말하였습니다. 왜냐하면 우리들은 악 이외의 다른 존재가 아니었기 때문입니다. 이런 내용이 그들의 결론이었습니다. 그들이 한 대답은 누구에게나 악 이외에는 아무것도 없고, 그럼에도 불구하고 거기에는 무한한 다양성과 다종다양함이 있다는 것입니다. 왜냐하면 이런저런 악에 기운 경향성은 크고 작기는 하지만, 대부분은 온갖 악들의 뒤범벅이기 때문입니다. 말하자면 온갖 애욕들(loves)이나 탐욕의 복합체이기 때문입니다. 그리고 그것은 마치 탐욕들이 육체의 욕망들이나 쾌락들로 결합된 것과 같습니다. 한마디로 말하면 그것들은 무한하지만, 영원히 개혁될 수 없는 그런

존재이다는 것입니다. 1748년 6월 3일

사람은, 본질적으로 중요한 것이 아니라고 여기는 것에 대하여 무엇인가를 이루려고 결심하지 말고, 그리고 미리 그것을 요구하지 말아야 한다는 것에 관하여

2176. 내가 수년 동안 경험을 통해서 터득된 것은, 본질적으로 볼 때 중요한 것이 못 된다는 사안에 대하여 무엇인가를 이루려고 누구나 결심하지 말라는 것입니다. 그런 이유는 그가 자신의 자유를 놓치게 될 뿐만 아니라, 영들에게 그것을 요구하는 구실(口實)을 주기 때문입니다. 따라서 그 사안에 관한 종지(宗旨)를 일으키기 때문입니다. 왜냐하면 영들의 본성은, 그 사안이 확실하게 정해져 있고, 반드시 이러난다고 하는 신념이나 종지를 열렬히 원하고 있고, 그리고 야기하는 그런 성품이기 때문입니다. 그러므로 주님께서 가끔 그것을 허락하십니다. 사람이 그것에 대하여 결심하지 않았다면 주님께서는 그 일을 허락하시지 않을 것입니다. 그 경우 주님께서는 선에 대한 정동과 함께 신념을 주실 것이고, 그리고 장차 그것에 대한 도움을 주실 것입니다. 더욱이 나는 매일 매일의 경험을 통하여 영들에게서 터득한 사실은 이와 같이 해서 사람은 자유를 부여받는다는 것입니다. 1748년 6월 3일

사회들은 여러 가지 방법들로 질서에 맞게 흩어지기도 하고, 조정되기도 한다는 것에 관하여

2177. 이미 언급한 것과 같이 동풍(東風)을 표징하는 자들이 있었습니다. 그들이 사회들을 분산시키기 때문에, 따라서 그 사회 안에 있는 그들은 강제적으로 서로서로 갈라졌습니다. 이와 같이 사회들을 해체시키기 위한 그 밖의 수많은 방법들이 있습니다. 그 이유는 사회들이 동일한 상태에서 오랜 동안 머무르게 되면, 좋지 않은 것으로 채워지기 때문입니다. 오늘 내가 목격한 것은, 이런 사안들에

관한 대화가 있었는데, 어느 누구도 자기 자신으로부터 생각도, 말도 하지 못하지만, 다른 자로 말미암아 그렇게 한다는 것이고, 그리고 다른 자들도 여전히 또 다른 자들로 말미암아 그렇게 한다는 것입니다. 그러므로 어느 누구도 자기 자신으로 말미암아서는 흥분하지 않는다는 것입니다. 여기에서 얻는 것은 보편적인 천계는 어떤 의미로는 모든 개념 안에 현존한다는 것이고, 따라서 모든 개념은, 그것 안에 무한한 것들이 내재해 있는 여러 개념들로 이루어진다는 것입니다. 그리고 이런 것들은 영들의 이해력을 초월하는 것들이기 때문에, 그리고 그들이 믿으려고 하지 않기 때문에, 따라서 그들에게 입증된 것은, 다시 말하면 차례차례, 그 뒤에는 나에게서는 멀리 떨어져 있는 사회에 의하여 입증되었습니다. 그것은 수많은 자들이 함께 말하고 있었는데, 그들은 그 일을 명확하게 듣고, 인지하였습니다. 따라서 그 악들은 모두 납득되었습니다. 즉, 아주 멀리 떨어져 있는 사회들로부터 내 주위에 있는 자나, 그 자들의 말에 의해 입류가 있을 뿐만 아니라, 서로 함께 말하는 자들이 너무나도 많기 때문에 그들이 서로 말할 수 있도록 어디에서나 입류한다는 것입니다. 그들도 역시 이 일을 인정하였습니다. 왜냐하면 그것이 천계로부터 왔기 때문에 영적인 개념에 의하여 그들은 그것을 인식하였기 때문입니다.

2178. 내가 기도하고 있을 때, 그 때 그 기도의 의미 속에 이런 생각이 주입되었습니다. 다시 말하면 수많은 사람들의 생각이 그 개념 속에, 또는 생각이나 기도의 개념들 속에 유입하였습니다. 그러므로 개념들은 혼잡스럽고, 무질서스러웠습니다. 그 이유는, 비록 질서 안에 있지 않는 우리들에게는 그것들이 질서 정연하게 보였지만, 혼란스러운 수많은 것들이 영들의 세계에서 유입되었기 때문입니다. 예를 들어, 눈에 관해서 생각해 봅시다. 눈의 미세한 광선은 가장 비질서적인 것들을 질서적으로 볼 수 있게 합니다. 그 이유는 미세한 광선 안에 있는 어떤 것들이 시각을 구성하는지를 모르기 때문

입니다. 수많은 악기의 소리도 마찬가지입니다. 화음은 변함없이 드러내지만, 그럼에도 그 때 모든 소리 안에는 수많은 불협화음이 내재해 있습니다.

2179. 내가 이런 개념에 빠져 있는 동안 그 사회들은 흩어졌고, 먼 곳으로 옮겨졌습니다. 그래서 이런 일이 일어났을 때 늘 그러하였기 때문에 모든 것이 소멸될 것이라고 여기고, 그들은 불평하였습니다. 그러나 영적인 개념에 의하여 내가 안 사실은, 그 때 그들은 처음에는 질서 법칙에 따라서 결합하지만, 이런 해체가 없다면 그들은 질서의 법칙에 따라서 결합할 수 없다는 것입니다. 왜냐하면 주님의 영은, 그것이 나타나는 것과 같이, 내면적인 것에서, 또는 탁월한 것에서부터 모든 것들을 질서에 맞게 조절하시기 때문입니다. 이와 같이 그들은 전적으로 질서에 맞게 조절됩니다. 이러한 사실은 영적인 개념으로 나에게 인식되었습니다. 1748년 6월 3일

2180. 그 뒤 높은 데서 일러진 것은, 그 사안이 그러하다는 것입니다. 다시 말하면 그 사회들은 다시 제휴(提携)하기 위하여 해체되었다는 것입니다. 그 때 내가 알게 된 것은, 언어의 뜻은, 영들의 세계를 통해서 내게 왔지만, 침투할 수가 없고, 오히려 어떤 것으로 바뀐다는 내 경우와 같이, 따라서 영들의 세계는 주님의 성언(聖言)이 영들의 세계를 통해서 사람에게 입류할 수 없고, 오히려 다른 뜻으로 바뀌어 버리는, 그리고 어떤 상태에서는 왜곡해 버리는 불화(不和)나 알력(軋轢)의 상태에 있다는 것입니다. 이러한 사실은 마지막 때가 가까웠다는 하나의 증거입니다.

2180[A]. 왜냐하면 사망한 인간의 영들은 영들의 세계의 대부분을 형성하기 때문입니다. 왜냐하면 주지하고 있듯이, 사람은 하나의 영이고, 그리고 하나의 영이 되기 때문입니다. 어떤 자들은 영원 전부터 어떤 영들이 주어진 것은 아니기 때문입니다. 그러나 선용에 속한 자가 될 수 있는 자, 특히 현재 이 땅에서 살고 있는 자들 뿐만 아니라, 육신에서 벗어난 영혼들에게 도움이 될 수 있는 자 이외에

는 다른 누구도 영들의 세계에 들어가는 것이 허락되지 않는데, 그런 사람들 안에는 여전히 관능적인 것들이 결합되어 있고, 또한 자연적인 것들과 뒤섞여 있습니다. 이와 같은 관능적인 것들이나 자연적인 것은 필히 분리, 제거되어야만 하는 것들입니다. 그러므로 이런 것들과 일치하는 영들이 영들의 세계를 형성합니다. 1748년 6월 3일

천계에서 사람들 사이에서 언급되는 것들은 그것에 대응하는 것들에 들어온다는 것에 관하여

내가 안 사실은, 내가 생각했던 것들, 또는 영들이 말하였고, 생각했던 그런 것들은 천계로부터 유입한 것들이다는 것입니다. 그럼에도 불구하고 그것들은 사람의 기억 안에서 대응하고 있는 것들에 따라서, 그리고 그 때의 생각의 대상물들에 따라서 다종다양(多種多樣)합니다. 왜냐하면 이것은 진리이기 때문입니다. 다시 말하면 천사들의 언어나, 천적인 것들의 생각은 매우 많은 것들을 내포하고 있고, 또한 아주 명확히 구분되는 개념들에 속한 하나의 연속물이기 때문입니다. 이런 것들이 영의 마음이나 사람의 마음에 내려오게 되면, 수많은 개념에 속한 전체적인 연속물은, 이른바 하나의 것, 또는 단순한 것이 되어 버리지 않는 개념들의 연속물로서 거기에 나타나지는 않습니다. 더욱이 이런 사실은 수많은 다른 것으로부터 확인될 수 있겠습니다. 따라서 천적인 존재들이나, 또는 천사들의 언어나 생각 안에 그와 같은 수많은 것들이 내포되어 있기 때문에, 그리고 이런 것들이 영들이나 사람들의 개념 안에 유입하기 때문에, 그들은 그들의 성질이나 상태에 일치하는 그런 것들을 자극할 수밖에 없고, 따라서 수많은 방법으로 작용할 수밖에 없습니다. 더욱이 이런 것들은 대응하는 그런 것들입니다. 이런 이유 때문에 수많은 것들에 속한 여러 대응들이 주어졌습니다. 다시 말하면 수많은 것들은 하나의 사물에 대응합니다. 단지 자기사랑(自我愛 · self-love)을 예로 든다면 그

것의 성질이 어떠한 것이든, 높은 것들에 의하여 표징되고 있고, 따라서 많은 것들에 의하여, 예를 들면 일반적으로는 산들에 의하여, 또는 장엄하고 멋진 나무들에 의하여 표징되고 있습니다. 다른 것들에 있어서도 그와 꼭 같습니다. 1748년 6월 4일

말하는 자들의 마음의 지각 안에 있는 낱말들의 소리에서 비롯된 영적인 개념에 관하여

2181. 한 영이, 특히 한 영혼이 말을 할 때, 그리고 주님께서 일반적으로 그의 성품이 어떠한지를 알게 하시는 일을 허락하시는 경우, 그 때 그의 성품이 어떤 존재인지는 낱말들의 소리나, 언어의 소리에서 들을 수 있습니다. 그의 성품이 개방적인지 폐쇄적인지, 또는 그것에 속하지 않은 그 밖의 다른 것인지도 지각됩니다. 그러므로 그것에서부터 특히 천사들은 그 성품을 잘 알 수 있습니다. 생각에 속한 이런 개념이 어떤 것인지는 기술될 수 없는데, 그 이유는 이런 지식은 사람들에게는 주어지지 않았지만, 그러나 그의 용모에서 파생된 마음에 속한 지식과는 비교될 수 있기 때문입니다. 사람이 상쾌하고 즐거운 용모를 보이고 있다면, 그 사람의 기쁨의 성질이 어떤 것인지, 그것은 어디에서 일어난 것인지, 그리고 본성이나 정숙함・우정・광기(狂氣)나 그와 비슷한 것들에게서 발출하는 거기에는 가식이나 위장, 배신(背信) 따위가 있는지 여부는 영리한 사람에게는 일반적으로 분명하지만, 그럼에도 불구하고 그것은 비교에 지나지 않습니다.

2182. 영들의 언어에 관한 영적인 개념은 사실은 마음이다는 것은 이미 잘 알려져 있습니다. 그럼에도 불구하고 그것은 수많은 것들을 내포하고 있습니다. 다시 말하면, 이미 언급한 것과 같이, 그 안에서 그 길은 천계를 향해 열려 있는지, 또는 오직 이 세상을 향해 열려 있는지, 범위는 어느 정도인지, 더욱이 일반적으로나 개별적으로 그것에 속한 것이 무엇인지 등등이 그것 안에 포함되어 있습니다. 그

러므로 주님께서 허락하시게 되면, 마음의 전부는 언어에 속한 단 한마디 낱말에서 거의 분명하게 나타나고, 따라서 그것의 성질 역시 잘 드러내지만, 그리고 그것이 처해 있는 상태 역시 관찰될 수 있습니다. 그리고 역시 그것은 주님께서 그것을 허락하시는 경우 천사들에 의하여 지각될 수 있습니다. 그리고 또한 그것 안에 있는 것은 역시 주님에게서 발출한 것이 아니다는 것 역시 알 수 있습니다. 왜냐하면 모든 개념 안에는 그 사람의 진정한 이미지가 존재하고, 그리고 그가 어려서부터 생각하고, 말하고, 행동한 그런 것이 담겨 있기 때문인데, 이러한 사실은 천계에 있지 않는 자는 그 누구도 결코 믿지 못할 것입니다.

2183. 그럼에도 불구하고, 이러한 것들은 들을 수도 없고, 지각될 수도 없다는 것을 알게 됩니다. 결과적으로 그것들의 개념을 알게 한 것은 주님에 속한 것입니다. 1748년 6월 4일

영적인 개념에 관한 속편

2184. 영적인 개념들은 주어지는 것이고, 그리고 그것으로 말미암아 수많은 것들을 이해하고, 지각할 수 있다는 것과, 그리고 그들이 생각하는 것에 비하여 더 많은 것들을 지각할 수 있다는 것을 믿지 않았던 어떤 영들이 다소 높은 영역에 올리워졌습니다. 그들에게 내 생각에 속한 각각의 개념들 안에 있는 수많은 것들을 볼 수 있는 일이 허락되었습니다. 그래서 그들은 영적인 개념들에 의해서 원인들을 보았고, 그리고 마치 어떤 것들이 대상물처럼 객관적으로 그들에게 보여지듯이, 그들이 믿을 수 있는 것에 비하여 더 많은 것들을 보았습니다. 그들은 이상하게 생각하였습니다. 그리고 그들은, 어느 누구가 믿을 수 있는 것보다 더 많은 것들을 영적인 개념으로 그들이 보고 있다는 사실을 시인하였습니다. 왜냐하면, 예를 들면, 개념들 안에는 무엇이 있고, 무엇이 총명적인 원칙(the intellectual principle)인지, 정동에서 비롯된 것은 무엇인지, 총명적인 원칙에서,

또는 정동에서 발출한 것인지, 그리고 어떤 정동에서 발출한 것인지를 깨달았을 뿐만 아니라, 더욱이 하나의 사물이 어떻게 해서 다른 것에 일치하는지, 따라서 진리가 진리로 믿게 되었을 때 총명적인 믿음(intellectual faith)에 의하여 행할 수 있는 것이 무엇인지, 그리고 그 밖의 많은 것들도 알게 되었습니다. 더욱이 총명적인 믿음은 주님으로부터 천계를 통하여 입류한다는 것, 그리고 사람은, 그것이 주님의 은총이요, 선물이다는 것을 제외하면, 결코 믿음을 이해할 수도, 포착할 수도 없고, 참된 믿음에 속한 어떤 것도 영접, 수용할 수 없습니다. 사실, 역시 내가 영적인 개념으로 지각한 것들은, 사람은 믿음에 속한 총명적인 것들에 의하여 천계에 결단코 들어갈 수 없다는 것이고, 그와 같은 생각은, 사람이 자신의 힘으로 천계에 오를 수 있기 전에 반드시 산산이 부서져야 한다는 것이고, 그리고 주님께서 홀로 참된 확신에 속한 것들이나, 선에 속한 지각, 또는 믿음 등등이 천계에 오르게 하신다는 것, 그리고 그것도 주님께서 좋아하시는 정도에 맞게 고양(高揚)된다는 것 등등입니다. 1748년 6월 4일

2185. 그들이 지금 나와 이야기를 하고 있기 때문에, 그들이 한 말은, 내가 기술한 그런 것들은, 그런 낱말들이나, 낱말들의 단순한 뜻으로부터 내면적인 것들이 이해될 수 있는 것은 아무것도 없다고 그들이 상상할 만큼 거칠고 조잡하다는 것이었습니다. 나 또한 영적인 개념으로 지각한 것은, 그것이 사실이다는 것, 그리고 나의 경험들은 너무나도 조잡하고 거칠다는 것, 따라서 나에게 주어진 대답은, 내 말은, 보다 깨끗하고, 선한 것들이나, 내면적인 것들이 주입될 수 있는 단순한 그릇에 지나지 않는다는 것 등등입니다. 그것은 마치 그것의 문자적인 뜻과 같습니다. 이른바 이런 그릇들은 예언서들의 문자적인 뜻과 같고, 그리고 그들의 표현들이 조잡할 뿐만 아니라, 심지어 수렁이나, 똥더미, 진흙에까지 접하고 있지만, 그럼에도 불구하고 그 안에는 내면적인 것들, 깨끗한 것들이나 성스러운 것들이

두루 차지하고 있습니다. 예를 들면, 주님께서 노하셨다, 그분은 분노로 가득 차셨다, 그분은 사람을 죽이신다는 등등의 표현입니다. 이런 부류의 표현들은 조잡한 것이기 때문에, 선에 속한 것은 아무것도 거기에 주입될 수 없을 만큼 거의 믿을 수 없습니다. 그럼에도 불구하고 그 때 예언자들은 천박한 자들의 이해력에 맞게 말한 것이고, 그리고 만약에 그들이 다른 방법으로 말하였다면, 그것은 바르게 이해될 수 없기 때문에, 선에 속한 것은 아무것도 주입될 수 없었었습니다. 그러므로 내가 부연할 수 있는 것은, 만약에 그들이 오로지 문자적인 뜻 안에만 머물러 있기를 원한다면 그 때 그들은 유사한 불결한 것들이나 그릇들로부터 자신들의 지식들(=과학지들)을 형성할 것이다는 것, 그리고 거기에서 이끌어낸 그들의 교리와 같은 것은 매우 사기적일 수밖에 없다는 것입니다. 1748년 6월 4일

표징적인 천사적 개념들에 관하여

2186. 내면적인 천계의 천사들에게 속한 표징적인 개념들의 성질이 어떤 것이다는 것을 총명한 자에게 기술한다는 것은 쉬운 일이 아닌데, 하물며 사람의 이해력에 설명한다는 것은 더욱 쉬운 일은 아닙니다. 그리고 또한 주님의 한량없으신 자비 없이 사람이 그것을 지각한다는 것 역시 불가능합니다. 나는 이러한 사실을 여러 번 관찰하였는데, 그것들은 몇 마디 말로 표현할 수 없는 표징들(表徵·representatives)이다는 것, 그것들은 정동들을 움직인다는 것, 그리고 그것들은 천사적인 형체들이나, 천적인 형체들에 의한 정동들에 속한 표징들이다는 것 등등입니다. 예를 들어 보겠습니다. 천사적인 방법에 의하여 구름·소나기·날(日)·빛(光)은 천적인 형상이나 종류와 공통점이 있는 어떤 것을 표징합니다. 이러한 일은 몇 마디 낱말로는 표현할 수 없는 개념에 의하여 행해지고 있습니다. 그리고 그 때 그것 안에, 또는 그것과 함께 있는 정동은, 그 표징과 꼭 같이, 증대하기도 하고, 감소하기도 하고, 그리고 변화하기도 합니다.

그 정동은 역시 지각적으로, 또는 총명적으로, 다시 말하면 천적인 방법이나 영적인 방법으로 인지되고 있습니다. 이런 성질의 것들이 내면적인 천계의 천사들에 속한 표징들을 가리키는데, 그것 안에는, 말하자면, 무한한 변화 안에 있는 정동들이 현존해 있고, 그리고 또한 즐거움 · 기쁨 · 환희 따위를 수반하고 있습니다. 이러한 것들은 즐거움이나 기쁨을 지니고 있는 마음의 내면적인 것을 감동시킵니다. 이런 표징들이 여러 번 내가 지각하도록 허락되었습니다. 그러므로 내가 반드시 알아야 할 것은 그것들이 어떠한 것인지, 그리고 그것들은 그와 같은 다종다양한 변화 안에 있다는 것 등입니다.
1748년 6월 4일
사실 변화의 정도는 덜 명료하거나 그와 비슷한 것들을 가리키는 표징들 안에 있는 그런 것들에 의하여 형성되는데, 그것들은 간결하게 요약되어 있거나, 순화되어 있습니다.

2187. 마찬가지로 수많은 종자들이 있고, 좋은 기름으로 에워싸인 무화과나무의 내면적인 것을 볼 수 있는 것이 허락되었을 때, 다시 말하면 나는 이런 것들을 깊이 생각할 수 있고, 그리고 동시에 어린 것들의 이노센스에 대하여 생각할 수 있는 것이 하락되었습니다. 그때 천사들에게 여러 표징들이 주어졌는데, 그들은 그것들에 관해서, 그들이 다른 어떤 근원에서 지각한 기쁨이나 희열보다도 월등한 것이다는 것을 말하였습니다. 개별적인 것이든 전체적인 것이든 이런 것들은 모두 주님에 의하여 주입되었습니다. 무화과나무의 씨들이나, 그것들을 에워싸고 있는 좋은 기름은, 말하자면, 하나의 수용그릇들인데, 거기에는 지각에 속한 천사적인 개념에 의하여 표징되는 기쁨과 희열이 존재해 있습니다. 이런 사실들에서 밝히 알 수 있는 것은 천사적인 표징들(angelic representatives)은 무한한 변화 안에 존재한다는 것이고, 그리고 그것들은 주님께서 열어주시는 내면적인 위치나 보다 더 내면적에까지 이른다는 것입니다. 그럼에도 불구하고 그것들은 자연적인 것들에 대해서는 개방되어 있는데, 이 자연적인 것

들은 영적인 것들이나 천적인 것들을 담는 작은 그릇들일 뿐입니다. 이 자연적인 것들이 바로 무화과나무, 그 나무의 씨나 좋은 기름이 뜻하는 것들입니다. 1748년 6월 4일

천사들은 과거의 기억이나 장래의 예상을 전혀 가지고 있지 않다는 것에 관하여

2188. 나는 여러 천사들과 대화를 하였는데, 그 때 내게 영적인 개념에 의하여 이해된 것은, 천사들은 보다 내면적이 되고, 완전하게 되면 될수록, 그들은 과거의 기억에 관해서 덜 가지게 되고, 그리고 그런 상태에 그들의 지복(至福)이나 영복(永福)은 존재한다는 것 등입니다. 왜냐하면 주님께서는 그들에게 그와 같은 즐겁고, 기쁜 것들을 일순간에 주시고, 그리고 그들이 생각한 것을, 그리고 그들이 감화 감동되는 것들을 그들에게 주시기 때문입니다. 이러한 일은 주님에게 속한 것이고, 그들의 것은 결코 아닙니다. 이러한 사실은, 주님께서 매일 매일 필요한 양식을 주시고, 그리고 그들이 먹고 마시는 것의 측면에서 장래 일에 관해서 그들이 염려나 걱정을 하지 말 것과, 그들은 매일 매일 먹을 만나를 받을 것이다는 성경의 여러 장절들에 의하여 밝히 이해됩니다. 그들이 과거의 기억을 가지고 있지 않기 때문에 그들은 장래에 속한 예상이나 기대도 가지지 않습니다. 왜냐하면 이것은, 비록 그 자신들에게는 기억을 가지고 있는 것처럼 보이고, 그들은 모든 것들이나, 또는 무수한 것들을 알고 있다고 여기지만, 동일한 기억에서 나오는 것이기 때문입니다. 그 이유는 주님께서는 그 때마다 그들에게 주시기 때문입니다. 그러므로 그들은 사실 그것이 자신에 속한 것이라고 생각할 수 있지만, 그 경우 그럼에도 불구하고 그것은 그들에게 속한 것은 아닙니다. 한마디로 말하면 그들의 지복이나 영복은 그들이 주님 안에 있기 때문에, 그들 안에 존재합니다. 1748년 6월 4일

2189. 더욱이 그들은 내가 여러 영들에게서 터득한 것이 무엇인지

추측하는 일에 몰두하였습니다. 그래서 무슨 일이 일어나면, 모두에게는 그것이 그러한지, 그리고 그것이 어디에서 온 것인지 추측하는 능력이 모두에게 주어집니다. 그리고 그들이 자기 자신들로 말미암아 추측하기 때문에 여전히 과오를 범합니다. 그러므로 만약에 그들에게 과거를 기억하는 능력과 장래를 미리 계획하는 능력이 주어진다면, 그 때 모든 사안들은 거짓된 추측들로 가득 채워질 것입니다. 그것으로 말미암아 혼돈이 일어나고, 지복과 영복의 파괴가 일어날 것입니다.

2190. 장래의 추측들이나, 과거의 회상들은 삶에 속한 모든 기쁨이나 환희를 제거해 버립니다. 거기에서부터 근심·걱정·두려움·염려 따위들이 생겨납니다. 그러므로 영복 안에 있는 자들에게는 이런 기억이나 이런 예측 따위를 줄 수가 없습니다. 그럼에도 불구하고 그들은 최고의 기억이나 영특함, 또는 생각을 가지고 있다는 것 이외의 다른 것은 전혀 알지 못합니다. 그 이유는 그들은 주님에게서 비롯된 그것을 가지고 있기 때문입니다. 결과적으로 신령한 것을 가지고 있기 때문입니다. 뿐만 아니라 내가 언급한 것은 사실입니다. 1748년 6월 4일

내면적인 천계에는 천사들의 계도들이 있다는 것에 관하여

2191. 세 천계(three heaven)가 있다는 것은 이미 언급하였습니다. 다시 말하면 내면적 천계(an interior heaven)·보다 내면적인 천계(a more interior heaven)·극내적인 천계(an inmost heaven)가 있는데, 이것들은 계도들(階度·degree)에 의하여 서로 명확하게 분별된다는 것도 설명하였습니다. 이것들의 성질이 어떤 것인지는, 다시 말하면 계도들이 어떤 것인지는 적절한 곳에서 설명되겠습니다. 그러나 이러한 계도들은 하나의 등급(one class) 안에 있습니다. 모든 천계 안에는 역시 영복(永福)의 계도들(degrees of felicities)도 주어졌습니다. 그리고 사실 내가 생각하는 것은, 그것은 한 등급 안에 있는 세 천

계의 종속적인 계도들(the generic degrees of the heavens)로서 서로 관계를 가지고 있는 것은 아닙니다. 거기에 세 계도가 있다는 것은 몸(body) 안에 있는 계도들로부터 짐작할 수 있겠습니다. 촉각(觸覺)·미각(味覺)·후각(嗅覺)들은 관능적인 본질(官能的 本質·the corporeal principle) 또는 감관적 육체적 본질(sensual corporeal principle)에 관계를 가지고 있습니다. 이것들은 순수성(純粹性·purity·純度)에서 서로 차이가 있는데, 그럼에도 불구하고, 이 모든 셋은 물질적인 세계(the corporeal kingdom)에 관계되어 있고, 이들 상호간에는 각각의 성질에 의하여 분변되고 있습니다. 이러한 사실은 사물을 올바르게 깊이 생각하는 자에게는 잘 알려져 있습니다. 따라서 관능적인 것들이나 또는 욕망(欲望·appetites)들에 관해서도 이 셋을 생각할 수 있겠습니다. 육체에 속한 정신적인 것(the spiritual of the body)에 관해서, 또는 감관적인 것들에 관해서도 역시 셋이 있는데, 다시 말하면 청각·눈의 시각·상상력의 시각(the sight of the imagination)에도 셋이 있는데, 이것들은 계도들에 의하여 서로 분별되는데, 그럼에도 불구하고 그것들은 자연적인 것들에 관계를 가지고 있습니다. 청각은 단지 감관적 관능적(sensual-corporeal)이고, 시각은 감관적 자연적(sensual-natural)이고, 그리고 이와 비슷하게 촉각·미각·후각도 서로서로에 관계를 가지고 있기 때문이고, 또한 외면적인 것은 하나의 해체(解體)가 없다면 내면적인 것에 도달할 수 없기 때문이고, 또한 외면적인 것을 구성하고 있는 것은 그것의 내면적인 것들이기 때문입니다. 그러므로 서로의 관계(relation)는 하나의 복합체(複合體·a compound)와 그것의 구성체들(components) 사이에 있는 관계와 꼭 같다고 하겠습니다. 1748년 6월 4일

(보충적으로 읽어야 할 것) 천계들은 인체 안에 있는 감관들에 대응합니다.

표징적인 천사적인 개념들에 관한 속편

2192. 천사들의 표징적인 개념들에 관해서는 이미 설명하였습니다. 즉, 몇몇에 속한 표징적인 개념들은 대기나, 기(氣 · aura)나, 천계에 있는 그런 것들에, 다시 말하면 이 세상에 있는 것들과 닮은 것을 가지고 있지만, 정화된 것들이다는 측면에서는 거의 더 이상 닮지 않았습니다. 그럼에도 불구하고 그것들은 그것에 의하여 표징되고 있습니다. 그것 안에는 그것들의 자연적인 근원(natural principle) 또 자연적인 기초(基礎 · natural fundus)가 있는데 그들은 그것들로부터 인지하고 있습니다.

2193. 그러나 거기에는 쉽게 표현될 수 없는 그 밖의 표징들도 주어지고 있습니다. 왜냐하면 그들은 모든 개념으로부터, 역시 합성된 여러 개념들로부터, 여러 개념들로 결합된 개념들로부터 표징들을 완성하기 때문입니다. 내가 생각하기에, 그들은 일종의 표징적인 것을 보고 있습니다. 그들은 마치 일종의 어떤 주제를 보고 있는데, 그 주제 안에는 총명적인 다양한 것들로 형성된 것이 있을 뿐만 아니라 정동에 속한 것들로 결합된 연속적인 것을 가지고 있고, 따라서 그들은 자기 자신들을 이런 것들에 의하여 다종다양한 정동들에 인도하고, 그리고 사실은 멋지고 즐거운 과정(course)이나 질서에로 인도합니다. 그러나 그들의 성품이 어떤 것인지는 결코 인간적인 총명에게는 기술될 수 없습니다. 그들이 이런 상태에 있는 동안, 주님께서는 이런 표징들 안에서 그들의 정동을 총명적인 것들과 함께 그들의 희열이나 기쁨에 인도하십니다. 그러는 동안 동시에 주님은 그것들을 완전하게 하십니다. 1748년 6월 5일

주님께서는, 어느 누구를, 심지어 시험의 상태에서도, 깨부수지(break) 않는다는 것에 관하여

2194. 수많은 경험들에 의하여 내가 배운 사실은 주님께서는 어느 누구도 깨부수지 않는다는 것입니다. 다시 말하면 일순간에 그의 온갖 탐욕들이나 욕망들 따위를 제거하신다는 것입니다. 그러나 주님

께서는 그 일 마저도 놀라운 방법으로 그것들을 굴복시키십니다. 왜냐하면 주님께서는 그들이 그들의 탐욕들이나 욕망 안에 있도록 허락하시기 때문입니다. 사실인즉슨, 이런 탐욕들이 매우 큰 정도에 이르기까지 증대시키고, 확장시키는 것을 허락하시기 때문입니다. 그러는 동안, 놀랍고, 지각할 수 없는 매우매우 다종다양한 방법으로 각자의 성품과 기질에 따라서 그것들을 굴복시키십니다. 이러한 사실은 수많은 경험들에 의하여 터득된 것입니다. 더욱이 이러한 일은 아주 천천히 일어났습니다. 마치 그 일은 그들의 방종(放縱)에 맞게 일어났지만, 그럼에도 불구하고 그들이 그들 자신의 선에 나아가는 정도에서 그들이 빗나가는 것 이상으로 허용이 주어지는 것은 아닙니다. 이런 사안이 어떠한 것이고, 주의나 신령섭리가 무엇인지는, 영들이나 천사들로부터 온 수많은 경험을 통하여 그것을 배우는 기회가 주어진 사람을 제외하면 어느 누구도 알 수 없습니다. 왜냐하면 그 때 조절될 수 있는, 또 다른 탐욕들이 주입되고, 그것들을 굴복시키는 선한 정동들이 주입되기 때문입니다. 나는 이런 것을 불완전한 방법으로 파악할 수 있었지만, 주님 이외에는 어느 누구도 알지 못합니다.

2195. 더욱이 주님께서는 어느 누구도, 비록 시험이 심하다고 해도, 시험들 상태에서 깨부수지 않습니다. 왜냐하면 시험들을 겪는 동안, 그것들이 증가하는 정도에 따라서 주님께서는 그분의 자비로 매우 다종다양한 방법들로 저항할 수 있는 힘을 그들에게 주시기 때문입니다. 그러므로 시험들을 겪는 동안에는 그들은 깨부서지는 것은 아니지만, 그러나 그들이 처해 있는 시험상태의 정도에 따라서 그들은 유사하게 휘어지기 때문입니다. 왜냐하면 그 정도가 심하든, 약하든, 마찬가지이기 때문입니다. 그 이유는 참고 견딜 수 있는 힘이 그 정도에 비례하여 증대하기 때문입니다. 1748년 6월 5일

2196. 내가 관찰할 수 있었던 것은, 그들이 가장 작게라도 깨부수어진다면, 그들은 주님에 대한 증오심(憎惡心)으로 기울게 될 것이다

는 것과, 동시에 알게 된 것은 야곱의 후손들은, 조금도 부수어지지 않았고, 다른 자들에 비하여 우상숭배에 기울었기 때문에 그들의 탐욕들로부터 강제적으로 분리되지 않았다는 것입니다. 이런 일에서부터 그들에게는 방종이 주어졌고, 그리고 그들은 그들의 탐욕들에 속한 방법에 의하여 점차적으로 주님 예배에로 옮겨졌습니다. 그들의 탐욕들이란 바로 마음의 자만(自慢)이었고, 세상에 속한 재물이었습니다. 1748년 6월 5일

영들이나 영들의 사회들은, 사람들에게 있는 모든 요소적인 개념이나, 그것들로 합성된 복합체적인 개념들에 대응한다는 것에 관하여

2197. 주어진 경험에 의하여 내가 안 것은, 거기에 있는 영들은, 모든 개념에, 그 개념 안에 있는 개념에, 또한 그 개념들에 밀착하고 있는 것들에, 대응한다는 것입니다. 더욱이 영들의 사회들 안에도 자기 자신들의 방법으로 그런 것에 대응하는 자들이 있습니다. 대응이 존재하는 천계에서도 마찬가지입니다. 즉 영들의 개념들 안에도 대응되는 것은 있습니다. 그러므로 거기에 사회들이 많으면 많을수록, 천계는 더 거대합니다. 그것에 비례하여, 개별적인 것들이나 전체적인 것들의 대응 역시 꼭 같이 증대합니다. 1748년 6월 5일

2198. 모든 사회들은 질서들 안에 정리 정돈되어 있습니다. 그리고 주님에 의해서 가장 세밀한 질서 가운데 정리되어 있고, 또한 주님에 의하여 사회들은 질서가 회복되었는데, 그것은 영들이나 사람들에게 속한 모든 것들—개별적이든 전체적이든—에 대응하기 위한 것입니다. 1748년 6월 5일

기억도 영들에게 주어진다는 것에 관하여

2199. 나와는 오랫동안 같이 있지는 않았던 영들, 다시 말하면 어느 정도 시간을 보낸 후 되돌아온 자들이나, 전에 나와 함께 있지

않았던 영들은 모두 그들이 어디에서 왔는지, 그리고 그들이 행한 것이 무엇인지를 내가 물었습니다. 그들은, 자신들이 산 적이 없다고 생각하기 때문에, 그런 것에 관해서 전혀 아무것도 알지 못하였습니다. 그럼에도 불구하고 그들이 그들은 살아 있다고 생각하게 되면, 그들은 그들이 전에 살아 있었다는 것을 알게 되지만, 그러나 그들은 어디서, 어떻게 살았는지에 대해서는 여전히 알지 못합니다. 이와 같은 단 하나의 이유 때문에, 비록 그들의 삶이 이 세상에 있는 다른 자들의 삶과 비슷하다고 해도, 반성에 속한 생각들(=개념들)은 그들에게 주어지지 않았습니다.

2200. 그럼에도 불구하고 그들에게 오늘을 알도록 가끔 기억이 주어졌습니다. 그와 같은 일은 전에도 여러 번 주어졌었습니다. 왜냐하면 그들은, 그들의 사회에 있었던 한 사람이 그들과 함께 왔고, 그리고 그들은 그것에 관해서, 그리고 수많은 것들에 관해서, 그리고 그 사람의 성품이나, 또한 그 사람이 그들과 어떻게 말하는지에 관해서 불평을 하였기 때문입니다. 따라서 이런 일을 회상하는 기억을 주님께서 그들에게 주셨기 때문입니다. 1748년 6월 5일

영혼들이나 영들의 탐사(探査 · exploration)에 관하여

2201. 그들에 대한 탐사에 관해서 보면, 그와 같은 일은 흔히 볼 수 있었던 일입니다. 영혼들이나 영들이 자유스러운 상태에 있게 되면, 그들이 육신을 입은 삶을 살 때 그들의 성품이 어떠하였는지, 그리고 만약에 법률의 두려움이나 사회의 두려움 없이, 속박에서부터 거의 자유롭게 되어, 그들이 그 사회에 있다는 것도 그들이 알지 못하고 있을 때 그들이 한 말의 성질 등등이 조사되었습니다. 그 사회에 있는 그들이나 또는 다른 자들도 그의 생각에 아주 밀접하게 추적되었고, 그리고 그가 그의 삶에서 가졌던 성품이 관찰되었습니다. 그는, 그의 말이 마치 자연스럽게 흐르는 것과 같이, 그런 식으로 말하였습니다. 따라서 그들은 그가 그런 성품이다는 것을 일반적

으로 알게 되었습니다.

2202. 역시 알 수 있었던 것은, 그들이 어떤 경험이든지 그것에서 어떤 사람의 기질(氣質)에 관해서 어떤 식으로 알게 되었을 때, 그 때 그들은 그 사람의 성품에 관해서 더 잘 알게 됩니다. 왜냐하면 이것은, 말하자면, 다른 것에서부터 하나의 것을 결론짓는 그들이 가지고 있는 선천적인 기질 때문입니다. 그리고 그가 이런 기질을 가지고 있기 때문에, 뒤이어지는 것은 그가 다른 것에서 그런 기질을 가지고 있다는 것입니다. 따라서 그들은, 가정(假定)된 판단에 일치하는 다양한 것들을 통하여 영혼, 또는 영을 인도합니다. 그럼에도 불구하고 그들은 자주 과오를 범합니다. 그 이유는 그들이 오직 관능적인 것들이나, 자연적인 것들에 의하여 판단하기 때문이고, 그리고 그들은, 오직 주님에게만 알려져 있는 그의 내면적인 것들이나 보다 더 내면적인 것들을 알지 못하기 때문입니다. 1748년 6월 5일

영들은, 그들이 자기 자신을 나타내려고 할 때 자신들의 안면을 다양하게 나타내는 것이 습관적이지만, 그럼에도 불구하고 그들은 여전히 자기들의 얼굴을 가지고 있다는 것에 관하여

2203. 이미 내가 잘 알고 있는 것은 영들이 자기 자신들을 드러내려고 할 때, 나는, 마치 사람이 사람을 볼 때와 같이, 그들의 얼굴을 명확하게 볼 수 있었습니다. 이런 일은 자주 일어났습니다. 그들은, 다른 것에 대하여 한정된 변화들을 통하여 그들의 얼굴들을 변화시켰습니다. 그럼에도 불구하고 그들의 동일한 종류의 얼굴은 그대로 남아 있었습니다. 따라서 주도적인 정동은 그 얼굴의 수많은 변화들과 함께, 계속해서 드러내고 있었습니다. 따라서 그들의 얼굴들은, 말하자면, 얼굴의 다양한 변화들과 더불어 그 종류에 속한 전체적인 정동의 얼굴들이었습니다.

2204. 이런 일이 어떻게 해서 질서나 상호 관계성에 아주 적절하게 존재할 수 있는지, 그 원인은 이미 나에게 알려졌었습니다. 그러

나 그 뒤 그런 일은 경험에 의하여 나에게 아주 명확하였습니다. 다시 말하면 그 사회는, 그것 안에 정동의 다양함들을 가지고 있는 동종의 정동에 속한 영들이나 천사들이 있는 그런 사회였다는 것입니다. 그러므로 그 사회는 그것 자체를 그와 같이 나타내었는데, 그때 거기에는 나머지 자들의 중심이 되어 있는 자가 있었는데, 그 중심된 자에 대하여 나머지 자들은, 그들이 처해 있는 그 사회에 있는 질서에 관계를 가지고 있었습니다.

2205. 내가 가지고 있는 더욱 명확한 경험에 의하여 자주 알게 된 사실인데, 내가 거울 속의 나 자신을 보고 있을 때 동시에 한 사회에서, 그 뒤에는 다른 사회에 있는 그들과 내가 말한 적이 있는 영들이 그 거울 속에 나타났습니다. 그럼에도 불구하고 나의 얼굴은 그대로였습니다. 그러나 얼굴의 변화들은 그들의 얼굴의 변화에 속한 것처럼 보였습니다. 그들이 이 사실을 알고서 그들은 몹시 화를 냈습니다. 이러한 일은 영들이나 천사들의 얼굴에서 일어나는 일과 아주 비슷하였습니다. 그들은 나에게 자신들은 자신들을 잘 알고 있다고 말하였습니다. 그러나 그들은 내 자신과 꼭 같은 정동 안에 있지는 않았습니다. 그 이유는 주님을 믿는 믿음 안에 있는 자는 단 한 가지 정동의 주체자가 아니기 때문입니다. 왜냐하면 그는 그것이 입류하는 영들이나 천사들의 성격이다는 것을 잘 알고 있기 때문입니다. 이와 같이 다른 자들의 얼굴이 유입하는 일이 일어났습니다. 이런 일은 자주 일어났는데, 어떤 때는 그들의 분노의 상태에서, 어떤 때는 그들의 기쁨의 상태에서 일어납니다. 그들은 자신들을 아주 완벽하게 인지하고 있었습니다. 1748년 6월 5일

무엇이 영들의 추잡한 말을 억제하는가에 관하여

2206. 나는 몇몇 영들이 하는 말을 들은 적이 있습니다. 나는 그들이 이 세상에서 근자에 왔는지 여부는 알 수 없었습니다. 그들은 다른 자들과 함께 있게 되면, 자기 자신들을 억제할 수 없고, 오히

려 추잡하고, 망신스러운 말을 할 수 있는 자들입니다. 그래서 그들은 아무것도 부끄러워하지 않았습니다. 어떤 자는 아주 지나칠 정도로, 어떤 자는 덜한 정도로, 그 짓을 하였습니다. 왜냐하면 그들은, 전에 언급한 것과 같이, 방종(放縱)에 빠져 있었기 때문입니다. 그들에게 일러진 것은, 그들은 어떤 부끄러움도 아랑곳없이 행동한다는 것이고, 그리고 그들은 육신을 입은 삶에서부터 수치심이 그들과 함께 온 것은 아니다는 것 등입니다. 왜냐하면 만약에 그들이 그것을 가지고 있는 것이라면 그것은 그와 같은 짓을 억제할 것이기 때문입니다. 한편, 그들은 수치심 밖에 있었기 때문에 그들은 다를 수도 없었습니다. 그러므로 수치심·공포·전율이나 이것들과 유사한 일들이 온갖 형벌들에 의하여 그들에게서 일어날 것입니다. 그리고 그들이 이와 같은 품행에 되돌아오게 되면 그들은 수치심이나, 또는 공포·전율 따위에 압도되었고, 그래서 그들은 달라질 수 있었습니다. 왜냐하면 이런 것들이 곧바로 주입되었기 때문이고, 그리고 그들은 그들이 이런 습관을 버리고, 그래서 정숙한 사회에 있을 수 있을 때까지 억제하고, 참았기 때문입니다. 1748년 6월 5일

주님의 기도문에 있는 천사적인 개념에 관하여

2207. 내가 주님의 기도문에서 깨달은 것은 이러합니다. 주님의 기도를 드릴 때, 그 때 기도한 것은, 우리가 시험에 빠지지 말게 하시고, 우리를 악에서 구하여 주십시오 라는 것인데, 시험과 악이 특정의 개념에 의하여 물리쳐지게 된다는 것입니다. 다시 말하면 나의 조잡한 개념으로 말한다면 그것은 머리 뒤로 쫓겨났고, 남아 있는 것은 천사적인 것, 말하자면, 주님에게 속한 선이었습니다. 그것에 관해서 보면, 수도 없이 많은 천사적인 개념들이 형성되었고, 그리고 고통에 의하여 사람에게 선이 어떻게 해서 오는지, 다시 말하면 그 고통은 사람의 악에서 일어나고, 그 고통 안에는 형벌이 있다는 것이었습니다. 그럼에도 불구하고 그 선은 주님의 것이다는 것입니

다. 그러므로 악을 물리치는 개념이 어떤 성질인지는 어느 정도 나타났지만, 여전히 그것은 조잡한 것입니다. 나는 그것을 깨달았는데, 그 이유는 그것이 인지될 수 있는 것이고, 그리고 성급함을 지니고 있었고, 그것 안에는 일종의 분노 따위가 있었기 때문입니다. 그것이 바로 고통에 속한 악이나 시험 따위는 주님에게서 온 것이다고 생각하기 때문입니다. 1748년 6월 6일

대응에 의하여 행동하려는 한 천사의 시도(試圖)에 관하여

2208. 내가 길을 걷고 있을 때 어떤 한 천사가 사람의 생각에 유입된 천사에게 속한 것들이 어떠한지를 알아보려고 시도하였습니다. 따라서 대응들을 검색하였습니다. 그러나 그는 지극히 적은 몇 가지만 알 수 있었습니다. 내가 깨달은 그 이유는, 비록 사람의 생각에 비하여 풍부하다고 해도 천사들의 생각들은 자극을 받는 대응적인 것에 비교하면 거의 아무것도 아니기 때문입니다. 더욱이 천사들의 생각들이 사람의 고유속성에서 제외되면 온갖 악한 정욕이나 욕망들이 자극을 받습니다. 그리고 더 조잡한 종류의 것들이 그들 자신의 생각 밖에 있는 것들을 자극하게 되면, 그것들은 역시 그들의 마음 안에 있는 뒤섞인 것들을 자극하게 됩니다. 이것으로 인하여 영들에게 보다 더 부조화스러운 개념들을 자극하는 구실들을 주기 때문입니다. 한마디로 말하면 천사들의 생각들이나 개념들은 지극히 제한적이다는 것이고, 그리고 그런 것들은 결코 사람을 인도할 수 없다는 것입니다. 그럼에도 불구하고 그들이 자신의 고유속성에서 행동하는 한 그들은 왜곡할 뿐입니다. 1748년 6월 6일

만약에 사람이 질서 안에 있으면서 짐승들이 향유(享有)하는 일종의 감각을 향유한다는 것에 관하여

2209. 짐승들이 즐기는 일종의 감관이 있습니다. 그러나 사람은 그렇지가 않습니다. 다시 말하면 비록 멀리 떨어져 있지만 집으로

가는 길을 아는 것과 같은 감관을 가지고 있는데, 이런 사실은 말들·개들·벌들이나 그 밖의 많은 동물들에 관해서 잘 알려져 있습니다. 또한 그런 것들은, 사람과 같이, 짙은 밀림 속에서도 당황하지 않고, 따라서 그것들은 집으로 가는 길을 알 뿐만 아니라, 벌의 경우는 수많은 것들 가운데 있는 자신의 굴까지도 잘 알고 있습니다. 이 감관은 질서에 맞게 살아가기 위한 일반적인 것입니다. 이런 질서는 그들의 영혼들에 각인되었습니다. 사람이 질서 안에서 산다는 사람의 경우도 이와 같습니다. 나에게 그것을 아는 경험이 주어졌습니다. 내가 집으로 가는 길을 모르고 있었을 때 나는 집으로 인도되었을 뿐만 아니라, 내가 전에 알고 있었던 곳을 놀라운 방법으로 그 곳을 알고 있고, 내적인 능력(an internal power)에 의하여 어느 정도 느끼기도 하였습니다. 그러므로 그 곳은 나를 감동시켰습니다. 따라서 나는 그것이 누구의 집인지도 알았습니다. 1748년 6월 6일

사람에게 있는 천사적인 언어에 관하여

2210. 천사들은, 중간매개적인 영들을 통하지 않으면, 사람과 이야기 할 수 없습니다. 왜냐하면 그들의 언어는 몇 마디 낱말들에 의하여 표현할 수 있는 것에 비하여 보다 더 많은 것들이 포함되어 있기 때문입니다. 그럼에도 불구하고 그들이 직접적으로 사람에게 말을 걸 경우 그 여건이 어떠한지를 지각하는 것이 주어졌습니다. 말하자면 거기에는 내가 감동 받는 정동에 의한 것을 제외하면, 알지 못하는 영적인 영감(靈感·a spiritual affection)이 있다는 것입니다. 1748년 6월 6일

천사들의 표징들이나 생각들이 어떤 방법으로 사람의 것들과 관계를 갖는가에 관하여

2211. 나는, 천사들의 성품에 관해서, 그리고 사람의 생각들에 관계를 가지고 있는 천사들의 생각들에 관해서 천사들과 대화를 하였

는데, 이것은 말(言語 · speech)에 의한 것은 아닙니다. 다시 말하면 천사들의 생각들은, 사람의 눈에는 불영명한 것처럼 보이는, 어떤 것들은 크게 보이는, 작은 벌레의 작은 내장들과 같았습니다. 따라서 그것은 동질의 것이고, 단순한 것이었습니다. 그것은 마치 하나의 분자(分子) 이외의 아무것도 아니었습니다. 그것이 내면적으로 보는 천사들의 생각들이기 때문에, 그리고 내장과 같은 것이기 때문에, 그리고 그 내장은, 그것의 기관들 · 위 · 뇌 · 골수 등들을 가지고 있고, 그리고 그것들로 인하여 유산한 몸을 구성하는 큰 동물의 내장과 거의 같은데, 다시 말하면 여러 겹의 기관들로 이루어진 큰 동물의 내장과 같은데, 천사들의 생각들도 이와 같은 동물의 내면적인 것들로 이루어진 것과 같습니다. 이러한 내용이 사람의 개념들에 대한 그들의 개념에 속한 관계입니다. 이런 표징들로부터 복합체적인 것이나 분자적인 것들이 유입합니다. 그럼에도 불구하고 그 때 그것들은 자기 자신에게서는 닮지 않은 것으로 보입니다. 사실은 그것들은 거기에서 나오는 하나의 복합체적인 그런 것들입니다.

2212. 따라서 천사들의 생각의 성질을 기술하고 탐색한다는 것은 사람에게서는 쉬운 일은 아닙니다. 그 이유는 그것들은, 말하자면 몸을 형성하는 작은 내장들이기 때문입니다. 그리고 비교해서 말하면 그 몸은 사람의 개념과 같은 것이기 때문입니다.

2213. 왜냐하면 동물의 내면적인 것들은 그것의 외적인 것들과 전혀 다르다는 것을 잘 알고 있기 때문입니다. 만약에 그것들이 광학적인 시각(optical sight)을 통해서 알려진 것이 아니라면, 외적인 것들로부터 어느 누구도 내면적인 것의 성질이 어떤 것이다는 결론을 내릴 수는 없습니다. 그리고 광학적인 시각에 의해 나타날 경우 그것들은 전적으로 닮지 않은 것들인데, 그 이유는 사실 그것들은 뇌 · 척수 · 폐장들 · 심장 또는 작은 심장들 · 위 · 간이나 생식기관에 공헌하는 그릇들로 이루어져 있고, 그리고 그 밖의 다른 것들로 이루어졌기 때문입니다. 큰 동물에게서도 마찬가지인데, 더욱이 수많

은 섬유들・기관・피막・인대(靭帶)로 이루어지고 있는데, 그것은 그것들이 일치성을 가지고 작용하기 위해서입니다. 따라서 그것들은 하나의 몸통을 형성하며, 그리고 그것은 모든 것들의 복합체일 뿐이고, 그리고 눈에 대한 단순한 형체 하에 나타납니다. 그러나 눈은 그것이 그러한 것을 가지고 있고, 그리고 그와 같은 수많은 구성체를 가지고 있다는 것을 알지 못합니다. 사실은 그런 구성체 하나라도 잃게 되면 그것은 불완전한 것이고, 복합체 안에서 커다란 결함이 넘치게 된다는 것도 알지 못합니다.

2214. 천사들의 생각들의 개념도 사람의 생각들의 개념에 관련해서 보면 이와 마찬가지입니다. 왜냐하면 그것들은 많은 구성물로 이루어져 있고, 그것의 성질은, 주님께서 사람에게 그것을 계시하여 주시지 않으면 절대로 파악될 수 없기 때문입니다. 마찬가지로 사람도 이러한 분자의 구성물이 어떠한 것이고, 그것의 성질이 무엇인지 알 수 없기 때문이고, 뿐만 아니라 그들의 복합체 안에는 완전한 미소한 동물(微小動物・animalcule)이 내재해 있는 것과 같기 때문입니다. 따라서 사람의 개념은 이런 것들의 복합체인데, 사람은, 그것들이 유사하지 않기 때문에, 그 복합체를 전혀 알지 못합니다.

2215. 이 비교가 적절한 것이다고 할 수 있는 것은 그것으로 말미암아 분명해지기 때문입니다. 그 이유는 모든 사람의 개념 안에는, 심지어 지극히 작은 것 안에도, 그 사람 전체가, 그 사람이 처해 있는 상태에 따라서 존재해 있기 때문입니다. 말하자면 그의 모든 기관들, 그의 내장들, 또는 그의 내면적인 것들을 모두 소유한 그 사람 전체가 존재해 있기 때문입니다. 이러한 사실은 이런 것들로부터 아주 명확한데, 그것은 주님께서 허락하신다면, 그 사람의 성품에 관해서, 육신을 입은 그의 삶의 성질이 무엇이었는지에 관해서, 그리고 만약에 그가 처해 있는 상태를 유념해서 살핀다면, 그가 변하게 된 그 변화들에 일치하여, 기본적인 얼굴은 그대로 남아 있지만, 얼굴의 변화하는 여러 모습으로 바뀐다고 앞에서 말한 것과 같이,

크게 다르지 않다는 것을 천사들에 의하여 즉시 알려질 수 있습니다. 그런 것에 관해서는 이미 나는 다룬 바 있습니다.

2216. 그러나 천사들의 생각들이나 개념들은, 다시 말하면 내면적인 천계의 그것들은 사람의 개념들이나 생각들과 관련해서는 앞에서 언급한 미소동물의 내면적인 것들이 확장되는 것 이상으로 자기 자신을 확장하지는 못합니다. 예를 들면, 만약에 필수적인 부분들을 모두 계수할 수 있다면 수많은 것들인 내장의 부분들이나, 또는 수많은 선들(腺·glands)의 필수적인 부분들 안에, 또는 내장 안에 있는 것들과 같은 보다 일반적인 구성체들이 확장하는 것 이상으로 확장되지는 않습니다. 그리고 마찬가지로 뇌·척수·위·심장·간장 등등의 그 필수적인 부분들이 확장하는 것 이상으로 확장하지는 않습니다. 그것들은 이런 사실에 관해서 알지 못하지만, 그럼에도 불구하고, 그것 안에서는 다시 새로운 것이 생겨나고, 그리고 신비스럽고, 불가사의 한 수많은 것들의 굉장히 넓은 영역이 생겨나고, 그것들은 그런 것들로부터 구성되고 있습니다. 그러므로 만약에 간을 하나의 예로 든다면, 그 때 수많은 것들이 그것을 구성하고 있고, 소선상(小腺狀·the glandular)의 경우도 집적(集積)된 것들이 그것을 구성하고 있습니다. 이러한 소선상의 집적된 것들도 보다 더 작은 선(腺)들이나 그 밖의 관(管)들이나 통(筒)들로 구성되어 있습니다. 사실은 아주 많은 것들로 구성되어 있습니다. 비교한다면 이러한 것들이 보다 내면적인 천계나 극내적인 천계의 천사들의 개념들이라고 하겠습니다.

2217. 여기에서 분명하게 알 수 있는 것은, 입류하고, 생명과 사고의 능력(思考能力·the faculty of thought)을 주는 주님의 신령개념들에 관해서 본다면 그런 천사들의 개념들은 매우 조잡하다는 것입니다. 이러한 것들은 무한한 섬유들이나 동맥들에게도 비교될 수 있겠습니다. 왜냐하면 그것을 구성하는 모든 것은 주님으로부터 유입하는 매우 순수한 섬유들이나 기관들로 만들어지는 것이기 때문입니

다. 이러한 것들은 생명적인 본질들입니다. 다시 말하면 그것들은 섬유들이나 기관들을 통해서 입류된 것들입니다.

2128. 유기적인 부분들은 천사들이나 영들에게 속해 있습니다. 그러나 섬유들을 통해서, 섬유들 안에 있는, 그리고 기관들을 통해서, 기관들 안에 있는 생명적인 본질(the vital principle)은 주님에게 속해 있습니다. 왜냐하면 그것들은 생명이 없는 유기적인 힘들(organic powers)에 불과하기 때문입니다. 생명은 주님의 유일한 것입니다.

2219. 이러한 것들은 천사들의 면전에서 기술되었고, 그리고 그들의 대다수가 시인한 것들입니다. 이 사안들은 그러하다고 알고 있는 자들은 시인하였지만, 이러한 것들은 단지 기관(器官)들에 지나지 않는다고 의심하는 약간은 시인하는데 주저하였습니다.

2220. 사실 사고의 기능(the faculty of thought)은 내장이 소유하고 있고, 구성물에 따라서 행동하는 내장의 기능에 비교될 수 있겠습니다. 그런데 그 기능은 섬유들이나 기관들에 속한 것이 아니고, 섬유들이나 기관들 안에 존재해 있는 생명에 속한 것입니다. 1748년 6월 6일

천사들이나 영들이 단지 유기적인 기능들에 지나지 않는다는 것은 그들에게 속해 있는 깊이 생각하는 기능(the faculty of reflecting)에서 확실하게 알 수 있다는 것에 관하여

2221. 내가 천사들의 대화 중에 있는 동안, 일어난 일은, 한 사물에 대한 깊은 생각이나 주의에 관한 생각이었습니다. 깊은 생각의 기능은, 영들이나 천사들이 그런 존재이고, 그런 존재의 성품이다는 것과 그런 저런 상태에 있다는 것을 그들이 알게 하는 것이 바로 깊은 생각(reflection)이다는 것입니다. 그리고 그것이 생각의 본질(the essence of thought)을 구성한다는 것입니다. 왜냐하면 깊은 생각이 없다면 감관의 생명이나, 생각의 진수(眞髓)도 주어지지 않기 때문입니다. 다시 말하면 깊은 생각의 대상물로 인하여 말을 하고, 그것,

즉 깊은 생각이 깊이 생각하는 사람의 것이 아니고, 입류하는 것에 속한 것이다고 말을 할 경우, 우리들은 단지 유기적인 힘(organic powers)이다고 하는, 그리고 주님께서 그 깊이 생각하는 것을 주신다고 하는, 영적인 개념에 의하여 관찰하는 일이 주어집니다. 그것은 그 밖의 다른 근원에서 오는 것은 아닙니다.

2222. 대상물은 다른 곳에서부터, 특히 사람의 감관들에게 유입하는 것으로 보이지만, 그러나 대상물에 대해서 깊이 생각하는 것(to reflect)이나, 그것들의 성질을 안다는 것이나, 그것들이 이러저러한 성질의 것이다는 것을 안다는 것은, 이것이 다른 근원에서 온다는 것, 결과적으로 주님에게서 온다는 것은 사람의 수많은 내적인 기능들에서 입증될 수 있습니다. 1748년 6월 6일

어떤 사람들은 다른 자들에 비하여 보다 더 쉽게 주님에 의하여 인도된다는 것에 관하여

2223. 모든 사람들이 주님에 의하여 인도되지만, 그러나 몇몇은 다른 자들에 비하여 아주 쉽게 인도된다는 것은 잘 알려져 있습니다. 모든 자들은 주님에 의하여 생각・말・행동에 인도되지만, 그러나 많은 자들, 사실은 아주아주 많은 자들이 온전한 믿음의 상태에 있지 않기 때문에, 결과적으로는 질서 안에 있지 않기 때문에, 그런 측면에서 그들을 인도한다는 것은 매우 어렵고 힘든 일입니다. 그 이유는 주님께서는 그들을 파괴시키기를 원하시지 않고, 따라서 그들로 하여금 그런 것에 자신들의 자유를 두는, 그들의 온갖 욕망들이나 정욕들에 반대되는 것을 강제적으로 생각하고, 말하고, 행동하게 한다는 것을 원하시지 않기 때문입니다. 그러므로 그들은 온갖 탐욕들 안에서, 그리고 그것에 따라서 생각하고, 말하고, 행동하는 것을 주님께서는 허락하십니다. 그러므로 그것은 그들이 선 쪽으로 기울게 하기 위한 것입니다. 그러나 온전한 믿음의 상태에 있고, 그리고 그것으로 말미암아 믿음의 진리들에 속한 지식 안에 있는 자

들은 결코 망가지지 않습니다. 그 이유는 그들은 천계에 속한 이런 것들을 알고 있고, 그런 것들에 의하여 감동 받고 있기 때문입니다. 따라서 그들이 영적인 질서 가운데 있기 때문에, 그들의 생각들이나, 언어들, 행동들은 다른 자들에 비하여 아주 쉽게 인도됩니다. 1748년 6월 6일

2224. 이러한 일은 영들로부터 단순하게 나타나고, 그리고 서로 종과 유가 다른 영들에게서 잘 나타나고 있습니다. 왜냐하면 따라서 그들은 아주 쉽게 그들이 인도된다는 것을 준비하고 있기 때문입니다. 이러한 일은 천사들에게서도 잘 나타나고 있는데, 그 이유는 그들은 보다 더 쉽게 인도되기 때문이고, 따라서 몇몇의 천사들에게서는, 비록 그것이 주님에게 속한 것이지만, 마치 그것이 자발적인 것 같이 보이기 때문입니다. 1748년 6월 6일

개별적이든 전체적이든, 모든 것들은 자비(慈悲 · mercy)에서 발출되었다는 것에 관하여

2225. 사람들 · 영들 · 천사들도 자기 자신으로 말미암아서는 아무것도 수행할 수 없고, 오히려 모든 것들은 주님에 의하여 그들에게 주어진 것들이기 때문에, 그리고 그들은 단지 유기적인 힘들에 지나지 않기 때문에, 그러므로 영적인 개념에서부터 볼 수 있도록 나에게 주어진 것은, 개별적이든 전체적이든, 모든 것들은 자비로부터 발출(發出 · proceed)한다는 것입니다. 비록 그들이 그렇다고 생각하지만, 자신들은 자신들을 전혀 인도할 수 없는 자들이기 때문이고, 그리고 자신들에 속한 것은 바보스럽고, 미친 것이기 때문에, 그들은, 만약에 주님께서 그와 같이 바보스럽고 미친 자들에 대하여 불쌍하게 여기시는 자비를 주시지 않는다면, 멸망할 수밖에 없는 그런 존재입니다. 영적인 뜻에서 그런 그들의 경우는 더욱 더 밝히 알 수 있습니다. 그들은 자신들로부터 투론하고, 생각하지만, 그럼에도 불구하고 그들의 모든 것은 주님의 허락과 양보에서 비롯되고, 그들

자신에게 속한 것들은, 아무것도 배우지 못한 어린 것들에 비하여 더 우둔하고, 발광적입니다. 1748년 6월 6일

2226. 주님의 자비는, 전체적이든 개별적이든, 모두를 향한 보편적인 것입니다. 그러나 주님의 자비는 천사들을 향한 것이 더 큽니다. 그 이유는 그들은 고아들이고 과부들이기 때문입니다. 그들은 주님 이외의 아버지도 없고, 역시 남편도 없습니다. 왜냐하면 그들은 자기 자신들을 신뢰(信賴)하지 않기 때문입니다. 1748년 6월 6일

정동들에 관련되어 있는 영적인 개념들에 관하여

2227. 영들이나, 특히 천사들은, 앞에서 언급한 것과 같이, 다른 자들의 성품이 무엇인지를 언어로부터 알 수 있고, 지각할 수 있을 뿐만 아니라, 특히 언어에서 떠난 정동들에게서 잘 알고, 지각합니다. 왜냐하면 그들은 오직 정동들에 의하여, 그리고 그것의 다양한 변화들에 의하여 언제나 말하기 때문입니다. 왜냐하면 본질적으로 하나의 개념은 정동에 속한 결과 이외의 아무것도 아닌 그것의 시초인 근원에서 생겨난 것이기 때문입니다. 그러므로 그것은 파생적인 정동 이외의 아무것도 아닙니다. 그것이 계속적으로 파생된 정동들의 결과들이기 때문에 그러므로 그들은, 만약에 주님께서 원하시는 것이라면, 자신들을 드러내 보여 주는 그들의 성품뿐만 아니라 그들이 누구인지, 최대인간 안에서 그들의 위치가 어디인지를 그것들에게서 잘 압니다. 이러한 사실은 매일 매일의 경험을 통해서 알게 하기 위하여 주님에 의하여 주어진 것입니다. 1748년 6월 7일

반성(反省 · 深思熟考 · reflection)에 관하여

2228. 나는 영들과 반성(反省 · reflection)에 관해서 대화를 가졌습니다. 그들은 반성을 떠나서는 결코 아무런 삶도 가질 수 없다는 것이었습니다. 그들의 총명적인 것에 존재하는 삶은 주님께서 주시는 반성들을 통해서 오직 주님에 의하여 완전하게 된다는 것입니다. 그

러므로 그들은 한 사물이 어떤 것이고, 그것의 성질이 무엇인지를 알 수 있고, 그리고 그 사실은, 그것들이 그것에 속한 지식 안에 있기 위하여 그들의 기억에 각인됩니다. 더욱이 짐승들은 이런 반성을 가지고 있지 않으며, 따라서 그것들은 완전한 것이 될 수 없고, 다만 그들 자신의 본성에 속한 상태 안에 남아 있을 뿐입니다. 뿐만 아니라 짐승들은 공포심으로 자극을 받을 수 있지만, 이러한 일은 총명적인 방법에 의하여 일어나지는 않습니다. 1748년 6월 7일

이방인들에 관해서 읽을 수 있듯이, 영들이 독수리처럼 날아다닌다는 것에 관하여

2229. 내가 한 민족이 독수리처럼 날아다닌다는 신명기서 28장 49절을 읽고 있을 때, 자주 일어났던 사건들을 나는 기억하였습니다. 다시 말하면, 우리가 읽고 있듯이 비록 그들이 아주 멀리 떨어져 있거나, 땅 끝에 있다고 해도, 한순간에 영들은 나타난다는 것, 따라서 이른바 날아다닌다는 것입니다. 왜냐하면 그들은 이 세상 어디에 있어도, 현존하고 있듯이, 그들은 즉시 나타나기 때문이고, 사실 그들 중 몇몇은 귀에, 또는 등에 출현하고, 몸 안에도 나타나기 때문입니다. 그러므로 그들이 이 세상 어디에 살았었느냐는 장소 따위는 문제가 되지 않고, 아주 빠르게, 그리고 아주 가까이에 출현합니다. 사실 다른 세계들에 살았던 자들도 아주 빠르게, 아주 가까이에 출현합니다. 왜냐하면 이와 같이 그들이 가까이 있다, 또는 아주 가까이 있다는 것은 감관(感官)의 미망(迷妄)에 지나지 않기 때문입니다. 이러한 일은 시각이나 청각에서 잘 알 수 있는데, 사실은 공간(空間·space)은 영적인 것들 안에는 존재하지 않고 있듯이, 시간(時間·time) 또한 거기에 존재하지 않습니다. 공간이 그 사이에 있다고 하는 진리나 지식이 눈에 영명하지 않는 것들을 드러내지 않는다면, 공간은 마치 눈에 있는 것 같이 생각될 것입니다. 그래서 나는 자주 이런 사실들에 관해서 영들과 대화를 가졌습니다. 그들은 그 외현

(外現)에서 그 현존(現存)을 결론지으려고 하였지만, 그리고 말하자면 그것이 그와 같이 보이지 않는다면 쉽게 믿으려고 하지 않습니다. 그럼에도 불구하고 반드시 떨쳐버려야 하는 무수한 미망들이나 오류들이 있고, 그것들을 떨쳐버리지 않는 한, 진리는 결코 나타날 수 없습니다. 1748년 6월 7일

2230. 마찬가지로 주님의 성언 안에는 아주 수많은 것들, 그리고 어느 누구도 믿을 수 없는 것보다 더 많은 수많은 것이 사람의 감관들의 오류나 미망에 대하여 언급되었습니다. 그 이유는 사람들이 그런 일이 일어날 수 있다고 생각하기 때문입니다. 그러므로 그런 것들이 그와 같이 언급되고 있는데, 그 이유는 그들의 종지(宗旨)들이나 신뢰, 또는 탐욕들이나 욕망들 따위는 파괴되지 않고, 다만 휘어지기 때문입니다. 왜냐하면 사람이 받아들이는 것 이상의 것을 말한다면 물(水) 안에 씨를 뿌리는 것과 같다고 할 수 있기 때문입니다. 그는 즉시 그것을 배척, 거절할 것입니다. 그러므로 그에게 그러한 일은 아무런 가치가 없는 것이기 때문입니다. 예를 들어 보겠습니다. 신명기서 28장 63절에 기술된 것과 같이, 주님께서 어느 누구에 대하여 분노를 가지고 뒤흔든다든지, 또는 주님께서 사람을 죽이려고 하시고, 또 악을 행한다든지, 주님께서 그들을 멸하시기를 즐겨하시거나, 무가치한 존재로 만든다는 이와 같은 표현들은 전적으로 미망들이고, 오류들입니다. 그 이유는 그들이 그것이 사실이라고 믿고 있기 때문일 뿐입니다. 이런 일이 일어나는 것은, 주님께서는, 개별적이든 전체적이든, 모든 것들을 다스리신다는 것, 그리고 주님께서는 모든 것이 되신다는 것이 철석같은 하나의 진리이기 때문이고, 그러므로 그들은 무한하다고 하는 일체의 것을 알지 못하기 때문입니다. 예를 들면, 모든 보편적인 진리는 무한한 것들을 담고 있다는 것을 알지 못하기 때문입니다. 그것은 그들의 가장 조악한 감관들에게 언급되었기 때문입니다. 이러한 사실은 육신을 입은 삶에서 근자에 저 세상에 왔고, 이런 내용들에 대해서 교육을 받지 않는

선한 영들의 말입니다. 1748년 6월 7일

영들에게 미치는 노래의 결과에 관하여

2231. 노래를 부르는 것이 영들에게 무슨 결과를 가져오는지를 알게 하는 일이 나에게 주어졌습니다. 사실 이와 같은 일은 종전의 것에 비하여 매우 내면적인 일이었습니다. 왜냐하면 그들의 몸들은, 내가 생각하기에는, 부드럽지 않았고, 오히려 그들의 개념들이 부드러웠기 때문입니다. 이것은 영적인 개념 가운데서 이해하기 위하여 내게 주어진 것입니다. 왜냐하면 노래 소리의 감미로움은 놀랍게도 그들의 개념들 속에 결합되었기 때문이고, 그리고 저항하기를 열망하는 자들의 개념들 속에 결합되었기 때문입니다. 그들은 처음에는 분노하였지만, 그럼에도 불구하고 그들은 감수(甘受)하고, 복종하였습니다. 그러므로 그것은 그들의 개념들을 통하여 널리 퍼져나갔습니다. 결과적으로 그들의 생각들에 퍼졌습니다. 그러므로 그들은 그들이 몰아(沒我)의 정도에 이를 만큼 온유하게 되었습니다. 말하자면 황홀감에 빠졌습니다. 왜냐하면 조용함이나 정숙함이 계속해서 일어났기 때문입니다. 처음에 그들이 한 말은, 그들이 이와 같은 감미로움을 결코 인지하지 못하였다는 것이고, 그들은 이런 것이 그들에게 주어졌다는 것도 믿지 않았다는 것 등입니다. 그들은 내가 달콤한 수면 상태에 있다고 생각하였고, 그들은 아직까지도 그 수면에서 깨어나지 않았습니다. 그 수면상태에서 깨어난 몇몇은, 마치 아주 달콤한 꿈에서 깨어난 사람들과 같이, 천적인 기쁨과 즐거움 안에 있었다고 말하였습니다. 이러한 일은, 주님께서 영들에게 그것을 주입시키는 일을 허락하실 때, 노래 소리의 결과입니다.

2232. 내가 종전의 노래 소리의 결과를 기억했을 때, 나는 즉시 영들 가운데서 계속된 어떤 대화를 지각하였습니다. 거기에서 얻은 결론은, 그와 같은 자취들은 그 문제의 뿌리에, 또는 정동에 미치고 있는 어느 누구에게 각인된 것이다는 것입니다. 1748년 6월 7일

보편적인 것들은, 아무런 어려움이 없고, 그러나 아주 쉽게, 주님에 의하여 통치된다는 것에 관하여

2234. 내 주위에는 아마도 수천에 이르는 수많은 영들과 천사들이 있었습니다. 그들에게는 우주가 주님에 의하여 어떻게 쉽게 다스려지는지 생생한 경험으로 보여졌습니다. 나에게 허락된 것은 내가 그들의 생각들 안에 유입하는 것이고, 따라서 이른바 주위에 있는 수많은 그들을 다스리는 것이었습니다. 그리고 그와 같은 일은 많은 다양함을 가지고 있는 단순한 한 생각에 의하여 수행되었습니다. 그리고 개별적이든 전체적이든, 모든 것들은, 마치 나의 수긍에 따르는 것처럼, 배치되었고, 그리고 몇몇에게 행복을 줄 뿐만 아니라 다른 목적을 위하여 행복을 주는 것에 따라서, 그리고 또한 내가 생각한 것에 따라서 이러한 것들을 변화시키는 것에 따라서 배치되었습니다. 그리고 나와 교제하는 모든 영들에게 이런 식으로 행복이 주어졌고, 또한 그들의 관습에 따라서 멀리 떨어져 있는 영들에게도 행복이 주어졌습니다. 이것에서 우리가 알 수 있는 것은 가장 높은 곳에 계시고, 사실은, 극내적인 것들 안에, 그리고 더 내면적인 것들이나 내면적인 것들 안에 계시는 주님께서, 개별적이든 전체적이든, 모든 것들을 아주 쉽게 명령하신다는 것입니다. 이러한 사실은 영들이나 천사들에 의하여서 확증될 수 없는 일입니다. 왜냐하면 몇몇은 믿기지 않기 때문입니다. 그 이유는 아주 큰 무리가 그들의 생각에 따라서 이리저리로, 마치 새들이 날듯이, 움직이고 있기 때문이고, 그렇게도 다종다양함이 움직여지고 있었기 때문입니다. 그들이 한 대답은, 이와 같이 그들이 사람의 저급한(=저질) 개념들에게서 비롯된 다투는 곳에서는 그와 같이 나타난다는 것이었습니다. 그러나 중심(中心)에서 주변 전체를 다스리는 것과 같이, 말하자면 극내적인 것들로부터, 아무런 문제가 없이, 아주 쉽게 다스려진다는 것이었습니다. 주변에 자리 잡고 있고, 그리고 주변에 있는 개념들로부터 다

투는 자들에게는 전혀 다릅니다. 그들에게는 그들이 중심에서부터 멀리 떨어져 있는 것에 따라서 이런 것들은 아주 불영명하게 보입니다. 1748년 6월 7일

2235. 나는 역시, 수천의 영들 가운데서 그들이 주님의 시인(是認)에 따라서 개별적으로 어떻게 정리, 정돈되는지 알 수 있었습니다. 그러나 그와 같은 일은 나에게는 아주 신비스럽게 이해할 수 밖에 없는 일이었습니다. 다시 말하면 그 구별이나 차이는 그런 것이었습니다. 그들은, 만약에 어떤 시각에 의한 것이 아니라면, 일반적으로는 알 수 없었습니다.

사후의 삶이 있다는 것이 야곱의 아들들에게는 명확하게 계시되지 않았다는 것에 관하여

2236. 나는 함께 하고 있는 영들이 하는 말을 들었습니다. 거기에 어떤 한 영이 있었습니다. 그에게 일러진 것은 육신을 입은 삶을 살 때 그들은 그들이 원했던 것은 무엇이나 다 얻었다는 것과, 그리고 그들은 그 이상의 것은 아무것도 원하지 않았는데, 그들은 지금 왜 천계의 특권을 요구하는가? 하는 것이었습니다. 일러진 대답은 사후 삶이 있다는 그것은 정당하고, 옳은 것이고, 그들에게 충분하게 알려졌다는 것이었습니다. 그 때에 있었던 대답은 만약에 사후의 삶이 알려졌다면, 이들이 그와 같이 다른 신들(other gods)을 숭배하는데 어떻게 마음이 기울었으며, 결국은 어떤 것이 되었으며, 따라서 그들의 생명의 성질은 그것 때문에 무엇이 되었을 것인가 하는 것들입니다. 1748년 6월 7일

여기에 부연된 것은, 그들은 이 세상에서 가장 위대한 자가 되기를 갈망하고, 그리고 가장 풍부한 자가 되기를 갈망하였기 때문이고, 그들은 절제나 억제할 수 없었고, 그리고 그들이 결코 절제나 억제되지 않았기 때문에, 만약 그들이 다른 삶에 관해서 그 때 생각하였다면, 그들이 반드시 멸망하였을 것이다는 것 이외에, 결국은 무엇

이 되었을까 라는 것이었습니다.

영들의 세계에서 그들은 서로가 서로에 의하여 자극을 받고, 마찬가지로 한 사람이 다른 자에 의하여 자극을 받는다는 것에 관하여

2237. 볼 수 있었던 일은, 하나의 영이나, 그의 동료가 악한 것이나, 비천한 일을 획책하는 것이 허락되어진다면, 그 즉시 가족과 같은 다른 자들이, 그것이 사악한 일이든, 비천한 일이든, 관계없이 그것에 자극된다는 것입니다. 이런 식으로 영혼들이나 영들은 자신들의 성품을 밝히고 있습니다. 왜냐하면 반성이 없는 상태에 있게 되면, 자신들만이 놓여 있는 방임(放任)의 상태에 있게 되면, 그들은 즉시 이와 비슷한 것들에 대하여 자극을 받게 되고, 따라서 그들이 어디에 있는지, 그리고 그들의 성품이 무엇인지 알려지게 되기 때문입니다.

2238. 그러나 특별한 경우를 제외하면 영들이 그러한 일을 하는 것은 허락되지 않습니다. 왜냐하면 그들이 이와 같이 빠르게 영들의 세계를 오염시키기 때문인데, 그 이유는 그들은 본성에서 행동하지, 미리 계획한 것에서 행동하지 않기 때문에, 그들은 일순간에 모두 모일 정도로 그들은 서로 결집하는 경향이 있기 때문입니다.

2239. 이런 일들이나, 이와 비슷한 일들에서 알 수 있는 것은, 주님께서 우주를 다스리시지 않는다면 영들의 보편적인 세계는 일순간에 파멸할 것이다는 것이고, 따라서 역시 인류도 멸망할 것이다는 것 등입니다. 그러므로 고삐, 즉 구속이 느슨해지는 순간, 또는 방심의 순간이 주어지게 되면, 그 즉시 그것은 억제됩니다. 이러한 내용이 그들에게 언급된 것이고, 그들은 그것을 부인할 수 없었습니다. 그 이유는 사안이 역시 그러하였기 때문이고, 그리고 지금은 역시 그들이 그것을 확증하였기 때문입니다.

좋은 재능을 받았고, 그리고 사람을 타락시키는 것에 도움을 주는 것만을 오직 연구하는 자들의 성품이 어떤 것이고, 그리고 그들의 형벌이 어떤 것인지에 관하여

2240. 내가 잠에 빠져 있을 때, 나 자신은 다른 자들과 함께 어느 배(ship) 안에 있다고 생각되었습니다. 나는 배에서 뭍으로 올라오게 되었습니다. 나는 바다에 인접한 산 위의 높은 곳에 서게 되었습니다. 그리고 나는 아래에 있는 배가 한 선장에 의해서 마음대로 조정되고 있는 것을 보았습니다. 그 때 마치 거기에는 그 사람 앞에 여러 마리의 말들이 있는 것처럼 그 선장은 그 배 안에 있는 자들을 모두 멸망시킬 목적으로 소용돌이치는 모양으로 배를 움직이는 것이었습니다. 이런 소용돌이치는 모양이 있은 뒤, 그는 종국에 그 말들을 물 아래로 몰고 갔고, 그러자 그 배는 그 배 안에 있는 자들과 함께 물 속으로 침몰하였습니다. 그 배 안에는 한 남자와 처녀와 어린 아이가 있었는데, 그 때 나는 잠시 동안 그들이 불쌍하다고 생각하였습니다.

2241. 내가 그런 잠에 있었을 때, 그리고 그들이 물 속으로 침몰하고 있을 때, 나는 한 사람이 그 물 속에서 간신히 올라오는 것을 보았습니다. 그리고 나는 갑자기 잠에서 깨어났습니다. 몇몇 영들은 그들이 그 배 안에 있었고, 그리고 침몰하였다는 것을 몹시 슬퍼하였습니다. 그들 자신들에게는 그들이 멸망할 것이다는 것이 이외인 것을 알지 못하였기 때문에 흐트러진 머리카락을 지니고 물에서 간신히 나오고, 그리고 물에 갇혀 있는 그들과 자신들이 아주 꼭 같은 것처럼 보였습니다.

2242. 아주 명확한 깨어 있는 환상 상태에 있을 때 일종의 계속 이어지는, 그리고 수도 없이 많은, 불꽃의 붉은 색의 알들이 나에게 나타났습니다. 그 수많은 것들은 어떤 것에 의하여 아주 빠르게, 연속적으로 나타났고, 그리고 아주 수많은 것들이 그 연속적인 무더기들로 정리되었습니다. 이러한 사실은 어떤 식으로도 기술될 수 없었

습니다. 이와 같이 방출되는 여러 알들은 놀랍게도 연속적인 무더기로 쌓아졌는데, 그 알들은 이른바 독소(毒素)라고 부르는, 용의 독을 뜻합니다. 이러한 것들은 환상 상태에서 나에게 나타났습니다.

2243. 그런 일이 있은 뒤, 내가 깨닫고, 들은 일은, 그 배에 탄 많은 자들을 침몰시키기 위하여 말들이 있는 배를 자기 마음대로 조종한 선장이 많은 영들에 의하여 뒤틀리고, 그리고 살갗이 거의 붙어 있지 않을 정도로 몸통이 갈기갈기 찢겨졌다는 것입니다. 이러한 일은 그의 극심한 고통에 대한 사실입니다. 따라서 모든 것들이 갈기갈기 찢겨지지 않은 것은 아무것도 없는 것이 보여졌습니다.

2244. 어떤 영이 한 말은, 그는 수많은 정교한 것들을 구술(口述)시키고, 망상 따위를 유발시키는 그들의 동료들 가운데 하나인 그런 인물이다는 것이었습니다. 그리고 그런 일들은 그들을 기쁘게 하였습니다. 그 이유는 그는 그들의 면전에서 그들을 기쁘게 하는 환상들을 유발할 수 있었기 때문입니다. 그럼에도 불구하고 그 뒤에는 그들을 해쳤고, 이런 것들은 모두가 악한 것으로 변해버렸기 때문입니다. 어떤 환상이 그들에 의하여 나에게 보여졌습니다. 따라서 그들은 그들 가운데 그를 잡아 두려고 하였지만, 그러나 그 사람은 그런 성격 때문에 그들은 그에 대하여 참고 견딜 수가 없었습니다.

2245. 이런 사실들에서 밝혀진 사실은, 천부적인 기질을 남용(濫用)하고, 빈틈없이 눈을 즐겁게 해서 다른 자들을 해치고, 그를 파멸시키는 그런 자들에게 어떤 종류의 형벌이 주어지는지 분명하게 되었다는 것입니다. 1748년 6월 8일

2246. 왜냐하면 이런 인물들에게는 세상적이고, 관능적인 기지(機知)가, 매우 즐거운 관능적인 개념과 같이, 진실되고 영적인 것에게 매우 해를 끼치는 수많은 것들이 뒤섞여 있는 것들을 가지고 있기 때문입니다. 그런 것에 속한 형벌들은, 만약에 그들이 함께 뭉쳐 있다면, 그들을 격리시키고, 단절시키는 그런 것들입니다. 왜냐하면 그들은 이와 같이 자주 돌진하기 때문이고, 그리고 그 때 그들은 사회

를 파괴시켜 버리기 때문입니다. 그 이유는, 그들의 이웃에 해를 주기 위하여 선천적인 예리한 재능에 의하여 기술적으로 그 사회에 있는 것들을 자극(刺戟)하기 때문입니다. 이러한 일들은 천사들이 단번에 알 수 있는 것들입니다. 1748년 6월 8일

반성(反省 · 深思熟考)에 관하여

2247. 나는 영들과 반성(=심사숙고 · reflection)에 관해서, 사람을 인도하는 영들은 감관들을 통해서 육체 안에 사람에게 속해 있는 반성 따위가 주어지지 않았기 때문이다는 취지에서 영들과 이야기를 하였습니다. 그러므로 그들은, 영들이 나를 통해서 보듯이, 이 세상에 있는 것은 어느 것도 볼 수 없습니다. 왜냐하면 내가 그들에게 반성이나 주의(注意)를 부여하는 경우, 그 때마다, 그리고 이런 일을 나는 영적인 개념으로 명확하게 인지하였는데, 그 때 그들은 즉시 그들이, 개별적이든 전체적이든, 그런 모든 것들을 본다고 말하였기 때문입니다. 나에게 주어진, 그리고 그들에게 나누어 준 반성(=심사숙고)이 이런 것들을 향해 있기 때문입니다. 그 때마다 거의 매번 그들이 하는 말은, 그 반성이 그들에게 주어지기 전에는 그들은 아무것도 보지 못한다는 것이었습니다. 이런 일은 자주 일어났고, 따라서 나는 수차의 경험에 의하여 그 사실을 확증할 수 있었습니다. 다시 말하면 영은 다른 사람의 눈을 통해서는 무엇이나 볼 수 있다는 것, 그리고 영혼들이나 영들은, 마치 자신들의 육체 안에 있을 때와 같이, 말하자면 전 세계에 두루 다시 들어올 수 있다는 것을 무척 놀라워했습니다. 그 때 그들은 이 사실을 증언하였습니다.

2248. 반성에 관한 그 때의 대화였습니다. 입증된 사실은 사람의 경우도 그와 비슷하다는 것입니다. 나의 경험에서 보면, 나는 매 시간마다 종이 울리는 어떤 곳에 있었는데, 나는 그것에 대하여 전혀 깊이 생각하지 않았고, 또한 그 종소리에 전혀 주의를 하지 않았습니다. 그럴 때 마다 나는 그 종이 울었다는 것을 전혀 알 수 없었고,

또한 그 소리를 사실 나는 듣지 못하였습니다. 그 이유는 그것에 관한 깊은 생각이 없었기 때문입니다. 이런 일이 빈번하게 일어난다는 것을 나는 매우 놀랍게 생각되었습니다. 보다 더 큰 소리의 경우도 마찬가지였는데, 그리고 그 밖의 다른 대상물들의 경우도 마찬가지였습니다. 한 사물에 대한 나의 경험은 다른 사물의 경우와 서로 달랐습니다. 그러므로 거기에는 무한한 변화와 다양함이 있었는데, 이러한 일은 시각·후각·색감·촉각의 대상의 경우도, 청각의 대상의 경우에서도 마찬가지였습니다. 그래서 촉각에 관해서 보면, 만약에 반성(=깊은 생각)이 없다면, 이런 부분이나 저런 영역에서도 아무런 느낌(feeling)은 없을 것이고, 다만 그 때 주의가 주어지게 되면, 즉시 감관은 그 사실을 지각하게 됩니다. 예를 들면, 내가 촉각의 경우가 그렇다고 쓰고 있는 동안 나는 펜을 눌러서 쓰고 있고, 그리고 나는 그것이 그러하다는 것을 발견합니다. 한마디로, 그 밖의 수많은 것들에게서도 마찬가지입니다. 이런 사실들로부터 얻을 수 있는 결론은, 영은 사람의 반성의 기능(reflection)을 가지고 있지 않기 때문에, 말하자면 영은 사람을 입고 있다는 것이고, 그러므로 주님께서 그렇게 하시지 않으면 영은 사람의 눈을 통하여 볼 수 없다는 것이고, 그리고 그에게 반성의 기능은 결코 주어지지 않는다는 것 등등입니다. 이와 마찬가지로 영은 사람의 귀를 통해서도 들을 수 없습니다. 왜냐하면 영들은, 내가 자주 지각한 고통·압박이나 끌어당김 따위를 계속해서 생각하기 때문입니다.

2249. 더욱이 사람, 영혼, 영, 천사에게 반성의 기능이 주어지지만, 그들은 그것에 관해서 알지도 못하고, 깨닫지도 못합니다. 그들은 평화나 순진무구(純眞無垢·innocence)의 상태에서, 그리고 관능적인 것들 안에서, 또한 무지(無知)의 상태에서도 이런 것들을 가지고 있고, 그리고 또한 그들의 지극히 작은 것들 안에서도 같은 것들을 가지고 있기 때문에, 그들은 그런 것들에 별로 주의를 집중하지 않습니다. 그들에게 주어진 이런 것들에 의하여 저 세상에서 그들에게

적절한 것이 무엇인지, 그리고 그들의 지복(至福)에 대하여 공헌하는 것이 무엇인지 각인(刻印)되어 있습니다. 이와 같은 깊은 생각(=반성)은 사람에게는 알려지지 않은 내면적인 것입니다. 이러한 사실은 내면적인 기억의 경우나, 사람의 중생의 경우에서도 마찬가지입니다. 이 반성(=깊은 생각)은 오직 주님의 선물입니다.

사람의 고유속성(固有屬性 · 自我 · proprium)은 굳고(hard), 따라서 뼈와 비슷한 성질이다는 것에 관하여

2250. 영적인 개념(spiritual idea)에 의하여 밝히 알 수 있는 것은 사람의 고유속성(man's proprium)이나, 따라서 영들의 고유속성도, 그것이 그렇게 보이기 때문에, 검은색(black)을 띄고 있을 뿐만 아니라, 역시 굳습니다. 그러므로 그것은 뼈와 비슷한(骨質 · osseous) 것이다고 합니다. 그 이유는, 사람의 고유속성(=자아)은 거기에 생명력(vital)적인 체액(體液 · juice), 생기(生氣 · 精 · spirit)나 혈액(血液 · blood)이 전혀 없는, 그런 유기체(有機體)에 불과하고, 따라서 이른바 마른 뼈다귀에 지나지 않을 뿐만 아니라, 사람은 자기 자신에 속한 것으로는 아무것도 행할 수 없는 그런 존재이기 때문입니다. 그러므로 사람 자체로서는 소위 마른 뼈다귀처럼 보이고, 그리고 사람 안에는 생명이 약동하는 체액이나 혈액 따위는 전혀 없었습니다. 오직 주님에게만 속해 있는 생명(生命 · life)만이 사람으로 하여금 부드럽게 할 뿐입니다. 영적이고, 천적인 생명은, 개별적이든 전체적이든, 사람의 모든 것을 통하여 그의 구조물(構造物 · structure) 안팎이나, 그 주변의 구성체들 안에 두루 퍼지면 그럴수록, 비록 안에 나타나기는 하지만, 밖에서도 더욱 더 부드럽습니다. 그러므로 사람이 굳은 존재가 아니면 아닐수록, 다시 말하면 자기 자신에게서 비롯된 것을 덜 가지면 가질수록, 보다 더 부드러운 존재가 되고, 앞에서 언급한 것과 같이 유동적인 존재가 되고, 따라서 더욱 더 완전한 존재가 됩니다. 이러한 사실은 섬유들에게서 잘 나타나고 있는데, 어

린 아이 안에 있는 섬유는 매우 부드럽지만, 늙은이들의 섬유는 매우 굳습니다. 이와 꼭 같이 가장 극내적인 섬유들(the inmost fibers) 안에는 유동적인 본질(a fluid principle) 이외에는 아무것도 존재하지 않습니다. 그 이유는 그것은 구성체들 안에서 굳게 보이는 영적인 본질(the spiritual principle)이기 때문입니다. 1748년 6월 6일

영들과의 대화법이 주어졌다는 것에 관하여

2251. 역시 나는 낱말들이 없이 오직 개념들에 의하여 영들과 대화를 하였습니다. 그들은, 내가 먹는 것을 그들에게 말하였을 경우와 같이, 내적인 시각(internal sight)에서 비롯된 단순한 나의 표징에 의해서 낱말을 가지고 하는 것과 꼭 같이, 잘 이해하였습니다. 나는, 낱말들을 사용하지 않고, 내가 먹는 것을 내적인 시각에서 단순하게 표징하였지만, 그들은 아주 명확하게 파악하였습니다. 만약에 동시에 이런 것들이 표현되었다면, 말하자면, 그의 식탁에 놓여 있는 것이나, 같은 경우 입고 있는 것이나, 시각에 나타나는 것 등 무엇이나 표징된다고 하더라도 그것들은 낱말을 사용하지 않는 개념의 대화(the discourse)에 의하여 영들에 의하여 즉시 이해되고, 보여집니다. 몇몇 영들은 낱말들을 사용해서 옮기는 대화보다도 더 잘 이해하고 지각하였는데, 왜냐하면 그들은 앞서 설명한 것과 꼭 같은 상태에 있기 때문입니다. 가끔 있는 일이지만, 정교한 생각들 없이는 대화가 이해되지 않았는데, 이러한 생각들은 누구가 낱말로 말하는 경우에 비하여 더 잘 지각되었습니다. 어떤 자들은 말하는 것(to speak)을 좋아하지 않고, 오히려 그들은 아주 예민하고 영리하기 때문에, 그들은 정동과 함께 그 뜻을 일순간에 지각하였습니다. 왜냐하면 그들에게서 작용하는 것은 기억이 아니고 본래적인 기질(the natural disposition)이기 때문인데, 그들은 그것을 시인하려고 하지 않고, 오히려 육신을 입은 삶에서와 같이, 이런 부류의 기억을 가지고 있다고 생각합니다. 그러나 그들은 사람의 기억을 입고 있기 때문에

그들은 감관의 오류에서부터 그들은 그와 같이 상상하는 것뿐입니다. 1748년 6월 8일

근자에 죽은 영혼들이나 영들에게 육신을 입은 삶에서 소유했던 것에 비하여 더 뛰어나 선물이 주어진다는 것에 관하여

2252. 영혼들이 육신을 입은 삶에서 향유했던 것에 비하여 매우 월등한 능력들이 사후 그들에게 주어진다는 것은 여러 곳에서 잘 알 수 있겠습니다. 뿐만 아니라, 저 세상에 온 자들은, 크고 작은 정도의 차이는 있지만, 그들의 사회들에 일치하여 그들의 예전의 삶(=죽기 전의 삶)의 활동(=능력 · activity)을 소유합니다. 그럼에도 불구하고 그들은, 그들이 육신을 입고 살 때에 비하여 지금 이해하고 지각하는 것이 보다 민첩하고, 더 잘 인식하고, 영리합니다. 저 세상에 있기 때문에 그들은 육신을 입은 삶에서 그들에게 속해 있는 것과 같은 그런 장애물들이나 방해들 따위를 벗어나 있습니다. 육신의 삶 가운데서는 감관의 대상물들은 활동적이고, 감관들이나 물질적인 기억, 그리고 장래에 대한 두려움이나, 대상물들에 의하여 자극을 받는 다종다양한 탐욕들도 활동적입니다. 여기에는 수많은 것들에 대한 심려(心慮)나 우려 등이 있지만, 그런 것들은 저 세상에서는 모두 제거됩니다. 그러므로 그런 것들이 모두 제거되면, 그들은, 그들이 사람들이었을 때에 비하여 보다 더 완벽한 이해나 지각의 상태에 있을 수밖에 없습니다. 이와 같은 충분한 관찰은 경험에서 나에게 주어진 것입니다.

2253. 그럼에도 불구하고 육신에 속한 삶에서 그들에게 속해 있었던 것과 꼭 같이 영혼들이나 영들의 삶을 살 때에도 삶이나 생각에 속한 동일한 활동이 남아 있습니다. 지금 언급했던 원인들로부터 보다 더 자유스럽기 때문에, 그들의 능력들(=기능들)은 보다 더 완벽하다는 것 이외에는 거의 아무것도 차이가 없고, 그것들은 그 자신들과 꼭 같습니다. 나는 오늘 이런 것을 목도(目睹)하였습니다. 1748년

9월 8일*

영들의 세계는 사람들이 그들의 생각들 안에 있는 것과 꼭 같다는 것에 관하여

2254. 사람은, 그의 성품에 관하여, 내적으로는 이 세상에서는 알려질 수 없습니다. 그 이유는 그의 외면적인 것들, 얼굴, 동작이나 언어에서 그 사람은 법률·예절·자신의 소득·영예에 대한 탐욕 따위의 여러 가지 이유들로 인하여 성실·정직·경건 등등을 거짓으로 꾸미고, 따라서 그의 생각들 안에 자리 잡고 있는 자신의 성품도 내적으로는 자신의 벗들에게도, 심지어 친한 친구들에게도 거의 드러내지 않습니다. 비록 그가 이런 친구들이나 벗들을 미워한다고 해도 재물의 목적을 위하여 우정관계들을 돈독하게 하려고 애씁니다.

2255. 그러나 육신이 아래로 침전(沈澱)되었을 때, 또는 이와 같은 외적인 것들이 벗겨지고, 그가 영적인 존재(=하나의 영)가 되었을 때, 그 때 내적으로 그의 성품의 됨됨이가 충분하게 드러나고, 또한 그의 생각들 안에 있는 것들도 드러납니다. 다시 말하면 품고 있는 정욕이나 광기(狂氣) 따위가 겉으로 드러납니다. 왜냐하면 거기에서 그들은 위장할 수 없기 때문입니다. 이와 같이 속이는 일은 엄격하게 금지되어 있습니다. 만약에 그 사람이 속인다면, 그 짓은 즉시 발각되고, 그 작자는 동료들에게서 쫓겨납니다. 그러므로 오직 그의 생각들 안에서 광기가 그 사람을 오직 지배하기 때문에, 그가 영들의 세계에 들어오게 되면, 그는 이런 성질에 속한 자가 되고, 따라서 영들의 세계는 오직 광기들 따위로 이루어지고, 그들에 속한 누구도 저주나 미움 따위를 가지고 다른 자들을 추적하고, 추구하고, 그리고 일순간에 그를 멸망시킬 것입니다. 이와 같은 증오들이나 불화

* 9월 8일이라는 기록은 6월 8일의 오류 같다. (역자 주)

(不和)들 따위는, 그들이 자신들의 주된 희열들을 수용하는 그 근원에게 이르기까지 지배합니다. 이상에서 누구나 지각할 수 있는 사실은, 거기에는 수억 수천의 이런 부류의 영들이 있기 때문에, 만약에 주님께서 우주를 다스리시지 않는다면, 이승의 삶을 떠나는 자들 모두에게는 가장 비참한 상태가, 결과적으로는 주님께서 선한 영들을 통하여 다스리는 인류에게 가장 비참한 상태가 있을 것이다는 것입니다. 이러한 사실들은 이의를 제기하지 않는 영들 앞에서 언급되었고, 기술되었습니다. 1748년 6월 8일

유대 사람과 가졌던 교류에 관하여

2256. 그들이 예루살렘으로부터 좀 떨어진 곳으로 떠났을 때, 유대 사람들 중 중요한 인물 몇몇은 그들의 떠남을 매우 안타까워하였습니다. 왜냐하면 그들은 그들이 거기에 있으면서, 가르치고, 종국에는 음모 따위를 꾸며 주기를 소망하였기 때문입니다. 그것은 그 민족에게는 일종의 관습이었습니다. 그들은 나에게 무엇인가를 말하려고 계획하였는데, 그것은 하나의 상상에 지나지 않는 지어낸 일(fiction)이었습니다. 그들이 한 말은, 그들과 비슷하게 말하는 어떤 유대 사람을 찾는다는 것, 그리고 그 유대 사람은 그들에게, 이른바 멀리에서도 파도치듯이, 말하는 그런 인물인데, 내가 모세에 비하여 더 큰 기적들을 가지고 그들을 팔레스타인으로 인도할 수 있는 그들의 메시아(their Messiah)를 알고 있는지 여부에 관한 것이었습니다. 그러나 내게 주어진 대답은, 주님께서 메시아에 관해서 예고된 것과 같이, 그는 이런 사안에 대해서 무엇이라고 말할지를 몰랐고, 그리고 그들은 한 동안, 그들이 해야 할 대답을 모르기 때문에, 서로 의논하였습니다. 그 이유는 메시아가 한 사람이었기 때문입니다. 그들이 대답을 어떻게 할 것인가 하는 그들의 의논들을 나는 정확하게 듣지는 못하였지만, 한참 동안 그들에게서는 무엇인가 속삭이는 소리가 있었습니다. 종국에 그들이 한 대답은, 주님께서 그의 생

명을 영원까지 간수한다고 생각하시기 때문에, 그분은 영원히 살 것이다는 것이었습니다.

2257. 그러나 그들에게 다시 질문할 말이 주어졌습니다. 그것은 나머지 유대 사람들도 영원히 사느냐는 여부의 질문이었습니다. 왜냐하면 만약에 그들이 향후 몇 년 안에 죽지 않고 살아 있다면 그들의 메시아는 그들에게 무슨 보탬이 되겠습니까? 라는 질문이었습니다. 왜냐하면 영원한 것이 아닌 것은 전혀 가치가 없는 것이고, 그리고 일시적이고 순간적인 모든 것은 소멸되고, 무가치한 것이 되어 버리기 때문입니다. 그들이 한 대답은 그들은 죽을 것이지만, 그러나 메시아는 저 세상에서 그들을 다시 살리실 것이다는 것이었습니다. 그 이유는 그분께서 또다른 생명이 있다는 것을 가르치셨고, 확신시키셨기 때문입니다. 또 다시 그들에게 질문이 주어졌는데, 이사야 선지나 다른 선지자들도 말하고 있듯이, 메시아는 매우 겸비하시고, 나귀 새끼에 타실만큼 경멸을 받을 것이고, 또한 그분은 위대한 인물인가, 아닌가라는 것이었습니다. 그리고 또한 그 선지자가 말한 것과 같이, 그분께서 일찍 죽을 것인지, 아닌지, 그리고 다른 선지자들이 말한 그 밖의 것들이었습니다. 종국에 그들이 더 많은 것을 만들어 내야 하는지를 알 수 없게 되었을 때 그들은, 메시아는 예언자들이 한 말 대로 될 것이다고, 말하였습니다. 그들은 그 밖의 다른 대답을 할 수 없다고 말하였는데, 왜냐하면 그들은 예언자들에게서 메시아가 올 것이다는 것을 알고 있기 때문입니다. 1748년 6월 9일

천계에 올리워진 어떤 자에 관하여

2258. 믿음의 삶을 산 어떤 사람이 천계에 올리워졌고, 그리고 믿음의 삶을 살지 않은 다른 사람들은, 다른 자들이 천계에 올리워지지만, 그들은 아니다는 것에 몹시 화가 났습니다. 그런데 그들도 역시 천적인 존재들의 무리에 들어갔습니다. 그러나 그들이 한 말은,

그들은 숨쉬기가 매우 곤란하였다는 것이고, 천계적인 기쁨 대신에 말할 수 없는 고통을 경험하였다는 것입니다. 따라서 그들은 자기들 스스로 거기에서 뛰쳐나왔습니다. 왜냐하면 전자들은 넘치는 기쁨 가운데 있다고 말하지만, 그들은 천적인 무리의 사회나 기쁨의 상태에 도저히 있을 수 없었기 때문입니다. 1748년 6월 9일

표징적 교회가 교회의 본체(本體 · body)이다는 것에 관하여

2259. 사람과 꼭 같이 교회도 영혼과 몸(a soul and body)을 가지고 있습니다. 천계도 이와 꼭 같습니다. 오직 외적인 것들 안에 존재하는 표징적 교회(表徵的 敎會 · the representative church)는 그것의 몸(形體)을 닮았습니다. 그러므로 역시 그것은, 내면적인 교회(an interior church)가 나타나기 위해서는, 반드시 죽어야만 합니다. 그리고 마찬가지로 보다 내면적인 교회(a more interior church)가 나타나기 위해서는, 내면적인 교회 역시 죽어야만 합니다. 동시에 천계에서 그와 같이 행해지게 되는 것은 그 교회가 시간 안에서 계속적으로 그와 같이 행해졌던 것입니다. 그러므로 홀로 사람(Man)이시고, 교회이신 주님께서는 모든 율법을, 심지어 외적인 것까지도 충분하게 성취하셔야 했습니다. 그 이유는 모든 것들은 주님을 우러르기 때문입니다. 나는 이런 사실들을 천적인 자들과 이야기하였습니다. 그리고 그것을 그들은 확증하였습니다. 내가 이런 사실들을 기술하는 동안에도 역시 그들은, 그들이 내 생각 속으로 입류하듯이, 내 손에 입류하였습니다. 왜냐하면 내 생각은 말하자면 추상적으로 분리되었기 때문입니다. 1748년 6월 10일

유대 사람에 관하여

2260. 나는 누군가 유대 사람에 관해서 말하는 것을 들은 적이 있습니다. 그 내용은, 그들은 다른 민족과 전혀 다른 민족이라는 것이고, 그리고 큰 일에서와 같이 작은 일에도, 사회에 속한 것은 모두

파괴하고, 왜곡하려고 하는 기질이 선천적으로 그 백성 안에 내재해 있다는 것입니다. 왜냐하면 어디에서나 계기가 주어지게 되면 그들은 자신들 스스로 뒤섞여, 그리고 질서의 법칙들, 다시 말하면 사회에 속한 여러 법률들을 파괴하는 것에서 더 이상의 큰 쾌락을 가지지 않기 때문입니다. 그 이유는, 주님을 가리키는 사랑이나 질서 자체에 대하여 증오하는 마음을 그들이 가지고 있기 때문이고, 그리고 그들의 지도자들 역시 그런 성품을 지녔기 때문입니다. 이러한 내용들은 내가, 사실은, 2년 동안 수많은 경험을 통하여 배워서 알고 있는 것들입니다. 1748년 6월 9일

2261. 이런 민족은 태양 아래에는 더 이상 없습니다. 모든 지역의 우상숭배자들도 그들에 비하면 매우 선량합니다. 마호메트는 이런 민족이 존재하고, 계속 존속하고 있다는 사실을 이상하게 생각하였습니다. 이런 것은 종전의 경험에서 다시 생각된 것입니다.

가장 보편적인 뜻과 보편적인 뜻의 종(種)과 유(類)에 관해서, 그리고 특별한 것, 개별적인 것, 가장 단일적인 것의 종과 유에 관하여

2262. 주님의 성언의 뜻에는 어디에서나 보편적인 것과 단일적인 것이 주어져 있습니다. 그것은 이방 사람이라는 낱말의 예에서 잘 나타나고 있습니다. 그 낱말이 주님의 나라에 들어가게 되는 자들을 뜻하는 경우, 그러므로 좋은 뜻으로, 다시 말하면 가장 보편적인 뜻으로는 우주 안에 있는 모든 것들, 그리고 천계나 이 땅에 있는 모든 것들은 지금 존재해 있는 자들 뿐만 아니라, 과거에 있었던, 그리고 장차 있게 될 모든 세계들 안에, 그리고 우주 안에 있는 자들을 뜻합니다. 보편적인 뜻에서 그 낱말은, 예를 들면 우리의 세계나, 모든 왕국 안에 있는, 하나의 세계 안에 현재 있고, 과거에 있었고, 장차 있게 될 자들을 모두 의미합니다. 그 종류는 매우 많습니다. 그들은 왕국들이나 교리들과 닮았는데, 따라서 모든 세계 안에 있는

것들과 닮았습니다. 아래에서는 이것들의 종류에 관해서 다루어지겠습니다. 모든 왕국, 또는 모든 종(種)과 속(屬) 안에는 여러 종류의 것들이 있습니다. 결과적으로 그것들은 매우 많이 있습니다. 모든 종과 유에 속해 있는 특별한 것들은 부지기수입니다. 사람의 총명적인 것이나 의지적인 측면에서도 모든 사람에게 속한 개별적인 것들도 부지기수입니다. 그리고 한 개념에 속한 모든 개념이나, 지극히 작은 정동에 속한 가장 단일적인 것도 부지기수입니다. 1748년 6월 9일. 이러한 내용들은 그런 것들을 듣고 있는 영들의 목전에서 기술된 것들입니다.

사람들의 철학(哲學)은 단지 하나의 어휘(語彙 · vocabulary)일 뿐이다

2263. 나는, 사람들이 지혜를 두고 있다고 하는, 이 세상의 철학(哲學 · philosophy)에 관해서 영들과 이야기를 나누었습니다. 그 취지는 그것도 하나의 어휘에 지나지 않는다는 것이었습니다. 왜냐하면 거기에서는 성질들(qualities)이나 우유성들(偶有性 · accidents) · 인격적인 힘(forces) · 원질(原質 · substances)이나 이와 비슷한 것들을 다루고 있기 때문이고, 그리고 영들에 관한 것들이나, 그 밖의 다른 사안들이 다루어지고 있기 때문입니다. 그리고 그들은, 이런 낱말들이 뜻하는 것을 안다고 하는 것 이외에는 전혀 관심이 없습니다. 예를 들면 우유성이나 원질, 또는 그 밖의 수많은 낱말들이 뜻하는 것이 무엇인지를 아는 것 외에는 전혀 관심이 없습니다. 그들은 낱말들의 뜻에 관해서, 마치 그런 것들 안에 진실된 것이 있는 것처럼, 서로 논쟁을 하지만, 그럼에도 불구하고 그 때 그것들은 그저 단순한 낱말들일 뿐이기 때문입니다. 그것들이 그것을 뜻하든지, 뜻하지 않든지 관계없이, 그 어떤 뜻이 발견되면, 따라서 그들은 하나의 낱말에 의하여, 그러므로 하나의 개념에 의하여 파악하려는 데에도 마찬가지입니다. 그러나 이런 식으로 일을 하는 자들은 수많은 진리들을

소유하고 있는데, 그 이유는 그들은 자신들이나 이 세상에서의 경험에서 그것을 볼 수 있기 때문입니다. 그러나 그들이 이런 것들에 관해서 서로 논쟁하기 때문에 모든 것은 혼란스럽게 되고, 티끌같이 되어 버리고, 그리고 그들은 그것 안에 밀착하고, 결과적으로 물질적인 것들이나 관능적인 것들 안에 사로잡혀 있는데, 그러므로 거기에서 빚어진 결과는 참 빛(the true light)에 의한 흑암 이외의 아무것도 아닙니다.

2264. 따라서 그들이 이런 것들에 의하여 영적인 것들이나 천적인 것들에 들어가기 원하기 때문에, 그들은 자기 자신을 단순한 어둠의 상태에 밀어 넣습니다. 그것은 그 때 마치 먼지가 밝은 빛 속으로 들어가기를 원하는 것과 같습니다. 따라서 그 빛은 어두웁게 됩니다. 말하자면 그들은 거기에 빛이나 지혜를 두지만, 소나기 · 구름 · 흑암 · 안개 때문에, 따라서 그들은 자기 자신을 장님으로 만들어 버리고, 그리고 이런 것들로부터, 그리고 티끌과 같은 이런 철학으로부터, 영적인 것들 안에 들어가기를 원하는 자들보다 더 어리석은 인간은 결코 세상에 없을 것입니다. 예를 들면, 영들이 양태(樣態)들의 탓으로 돌릴 수 없지만, 그것에 대한 원질이다고 생각하는 자들보다 더 어리석은 인간은 없을 것입니다. 원질과 양태(樣態)에 관해 그것이 어떤 것인지에 관한 논쟁이 있을 경우, 거기에서 나온 것은 단순한 티끌들이고, 따라서 과오들이고, 결과적으로는 모순이나 부정 이외의 아무것도 아닐 것입니다. 1748년 6월 9일

영들의 지혜, 특히 천사의 지혜에 관해서, 그리고 주님말씀의 영감(靈感 · inspiration)에 관해서

2265. 나는, 사후 영혼들에게 주어지는 그 밖의 선물들에 관해서, 여기저기에서 다루었지만, 그들은 그 때 하나의 관념 안에서 주님께서 주신다는 것을 잘 알 수 있었습니다. 왜냐하면 그들은 입류하는 다종다양함을 지각하였기 때문이고, 그것으로부터 거짓에 속한 것이

무엇인지, 참된 것에 속한 것이 무엇인지, 그리고 악한 것과 선한 것이 무엇인지를 밝은 빛의 상태에서 볼 수 있기 때문입니다.

2266. 마찬가지로 영들의 사회들이 그들의 개념들 속으로 어떻게 작용하고, 거기에 있는 그것들과 어떻게 교류하는지, 따라서 그 상태 안에 있는 영들의 사회들의 성질이 어떠한 것인지, 비록 불영명하기는 하지만, 내가 알 수 있도록 주어졌습니다. 수많은 사회들에 관한 앎이 하나의 개념 안에, 또는 한 사물의 관념 안에 유입되었을 때, 일반적으로 여러 견해들의 차이가 무엇인지를 아는 것이 허락되었습니다. 따라서 그 때 내 주위에 있는 영들의 세계의 성질 역시 아는 것이 허락되었습니다. 천사들은 이런 사실을 보다 명료하게 지각할 수 있습니다. 이런 사실에서부터 주님을 믿는 믿음 안에 있는 자들은 어떤 지혜의 상태에서 나타나는지를 잘 알 수 있고, 그리고 만약에 사람이 수천 년을 산다고 해도 사람이 알 수 있는 것에 비하여, 심지어 선천적인 재능이 뛰어나지 못한 영들이라고 해도, 저 세상에서 영들은 아주 많은 것들을 알고 있다는 것이 분명합니다. 1748년 6월 10일

2267. 그 때 몇몇 자들이 천계에 올리워졌는데, 그들은 이런 내용들이 어떠한 것인지 볼 수 있었고, 또한 알 수 있었습니다. 그것에서부터 그들은 나에게 한 말은, 그들은 이와 같이 이런 저런 의견에 관해서 수많은 것들이 있다는 것을 보았다는 것이고, 따라서 만약에 그것이 질서의 상태에 있다면, 어떤 것들 안에는 수천의 것들이 있을 수 있다는 것을 안다는 것이었습니다. 그러므로 그들은 그 때 거기에 존재했던 수많은 사회들이 어떻게 서로 다른지, 또는 얼마나 일치하는지도 충분하게 알 수 있었습니다. 그리고 천사들의 천계에 있는 자들도, 가장 가까이에 있는 사회들도 거의 헤아릴 수 있는 정도였는데, 더 멀리 떨어진 사회들에의 입류가 얼마나 되는지는 말할 수 없었습니다. 따라서 여기서 얻는 결론은 주님께서는, 영들에 의하여 지배되는 인류뿐만 아니라 보편적인 천계에 있는 가장 단순한

것들도 잘 아신다는 것 자체가 주님의 선물이요, 은혜인데, 그것은 주님께서 좋아하신다는 것에 따라서 감소하기도 하고, 증대하기도 하기 때문이고, 더욱이 주님께서는, 개별적이든 전체적이든, 모든 것들을 처리하시기 때문입니다. 나는 이런 사실을 천사적인 개념에 의하여 지각하였습니다.

2268. 한마디로, 모든 개념, 그리고 지극히 작은 지각이나 지극히 작은 정동도 유입하는 일반적인 원칙(the common principle)에서 비롯된 그것들 자신의 질서 안에 있고, 또한 자신들의 질서를 가지고 있다는 것입니다. 이러한 사실은 누구에게나 믿을 수 있는 것은 아닙니다. 그럼에도 불구하고 이러한 사실은 진리입니다. 왜냐하면 만약에 그렇지 않다면 사람·영·천사는 모두 지극히 작은 개념조차도 가질 수 없기 때문인데, 이러한 사실은 명확한 경험에 의하여 나에게 입증되었고, 그리고 그 빛의 상태에 올리워진 많은 자들에 의하여 확증되었기 때문입니다.

2269. 그 때 그들은 그런 상태의 영기(靈氣)에 올리워졌는데, 그것은 머리 위 약간 높은 곳에, 그리고 약간 정면에 있었습니다. 1748년 6월 10일

2270. 특히 그들은 주님의 성언 안에 기술된 것들에 속한 영감(靈感·inspiration)이 무엇인지 밝히 깨달았습니다. 왜냐하면, 의미에서뿐만 아니라 단순한 낱말들이나, 낱말들의 개념 안에 어떤 능력이 유입하는지, 그리고 그 일이 어떻게 일어나는지 그들에게 밝혀졌기 때문입니다. 사실 그들에게서 그것은 마치 어떤 자가 나의 손을 붙잡고, 글을 쓰는 것처럼 보였기 때문이고, 그리고 그들은 글을 쓰는 자가 마치 자신이라고 생각하였기 때문입니다. 이러한 것은 영적인 개념에 의하여 내가 알도록 허락하신 것입니다. 사실은, 말하자면, 기술된 모든 작은 글자에 속한 가장 단순한 개념 안에 있는 것까지도 미리 느끼게 하기 위한 것이었습니다. 여기서 밝히 알 수 있는 것은, 모든 글자의 측면에서도 주님의 성언은 영감되었다는 것입니

다. 1748년 6월 10일

장래(將來) 일에 관하여

2271. 천사들은 장래 일에 관해서 아무것도 모르고, 오직 주님만이 아십니다. 그리고 주님께서 그것을 계시할 값이 있다고 생각하는 자만이 압니다. 어떤 자가 장래 있을 일을 알기를 열망할 때, 나는 제일 먼저 몹시 싫은 것을 깨달았습니다. 왜냐하면 거기에서부터 몇몇은 어떤 사실이 참된 것인지 아닌지 알려고 하기 때문인데, 이러한 것은 지상에 있는 사람들에게 있는 경우입니다. 그러나 마지막 때에 기적들 따위는 일어나지 않습니다. 그리고 또한 장차 일어날 일들도 예고되지 않습니다. 그것은 많은 이유들 때문입니다. 그 이유 중 오직 한 가지 이유만 제시하는 것이 허락되었습니다. 다시 말하면 그들이 지복(至福)의 상태에 있게 하기 위해서 천사들도 장래에 있을 지극히 작은 일까지도 결코 알면 안 된다는 것입니다. 왜냐하면 주님께서는 충분히 돌보시고 있기 때문이고, 그리고 주님께서는 일순간도 그들이 생각하는 것들을 돌보시고 있기 때문입니다. 따라서 주님께서는, 그들이 장래에 대하여 염려하지 말고, 걱정하지 말라고 말씀하셨습니다. 더욱이 영들이 몹시 갈망하는 것이지만, 장래에 관해서 안다는 것은, 그들을 혼란스럽게 하는 것이고, 질서를 방해하는 수많은 것들을 담고 있기 때문입니다. 그러므로 역시 그것은 영들이나 천사들의 다스림에 전적으로 반대되는 것이기 때문입니다. 영들이나 천사들도, 그들에게 허용되는 것이 아니면, 그들 자신의 것으로 자신에게 돌릴 수 있는 것은 전무(全無)하기 때문입니다. 1748년 6월 10일

예전에 예언자들 안에서 역사한 영들의 활동에 관하여

2272. 주님의 말씀에서 밝히 안 것은, 수많은 몸가짐(gestures)들을 사용했던 예전의 예언자들은 다종다양한 몸짓을 했다는 것이고, 그

리고 만약에 그들이 오늘날 살아 있고, 그리고 이런 일들을 수행한다면 그들은 악마가 달라붙어 있는 그런 작자로 여겨질 것이다는 것 등입니다. 예를 들어 보겠습니다. 사울이 발가벗고 누워 있다는 것이나, 그 밖의 많은 것들을 상상해 보십시오. 이런 것들에게서 얻는 결론은 그들은, 그들의 육신을 점령한 여러 영들에 의하여 전적으로 사로잡혔다고 할 것이고, 그리고 육신의 모든 감관들이나 기능 따위들도 그들에 의하여 전적으로 사로잡혔다고 할 것입니다. 따라서 그들은, 그들이 전적으로 자신의 몸이라고 생각할 것입니다.

2273. 그 때의 예언자들의 경우가 어떠하였는지 생생한 경험에 의하여 나에게 알려졌습니다. 왜냐하면 내가 아침까지 가끔씩 눈을 뜨기는 했지만, 온 밤 동안, 나의 몸을, 그리고 나의 몸에 속한 것들을 그와 같이 사로잡고 있는 영들에 의하여 나는 사로잡혀 있기 때문입니다. 그리고 나는 매우 불영명한 상태에 있다는 것을 제외하면 그것이 나의 몸이었다는 것을 거의 알지 못하였습니다. 그럼에도 불구하고 나는 여전히 나 자신이었고, 그리고 영들이 내 전부를 점유하였기 때문에, 마치 몸에서 쫓겨난 것처럼, 내 육신의 지극히 작은 부분만을 가지고 있는 것처럼, 내 몸에서 떠나서 생각할 수 있었습니다.

2274. 영들이 다시 오게 되었을 때, 내게 나타난 것은 작은 구름들이 여러 가지 모양으로 합쳐졌다는 것입니다. 어떤 것은 끝이 날카로운 모양을 하였고, 어떤 것은 여러 가지 다양한 모양을 하고 있었습니다. 이와 같이 보여진 구름들은 검었습니다. 그리고 그 때 나에게 알려진 것은 그것들이 그런 영들이다는 확신이었습니다. 나는 그들이 나를 사로잡도록 허용된 미친 영들이다고 생각하였습니다. 왜냐하면 다양하게 집합된 구름의 덩어리들이 이런 사실을 뜻하고 있기 때문입니다.

2275. 어느 날 아침 나는 두 마리의 말들이 끄는 병거를 보았는데, 그 병거에는 한 사람이 있었고, 그가 그 병거를 다루고 있었습니다.

그 때 말 위에 한 사람이 앉아 있었는데, 그 사람은 그 말에 의해 뒤로 떨어졌고, 거기에 넘어졌습니다. 그 때 그 말은 뛰어다녔고, 다른 사람이 그 말에 올라타자, 그 말들은, 그들이 하는 말대로, 온순하게 되었습니다.

2276. 그러나 나는 두 필의 말이 끄는 그 병거가 무엇을 뜻하는지, 그리고 그 말 잔등에서 떨어진 기수(騎手)가, 그리고 그 말을 탄 다른 기수가, 무엇을 뜻하는지, 내가 지금 그것들에 관해서 가르침을 받은 것들과 관계가 없다면, 알지 못하였을 것입니다. 그 가르침은 예전에 이와 같은 예언자들이 있었다는 것, 즉, 예전에 영들이 그들 안에서 활동하고 말하는 자들이 있었다는 것이고, 말들에 의하여 잔등에서 떨어진 자들도 있었다는 것입니다. 그들에 관해서는 야곱의 예언에서, 그리고 다른 곳에서도 다루어졌는데, 그 말 위에 앉은 다른 기수는 영들이 사람에게 작용할 때의 그 상태를 뜻하였습니다. 나는 깨어 있는 상태에서 그 병거와 말들을 보았습니다. 그러므로 말에 탔던 기수가 그 말에 의하여 잔등에서 떨어졌고, 말이 말굽으로 찬 그 기수는, 예언자들 중에서 활동한 양태(樣態)를 뜻하고, 말 잔등에서 떨어지지 않고 말 위에 계속해서 앉아 있는 자는 성공한 것을 뜻합니다. 마찬가지로 병거 앞에 있는 말들은 평온한 말들이었지만, 그러나 그다지 귀하지 않은 병거는 총명적인 믿음을 뜻합니다.

2277. 여러 시간 계속된 생생한 경험을 통해서, 그리고 그 뒤 생생한 음성에 의하여 내가 가르침을 받은 것은, 이것은 내가 확신을 가지고 인정하는 것인데, 말하자면 옛날 예언자들은 이와 마찬가지로 사로잡혔다는 것입니다. 다시 말하면 영들이 그들을 사로잡았을 때, 그들은 그들의 몸 전체를 사로잡았고, 그 때 남아 있는 사람에 속한 것은 전무(全無)하였습니다. 그러나 영들은, 전체적이든 개별적이든, 그의 모든 것을 가지고 있었습니다. 그리고 그것으로 인하여 영들은 자기 자신들을 매우 미친 듯이 다스렸습니다. 그럼에도 불구하고 주님께서는 그들이 어느 누구에게도 해를 끼치지 못하게 그들

을 다스렸습니다. 그러므로 사로잡힌 자들은 자기 자신의 것은 아무것도 남아 있지 않았습니다. 글을 쓴 것들이나, 그들이 말한 것들을 전혀 알지 못하는 예언자들도 이와 꼭 같았습니다. 그리고 그들이 이해하지 못하는 것을 어느 정도 알고 있었는지, 또는 모르고 있었는지는, 나는 알지 못합니다.

2278. 주님의 시대에 악마들에 의하여 사로잡힌 자들도 사정이 이와 크게 다르지 않았습니다. 다르다면, 그들은 사람을 해칠 수 있었습니다. 그러나 예언자의 경우는 그렇지가 않았습니다.

2279. 이렇게 볼 때 나에게 명확한 것은 오늘날 이와 같은 영들의 사로잡음들은 믿음의 상태 안에 있는 사람 안에서는 그와 같이 작용할 수 없다는 것입니다. 다시 말하면 그 사람 자신은 미친 짓을 행하지 못한다는 것, 그리고 자기 자신을 다스리는 능력을 전혀 가지지 못한 옛날의 예언자들 같은 존재는 아니지만, 그러나 그는 영들에 의하여 꼭 같이 사로잡힐 수 있고, 그리고 그럼에도 불구하고 그는 자기 자신을 다스리는 자신이 주인이 될 수 있었습니다. 다시 말하면 그는 자신의 총명도, 자신의 의지도 다스릴 수 있었습니다. 왜냐하면 주님을 믿는 믿음 안에 있는 자들은, 그들의 생각이나 행동에 속한 능력의 측면에서 영들에 의하여 사로잡힐 수 없기 때문입니다. 1748년 6월 11일

2280. 내가 이런 상태에 머물고 있는 동안 나는 영들이 말하는 것을 들을 수 있었지만, 그럼에도 불구하고 그들은 마치 멀리 떨어진 것 같았습니다. 왜냐하면 그들은, 내가 그들과 함께 있다는 것을 모르고 있기 때문에, 그리고 이와 같이 내가 그들에게서 떠났으며, 내가 거기에 없다고 말하였기 때문입니다. 1748년 6월 11일

2281. 그 뒤 몸을 사로잡은 영들이 나와 이야기를 하였는데, 그들은, 육신을 입은 삶에서와 꼭 같이 자신들은 육신을 가지고 있다는 것 이외에는 전혀 다른 아무것도 알지 못한다고 말하였습니다. 더욱이 그들은, 자신들이 영이다는 것을 알고 있고, 그 밖의 많은 것들

을 알고 있지만, 그러나 그들은 이러한 사실을 나에게서 배웠다고 말하였습니다. 그 이유는 그들은 이와 같이 나의 것을 가지고 있었기 때문입니다.

2282. 이상의 것들에게서 밝히 알 수 있는 것은 외면적인 사람이나, 겉사람들은, 성경 여기저기에서 그들에 관해서 언급되고 있듯이, 예언하고 있는 사울이나 그 밖의 많은 자들처럼 예언적인 영(a prophetic spirit)으로 수행된다는 것이고, 그리고 따라서 그 때 그들이 영들에 의하여 사로잡혀 있다는 사실을 전적으로 모르고 있다는 것 등입니다. 그러나 실제로 믿음 안에 있는 내면적인 사람들인 속사람들은, 이런 상태에 있을 수 없고, 만약에 그들이 어떤 비슷한 영에 사로잡혀 있다고 해도, 그들은 자신들의 생각들이나 행동들의 측면에서 보면, 여전히 자신의 자유의 상태에 놓여 있습니다. 그러므로 예언들은 멈추게 될 것이다는 것, 다시 말하면 내면적인 사람을 새롭게 하시는 주님을 통해서 예언들은 이어질 것이다는 것을 알 수 있겠습니다.

2283. 더욱이 또 다른 입류들(入流·influxes)이 다른 존재들로부터 주어지는데, 다시 말하면 영들이 그들과 함께 말하였다는 것을 제외하면 그들의 생각의 측면에서 그들은 전적으로 자신들의 주인이다는 다른 존재들로부터의 입류들이 있었습니다. 그들이 진정한 예언자들에게 명령된 것과 꼭 같다는 것들이나 동작 따위들을 행하도록 명령을 받았을 때, 그것은 그들이 성벽들을 축성(築城)하는 것이나, 그들을 공격하는, 또는 그와 비슷한 것들인데, 이런 내용에 관해서는 성경 여기저기에 다루어지고 있습니다. 이런 입류들은 내적인 확신(internal persuasion)에 의하여 일어납니다. 다시 말하면 그와 같은 일은 주님에 의하여 그와 같이 명령된 것입니다. 거기에 이와 같은 확신이 있게 되면, 그들은 결코 그것에 반항할 수 없는데, 그 이유는 그 확신이 주님에 의하여 그와 같이 명령된 것이기 때문입니다. 그리고 따라서 사람은, 마치 자기 스스로 하는 것처럼, 향동하기 때

문입니다. 이러한 사실은 생생한 경험을 통하여 수차 가르침을 받은 것입니다. 따라서 그것이 사실이다는 것을 확실하게 알았습니다. 그리고 이러한 내용은 영들의 현존에서 기술된 것들입니다. 1748년 6월 10일

특히 저주 가운데 어린 것들을 사로잡는 악령들에 관하여

2284. 수많은 경험들을 통하여 내게 알려진 사실은, 특히 악령들이 저주의 상태에서 어린 것들(infants)을 사로잡는다는 것입니다. 왜냐하면 내가 어린 것들을 볼 때 자주자주 그들은 여러 가지 방법들로 그들을 해치려고 갈망하였기 때문입니다. 아니 사실은 그들은 그들을 죽이려고 하였기 때문입니다. 이런 일은 그들의 망상에서 나에게 알려진 것입니다. 어린 것들이 지니고 있는 순진성(純眞性)까지도 이런 영들은 증오하고 있습니다. 한마디로 어린 것들은 순진무구(純眞無垢)하다는 이유 때문에 그들은 어떤 것이나 순진한 것은 모두 미워합니다. 따라서 그들은 순진한 것을 따라다니면서까지 증오합니다. 나는 그들이 자기 자신의 어린 것들에 대해서도 그와 같은 짓을 하는지 알아보았습니다. 그들은 아니라고 대답하였습니다. 그러나 다른 자들의 어린 것들은 미워한다고 하였고, 그리고 자기 자신 안에 있는 미움을 부드럽게 할 수 없다고 대답하였습니다. 그 이유는, 이노센스(Innocence) 자체이신 주님까지도 그들은 미워하고 증오하기 때문입니다. 1748년 6월 10일

유별난 것들(particulars)은 천계에 결코 오를 수 없고, 또한 그들에 의하여 이해될 수도 없다는 것에 관하여

2285. 유별난 것들(=개별적인 것들)은 모두의 입에 속한 낱말들을 가리키고, 그리고 성경에 나오는 사람들의 이름들이나 도시들이나 그와 비슷한 것들을 가리킵니다. 이런 것들은 결코 천계에 올려질 수 없습니다. 왜냐하면 그런 것들은 가장 유한(有限)한 것들이고, 따

라서 그들의 개념들에게는 전혀 적합하지 않기 때문입니다. 그러므로 그것들은 사물들의 의미로 적합할 뿐입니다. 천사들의 언어는, 유별난 것들을 가리키는 낱말들이나, 이름들, 또는 그와 비슷한 것들의 의미는 아닙니다. 사실 그것은 영들에게는 이해할 수 없는 것들입니다. 그 이유는 낱말들의 언어가 뜻하는 것들을 담고 있기 때문입니다. 그리고 또한 내가 천사들과 이야기 할 때, 매개적인 영들을 제외하면, 그들에 의한 유별난 것들의 개념들은 보편적인 개념이나, 사물들의 의미로 바뀌는 일이 없기 때문에, 이해할 수 없었습니다. 그리고 또한 천사들도 이런 기억을 가지고 있지 않았습니다.

2286. 관능적인 개념들에 속한 기억이나 단순한 물질적인 개념들의 기억은 그들의 기질에 맞지 않기 때문에, 그리고 이런 것들은 그들의 훨씬 밑에 있던가, 또는 그들 밖에 있기 때문에 이상에서 명확하게 알 수 있는 것은 주님의 말씀(=성경)에 나오는 낱말들(words)이나 이름들(names)은 한정된 문자의 뜻에 의해서는 개별적인 것들은 이해되지 않지만, 그러나 천사적인 것들을 가리키는 내면적인 것들, 결과적으로는 영적인 것들이나 천적인 것들, 그러므로 신령한 것들은 이해될 수 있습니다. 따라서 만약에 어느 누구가 모세・아론・아브라함・이삭・야곱에 의하여 인물들을 이해하려고 한다면, 어느 천사도 그것을 조금도 이해할 수 없습니다. 왜냐하면 천사들이 천계에 들어가게 되면, 이런 것들에 속한 망각의 상태(妄覺狀態・oblivion)가 그들에게 일어나기 때문입니다. 왜냐하면 그들은 영적인 개념들이나 천적인 개념들을 부여받기 때문이고, 따라서 보편적인 개념들이나 의미 있는 것들을 받기 때문입니다. 1748년 6월 10일

영혼들은, 자신들이 영들이다는 사실에, 매우 놀라워한다는 것에 관하여

2287. 어떤 한 영이 나와 이야기를 나누었는데, 그는 정면 머리 위 조금 높은 곳에 있었습니다. 그 때 그는 내가 영들에 관해서 하

는 말을 들었습니다. 그는, 자신이 한 사람이라고 생각하고 있었기 때문에, 영이 무엇이냐고 말하였고, 따라서 영이 무엇인지 알기를 원하였습니다. 나는 그에게, 사람 안에 영이 있고, 그리고 생각하는 것은 거기에 있는 사람의 영(a spirit of man)이기 때문에, 또한 육체는 땅 위에의 삶을 위해 영을 섬기고 있기 때문에, 영은 육체 없이도 존재합니다. 그리고 뼈나 살(bone and flesh)은 결코 생각하지 못하기 때문에, 따라서 필수적인 것은 영이 반드시 육체 안에 있어야 한다는 것입니다. 그리고 육체가 죽었을 때에도 영은 살아 있고, 생각하고, 말하기 때문입니다. 나는 그가 영이 무엇인지 들은 적이 있는지를 물었는데, 그는 영이 무엇입니까? 라고 대답하였습니다. 나는 그가 영이 무엇인지 알지 못한다는 것을 알았습니다. 그래서 나는 그에게 말해 주었습니다.

2288. 내가 한 말은, 그는 지금 영이다는 것이고, 그것은 그가 머리 위 높은 곳에 있기 때문에, 그리고 그가 땅 위에 서 있지 않다는 것을 모르고 있다는 것이었고, 그리고 지금은 이것을 지각할 수 있을 것이다는 것 등등이었습니다. 이런 말을 듣자 그는 겁을 먹었고, 그는 나는 영이다, 나는 영이다고 소리를 지르면서 도망하였습니다. 그가 말한 것과 같이, 그 이유는 그는 그것을 전에는 전혀 알지 못하였기 때문이고, 또한 영이 무엇인지 전에 이해하지 못하였기 때문이고, 또한 그가 하나의 영혼이다는 것을 몰랐기 때문입니다. 이러한 일은 자주자주 일어났습니다. 다시 말하면, 그들이 전에는 그 사실을 결코 믿지 못하였기 때문에 자신들이 영혼들이고, 영들이다는 것에 매우 놀라워하였습니다. 그리고 그들이 영이 무엇인지, 영혼이 무엇인지 이해하지 못하였기 때문에, 따라서 이 세상에 있을 때 그런 것들에 관해서 염려하였듯이, 그들은 사는 곳이나 머무르는 곳, 또는 이와 비슷한 것을 알지 못하고 있기 때문에, 그 때 그들이 어디로 가야 할지에 대하여 아주 크게 불평을 하였습니다. 그들에게 일러진 것은 주님께서 그들을 잘 보살펴 주신다는 것이었고, 그리고

집도, 옷도, 먹을거리도 결코 필요하지 않는다는 것 등이었습니다.
1748년 6월 10일

요단 강 지류(支流)의 표징에 관하여

2289. 내가 요단 강 지류에 관한 여호수아서 3장을 읽고 있을 때, 많은 자들이 가나안 땅이 주님나라를 뜻하기 때문에, 따라서 그들이 거기에 들어가기 위해서 요단 강의 지류가 자신들에게 뜻하는 것을 대단히 열망하였습니다. 이런 일이 그들에게 주어졌고, 한 시간 동안 그 일은 계속되었습니다. 그들에게 나타난 일은, 그들이, 그들의 가족들과 그들의 소유는 무엇이든지 요단 강을 건너는 일이었습니다. 그 일은, 그들이 그 강을 모두 건널 때까지, 앞서 가던 법궤(法櫃 · ark)가 그 강 가운데 서 있는 것이었습니다. 이 광경은 그들의 눈 앞에 멋진 것이었고, 그 때 이것이 사실이다고 여기는 생각이 그들 속에 주입되었습니다. 그 때 나는 그들이 그 강을 건널 때 그들이 열의와 진지함을 가지고 건넌다는 것을 지각하였고, 뿐만 아니라 그들이 모두 그 강을 건넜을 때 그들이 마음 속에서부터 기뻐하였다는 것도 인지하였습니다. 이 일은 정히 한 두 시간 계속되었습니다. 그러는 동안, 이것이 단순한 망상이라고 생각하는 다른 영들은 수많은 술책들을 가지고 그들을 방해하기를 열망하였지만, 허사였습니다. 그들이 말하고 있는 것과 같이, 그들은 안전하게 그 강을 건넜습니다.

2290. 그러는 동안, 주님께서 그들에게 바로잡음(改革 · reformation)을 위해서 이런 일을 주셨다는 것을 나는 생각하게 되었습니다. 다시 말하면 어떤 자들은, 마치 어린 아이들과 같이, 천진스럽게 이런 것들을 열망하고, 또한 간구하기도 하였습니다. 그 때 그들이 건너서 들어가려는 가나안 땅이 뜻하는 주님나라에 관한 생각들과 함께 이노센스의 상태가 그들에게 주어졌습니다. 나는 역시 이 사실을 지각하였습니다. 따라서 기쁨을 통해서 요단 강 · 법궤 · 가나안 땅이

뜻하는 지식이 주입되었을 뿐만 아니라, 동시에 순진한 기쁨 하에 있는 유사한 것들을 주님께서 그들 안에 넣어 주신다는 것이 주입되었습니다. 그러므로 서로 분리시키고, 절제하지 못하는 자들은 결코 아무것도 수행할 수 없었습니다. 그들 중의 어떤 자들에게는 어린 아이들의 유희 같은 것도 선용에 속한 것이다는 생각이 주입되었습니다. 그 이유는 그들은 자신들 안에 참된 목적을 가지고 있었고, 그리고 이노센스 자체이신 주님을 모시고 있었기 때문입니다. 더욱이, 만약에 깊이 생각한다면, 그들의 생각과 닮지 않았고, 그리고 그들의 것과 비교될 수 없을 정도로 사람이나 영의 망상이 악한 것이다는 것도 주입되었습니다. 1748년 6월 11일

나는 생명 자체는 아니지만, 생명을 영접, 수용하는 준비는 주님께서 계속해서 주신다는 것에 관하여

2291. 나는 천사들과 이런 일들에 관해서 대화를 가졌는데, 그 일이란 그들이 생명에 속한 무엇을 받았는지, 또는 사람들 · 영혼들 · 영들 · 천사들 안에서 작용하는 일체의 모든 것들은 단지 생명을 받기 위한 준비에 지나지 않는다는 것에 관한 여부 등이었습니다. 그리고 그들은 자기 자신의 것으로서는 결코 생명을 받을 수 없다는 것은 진리이다는 것이고, 그리고 그 사실은 확증되었다는 것이었습니다. 그리고 그들은 단지 생명의 기관(器官)이고, 또한 생명의 유기적인 원질(organic substance of life)이나, 또는 생명의 수용 그릇들에 불과하다는 것, 그리고 이런 사실 역시 진리이다는 것, 그러므로 그들은, 그것을 소유하는 것이 아니고, 생명을 받기 위하여 단순하게 준비되었다는 것, 그리고 이런 사실은 진리이다는 것 등등이 대화의 내용이었습니다. 영적인 개념에 의하여 그 준비가 드러났습니다. 말하자면 생명이 결여(缺如)된 여러 수용그릇들에 의하여, 그들이 이런 종류의 수용그릇에 불과하다는 것이 드러났습니다. 이러한 드러남(表現)들은, 사람이 육신을 입고 있는 동안은, 인간적인 개념 안에

들어올 수 없다는 것입니다.

2292. 그들은 반드시 영원히 준비하는 존재이다는 것, 그리고 자기 자신의 것으로서 그들은 생명을 결코 소유할 수 없다는 것 등은 이런 사실에서 뿐만 아니라, 다른 사실에서도 아주 분명합니다. 이것이 사실이다는 것은 자연적인 마음 안에는 아주 많은 악들이 있다는 것이고, 그리고 거기에는 양친에 의하여, 처음 사람(the first man)에 의하여, 그리고 그들의 삶의 전 생애 동안에 그들 자신을 통하여 증가된 악 외에는 아무것도 없다는 것 등등을 뜻합니다. 그럼에도 불구하고 그 때 그들이 천계에 있기 위해서는 거기에 대응이 반드시 있어야 하는데, 그 대응은 가장 일반적인 것들 안에 있는 것을 제외하면, 결코 주어지지 않습니다. 예를 들어 보겠습니다. 만약에 단 하나의 개념이 한정되지 않은 많은 것들 안에 존재한다고 가정한다면, 모든 부정적인 것들은 모든 측면에서 서로 결합된 악들에 의하여 만들어진 악들이다는 것입니다. 그 이유는 그 개념이 그 사람의 형상(image of the man)이고, 따라서 그 개념은 부모에게서 비롯된 악들이나, 후천적으로 취득한 악들로부터 만들어졌기 때문입니다. 그러므로 단 하나의 개념도 이런 성질의 것이기 때문에, 그리고 그 개념에 속한 한정되지 않은 많은 것들도 일종의 탐욕에 속한 그런 성질의 것이기 때문에, 그리고 탐욕의 종류도 수도 없이 많기 때문에, 사람이 개혁될 수 있게 하려면 얼마나 많은 대응이 있어야 하겠습니까? 그러나 주님께서는 지극히 적은 것들 안에 있는 대응에 의하여 그들을 천계에 인도하셨고, 그들을 천계에서 간수하십니다. 1748년 6월 11일

영혼들 · 영들 · 천사들은, 즐거운 상태에서와 꼭 같이, 슬픈 상태에서도 진리들을 배우지만, 그 차이에 관하여

2293. 영들은 그들이 어떤 진리들을 들었을 때 몹시 불평을 늘어놓았습니다. 그 진리들이란 그들은 무가치한 존재이고, 그들은 생명

의 그릇들이고, 기관에 지나지 않는 존재이고, 그들은 자기들 스스로는 아무것도 할 수 없는 존재이고, 그 밖에 그것들과 비슷한 존재이다는 것이었습니다. 그와 같은 일은 영들에게는, 특히 자기사랑(自我愛)에 의하여 선동(煽動)되는 영들에게는 매우 짜증나는 일이고, 불쾌하고, 화나게 하는 일입니다. 그러나 다른 자들은 즐거운 상태(a pleasant state)에서 진리들을 배웁니다. 그러므로 그들은 그들이 매우 힘들고, 심한 상태에서 배우지 않으면 안 된다는 것에 대하여 크게 불평하였습니다. 왜냐하면 이런 진리들은 그들에게는 매우 불쾌하고, 화나게 하는 그런 것이었기 때문입니다. 그 때 그들이 왜 그와 같은 비참한 상태에서 배우는지 천사들과 영들에게 생각이 떠올랐습니다. 그러나 그 대답은, 그들이 배울 때, 그들이 처해 있는 상태는 이런 특성을 가지고 있다는 것이었습니다. 그 특성이란 그것은 진리들과 함께 돌아오고, 생각나게 한다는 것입니다. 그러므로 비슷한 진리가 되돌아오고, 생각나게 되면, 특히 그것에 친숙하게 되면, 말하자면 자신의 것이 되면, 즉 전유(專有)되면, 그 때 슬픔이 역시 되살아나는데, 그것은 주님에 의하여 즐거움으로 바뀌고, 그 슬픔은 즐거운 상태로 바뀝니다. 따라서 즐거운 느낌은 최고의 상태로 고양됩니다. 이와 같이 모든 것들도 이와 비슷한 것들과 관계를 가지고 있지만, 사실은, 그 반대적인 것과 관계를 가지고 있습니다. 이러한 사실은 자연계 안에 있는 수많은 것들로부터 잘 알 수 있습니다. 예를 들면 미각·질서·시각의 모든 대상물에서, 그리고 그 밖의 다른 수많은 것들에서, 그리고 음악의 하모니로부터 분명하게 나타납니다. 1748년 6월 11일

2294. 이것이 바로 영들의 상태가 다종다양하게 변한다는 이유이기도 합니다. 그러므로 이것은 한 해의 변화들에 비교될 수 있는 이유이기도 합니다. 예를 들면 하루의 변화, 즉 아침·낮·저녁이나 밤이 아침으로, 그리고 봄·여름·가을·겨울 그리고 겨울이 봄으로 바뀌는 변화들에 비교될 수 있겠습니다. 그러나 그 차이는 엄청나게

다릅니다. 천사들에게서 그 변화는 낮·저녁·밤과 비슷하지만, 그러나 봄철에만 그것과 닮았습니다. 1748년 6월 11일

그러므로 내가 알 수 있는 것은, 어떤 영들에게 속한 지복이나 기쁨을 형성하는 것은 천사들에게는 불쾌한 것이고, 불행한 것이다는 것이었습니다. 그 이유는 모든 것들은 상대적(相對的·relative)이기 때문입니다.

개념들은 모든 변화와 함께 지각된다는 것에 관하여

2295. 내가 어떤 것을 말하였는데, 그 뒤 어떤 영들이 그들이 생각하는 것처럼 그것은 좋은 것이 아니다라고 말하였습니다. 그러나 내게 주어진 대답은, 한 사람이 다른 사람의 개념과 꼭 같이 지각된다는 것은 결코 일어날 수 없다는 것이고, 그리고 각자의 자신의 성품에 따라서 지각하고, 따라서 동일한 개념이나 또는 개념들의 뜻들은 다른 사람의 것과 꼭 같이 한 사람이 결코 받아들일 수 없다는 것 등입니다. 역시 각자는 자신의 성품에 일치하여 받아들이듯이, 몇몇 사람들은 그들의 성품 때문에 개념적으로는 즐겁고 좋은 것을 받아들이고, 따라서 자기 자신의 개념들로부터 어떤 결론을 도출(導出)합니다. 왜냐하면 단순한 개념 안에도 무수한 것들이 내재해 있기 때문이고, 따라서 그것들은 그 사람이 받아들이는 그의 성품에 따라서 각각 인지되기 때문입니다. 이것이 일반적인 경우이지만, 단일적인 것들이나, 내면적인 것들, 그리고 보다 더 내면적인 것들 역시도 사정은 꼭 같습니다. 이런 내용은 나에게 입증된 것입니다. 그들 가운데 형벌을 주기를 원했던 영들이 있었습니다. 그들이 시작하였을 때, 나는 그들의 손 안에 새의 깃털들을, 그리고 다음에는 종려나무들을 보여주었는데, 그들이 즉시 한 말은, 우리들은 손에 막대기를, 다시 말하면 잎이 없는 막대기들을 쥐고 있다는 것입니다. 이런 일은 서로 다른 성품에 따라서 받아들이는 개념들이 어떠한 것인지를 내가 알게 하기 위하여 행해진 것입니다. 1748년 6월 11일

일어나는 모든 것들 안에는 주님의 허용(許容)·허가(許可)·선의(善意)·뜻 등이 존재하지만, 그러나 주체들과 관계를 가지고 있다는 것에 관하여

2296. 허용들 전체에 걸쳐 명확한 사실은 그것들이 종(種)으로 나뉘고, 유(類)로 나뉜다는 것입니다. 그리고 이와 마찬가지로 선한 영들에 속한 허가들도, 그리고 천사들에게 속한 선의(善意)들 모두도 종과 유로 구분된다는 것입니다. 주님께서 모든 것들을 다스리시기 때문에 주님의 뜻(the will of the Lord)이, 개별적이든 전체적이든, 모든 것들을 통치하기 때문에, 따라서 선의·허가·허용 등등도 동일한 것들을 많은 자들이 생각하고, 말하고, 또한 행할 때와 꼭 같이 주체에 따라서 상황은 서로 다릅니다. 혹자는 허용에서 행동하고, 다른 사람은 허가에서, 제 3자는 선의에서 행합니다. 왜냐하면 개별적인 것들이나 전체적인 것들은 모두가 목적(目的·end)으로 말미암아 존재하기 때문입니다. 1748년 6월 11일

모든 사물들의 부정성(不定性)에 관하여

2297. 수차에 걸쳐서 언급하였듯이, 모든 것들의 본성(the nature of things) 안에는 가장 일반적인 본질(本質·요인·a very general principle)이 아닌 것은 존재하지 않습니다. 그리고 거기에는 본질적으로 부정적인 것들(=무수한 것들)도 담고 있습니다. 심지어 단 하나의 낱말의 개념도 그렇지 않은 것은 전무(全無)합니다. 더욱이 단 하나의 개념도 수많은 개념들로 형성되었다는 것입니다. 모든 것들 안에는, 예를 들면 두려움 안에는 무수한 것들이 널리 퍼져 있기 때문에, 따라서 그는 아무것도 파악할 수 없어서 한 영은 몹시 화가 났습니다. 그러나 그에게 일러진 대답은, 거기에는 무수한 것들의 무수한 것, 그리고 그것들의 부정성(不定性)이 있고, 그 무수한 것들의 무수한 것, 또한 그것들의 무수한 것들이 있다는 것입니다. 그러므

로 모든 자연적인 무수한 것(不定性)은 수많은 갑절의 부정(不定)한 것들에 의하여 증대된다는 것입니다. 그 때 동시에 그는 영적인 개념에 의하여 자극을 받았는데, 그는 자신은 아무것도 아니고, 따라서 아무것도 알지 못한다고 말하였는데, 이런 일은 천사들이 확증한 것입니다. 1748년 6월 11일

2298. 그 뒤 나와 함께 있었던 몇몇 자들에 의하여 언급된 것은, 만약에 눈으로는 너무나 작아서 볼 수 없는 것을 볼 수 있는 현미경(顯微鏡)이 없었다면, 그들은, 예를 들면, 인체의 큰 부분들로 생각하였을 것입니다. 그 이유는 그것들의 내면적인 것들을 존재하는 하나로 볼 수 없었기 때문입니다. 더욱이 그것이 무수의 것들로 구성되었다는 것을 상상할 수 없었을 것이기 때문입니다. 현미경은, 그들이 예전에 단일(單一)의 것이라고 생각한 것들이 수많은 것들을 내포하고 있다는 사실을 잘 보여주었습니다. 예를 들어보겠습니다. 시각의 섬세한 시선조차도 거의 볼 수 없는 작은 벌레(a little worm)도, 큰 동물이 가지고 있는 것들과 꼭 같은 감각기관들이나 내장들을 가지고 있고, 그리고 또한 대뇌·척추·폐관·생식기관 등등을 가지고 있다는 것입니다. 그러므로 그것이 소뇌들·관들·내장들·섬유들을 가지고 있는지 아닌지, 그리고 생명의 체액이 있는지 아닌지의 측면에서 현미경에 의하여 발견되지 않는 것은 어떤 단일의 것이나, 부분적인 것은 아무것도 없습니다. 따라서 명확한 사실은, 단순한 육체적인 것들이나 자연적인 것들 안에는 아주 많은 숨어 있는 것들이 존재한다는 것입니다. 그러므로 다소의 것들 안에는 얼마나 많은 것이 숨어 있겠습니까! 왜냐하면 생명적인 요소(vital principle)는 거기에서 생겨나고, 그리고 매개적인 유기적 원질(原質)에 의하여 생기기 때문입니다. 1748년 6월 11일

자연적인 철학(natural philosophy)이나 물리학(物理學·physics)에 속한 것들에 의하여 신령한 신비들을 이해하고, 생각하려

는 자들에 관하여

2299. 영적인 것들에 관해서 대화를 하였을 때 내가 영적인 개념으로 인지한 것을 어떤 사람은 물질적으로 인지하였습니다. 말하자면 작은 백색의 선들(small white lines)은, 영적인 것들을 물질적으로 이해한 하나의 증표였습니다. 그럼에도 불구하고 그것은 물질적인 것은 아니었습니다. 그 이유는 그것들은 본질들의 힘(本質 能力 · power of substances)을 가지고 있었기 때문입니다. 그러므로 물리학이나 철학에 의존하는 자들이 영적인 것들이나 믿음에 속한 것들을 이해하고, 생각하려고 할 때, 그 때 그들의 물질적인 관념들(=개념들)은 그대로 남아 있는데, 이러한 것은 저 세상에서 잘 드러납니다. 이런 인물들은 저 세상에서 믿음에 속한 진리들을 듣게 되면 심한 고통을 느끼고, 사실인즉슨, 불안이 최고에 이르게 되는데, 그런 고통이나 불안은 거의 치유될 수 없는 것들이라고 그들은 생각합니다. 이런 내용은, 오늘 경험을 통하여 자신은 결코 치유될 수 없다고 자포 자기할 정도로 오랫동안 고통을 느낀 어떤 영으로부터 온 것입니다. 그러나 주님의 능력은 무한하시기 때문에 병이나 치유되지 않는 악은 결코 주어지지 않습니다.

2300. 이런 부류의 영들은 영적인 것들에 관해서 자신들의 망상들을 아주 널리 퍼드리는 특성을 가지고 있습니다. 말하자면 다른 자들의 개념들을 닫아 버리기 때문에 다른 자들은 영적인 것들을 거의 깨달을 수 없습니다. 그러므로 그들이 다른 상태에로 옮겨지지 않는다면, 그들은 결코 영들의 사회들 안에 오래 있을 수 없습니다. 그들이 천적인 자들에 속한 사회들 안에 있을 수 있는지는 아직은 나는 알 수 없고, 그리고 사물들의 원인에 관한 생각들이나, 이와 비슷한 것들은 반드시 제거되어야 한다는 것도 나는 아직은 알 수 없습니다. 1748년 6월 11일

2301. 그러나 자연적인 철학을 통하여 영적인 것들을 이해하고, 생각하는 것이 무엇을 뜻하는지 아주 잘 이해하지 않으면 안 되겠

습니다. 다시 말하면 자연 안에 있는 것들에 의하여 믿음에 속한 진리들이나, 영적인 것들을 확증하는 것을 결코 금하고 있지 않다는 것입니다. 그 이유는 모든 것들에 속한 대응이 주어졌기 때문입니다. 왜냐하면 그 때 진리들은 지휘권(指揮權·command)을 가지고 있고, 그리고 자연적인 진리들은 그것을 확증하는 일에 종사하고 있기 때문입니다. 인간적인 마음들은 그것들이 영적인 것을 더 잘 시인할 수 있도록 구성되었습니다. 왜냐하면 어느 누구도 이 세상에 있는 것들에 의하지 않고서는 그 어떤 순수한 영적인 것들의 개념도 가질 수 없기 때문입니다. 심지어 감관에 의하여 표현되는 낱말들에 관해서 보면, 그것들의 개념들도 물질적이기 때문입니다. 왜냐하면 그 때, 진리 자체이신 주님께서 인도하시고, 입류하시며, 따라서 주님께서는 여러 확증들에 의하여 마음을 조요(照耀)하시기 때문입니다. 그러나 만약에 자연적인 철학에 의하여 그것들이 이해되지 않고, 지각되지 않는다면, 또는 그들이 말하고 있듯이, 그것들이 그들의 감관들에 밝히 드러나지 않는다면, 아무것도 믿지 않는다는 일이나, 또는 영적인 진리들을 시인하지 않는다는 것, 그리고 천계·천사들·영들·사후의 삶이나 그 밖의 다른 많은 것들을 믿지 않고, 시인하지 않는다는 것은 전적으로 금지된, 또는 불가능한 것은 아닙니다. 그 때 그들은 이와 같이 자기를 점검하기 시작하는 그런 부류의 인물들이 됩니다. 1748년 6월 11일. 따라서 그들은 자연적인 것들로부터 영적인 것들이나 천적인 것들을 이해하기를 원하지만, 그런 일은 불가능합니다. 구성된 것이 구성 요소들을 가리키는 것들에 어떻게 들어가고 침투하는지, 내가 말할 수 있는 것은 이런 일은 모든 가능성(可能性·實現性·possibility)에 위배된다는 것입니다. 그러므로 만약에 그와 같이 일이 시도된다면 그것들은 산산이 부서질 것이고, 따라서 소멸할 것이고, 또한 전혀 아무것도 볼 수 없는 장님이 될 것입니다. 그러나 구성 요소들로부터 알 수 있듯이, 영적인 것들로부터 구성물들은 이해될 수 있고, 전적으로 식별될 수 있습니다.

1748년 6월 11일

어떤 영을 존경할 필요는 전혀 없다는 것에 관하여

2302. 영적인 개념에 의하여 인지하였는데, 영들이 하는 말은 그들이 결코 존경받을 수 없다는 것입니다. 왜냐하면 그들은 두려운 존재가 되어, 다른 자들이나 사람들이 그들을 존경하기를 계속해서 원하고, 그리고 그 일을 강요할 것이기 때문입니다. 왜냐하면 그와 같은 일은 그들의 가장 큰 욕망이지만, 그러나 그들의 상태가 계속해서 변하기 때문에 그들은 자신들에 관해서 생각도 할 수 없고, 말도 할 수 없고, 그 어떤 것을 기억할 수도 없고, 벌을 줄 수도 없고, 상도 줄 수 없기 때문입니다. 따라서 그들은 결코 존경받을 수 없습니다. 주님만이 홀로 존경을 받을 수 있는데, 왜냐하면 주님께서는 삼라만상(森羅萬象)을 아시는 분이시고, 보편적인 천지(天地)를 다스리시는 분이시고, 상급을 주시고, 선을 이루시는 분이시기 때문입니다. 마찬가지로 천사들도 예배 받을 수 없습니다. 더욱이 숭배를 받아서는 안 됩니다. 왜냐하면 그들이 행한 선은 그들의 소유가 아니고, 오히려 주님의 것인데, 이러한 사실은 모든 천사들이 하는 고백이기 때문입니다. 만약에 그렇지 않다면 그들은 천사들이 아닙니다. 그럼에도 불구하고 그들이 주님의 소유이다는 범위 내에서 존경은 행해집니다. 1748년 6월 12일

분리된다면, 사람의 지복(至福)을 위해 존재하는 다른 많은 개념들로 주님에 의하여 결합된 여러 개념들에 관하여

2303. 앞에서 언급된 것을 참조하십시오. 다시 말하면 개념들은 다양한 성질들로 이루어졌다는 것, 그리고 사람의 믿음은 이해를 초월할 만큼 수많은 것들이 단 하나의 개념 안에 내재해 있다는 것입니다. 수많은 증대된 것들이나, 수많은 것들로부터 단 하나의 개념도 성장하는데, 그것은 때로는 아주 추악한 것이고, 거기에 부가된

그런 것들과 함께 사람의 눈에 나타난다면, 또는 그것에 닮은 형체로 나타난다면, 사람들이나 영들은 그것들을 몹시 혐오할 것이고, 따라서 그것은 악마도 더 이상 추악한 것으로 표현할 수 없을 정도입니다. 그럼에도 불구하고 사람들이나 영들은 이와 같은 자신들의 개념들을 사랑하고, 그것들이 우주 안에 있는 모든 것들에 비하여 더 아름다운 것들이라고 생각합니다. 그러므로 저 세상에서 이런 것들은 서로 밀착하지 않도록, 그리고 개념들이 아주 추악한 것이 되지 않게 하기 위하여, 주님에 의하여 분리되어야만 합니다. 왜냐하면 사람은, 그가 생가하기 때문에, 사람이고, 생각은 연속적인 개념들이기 때문에 사람 그 자신은, 그가 그와 같이 나타나지 않게 하기 위하여, 이런 외현(=모습)을 드러내는 것이기 때문입니다.

2304. 이런 개념들은 분리됩니다. 사실은 단 하나의 개념에 수많은 다른 많은 것들에 결합하는 그런 식으로 분리됩니다. 따라서 그 개념이 드러나게 되면, 그 때 그것들과 서로 결합된 그런 것들이나 또는 그것들과 제휴된 것들은 동시에 드러나게 됩니다. 그러므로 그것의 개념이 드러나면 즉시 주님께서는, 주님께서 그것에 제휴시키고, 부가시키는 그런 것들을 삽입(揷入)시키시고, 그리고 그 삽입에 의하여 그 개념은, 주님의 좋은 의도에 따라서, 아름다운 개념으로 바꿔어 버립니다. 이것이 바로 주체(主體 · subject)의 선입니다. 저 세상에서 개념들 자체는 흉하게 바뀔 수는 없습니다. 그 이유는 방임이나 자기 자신들의 자유의지로부터 행동하는 것이 허락되지 않는다는 영들의 상태 때문입니다. 영들의 상태에 관해서는 여러 곳의 설명을 참조하십시오. 1748년 6월 12일

2305. 영혼이나 영이 다른 자들 가운데 오게 되면 그자의 성품이 어떤 것인지 알고 싶어하고, 그 자를 조사하기를 바라는 바람에 의하여 자극을 받은 수많은 자들이 금방 나타나고, 따라서 여러 가지 방법으로 그들은 그 자를 조사합니다. 그 때에도 역시 거기에 있는 수많은 자들은 무엇인가 악한 것을 찾아내려고 달려들고, 징계하고,

벌을 주려고 하는 이외의 다른 것은 거의 생각하지 않습니다. 그렇게 하는 것이 많은 자들이 자극을 받는 열망입니다. 그래서 그들은 이른바 고문자(拷問者)들이지만, 그러나 그들은 육신을 입은 삶에서 그런 일은 들은 적도 없었습니다. 그들이 조사를 할 때 주님께서는, 주님을 기쁘게 하는 것을 드러내기 위하여 그들의 개념들로 이루어진 것이나, 그들의 개념들 안에 있는 것만을 허락하십니다. 왜냐하면 만약에 그 개념에 속한, 또는 개념들 안에 있는 모든 악한 것들이나 불결한 것들이 드러난다면, 그것들은 결코 존속할 수 없고, 말하자면 날쌘 개들에 의하여 갈기갈기 찢겨질 것이기 때문입니다. 따라서 주님께서는 여러 개념들로 이루어진 것들이나, 개념들 안에 있는 것들 중에서 개선될 수 있는 것들과, 박탈의 형벌(the punishment of vastation) 없이는 개선될 수 없는 것들이 드러나는 것을 허락하십니다. 따라서 여러 종류의 모든 허용들, 형벌들 박탈들은 선한 목적을 위한 것입니다. 1748년 6월 12일

2306. 가끔 내가 이상하게 생각하였고, 또한 영들도 그렇게 생각하는 것은, 이런 개념들은 그저 단순한 망상들이나, 미망들이고, 그리고 그들 가운데 있는 이런 망상들이나 미망들은 육신 안에 가지고 있는 감관들이 가지고 있는 것과 꼭 같은 결과를 가지고 있다는 것입니다. 다시 말하면 그들이 자신들은 온갖 고통들이나 수많은 것들을 감수한다고 생각할 뿐만 아니라, 그들은 실제로 그것들을 지각하였고, 따라서 그들의 망상들이나 미망들은, 말하자면 실제적이고, 감관적인 결과를 가지고 있었습니다. 그러므로 그들은, 이런 것들이 망상들이고, 미망들이라고 부르는 이유를 알지 못하였습니다. 그 이유는 그것들이 실제적으로 감관들에 의하여 인지되었기 때문입니다. 그러나 그와 같은 사실은, 그들이 그것을 믿는 그런 성격들에 속한 것이기 때문에 그와 같은 결과를 가지고 있는 것뿐입니다. 그러나 그들이 주님으로 말미암아 믿음을 영접, 수용하게 되면 그 때 그들은 그와 동시에 거기에서부터 물러날 수 있는, 그리고 이런 것들이

미망들이고, 망상들이다는 것을 믿게 할 수 있는 선물, 즉 능력을 받습니다. 그러므로 그들은 주님에 의하여 거기에서 옮겨지게 됩니다. 이러한 일은, 기적적인 방법이 아니면, 전에는 행해지지 않았습니다. 1748년 6월 12일

사람들이나 영들은, 그들이 주님으로부터 선을 받는 것에 비례하여, 주님에 의하여 선으로 인도된다는 것에 관하여

수많은 영들이 불평하고 있는 것은, 그들은 이런 성품을 가지고 있고, 그 성품은 달리 바꿀 수 없다는 것이었습니다. 그러므로 그들은 박탈의 상태(剝奪狀態 · vastation)를 겪어야 했고, 또한 그 밖의 많은 상태들을 겪는 것은 주님께서 원하는 그런 존재가 되기 위한 것이고, 그리고 그 때 주님께서 참된 믿음에 속한 것들을 증대시키시고, 그리고 거하십니다. 그리고 그들은 주님께서 원하시는 그런 성품의 존재가 됩니다.

육신을 입은 생애에서 외설(猥褻)적이고, 불결한 것을 말하는 것이 습관이 된 자들은 저 세상에서 그런 습관을 지니고 있다는 것에 관하여

2307. 나는 어떤 영들에 관한 말을 하였는데, 그들은 외설적이고, 불결한 것들에 의하여 자극을 받게 되면, 그들은 거기에서 단절하려고 해도 끊어질 수가 없고, 오히려 그들이 그런 것들을 지껄이고 다니기 때문에 다른 영들의 귀를 더럽히고, 그리고 그들 중에서 몇몇은 그런 이유 때문에 몸을 피하기도 하였습니다. 어떤 영이 하는 말은, 그는 육신을 입은 삶에서 이런 것들에 습관적이 되어 버렸지만, 그럼에도 불구하고 다른 영들과 꼭 같이 참된 것이 무엇인지를 아는 그런 존재이다는 것이었습니다. 그러므로 이런 습관이 그대로 남아 있기 때문이고, 그와 같은 무례(無禮)한 자는 그 사회에서 추방되기 때문입니다. 1748년 6월 12일

각자가 지니고 있는 영들의 언어(言語)에 관하여

2308. 영들이 서로 대화를 한다는 것은 참이지만, 그러나 그들의 언어가 사람의 언어와 같이, 일종의 유절음(有節音)의 음성에 의하여 수행되는지에 관해서 나는 영들과 대화를 하였습니다. 그들이 생각하는 것은 그들은 역시 또박또박 발음하여 말한다는 것, 말하자면 소리에 속한 낱말들(words of sound)에 의하여 말한다는 것이지만, 그러나 그것에 대하여 깊이 생각했을 때, 내가 알 수 있었던 것은 낱말들이나 유절음들의 낱말들에 의한 것이 아니고, 더욱이 소리에 의한 것이 아니고, 오히려 낱말들을 통하여 형성된 비슷한 개념들에 의한다는 것이었습니다. 왜냐하면 사람이 누구가 말하는 것을 들을 때, 그는 단지 낱말들의 뜻에 주의하지만, 낱말들에 대해서는 마음을 쓰지 않는다는 것은 잘 알려져 있기 때문인데, 이러한 사실은 자기 자신의 경험에서 잘 알 수 있습니다. 따라서 사람은 즉시 낱말들의 뜻에 마음을 집중한다는 것, 다시 말하면, 또박또박 발음된 낱말들을 통하여 형성된 개념들에 마음을 집중한다는 것입니다. 영들이 이와 같은 개념들을 통하여 서로 대화를 하는 경우 그들은 낱말들이나, 낱말의 발음이나 음성에 관해서는 깊이 생각하지 않는데, 사람이 말할 때 보다도 더 깊이 생각하지 않습니다. 그 이유는 그들은 낱말들의 뜻에 더 주의를 기울이기 때문입니다. 그러므로 영들이 그런 것들에 깊이 생각하지 않기 때문에, 그들은 그들도 사람들과 아주 꼭 같이 말한다는 것 이상으로 달리 생각할 수 없습니다.

2309. 그러나 그들이 나와 소리를 내는 방법(a sonorous manner)으로, 그리고 유절음의 낱말들로 대화를 하였기 때문에 거기에서부터 그들은 그들의 서로 간의 언어도 이와 동일한 것이다고 생각하였지만, 그러나 그들의 언어는 그와 같지는 않았습니다. 그 이유는 그들의 개념들은 나와 같이 낱말들의 상태에 놓여 있었습니다. 따라서 그들은, 낱말들은 소리의 음조(音調)와 같이, 그들에게서 비롯된다고

생각하였기 때문입니다. 따라서 이러한 내용은 이러한 단순한 사실에서, 즉 그들은 나의 모국어에 태어난 사람과 같이, 그 언어로 말을 하였지만, 그들은 나보다는 수천년 전에, 그리고 다른 지역에서 태어났지만, 그럼에도 불구하고 말할 수 있는 어린 것에는 결코 이를 수 없다는 사실에서 잘 알 수 있습니다. 1748년 6월 12일

분노(忿怒)와 성냄에 관하여

2310. 영들의 세계는, 그들에게 해이(解弛)한 상태가 주어지게 되면 즉시 분노와 성냄으로 채워지는 그런 성격의 인물들로 이루어져 있습니다. 이러한 사실이 내가 알 수 있도록 허락되었는데, 영들의 세계(the world of spirits)에서 분노나 성냄 따위가 어떻게 지배하는지, 그리고 감관들이나 지각에 속한 가장 작은 것들 안에서도 그것이 세력을 떨치고 있다는 것도 알게 되었습니다. 그러므로 일반적인 분노와 성냄에 의하여, 또는 일반적인 그런 영기에 의하여 점유되고, 그리고 악으로 변하지 않는 것은 지극히 작은 것들조차도 있지 않다는 것을 알게 되었습니다. 그 이유는, 증오 따위가 세력을 떨치게 되면, 거기에는 모든 참된 것이나 선한 것에 대항하는 분노나 성냄의 일반적인 영기가 지배하기 때문입니다. 이러한 사실은 생생한 경험에서 말하는 것입니다. 그러므로 내가 그것들을 가리켜 악으로 바뀌고, 변하는 영기라고 부르는 그런 영기가 주님에 의하여 억제되지 않는다면 사람은 자신 안에 있는 참된 것이나 선한 것을, 사실은 그의 좋은 원칙까지도, 즉시 파괴할 수밖에 없을 것입니다. 왜냐하면 거기에 있는 행복한 원칙이나 좋은 원칙은 그 즉시 분노하고, 성을 내기 때문입니다. 왜냐하면 그것이 바로 바람(羨望)인데, 이것도 증오에서 나오기 때문입니다. 1748년 6월 12일

2311. 따라서 밝히 알 수 있는 것은, 영들의 세계(the world of spirits)에서도 참된 것이나 선한 것에 대한, 따라서 주님에 대한 증오가 지배한다는 것입니다. 놀랍게도 거기에서 왜곡되고, 변절되지

않는 것이 지배하지 않는 것은 지극히 작은 것까지도 지각되지 않는 것은 없었기 때문입니다. 이러한 사실은 그 세계의 공통적인 조직 안에 있었습니다. 만약에 주님께서 우주를 지배하지 않는다면, 그것이 모든 것들 안에 유입될 것이고, 그것은 참되고, 선한 것들로부터 피하게 되고, 그리고 참되고 선한 것들을 모두 왜곡시킬 것입니다. 이러한 경험은 나에게는 아주 명확하게 천사들의 목전에서 일어난 것입니다. 그리고 주님께서 우주를 다스리신다는 사실을 전에 믿지 않으려고 했던 자들의 목전에서 일어난 것이기도 합니다. 1748년 6월 12일

2312. 그 때 주어진 깨달음(知覺)은, 참된 것이나 선한 것에 대한 증오나, 결과적으로 영들의 내면적인 것에서 나온 분노나, 또는 사람들에게서 분출하는 분노와 성냄 따위는 이와 같이 뿌리를 박고 있다는 것입니다. 왜냐하면 그것은, 그것이 어디에서 온 것인지를 식별할 수 없을 정도로 매우 정교하고, 동시에 일반적인 것(common)이고, 예민하기 때문입니다. 그러므로 그것은 모든 것들의 본능적 충동(*conatus*)에서 나오기 때문입니다. 내가 정교한 지각을 가지게 하기 위하여 내가 잠에서 깨어났을 때 일어난 일인데, 그 때 거기에는 영들의 세계에 존재하는 것들에 대한 정교한 지각이 있었습니다. 그것은 내가 오랜 동안 깨어 있었을 때는 전혀 달랐습니다. 왜냐하면 처음에 잠에서 깨었을 때에는 모든 것들은 그것들의 성질에 관해서 편안한 상태에서 지각되지만, 그러나 소란스러운 상태에서의 경우는 아주 다르기 때문입니다. 영들의 생각들은 깨어 있을 때의 혼란에 의하여 자극을 받고, 소란스럽게 되는데, 그러므로 지각은 잠에서 깨어났을 때 처음의 상태에서와 같이 정교하지는 않습니다.

사람의 철학이 어떻게 마음을 눈멀게 하는지에 관하여

2313. 사람의 철학(the philosophy of man)이 어떻게 마음을 눈멀게 하는지, 그리고 종국에는 진리가 어두웁게 되고, 숨겨지게 되고, 따

라서 진리가 전혀 나타나지 않게 되는지, 영들의 목전에서 설명되었습니다. 그것은 계속되는 표징적인 영적 개념들에 의하여 입증되었습니다. 다시 말하면 진리들을 지각하기 위한 빛이 주님에 의하여 사람에게 어떻게 주어지는지, 그리고 지각의 능력들을 구성하는 이런 것들이 어떻게 추론에 속한 인위적인 방법들(artificial)에 들어오는지, 종국에는 어떻게 해서 단순한 낱말들 속에 들어오고, 그리고 낱말들에 관한 논쟁들 속에 들어오는지, 그리고 논쟁들의 논쟁들이 어떻게 해서 일어나는지, 종국에는 말하자면 모든 추론은 이런 것들에 의하여 덮이어져서 막혀지는지, 따라서 지극히 미세한 빛도 그것을 통해서는 비출 수 없게 되는지, 설명, 입증되었습니다. 몇몇은 지극히 작은 것은 볼 수 없었다고 고백하였습니다.

2314. 이런 사실들이 표징적인 영적 개념들에 의하여 드러나 보여졌기 때문에, 그리고 그럼에도 불구하고, 이런 것들이 제거되었을 때 빛이 나타날 수 있기 때문에, 따라서 이런 것들 속에 빠져 있는 자가 그 어떤 진리를 본다는 것은 불가능합니다. 그럼에도 불구하고, 만약에 그들이 주의만 한다면, 어린 아이들, 여자들, 그리고 많은 것을 배우지 못한 자들에게 그 때 빛은 나타날 수 있습니다. 이것이 사실이다는 것은 영적인 표징적 개념에 의하여 입증되었고, 따라서 그것이 결코 부인될 수 없는 사실이다는 것이 밝은 빛 가운데서 내게도 입증되었습니다. 그러나 만약에 주님께서 값있는 것이라고 생각하신다면 적절한 곳에서 영적인 진리들이 어떻게 해서 그런 불영명한 것이 될 뿐만 아니라, 무가치한 것이 되고, 왜곡되는지를 다루겠습니다. 1748년 6월 12일

사회들은 쇠사슬 모양으로 계속해서 연속되고 있다는 것에 관하여

2315. 따라서 천계는 사람의 몸(the body of man)과 닮았기 때문에, 그리고 천계의 사회들은 어떤 연결고리(a certain continual series)들로

결합되어 있습니다. 생생한 경험에 의하여 이 사실을 내가 깨닫게 하기 위하여 나에게서 멀리 떨어지지 않은 한 영에게 내가 말하는 것이 허락되었습니다. 그 말은 그가 나에 관해서 깊이 생각하여야 할뿐만 아니라 내 주위에 있는 자들에 관해서도 숙고하여야 한다는 것이었습니다. 왜냐하면 깊은 생각이 없다면 양쪽에, 또는 주위에 있는 것이 무엇인지 전혀 알 수 없기 때문입니다. 깊이 생각하는 능력(熟考能力)이 그 사람에게 주어지게 되면, 그는 그들에게 설명할 수 없는 정도의 수많은 것들을 인식한다고 말합니다. 그리고 그들은 그가 그들에 관해서 깊이 생각하면 안 된다고 말하였는데, 그 이유는 그들은 왜 이런 일들이 일어나는지를 알지 못하기 때문입니다.

2316. 따라서 명확한 사실은 영들의 사회들은 하나의 연결고리 모양의 형체를 이루고 있어서, 하나의 사회는 가장 질서에 맞게 배열되어 다른 사회와 관계를 가지고 있다는 것입니다. 그리고 나에게 말을 건 그 자는 여기를 주시하고 있는 일종의 피술자(被述者·subject)로 나에 관해서 아무것도 알지 못하는 수많은 자들과 관계를 가지게 하고 있습니다. 그러므로 영들의 세계나, 천계에 있는 사물들의 질서나, 질서의 연결 관계, 또는 그 사회들 안에 있는 등위관계(等位關係)나 사회들의 종속관계(從屬關係)는 그리 쉽게 파악될 수 있는 것은 아닙니다. 천계에는, 말하자면 불변의 중심이 있고, 그리고 모든 것들의 상호관계가 있는데, 이것들은 중심(圓心)과 원둘레(圓周)의 관계에 비교될 수는 없지만, 그러나 개별적으로나 전체적으로나 모든 것들이 연계되어 있는 그것들의 등위관계에서 비롯된 서로의 불변의 중심에 관계를 가지고 있습니다. 1748년 6월 12일

2317. 놀라움으로 압도당할 만큼 수많은 영들을 볼 수 있는 일이 다른 자들에게도 주어졌습니다. 그 상황에서 드디어 정신을 차렸을 때, 주님의 나라가 이와 같이 광대(廣大)하고, 거대하기 때문에, 그들은 그들이 무가치한 존재라는 것을 스스로 시인하였습니다.

2318. 내가 나의 생각들을 길게 언급하였을 때, 그들은 왼쪽에서

오른쪽으로 나선형을 통해서 움직이었고, 그리고 원심에 관계를 두고 정돈되었습니다. 여기서 얻는 결론은 노력(endeavours)들이나, 힘의 흐름이 그것들의 중심을 향해서 모든 곳에서 모여든다는 것입니다. 다시 말하면 왼쪽에서 오른쪽으로, 중심을 향해 도는 나선형을 통해서 흘러든다는 것입니다. 따라서 이런 일은 모든 부분에서, 심지어 가장 작은 점에 있어서도 그런 일이 일어나고 있다는 것입니다.

이 땅에서는, 또는 동일한 장소에서 수많은 사람들이 함께 모여 있을 수 있지만, 그러나 그들은 영들의 세계에서는 아주 멀리 떨어져 있는 것처럼 떨어져 있다는 것에 관하여

2319. 이 세상에서 한 곳에 있었기 때문에, 육신을 입은 삶 뒤에도 함께 있었기 때문에, 그것이 저 세상에서도 함께 있다는 원인은 될 수 없습니다. 누군가는 동쪽에 있을 수 있고, 또 누군가는 서쪽에 있을 수 있지만, 영들에 의하여 다스려집니다. 어떤 자는 이 방위(方位)에 있는 영들에 의하여, 또 다른 어떤 자는 또 다른 방위에 있는 영들에 의하여 다스려지고 있습니다. 왜냐하면 사람의 성품은 그로 하여금 여기에 있게도 하고, 저기에 있게도 하기 때문입니다. 이러한 사실은 최대인간(最大人間 · the Grand Man)에게서의 영들의 여러 장소들에게서 잘 알 수 있고, 그리고 저 세상에서의 거리에서 쉽게 결론지을 수 있습니다. 다시 말하면 장소나 거리 따위는 사람의 성질에 일치하는 것 이외의 다른 것으로 결정되지 않습니다. 그러므로 젖먹이는 그의 어머니의 품에 있을 수 있고, 그리고 젖먹이는 그의 어머니가 지옥에 있다고 해도 천계에 있을 수 있습니다. 1748년 6월 13일

반칙(反則)이나 공격이 있을 수밖에 없다는 것에 관하여

2320. 사람이 진리들에 관하여 매우 조잡한 개념들 안에 있기 때

문에 반칙이나 공격 따위가 있을 수밖에 없다는 것을 나는 지금 영적인 개념에 의하여 지각하였습니다. 예를 들면, 그것은 주님께서 모든 것들을 지배하신다는 가장 일반적인 생각(=개념)입니다. 그 때 논쟁을 일으키는 모순되는 수많은 것들이 있기 때문에, 그리고 어떻게 해서 있을 수 있는가 라는 의문을 일으키기 때문에, 그리고 그 마음에 어떤 것들이 일어날 수밖에 없고, 또한 그것은 그 진리를 파괴할 수밖에 없습니다. 그 이유는 그 사람은 감관적인 것이나 관능적인 것에서 비롯된 것을 제외하면 아무것도 이해할 수 없기 때문이고, 자기 자신은 이런 것들에게서 자신의 믿음에 무엇인가를 터득할 수 있다고 생각하기 때문입니다. 그 믿음이라는 것은 곧 주님께서만이 홀로 부여하시는 것이다는 것, 따라서 자신은 믿음을 가질 수 없다는 것입니다. 나는 영적인 개념으로, 거기에는 부단한 마음의 갈등이나 논쟁이 있을 수밖에 없다는 것과 그리고 그것이 믿음에 속한 진리들을 파괴할 수밖에 없다는 것을 직시하였습니다. 1748년 6월 13일

이런 무지(無知)가 용서되지 않는다면 사람에게서 모든 것들은 끝장입니다.

주님께서 우주를 다스리신다는 것에 관하여

2321. 영들의 세계에는 헤아릴 수 없는 수많은 영들이 있고, 그들 각자는, 마치 사람들의 경우와 같이, 서로 상이한 성품과 기질을 가지고 있기 때문에, 매우 놀랍게 생각되는 사실은 어떻게 이런 무리들이 한 사람의 상태를 이룰 수 있고, 지배된다는 것입니다. 그 때 거기에는 계속되는 사회들이 있을 뿐만 아니라, 더욱이 단 한 사람이나, 단 하나의 사회도 나머지 사회들의 활동들을 충분하게 인지한다는 것이고, 그리고 그들 중에서 많은 자들은, 나머지 다른 자들을 죽이는 것 이외에, 또는 사회나 사회적인 원칙이라고 하는 것을 파괴하는 것이나, 제약하는 것들을 파괴하는 것 이외의 아무것도 발설

하지 않는 그런 성품입니다. 왜냐하면 그들은 자기사랑에 의하여 활동하고, 그리고 따라서 다른 자에 대한 증오에 의하여, 특히 믿음에 속한 것들에 대한 미움이나 증오에 의하여, 결과적으로는 참된 사랑에 속한, 따라서 주님에 속한 모든 것들에 거스르는 증오나 미움에 의하여 움직이기 때문입니다. 따라서 보편적인 것이나 개별적인 것 안에는 불화(不和)가 있고, 그럼에도 불구하고, 전체적인 것이든 개별적인 것이든, 모든 것들은 주님에 의하여 다스려지고, 그리고 심지어 어느 누구도 다른 자에 대하여 비난할 수 없습니다. 여기서 명확한 사실은 질서의 성질이 어떤 것인지, 그리고 종속적인 성질이 무엇인지 잘 알 수 있다는 것입니다. 더욱이 그것은 거기에 어떤 구속들이 있다는 것이 그들에게는 보이지 않고, 오히려 그들은 자유스러운 존재인 것처럼 보입니다. 모든 영들은 그가 그 자신의 망상이나 미망에 따라서 행동할 수 있다고 상상합니다.

2322. 이러한 일이 생생한 경험을 통하여 알게 되었고, 그리고 이런 지각에 대하여 노력하고 활동하는 수많은 인물들, 다시 말하면 그것을 깨닫게 하기 위한 어떤 지각이 있다는 그런 상태가 주님에 의하여 야기되었습니다. 이런 상태는 두 시간 동안은 아니고, 한 시간이 넘도록 계속되었습니다. 그러는 동안 명확하게 깨달은 사실은 아주 많은 지극히 미세한 것들이 그들의 질서 안에서 발출한다는 것, 따라서 내가 지각하는 수많은 자들 가운데서도 어느 누구도 주님께서 좋아하시는 것에 적합한 연속적인 것들이나 질서 안에 있는 것을 제외하면 지극히 적은 것까지도 비난할 수 있는 것은 아무것도 없으며, 또한 지극히 작은 것까지도 행할 수 없으며, 그리고 모든 것들은 매우 명확하고 분명하다는 것, 그리고 그것은 주님께서 삼라만상(森羅萬象)을 지배하신다는 것을 명확하게 입증한 것입니다. 이러한 입증은 내가 지금까지 인지한 것 중에서 그 이상의 것은 없는 그런 것입니다. 마찬가지로 내 주위에 있는 영들도 그 사실을 고백하였습니다. 영계의 상태는 이런 것인데, 만약에 단 하나의 영

이라도 자신의 질서 안에 있는 것 이외의 것을 생각한다면 그 즉시 그것에 의하여 그의 이웃들이 혼란에 빠진다는 것입니다. 왜냐하면 그들의 생각에 속한 대상물들은 매우 많고, 또 그들의 노력이나, 힘들, 그리고 탐욕들을 자극하는 원인도 매우 많지만, 그럼에도 불구하고 그런 것들은 모두가 정지(停止)되어 있고, 억제되어 있기 때문입니다. 그러므로 어느 누구도 연속적인 생각들을 방해할 수 있는 그 누구에 의하여 자극(刺戟)을 받는 것은 전무(全無)합니다. 1748년 6월 13일

2323. 영들의 세계에서는, 특히 영혼들의 지역에서는 가끔 방임이나 방종이 주어지는데, 말하자면 구속이 느슨해지는데, 따라서 그들의 온갖 탐욕들에 대한 고삐가 풀려지지만, 그러나 그들의 오류들에 대한 느슨함은 거의 있지 않습니다. 그 때 그들은, 그들의 영기(靈氣·영향력)가 멀리 뻗쳐 있다고 생각하고, 또한 사실은 전 천계에 두루 퍼져 있다고 생각하고, 또한 전 영들의 세계뿐만 아니라 천계에까지도 혼란스럽게 한다고 상상합니다. 그러나 이와 같은 상상은 감관의 오류일 뿐입니다. 그들의 활동의 기운은 멀리까지 확장되지 않고 있습니다. 그것은 즉시 좁은 범위에서 소멸해 버립니다. 왜냐하면 비록 큰 혼란이 나타난다고 해도 즉시 이루어지는, 내가 이르는 이른바 평형의 상태(平衡狀態·equilibrium) 때문입니다. 이런 사실은 인류에게서도 잘 알 수 있는 것입니다. 누군가 사이에서 일어나는 매우 큰 혼란도 널리 퍼지지 않고, 그리고 모든 것들은 영들의 세계를 통해서 지배됩니다. 1748년 6월 13일

모든 사회는 곧 사람이다는 것에 관해서

2324. 주님 자신의 현존의 관계에서 보면 매우 큰 사회도 한 사람(a man)인 것과 같이, 그러므로 주님의 몸(the body of the Lord)을 형성합니다. 왜냐하면 주님께서는 그것의 생명 자체이시기 때문입니다. 따라서 역시 모든 사회들은 사람들과 같고, 그리고 몸들과 같습

니다. 한 사회가 사람이다는 것, 또는 한 사람을 형성한다는 것은 오늘 나에게는 명확하게 입증되었습니다. 왜냐하면 사람은 자기 자신을 다스리지 못하지만, 그러나 주님께서는 영들을 통하여 사람을 다스리시기 때문입니다. 그 사회를 구성하는 영들도 이와 비슷한 상황에 놓여 있습니다. 그것은 최대인간(最大人間 · the Grand Man)과 일치하듯이 역시 보다 작은 것이나 최소의 분할(分割)들에게서 마찬가지이고, 결과적으로는 모든 변화에 일치하여 사회들에게서도 그것은 마찬가지입니다. 1748년 6월 14일

사람들 · 영들 · 천사들은 자기 자신으로부터는 생각도 하지 못하고, 원하지도, 또한 행동하지도 못한다는 것, 그리고 그들이 그와 같이 생각하는 것은 감관에 속한 오류이고, 미망이다는 것, 그럼에도 불구하고 주님께서는 악의 원인(惡 原因 · the cause of evil)이 아니시다는 것에 관하여

2325. 이 명제(命題)는, 자기 자신으로부터 모든 것을 생각하고, 원하고, 행한다고 상상하는 영들 앞에 제출되었는데, 그들은 그것에 대하여 어리석고, 어처구니없는 모순된 것이라고 생각하였습니다. 그 이유는 그들은, 자기 자신으로 말미암아 생각하고, 원하고, 행하는 것을 지각하는 것처럼 생각하였지만, 그럼에도 불구하고 그것은 진리이기 때문입니다. 결과적으로는 그들은 단지 유기적인 실체(mere organic substance)이고, 오직 주님만이 생명이시다는 것입니다.

2326. 그럼에도 불구하고 주님께서는 지극히 작은 것 안에도 악의 원인으로 결코 계시지 않는다는 것은 이런 사실에서 뒤이어지는 것입니다. 즉, 주님의 생명이 천계나 영들의 세계에 입류할 때, 그 때 유기적인 형체들(the organic forms)이나 실체들은 생명을 영접, 수용하는데, 그 각각은 각각의 형체에 일치하여 몇몇은 이런 방법으로, 몇몇은 저런 방법으로, 따라서 무한한 다양성을 가지고 생명을 영접, 수용합니다. 그들은 입류하는 그 생명이 자신들의 것이라고 생각하

는데, 여기서부터 온갖 사악(邪惡)함이나 외고집들은 일어납니다. 1748년 6월 15일

2327. 이 명제가 천사들에 의하여 확증되었을 때, 그들은 종국에 그것을 믿기 시작했는데, 그 이유는 그들이 무가치한 존재이다는 것을 시인하고, 고백하였기 때문입니다. 그 때 그들에게 일러진 사실은 이와 같은 총명적인 믿음의 고백(告白)이 겸비(謙卑)의 시작(the beginning of humiliation)이다는 것이었습니다. 1748년 6월 15일

2328. 그들이 그들의 생애에서 가르침을 받은 것을 기억하였을 때, 다시 말하면, 주님께서 능력을 주시고, 주님께서 생명과 원기(元氣 · strength)를 주신다는 기억이 되살아났을 때, 그 때 그들은 그것이 참된 것이고, 또한 참된 가르침(教理)이다는 것을 긍정하였습니다. 그리고 여기에 부연한 것은 믿음도 마찬가지이다는 것과 그리고 그들은 알고 있었지만, 그러나 믿지는 않았다는 것 등입니다. 1748년 6월 15일

거기에서부터 모든 생각들의 대상들(all the objects of thoughts)이 생긴다는 것, 그리고 그것들은 천사들 · 영들 · 사람들의 정동에서 발출하지만, 그럼에도 불구하고 그들은 단지 유기적 실체에 불과하다는 것에 관하여

2329. 한 존재를 제외하면 생명은 주어지지 않기 때문에, 다시 말하면 주님의 생명 이외에는 어떤 생명도 받지 못하기 때문에 천계나 이 세상에 있는 모든 자는 생명을 영접, 수용하기 위하여 형성된 단순한 형체들(形體 · forms)이고, 실체들(實體 · substances)이다는 것입니다. 생각의 대상이 어디에서 일어나는 것인가 하는 의문이 일어날 수 있겠습니다. 왜냐하면 대상들은 반드시 감관을 움직인다는 규칙에 따라서 대상이 주어진다는 것을 제외하면 그 어떤 생각도 결코 존재할 수 없다는 것은 잘 알려져 있기 때문입니다. 따라서 주어진 대답은, 개인적이든 전체적이든, 천계나 이 세상에 있는 모두를

유지(維持), 지속(持續)하는 것을 좋아하시는 분은 주님이시고, 그리고 그들을 불쌍히 여기시는 분도 주님이시다는 것입니다. 따라서 모든 대상은, 그것의 근원으로 말미암아, 신령하고, 또한 가장 거룩합니다. 그러나 그분께서 사악하고 외고집스러운 형체들이나 형성된 실체들 속에 들어오시게 되면, 그 때 생각들은 그 각각의 형체나 기질(氣質)에 따라서 존재합니다. 주님께서는 계속해서 그들을 불쌍히 여기시고, 그리고 그들의 안전(安全)을 의도하시고 조언하시기 때문에 가장 거룩한 근원에서 비롯된, 개별적인 것이든 전체적인 것이든, 모든 것들은 질서 가운데 보존될 수밖에 없습니다. 그리고 만약에 그분의 선을 목적한 것이 아니라면 질서 밖에서는 어느 누구도 멸망할 수밖에 없습니다. 1748년 6월 15일

천계에 관한 영들과의 대화에 관하여

2330. 저 세상에 온 자들은 처음에는 그들은 여전히 육체를 입고 있다고 생각하는데, 그들에게 지금 그들은 육체 안에 있지 않고, 또한 육체를 입고 있지 않고, 오히려 그들은 영들이고, 그리고 저 세상에 있다는 것이 일러지게 되면 무척 이상하게 생각합니다. 그들이 이런 사실에 대하여 깊이 생각하게 되면, 그 때 그들은, 그 밖의 다른 것들에게서 비롯된 것에서와 같이, 그들이 영들이다는 것을 알게 됩니다. 그리고 그들은 어떤 의미로는 그들이 사후(死後)에 살 수 있다는 것을 이상하게 생각합니다. 그 때 그들에게 일러진 것은 사는 것은 육체(肉體)가 아니고, 영(靈)이다는 것이고, 그리고 육체는 다만 영을 섬기는 존재이다는 것, 그리고 이러한 사실은 만약에 그가 주의를 한다면 누구에게나 알 수 있는 것이다는 등등입니다. 그러나 오직 육체만을 위해서 사는 자들은 모든 것들은 육체에 속한 목적을 위해 존재한다고 생각합니다. 따라서 그들은 금수(禽獸)의 삶을 사는데, 이런 자들의 생각들은 결코 멀리까지 확장하지 못합니다. 이러 내용이 오늘 한 영과 나눈 나의 말이었는데, 그 영은 그가 저

세상에 있다는 것과, 그리고 거기에는 또 다른 삶이 있다는 것을 전혀 알지 못하였습니다.

2331. 그 때의 나의 말은, 그가 지금은 영원히 존속하는 한 나라에 들어왔다는 것과 그리고 그가 영원히 행복하게 살기 위해서는 그 나라에 속한 법들이나 규칙들이 무엇인지 반드시 알아야 한다는 것 등입니다. 이런 법들이나 규칙들에 속한 지식이 없으면 어느 누구도 이 영원한 나라에 들어갈 수 없는데, 그 나라의 법들이나 규칙들은 믿음에 속한 것들이고, 결과적으로는 진리들입니다. 그것들에 대해서 그들은 육신을 입은 생애에서 전혀 생각이나 주의 따위를 하지 않았지만, 그러나 지금은 이러한 것들은 영원한 것들이고, 영원히 존속하는 그 나라에서는 그를 위하여 반드시 있어야 하는 필수적인 것들이고, 따라서 사람은 이런 것들에 대하여 반드시 주의를 해야 하지만, 그러나 이 세상에서의 이러한 것들은 육신을 섬기는 것 이외의 아무것도 아니고, 그리고 사람의 영혼을 위해서, 그리고 그들의 영혼들을 위한 일반적인 사회를 섬기는 것에 지나지 않는다는 것을 주의해야 합니다. 이러한 내용이 그의 목적입니다. 왜냐하면 이것은 영원한 것이기 때문입니다. 그러나 영원한 나라에 속한 이런 것들로부터 분리된 것들인 관능적인 것들이나 이 세상적인 것들은 목적이 될 수는 없습니다. 이런 것들은 뒤로 물러나 있어야 하고, 지옥으로 통합니다. 나는 영들과 대부분 이런 내용의 대화를 하였는데, 그들이 이상하게 생각한 것은, 만약에 그러한 것이라면, 영혼에 속한 것들에 대하여 그들은 거의 생각할 수 없었다는 것, 그리고 그럼에도 불구하고 그 때 이 세상에 있는 그런 것들은 모두가 자기들 때문이고, 이런 것들이 영원히 산다는 것에 대하여 조금도 생각하지 않았다는 것입니다. 1748년 6월 16일

저 세상에 존재하는 놀라운 것들에 관하여

2332. 저 세상에, 그리고 영들의 세계나 천계에 존재하는 수많은

놀라운 것들 이외에 이러한 것들을 설명하는 것이 허락되었습니다. 주님께서 허락하시는 경우, 비록 영들이 수천리, 수만리 떨어져 있다고 해도, 그리고 그들이 인도에 살았고, 그리고 거기에 매장(埋葬) 되었다고 해도, 그들은 한순간에 즉시 거기에 나타납니다. 사실 때로는 귀에, 머리에, 심지어 몸 안에 나타날 정도로 가까이에 나타납니다. 사실 만약에 그들이 가장 먼 거리에 있는 별에 있다고 해도 역시 꼭 같은 일이 일어납니다. 영들은 이런 일을 놀랍게 여기고, 그리고 그들이 이와 같이 가까이 있다는 것을 확실하게 생각합니다.

2333. 왜냐하면 그들은 감관에 대하여 명확하게 신체의 부분을 만지고 있고, 그 속에서 행동하고 있고, 귀에서 말하고 있기 때문에, 따라서 그들은 그들이 거기에 있는 것 이외의 다른 것은 결코 생각하지 않았습니다. 그럼에도 불구하고, 그들이 말하였듯이 그 때 그들은 거기에서 수만리 떨어져 있어서, 거기에는 있지 않았습니다. 왜냐하면 그들은 어떤 장소에 있는 것은 확실하기 때문입니다. 그들에게 일러진 것은, 그들이 손에 닿을 만큼 가까이 있다고 생각하는 것은 감관의 오류(a fallacy of sense)인 것일 뿐이지만, 그러나 그들은 그들의 감관을 신뢰하고 있기 때문에 그들로 하여금 이것을 믿게 할 수는 없었다는 것입니다. 그들에게 또 일러졌습니다. 영계에서는 거리 따위는 주어지지 않았는데, 더욱이 천계에서는 거리가 없다는 것이었습니다. 마찬가지로 거기에는 우리의 시각에 대한 거리는 존재하지 않습니다. 심지어 우리와 태양 사이에도 거리는 없습니다. 그러나 우리는 사전의 지식뿐만 아니라 중간매체들에 의하여 거리를 추산(推算)하지만, 이러한 일은 영계에서는 적용되지 않습니다.

2334. 또다른 놀라운 사실은, 영들은 자신들의 성품에 일치하여 어떤 영역(=부위)에 나타난다는 것입니다. 머리 위 정면이나 후면, 또는 좌우에, 또는 얼굴의 지평이나, 또는 얼굴의 어느 기관에 속한 각각의 부위에, 또는 목 밑에, 가슴 · 복부 · 옆구리 · 허리 · 발, 또는 그 밑에, 그리고 아주 깊고 깊은 곳에 나타난다는 것입니다. 더욱이

이런 일은 결코 없어지지 않습니다. 따라서 그들은 가까이에, 또는 조금 떨어져서 나타나기도 하고, 게헨나 호수(the lake of Gehenna)에 관해서 앞에서 언급한 것과 같이, 높게 또는 낮게 나타나는데, 이런 일은 동일한 방위(方位)에 계속해서 나타났습니다. 더욱이 이런 일은, 사람이 어디인가로 장소를 바꾼다고 해도 그들은, 그들이 그런 성품인 한, 여전히 거기에 고정되어 있다는 것입니다. 이런 일들은 그들의 성품에 따라서, 그리고 최대인간 안에 있는 그들의 위치에 따라서, 그리고 주님의 섭리나 배열에 따라서 정해집니다. 이런 사실은 경험을 통하여 나에게 입증된 것입니다. 다시 말하면 내가 나 자신을 어느 곳으로 옮길 수 있다고 해도 그들은 여전히 신체에 관해서는 그런 위치에 나타났습니다.

2335. 이런 놀라운 일들은, 거의 믿을 수 없지만, 그럼에도 불구하고 모두가 사실입니다.

2336. 그러나 그들은 최대인간(最大人間)의 위치에 일치해서 항상 자기 자신을 드러내지는 않습니다. 왜냐하면 자기사랑(自我愛)으로 우쭐대는 악령들은 머리 위, 정면 높은 곳에 자주 있었기 때문입니다. 그 이유는 그들의 심성(心性)이 그들을 거기로 옮겨 놓았기 때문입니다. 그러나 나는 아직까지 이런 차이의 이유를 알지 못합니다. 배후에는 명령하기를 좋아하는 자들이 아주 오랫동안 자치하고 있었습니다. 왜냐하면 내게 일러진 것은 이런 부류는 사람들에 밀착되어 있다고 하였기 때문입니다. 그 때 역시 그들은 장소의 위치들을 바꾸었고, 따라서 오랫동안 아래에 있던 자들은 위로 올리워졌지만, 그러나 결국은 이런 자들도 그들에게 지정된 등 뒤 다른 장소로 옮기워졌습니다. 그들은 마치, 인체의 위(胃)나 다른 부위로부터 머리의 부위에 유입하고, 괴롭히는 우리의 인체 안에는 불결하고, 악취(惡臭)를 내뿜는 발산물들과 같습니다. 그럼에도 불구하고 그들은 거기에서 쫓겨났고, 그리고 거기에 들어갈 수는 없었습니다. 표징의 개념에 의하여 이런 원인에서 내가 알 수 있는 것은, 그리고 어떤

질병에 걸렸을 때 인체의 유사한 것들로부터 내가 알 수 있는 것은, 특히 그 때 인체는 건강한 상태에로 되돌아가고, 모든 것의 평형이 생긴다는 것입니다.

2337. 높이나 거리 등은 외현(外現)들이고, 오류나 망상들이다는 것은 자주 입증되었습니다. 다시 말하면 발 밑에 있는 자들은 즉시 높은 곳으로 올리워집니다. 사실 가장 높은 곳인 머리 가까이에 즉시 올리워집니다. 그래서 영들은 어떻게 해서 그런 일이 일어나는지 이상하게 생각하였는데, 그들에게 일러진 것은 이런 장소의 바뀜(變化)은 온갖 망상에서 비롯된 오류들이다는 것입니다. 1748년 6월 16일

2338. 가끔 한 공간 안에 아주 많은 자들이 나타났습니다. 사실은 동일한 장소에 수많은 자들이 나타났습니다. 만약에 그들이 거기에 있었다면, 하나는 반드시 다른 자 안에 있어야 했습니다. 따라서 한 장소 안에 있을 수밖에 없었습니다. 이런 일도 역시 볼 수 있었는데, 나는 처음에는 이런 일이 어떻게 있을 수 있을까 이상하게 생각하였습니다. 내가 처음에 생각한 것은 누군가가, 말하자면, 다른 자 안에 있거나, 또는 다른 자를 통해서 사라진다는 것이고, 그 밖의 다른 많은 것들을 생각하였습니다.

최후심판(最後審判 · the Last Judgment)에 관하여

2339. 널리 퍼져 있는 일반적인 견해(a common opinion)는, 영혼들은 최후심판 때까지 무덤에서 일어나지 않고, 그 때 하늘(heaven)과 땅(earth)은 소멸할 것이고, 그 때 제일 먼저 모든 영혼들은 심판의 현존(現存)에 놓이게 되고, 주님의 성언 안에 있는 성경의 문자에 따라서 심판을 받는다는 것입니다. 이러한 소견은 이런 결과를 가지고 있습니다. 말하자면 어느 누구도 부활(復活 · resurrection), 특히 그 때 그는 하늘과 땅이 소멸하지 않을 것이고, 따라서 마지막 날까지 여전히 오랫동안 그것들이 있을 것이다고 믿는 부활의 생각이 있게

하였습니다. 한마디로, 이런 부활의 소견은 수많은 사람들을 무기력 상태(無氣力 狀態 · lethargy)에 빠지게 하였습니다.

2340. 그럼에도 불구하고 주님의 성언의 내면적인 뜻은 전적으로 다릅니다. 다시 말하면 모두는, 그가 죽을 때, 자기 자신의 심판을 갖는다는 것입니다. 왜냐하면 그 때 즉시 영혼, 즉 영은 육체에서 분리되고, 그리고 저 세상에 들어가고, 그리고 믿음과 업적(業績 · 善行 · works)에 따라서 심판을 받는다는 것입니다. 이러한 내용은 어디서나 그 심판에 관해서 다루는 것이고, 천계와 지옥에 관해서 언급하는 곳에서 다루는 것입니다. 1748년 6월 17일

사회 밖에서 행해지는 몇몇 경우의 언어에 관하여

2341. 내가 말할 때, 그리고 다른 자들이 말할 때, 그들이 우리들이 말한 것을 아무것도 깨닫지 못하였다는 것에 의하여 그것이 하나의 표(=징조)이다는 것을 그들은 알지 못하였는데, 그 때 그들은 이 사회에서 말한 것이 아니고, 오히려 다른 영들의 사회와 말하였습니다. 왜냐하면 같은 사회에 있는 자는 무엇을 말하는지 지각하고, 그리고 그는 무엇을 말하는지 주의하지 않고 그 때 말하기 때문입니다. 그는 그 사회에서 멀리 떨어져 있는 자들과 대화를 하였습니다. 그러므로 언어에 속한 지각에서부터 결정할 수 있는 것은 그가 사회 안에, 또는 밖에 있든지, 또는 가까이에, 또는 멀리에 있는 매개적인 위치 안에 있다는 것을 알 수 있다는 것입니다. 1748년 6월 17일

악한 영들의 조용한 상태나, 성냄의 상태에 관하여

2342. 나는 오후 잠든 뒤 아주 평온한 상태에 있게 되었습니다. 내가 잠에서 깨어났을 때, 나는, 말하자면 발(足) 주위에서 물결치듯 요동하는 본체(an undulating principle)를 지각하였습니다, 그것은 크게 요동치려고 하였지만 그럴 수가 없었습니다. 그 이유는 의심할

것도 없이 내가 이와 같은 아주 평온한 상태(a state of quiet) 안에, 예를 들면 이런 상태에 있는 자들 가운데 있었기 때문입니다. 그리고 그들은 자기 자신들 아래에는 광란하는 바다와 같은 혼란 가운데 있는 영들의 무리가 있다고 지각하였기 때문입니다. 나는 이런 상태 속에 거의 한 시간 가까이 있었고, 지금도 여전히 거기에 있습니다. 나는 그 때, 내 주위에 있는 영들이 몹시 흥분된 분노의 상태에서 나를 그 상태에서 던져버리려고 애쓰고 있다는 것과 그리고 그들이 말한 것이지만, 온갖 노력으로 나를 쫓아내려고 시도하였고, 또 마음을 뒤숭숭하게 하려고도 한다는 것을 지각하였습니다. 그리고 그들은 내 의지 속으로 들어왔고, 그리고 생각들을 지극하였는데, 그것은 내 평온한 마음을 어지럽게 하였습니다. 가끔 그와 같은 일이 그들에게 허용되기도 하였습니다. 그 때 그리 중요한 것도 아닌, 지극히 하찮은 원인으로 말미암아 그들은 최대의 혼란을 자극하기를 원하였고, 또 그렇게 하려고 노력하였습니다. 이런 일도 역시 내가 알도록 허락한 것입니다.

2343. 그 때 나는 영들이 하는 말을 들었는데, 그들은 매우 들뜬 불안한 상태였기 때문에, 사실은 특별하게는 나를 그들 자신의 최고의 불안한 상태에 끌어들일 수 없기 때문에 불안하였다고 말하였습니다. 그러므로 그들은 분노하였습니다. 그리고 나를 괴롭히는 보잘것없는 힘이 그들에게 주어지자 곧 그들은 그들의 분노와 혼란한 상태가 점차 감소하였다고 말하였습니다.

2344. 이상에서 밝히 알 수 있었던 것은 조용한 상태 안에 있는 자들이 있다는 것입니다. 말하자면 주님께서는 그들을 조용한 상태 안에 두시고, 간수하신다는 것입니다. 그리고 악령들은 그들의 온갖 노력으로 애쓴다고 해도 아무 일도 할 수 없다는 것이고, 그리고 그들은 반드시 거기에서 매우 급하게 도망할 수밖에 없다는 것 등등인데, 왜냐하면 그들은, 마치 파도가 일고, 요란한 바다와 같은, 매우 소란한 군중을 지각, 거기에서 도망하여야만 했기 때문이었습

니다.

2345. 그러나 조용한 상태는 온갖 탐욕들에 속한 상태는 아니었습니다. 사람이 기뻐하는 온갖 탐욕들에 속한 상태는 바로 악령들에 속한 상태입니다. 그리고 그 상태는 저 세상에서는 거칠게 소용돌이치는 상태로 바뀌고, 또한 극심한 풍랑이 이는 바다의 상태로 변합니다.

홍수 뒤 무지개의 표의(表意)에 관하여

2346. 나는 감정이 매우 심하게 들끓는 사람의 사후 상태에 관해서 천사들과 이야기를 나누었습니다. 그들은 어떠한 선도 용납할 수 없는 그런 성격이었습니다. 심지어 그들의 선한 원칙에 속한 지극히 작은 것이라도 나타나면 그 즉시 그것을 악 속으로 끌고 가는 그런 성격이었습니다. 이런 자들은 최악의 부류에 속한 무리였는데, 그들은 신성한 것들을 전적으로 모독하고, 불결하게 만들고, 그들은 증오와 교활(狡猾) 이외에는 아무것도 아니었습니다. 저 세상에서 이런 부류는 개혁될 수 없고, 또한 그들의 본래적인 기질 역시 선 쪽으로 휠 수도 없지만, 그러나 그들에게 속한 것은 전혀 아무것도 남지 않을 때까지 모두 박탈(剝奪 · vastated)됩니다. 그러므로 그들은 더 이상 자신들의 삶을 가질 수 없고 오히려 전혀 다른 존재들이 되고 맙니다. 비록 자신들의 것이라고 하는 것이 남아 있다고 해도, 그러나 그것이 드러나는 것은 허락되지 않습니다. 왜냐하면 그런 것이 나타나고, 그리고 따라서 그들이 자신들의 것이라는 것을 알고, 그래서 그들이 자기 자신들의 삶에 속한 지극히 작은 어떤 분자(分子)라도 소유하게 되면, 그 즉시 그들은 천적인 것들의 사회 안에 있을 수 없고, 그러므로 그들은 온전히 박탈된 그런 부류의 존재가 되어 버리기 때문입니다. 이러한 사실은 노아 홍수 이전의 사람들(antediluvians)에 관해서 들은 것입니다.

2347. 그러나 홍수 뒤에는 사정은 크게 달라졌습니다. 사후 사람

의 자신의 삶에 속한 것은 아무것도 잃지 않습니다. 오히려 그것은 그대로 보존됩니다. 그리고 그것에 속한 것은 즐겁고 선한 것으로 바뀌고 그리고 그것에 속한 모든 것은 선으로 변한 것으로 나타나지만, 그러나 그것은 주님의 것입니다. 이런 부류는 신성한 것들을 더럽히지 않은 자들이고, 증오하지도, 배신하지도 않는 자들입니다. 이런 부류는 홍수 이후의 사람들의 상태이고, 따라서 그들은 무지개에 비유되는데, 그 색채들 속에서 흑색은 인간에게 속해 있지만, 그러나 흰색의 빛은 주님의 것입니다. 빛과 흰색이 없다면 거기에는 아무런 색깔도 있을 수 없습니다. 그리고 또한 검정색이 없다면 색깔 역시 존재하지 않습니다. 왜냐하면 그것은 빛에 의하여 이루어진 이런 색깔들의 혼합이고, 조절된 것이기 때문입니다.

2348. 따라서 여기서 밝히 알 수 있는 것은 홍수 이후의 사람들은 자기 자신의 삶을 모두 간직할 수 있고, 그리고 비록 그것이 자신의 삶이나 지각인 그것을 자신의 것으로 인지할 수 있는 그런 존재이지만, 그러나 자신의 것처럼 나타낼 뿐입니다. 이러한 사실은 홍수 이전에 살았던 자들의 경우와는 전혀 다릅니다. 그러므로 무지개는 하나의 증표(證票 · sign)를 위한 것입니다. 그리고 겨울 · 여름 · 봄이 결코 없어지지 않을 것이다는 말이 부가되었습니다. 이런 것들—겨울 · 여름 · 봄—은 내면적인 뜻 안에 있는 비슷한 것들을 표징하는 변화들입니다. 1748년 6월 17일

2349. 우리가 그와 같이 부르는 것과 같이, 무지개에 비유되는 세 번째 점은 여기에서 나오는 것입니다. 즉, 사람의 보다 더 내면적인 것들(the more interior things of man)은 그의 내면적인 것들이나, 또는 그의 천적인 것들과 그와 같이 반드시 관계를 가지고 있어야 하고, 그리고 영적인 것들은 그의 자연적인 것들과 반드시 관계를 가지고 있어야 한다는 것입니다. 그리고 자연적인 것은 그의 영적인 것들이나, 천적인 것들에 전적으로 복종하여야 합니다. 그 때 자연적인 것이 이와 같이 복종하는 상태에 있게 되면 그것은 투명한 것

에 비유됩니다. 왜냐하면 그 때 복종의 상태에 있는 자연적인 것은, 이른바 투명한 것이고, 모든 영적인 생명을 모두 고스란히 투과(透過·transmitting)시키기 때문입니다. 그러나 사람에 속한 자연적인 것들이 불결하고, 악한 것 이외의 아무것도 아닐 때에는, 이와 같은 투명한 본질은 그 때 조절되고, 약하게 되는데, 그것은 마치 빛이 그 투명한 본질을 통과하는 것과 같고, 그리고 그 빛은 주님에 의하여 아름답고, 아주 멋지게 배열된 온갖 색채들로 바뀝니다.

2350. 따라서 사람에 속한 것은 이와 같이 남게 됩니다. 그러므로 사람은 그것이 자신의 것이라고 생각하고, 그리고 그가 육신 안에서 소유한 생명(=삶·life)은 남지만, 그러나 그것은 더 아름답고, 즐겁고, 행복한 것이 되는데, 이러한 사실은 이런 것에서 잘 알 수 있습니다. 즉 그들의 환상들은 표징들에 속한 일종의 기쁜 것들로 바뀌고, 그리고 그 표징적인 것들은 상상적인 것들이고, 그런 것들은 천사들에게서 남게 됩니다. 그들은 가장 아름답고, 멋진 표징들이고, 그리고 지복(至福)이 그것 안에 내재해 있습니다. 그래서 그것은 그것에서부터 일어납니다. 이런 표징들은, 아름다운 상상적인 개념들로 변화하는 그런 환상들입니다. 그러므로 이런 환상은 기쁜 것들이고, 지복이 그것 안에 존재하기 때문에, 그것은 그것들에게서 일어납니다. 그리고 그 밖의 수많은 다른 것들도 역시 그것들에게서 생성됩니다. 1748년 6월 17일

2351. 예를 들면 성급함으로 바뀌기 쉬운 것은 열정(熱情·zeal)으로 바뀝니다. 그것 안에는 주님의 광영을 위한 영적인 능동적 삶에서부터 증대한 능동적인 삶에 속한 자연적인 본질이 있습니다.

천사들은 사람의 개념들로부터, 심지어 사람의 지극히 작은 개념들로부터 어떠한 영들이 자기 근처에 있는지를 안다는 것에 관하여

2352. 이미 설명한 것과 같이, 사람의 개념들은, 수많은 것들을 그

것 자체들 안에 담고 있고, 자신들에게서 비롯된 가까이 또는 멀리 있는 것들을 자신들 안에 가지고 있습니다. 그런 모든 것들은, 어느 누구에게 알게 하기 위하여 자극을 받는 것이 일상적입니다. 내가 생각을 실천하거나, 또는 한 사물에 속한 한 개념을 가지게 되면, 그 때 그 개념 안에, 또는 그 개념 가까이에 있는 그런 것들은 여러 영들에 의하여 자극을 받는데, 사실은 다종다양하게 자극을 받습니다. 그들은, 자신들이나 자신들의 성질에 일치하는 것은 어떤 것들이든 자극하였습니다. 악한 영들은 자신들의 기질에 따라서 여러 가지 악들을 자극하였고, 선한 영들은 그들의 기질에 따라서 여러 가지 선들을 자극하였습니다. 따라서 천사들은, 주님께서 그것을 주시기도 하고, 행하시기도 한다는 것을 즉시 인지하였고, 그리고 현존하는 영들의 성질이나 종류가 어떤 것인지, 그리고 그들이 어디에 있었는지, 그리고 또한 어느 지역에서 왔는지도 즉시 알았습니다. 내가 알지 못하는 그 밖의 다른 것들도 즉시 인지하였습니다.

2353. 역시 이런 것에서 사람의 개념들이 어떤 성질의 것인지를 잘 알 수 있고, 그리고 그것들이 사람의 상태에 따라서 영들에 의하여 자극을 받는다는 것도 확실합니다. 1748년 6월 18일

발람(Balaam)에 관하여, 그리고 그가 축복을 공언한 이유에 관하여

2354. 발람이 그 백성을 저주할 수 있었다는 것이나, 그러나 여호와께서는 그의 말에 귀를 기울이시지 않았다는 것, 사실 여호와께서는 그들에게 축복하실 수밖에 없었다는 등등의 것은 어느 누구에게는 이상한 일로 생각됩니다. 이러한 사실은 여호수아서 24장 9, 10절에서 읽을 수 있습니다. 그 기사를 보면, 마치 그에 의하여 그 백성의 저주가 어떤 결과를 이룰 수 있었다면 그는 그 일을 하였을 것처럼 기술되었습니다. 그러나 나는 영들의 세계의 상태에서부터 그것에 대하여 어느 정도 알 수 있었습니다. 다시 말하면, 그들의

대다수는 처벌을 주는 것에 대한 구실을 찾았습니다. 그들은, 중요하다고 여기는, 악에 속한 무엇인가를 찾아내자 즉시 그들은 그 영혼들을 자신들에 넘겨주기를 원하였습니다. 이런 사실은 내가 경험에서 안 것입니다. 그들은 그들이 찾을 수 있는 것은 어떤 악이든 열심히 찾았습니다. 그들이 악을 찾았을 때, 그것에 대한 권한을 요구하였습니다. 더욱이 처벌받게 하기 위하여 그 영혼은 그들에게 양도(讓渡)되었습니다. 왜냐하면 그 악이 매우 큰 경우, 그 때 처벌을 받아야 할 것이 그 악 안에 내재해 있기 때문입니다. 그러므로 주님께서는 공정(公正 · justice) 때문에 처벌을 받아야 하는 악들이나 거짓을 허용하셨지만, 그러나 그것은 그들이 개혁(改革 · 바로잡음)되고, 선한 자가 되기 위해서 허용된 것입니다. 그러므로 이스라엘 백성 가운데는 이런 것들이 있기 때문에, 말하자면 사악한 것이나 우상숭배적인 것이나, 모독적인 것들이 있었기 때문에, 주님께서는 발람에 의하여 이런 것들이 발각(發覺)되는 것을 원치 않으셨고, 그와 같이 고발(告發)되는 것을 원하시지 않으셨습니다. 왜냐하면 그들이 그런 부류이다는 것은 진실이기 때문입니다. 그 때 주님께서는 금하는 일이지만, 그들은 영벌을 받을 것입니다. 이것은 주님의 관례(慣例 · His custom)로서, 영혼들이 육체를 떠나 영계에 들어가고, 그리고 거기에서 고발되기 때문입니다. 발람이 영들과 이야기를 하였다는 것, 그리고 그들에 의해 인도되었다는 것은 그의 고백에서 잘 알 수 있습니다. 1748년 6월 18일

영혼들이나 영들은 관능적인 것들을 저 세상에 가지고 간다는 것에 관하여

2355. 나는 여러분들이, 이미 앞에서 취급한, 촉각 · 향기에 대한 후각 · 청각 · 시각이나 식욕 따위를 잘 알고 있다고 생각합니다. 영혼들은, 그들이 육신을 입은 삶에서의 그들과 전적으로 그대로이다는 것을, 그러므로 육신을 입은 삶(=생명)이나 사후 육체에 속한 삶

사이에 어떤 분별도 할 수 없다는 것을 매우 놀라워합니다. 그리고 영혼들은 자신들이 여전히 육신 안에 있다고 생각합니다. 그들에게 말하는 것이 허락되었는데, 육신의 생명(=삶)은 육신에 속한 것이 아니고, 다만 육신에 속한 것처럼 보인다는 것입니다. 그러나 육신 안에서 느끼는 생명은 영(靈 · the spirit)에 속한 것입니다. 그러므로 영들은 그 생명을 자신들로서 취합니다. 그 이유는 그들은, 그들이 육신을 입고 사는 동안, 관능적인 것들(corporeals)에 익숙해져 있기 때문입니다. 생명이 그 영에 속해 있다는 것, 그리고 그 영은 지상(地上)의 삶을 위하여 일종의 껍데기나 도구로서 육신을 소유하고 있다는 것은 이런 사실에서, 즉 그들이 없는 상태에 있게 되었을 때, 예를 들면 깊이 잠든 상태에 있게 되었을 때, 그들은 육체에 속한 감관은 전혀 가지고 있지 않다는 사실에서 잘 알 수 있습니다. 그러므로 육체에 속한 감관은 육신에 속한 것이 아니고, 오히려 그 영에 속한 것입니다. 그럼에도 불구하고, 그것은 육체의 기관들의 형체에 따라서, 그리고 또한 지각에 따라서 육신 안에 형성되어 있습니다. 영들은 그 지각에 익숙하기 때문에 그러므로 감관들은 그것에 남아 있습니다. 1748년 6월 18일

성언(聖言)의 문자적인 뜻에 관하여

2356. 내가 주님의 성언을 읽고 있을 때면 언제나 어떤 영들은 낱말들이나 언어에 관해서 무엇인가를 간절히 바라는 눈치였습니다. 그에게 말하는 것이 허락되었습니다. 거기에 있는 이름들, 예를 들면, 도시들 · 나라들 · 사람들 등등의 이름들은 천계를 통해서 천사들에게 이를 수 없다는 것입니다. 그 이유는 천사들이 유한하고, 관능적이고, 물질적이기 때문에, 따라서 그들은 그런 이름들이 뜻하는 것이 무엇인지 전혀 모르기 때문입니다. 그리고 또한 다른 낱말들도 그들에게 도달할 수 없고, 또한 문자적인 뜻이나, 문자들의 뜻들도 도달할 수 없기 때문입니다. 그 이유는 역시 그것이 관능적이고, 이

세상적이고, 물질적인 것이기 때문입니다. 그러나 내면적인 뜻이나, 보다 더 내면적인 뜻은 능히 그럴 수 있습니다. 문자에 속한 뜻은 가장 가까이에 있는 영들에게 이를 수 있고, 따라서 만약에 성언의 뜻이 천계에나, 천사들에게 오지 못한다면, 주님의 성언의 뜻 안에는 그 어떤 생명도 존재할 수 없습니다. 천사들이 성언의 문자적인 뜻을 이해하지 못한다는 것은 이런 사실에서, 다시 말하면, 그들의 언어 안에는, 내면적인 것들이나, 보다 더 내면적인 것들에 속해 있기 때문에, 그리고 거기에서 더 나아가면 생명을 가리키는 사물들의 본질에 속해 있기 때문에, 무엇이라고 표현할 수 없는 것이 존재한다는 것에서 잘 알 수 있습니다. 1748년 6월 18일

육체에 관한 영들의 위치에 관하여

2357. 앞서 언급한 내용을 참조하십시오. 다시 말하면, 영들은 각각의 성품에 일치하여 사람의 육체에 관계되는 위치들을 가지고 있다는 것이고, 또한 그들은 위치들을 바꾸지만, 그러나 그것은 일상적인 것은 아니다는 것입니다. 그리고 몸에 속한 이질적인 것들이 머리에까지 상승하고, 그것을 괴롭힐 때나, 또는 그 이질적인 것들이 그들의 본래적인 위치가 존재하지 않는 육체의 다른 지역들이나 부분들에 올리워져서 고통을 주게 될 때, 뿐만 아니라, 그것으로 인하여 그것들은 건전한 육체에서 쫓겨나게 됩니다.

2358. 이런 위치는 내 자신의 몸 주위에서 변함없이 관측되었을 뿐만 아니라. 그러나 거기에 나를 닮은 많은 자들이 있다면, 그리고 꼭 같은 영들이 멀리도 가까이도 아니고, 동일한 위치 안에 그들과 함께 나타난다면, 따라서 육체 안에 있는 동일한 영들은, 아무리 멀리 떨어져 있다고 해도 별문제가 없이 육체 밖에 있는 자들과 같이 육체 안에 있는 동일한 위치 안에 있습니다.

2359. 이런 사실을 믿지 않으려고 하는 영들은, 그들의 관습에서 그 이유를 추측하려고 했고, 그리고 사안들이 그런지 아닌지를 심하

게 의심하였지만, 비록 그들의 위치에서 원한다면 동일한 영들은 동일한 것들을 관측할 수 있고, 알게 되어 그것을 부정할 수는 없었습니다. 그러나 그 이유가 그들에게서는 감추어져 있기 때문에, 그리고 그 일은 전에는 알려지지 않았고, 따라서 그것은 하나의 외현(=겉모양)이기 때문에, 그들에게 알려주는 것이 허락된 것은 감관적인 경험들이나, 가시적인 경험은 반드시 믿어야 한다는 것입니다. 육신의 삶 안에서와 꼭 같이 우리가 알지 못하는 원인들 안에는 무수한 것들이 있지만, 그러나 감관들에 속한 경험이나 시각적인 경험을 가지게 되면 그들은 더 이상 의심하지 않고, 오히려 믿습니다. 거기에는 이런 무수의 것들이 있습니다.

2360. 광물계 · 식물계 · 동물계에, 그리고 대기(大氣) 가운데 존재하는 수많은 것들에게서 명확한 것은, 그리고 그것은 인체에 있어서도 마찬가지인데, 액체는 자신들의 무게(重量)에 일치하여 자세나 위치를 추구하지 않는다는 것입니다. 그리고 위에 있는 것들(upwards)은 그 여건이 놓여 있는 곳에 존재합니다. 예를 들어 보겠습니다. 씨에서부터 성장하는 식물들이 가지고 있는, 다양한 색채들을 발하는 꽃들이나, 그리고 거기에서부터 나오는 멋지고, 향기롭고, 맛있고, 그리고 청각 · 시각 · 지식이나 그 밖에 무수한 것들이 주위를 돌고 있는 세계나 몸들(bodies)에 속한 공 모양의 용기 안에 있다는 것을, 그것이 참된 것이다는 것을 보여 주는 경험에서 믿지 않는다면, 그 때 믿을 수 있는 것은 아무것도 없습니다. 이제야 그들에게는 이런 것들이 친숙하게 되었고, 따라서 많은 자들이 믿게 되었습니다. 1748년 6월 18일

사회 안에는 많은 모순되는 것이 있고, 서로 의견을 달리하는 자들이 있다는 것에 관하여

2361. 아직까지 질서가 바로 세워지지 않은 사회에서는, 또는 수많은 부도덕 하에서 애쓰는 사회에서는 그 사회와 일치하여 협력하

지 않고, 서로 의견을 달리하는, 사실은 언제나 공개적인 것은 아니지만, 달리 생각하는 영들이 있습니다. 나는 그런 몇몇 사회에서 이런 부류의 인물들을 보았습니다. 그들은 그 사회에 있는 자들을 괴롭혔고, 기회가 주어진다면 그들을 추방시키려고 애를 썼고, 그리고 다양한 조롱이나 야유에 의하여, 또는 이른바 토론이나 판별들에 의하여 그들을 비난하고, 조롱거리로 만들었습니다. 사실 그들은 매우 심하게 비난하였고, 그리고 모순되는 것이나, 그들과 일치하지 않는 것을 역설하기도 하였습니다. 그 이유는, 그 사회에 있는 그들이 자기 자신들을 널리 확산시키지 못하게 하기 위한 것입니다. 따라서 그들을 일종의 평형상태에 두기 위해서입니다. 다시 말하면 생각·언어·행동의 측면에서 대등한 상태에 두기 위한 것입니다. 말하자면 온갖 구속의 상태에 그들을 두기 위한 것입니다. 그들이 그 사회에 있는 자들을 비방하고, 그들에 관해서 평할 때 내가 안 사실은, 그들은 여러 가지 경우에서 진리에 의하여 다투지 않는다는 것과 때로는 그들이 단지 그들과 의견을 달리한다는 것 등입니다. 그들은 가끔 그 사회의 기질에 따라서 여러 진리들에 의하여 서로 다투었습니다.

2362. 나는 경험 가운데서 계속해서 영들에 속한 모순되는 것들을 보았습니다. 왜냐하면 여러 모순되는 것들이 없다면 제한적인 영역(limited sphere)이 주어지지 않았을 것이기 때문입니다. 1748년 6월 18일

만약에 적절한 모순이나 불일치가 없다면 거기에 기지(奇智·wit)는 결코 없을 것입니다. 왜냐하면 그 일은 바로잡음(改革·reformation)을 위해서 생겨나고, 그들은 한계를 넘어서 두루 방황하지 않을 것이기 때문입니다.

용(龍·dragon)에 관하여

2363. 용에 관해서는 이미 언급한 것을 참조하십시오. 내가 알고

있는 것은, 그는 이런 성질을 가지고 있는데, 만약에 그가 두려운 상태에 있다면 그는 그 때 그에게 닥칠 일이 무엇인지를 생각합니다. 그가 그런 상태에 있을 때 그가 뉘우치는 것은 슬픔으로 가득차고, 자기 자신에게 돌아가려고 열망할 것인데, 그에 대한 신음은 우리가 유대 사람들이 적으로 인한 포로상태나 고통의 상태에 있을 때 읽는 것과 같은 그런 비참한 상태에 있다는 것입니다. 그러나 곧 그가 이 상태에서 나오게 되면 그는 본래의 자기 상태로 돌아가고, 본래의 자신과 같게 되는데, 믿음에 속해 있는 모든 것들에 대한 악한 것 이외에는 아무것도 생각하지도 않고, 고안(考案)하지도 않을 것입니다. 그들의 아버지들과 같이 그에게서, 그리고 그의 자손(=씨)에게서 그런 부류의 자들은 그들의 기질을 물려받고, 특히 유대 사람은 그것을 취할 것인데, 그 이유는 그가 그들의 조상이기 때문입니다. 1748년 6월 20일

2364. 그는 속일 수 있습니다. 다시 말하면 이것을 말하면서 그와 반대되는 것을 생각할 수 있습니다. 그가 친절하게 말을 할 경우, 그 때 배신(背信 · treachery)은 그의 생각 안에 내적으로 똬리를 틀고 있습니다. 그것은 곧 속이는 일이었습니다. 이러한 사실은 아주 자주 관찰되었고, 말하고, 나타나기도 하였습니다. 다른 영들에게는 속이는 일이 허용되지 않았습니다. 1748년 6월 20일

사람의 자유(自由 · man's liberty)에 관하여

2365. 주님께서 행하시는 우주의 통치에는 질서에 속한 하나의 법칙이 있습니다. 그것은 바로 모두에게 자유(自由 · liberty)가 주어졌다는 것입니다. 왜냐하면 만약에 자유가 없다면, 거기에 삶은 존재하지 않을 것이고, 또한 어떤 예배도 존재하지 않을 것이기 때문입니다. 그리고 자유가 없다면 거기에 바로잡음(改革 · reformation) 역시 존재하지 않습니다. 저 세상에서도 역시 자유는 있지만, 그러나 그것은 외현(外現)일 뿐, 진실된 것은 아닙니다. 그리고 모두에게는 원

하는 것(to will)도 주어졌습니다. 그들은 이것을 자기 자신의 소유라고 생각하고, 그리고 그들은 저 세상에서 이것을 자유와 분별하지 못합니다. 그들은 이런 사실을 나에게 수차 말하였지만, 그럼에도 불구하고 거기에는 엄연한 차이가 있습니다. 1748년 6월 20일

어떤 장소를 점유하고 있는 영들에 관하여

2366. 나는 내 주위에 있는 영들과 어떤 영들이 가지고 있는 소견에 관해서 대화를 하였는데, 그 소견은, 그들이 영들이기 때문에, 그들은 장소 안에 있을 수 없다는 것이고, 그리고 그들은 오직 생각으로서만(as a thought only) 영을 지각하기 때문에 그들은 생각의 주체(a subject of thought)를 가리키는 그 어떤 본질(substance)의 개념을 결코 가지고 있지 않다는 것 등입니다. 일러진 사실은, 내적인 시각을 가리키는 생각(思想 · thought)은 시각 이외의 아무것도 아닌 그 주체가 없으면 존재할 수 없고, 그 시각 역시 눈이 없으면 존재할 수 없다는 것입니다. 더 상세하게 일러진 것은, 생각은 장소 안에 내포될 수 없다는 것이고, 또한 시각도 역시 그러한데, 그 이유는 그것은 우주의 한계를 넘어서까지 널리 퍼져나가기 때문입니다. 그러므로 생각은 장소 안에 포함시킬 수 없습니다. 따라서 영을 주체에 대한 본질이 없는 단순한 생각으로만 상상하는 자들은 큰 과오를 범하는 것이고, 그리고 영이 무엇인지 전혀 아무것도 모르는 무지한 자들일 뿐입니다.

2367. 영은 본질(本質 · substance)이기 때문에, 사실 정교한 본질이기 때문에, 다시 말하면 영은 생각의 주체이기 때문에, 그러므로 영은 역시 말을 합니다. 이러한 사실은 나의 경우 수 년 동안 계속되었고, 때로는 한나절 동안 마치 인간 사회에서와 같이, 생생하고 명확한 음성으로 계속되었지만, 그러나 내 이웃이나, 내 근처에 있는 다른 자들에게는 그와 같이 들리지 않았을 뿐입니다. 이런 것에 관해서는 적절한 곳에서 다루겠지만, 영들은 육체 안에 있는 다른 것

들을 가지고 있습니다. 더 부연한다면, 육체 안에 있는 영이, 생각하는 것이고, 뜻하는 것이고, 원하는 것이고, 보는 것이고, 또한 기타 등등의 것을 행하는 것입니다. 그러므로 이해하려고 한다면, 영이 육체 안에 존재하기 때문에, 영은 본질(substance)이고, 장소 안에 존재한다는 것은 누구도 부정할 수 없습니다. 그것은 사람의 외적인 것(outside of man)인 것은 아니지만, 그러나 사람의 몸(=육체 · the body of man) 안에 존재합니다. 비록 영에게서 비롯된 생각은 그것 자체를 그것의 바깥으로 발산하지만, 사실은, 언어 · 빛 · 시각과 같이 먼 거리에서 그것 자체의 결과를 생산하고 있지만, 그 속에 존재해 있습니다. 따라서 생각은 장소 안에 있다고 말할 수는 없고, 장소 안에 있는 영으로부터 나오고 있다고 말할 수 있겠습니다. 1748년 6월 20일

2368. 예를 들면 공간이나 넓이, 그리고 그와 비슷한 측면에서 영의 속성에 관해서 기술할 수 있는 것도 그들은 아무것도 없다고 생각하는 것은 바로 이런 이유 때문입니다. 즉 그들은 그들이 감관들을 통하여 보지 못하거나, 파악되지 않는 것은 거기에 아무것도 없다고 여기기 때문인데, 그 이유는 오늘날 사람들은 관능적이고, 현세적인 존재가 되었고, 그들은 단지 육신으로 말미암아서만 현명하기를 열망하기 때문입니다. 1748년 6월 20일

2369. 물질 · 공간 · 넓이 · 요소들 밖의 요소들(parts of parts)이나 본질이 무엇인지에 관해서 선입관(先入觀 · a preconceived opinion)을 가지지 못한 영들은, 영들이 본질을 가리키는 주체가 아니다고 말한다는 것이 매우 어리석고, 불합리한 것을 즉시 깨닫지만, 그러나 공부를 한 학식이 있는, 내 주위에 있었던, 그리고 이런 것들에 관한 선입관을 가지고 있는 자들은, 이런 낱말들에 관한 그들의 의미나 정의(定義)에 사실 집착하고 있기 때문에 그것을 그리 잘 지각할 수 없습니다. 사실 영적인 개념에 의하여 물질적이고, 정교한 유기적인 본질(an organic substance)에서 생각을 분리시키는 것이 허락되는 경

우 그들은 분노하고, 그리고 이와 같은 일이 일어나면 자신은 모두가 소멸, 무가치한 존재가 될 것이다고 생각합니다. 또 그들은 이와 같은 것은, 학자들이라고 하는 자들이 어떤 낱말들의 정의들로 자신들을 위해 만들어낸 말장난들(jests)이다는 것을 부연하고, 따라서 그들은 궁극적인 것들이나 감관적인 것들, 또는 관능적이고 현세적인 것들 안에 머물러 있기 때문에, 내면적인 것들을 이해하기 위한 길을 닫아버립니다. 1748년 6월 20일

2370. 한마디로 낱말에 집착하는 자나, 물질적이고, 관능적인 것들에 집착하는 자는, 따라서 내면적인 것에 이르는 길을 차단해 버립니다. 낱말들의 철학적인 정의에 집착하지 않는 자들과 같이, 낱말들을 무가치한 것으로 생각하고, 그리고 거기에 있는 물질적인 원칙을 전혀 지각하지 못하는 자에게는 그 길이 더 넓게 열리고, 그리고 보다 빠르게 열립니다. 전자가 제일 먼저 해야만 할 것은 개념들을 닫아버리는 물질적인 것들을 떨쳐버리는 일입니다. 1748년 6월 20일

종지들(宗旨·설득·persuasion)에 불과한 영들의 사고(思考·cogitation)들은 탐욕들을 가리키는 그런 생각들로서, 꼭 같은 방법으로, 지각되지 않는다는 것에 관하여

2371. 마음을 지배하는 것 두 가지가 있습니다. 말하자면 종지(宗旨·確信·persuasions)들과 정동(情動·affections)들입니다. 다만 종지들(=확신들)이 영들의 생각 안에 있을 경우, 그것들은 나에 의하여 인지되지 않았지만, 그러나 탐욕들이나 정동들이 거기에 있을 때에는 그것들은 쉽게 밝히 드러났습니다. 왜냐하면 그것들은 감동을 주기 때문입니다. 그러므로 그들은, 말하자면, 단순한 탐욕들이나 그들의 변화에 의하여 여러 차례 나와 이야기를 하였기 때문에, 따라서 소리 없이 무언(無言)의 방법으로 대화를 하였습니다.

악이 생기면, 그것의 지극히 작은 것까지도 악령들에게서 온

다는 것에 관하여

2372. 악령들이 자주 언급한 것은, 자신들은 어떤 악을 일으키는 원인은 될 수 없다고 말하는데, 그 이유는 그것은 우발(偶發)적인 것들이고, 그리고 그들은 그것들이 무엇인지도 알지 못하고, 따라서 그것이 자신들에게서 발출한다는 것을 시인하려고 하지 않았기 때문입니다. 그러나 일러진 사실은, 그럼에도 불구하고 그것은, 비록 마치 우발적인 것 같지만, 그리고 그들의 의지에서 그것이 나오지 않은 것 같지만, 그들에게서 발출한다는 것입니다. 그 이유는 그들에게서 흘러나오는 공통적인 악은 계속해서 그것 자체에게서는 그런 결과들을 가지고 있기 때문입니다. 이런 사실이 오늘 이런 악을 통하여 밝히 보여졌습니다. 나는 어떤 자들에 의하여 일종의 무지의 상태에, 또는 불영명의 상태에 오랜 시간 갇혀 있었습니다. 그 때 어떤 나쁘게 기술된 것들과 잘못된 것들이 살며시 기어들어 왔는데, 그것은 그들이 원하는 것뿐만 아니라 그들이 나를 불영명의 상태에서 사로잡고 있기 때문이고, 기술된 것들은 그들이 자신들로부터 다스리기를 열망하는 그런 성격이었기 때문이다는 것입니다. 불영명의 상태는 거기에서 생겨난 것이고, 따라서 단 하나의 잘못이나 과오라도, 심지어 지극히 작은 것까지도, 그들에게서 나온다는 것입니다. 왜냐하면 내가 주님의 빛을 향유(享有)하고 있을 때에는 그것은 전적으로 달랐기 때문입니다. 1748년 6월 22일

2373. 불영명한 것들을 야기시키는 자들은 이런 성격의 인물들인데, 예를 들면, 불영명한 상태에 있는 자신들의 삶은, 그들이 빛 가운데 있다고 상상하기 때문에, 영적인 것들이나 천적인 것들 안에 있다는 그런 부류입니다. 특히 이런 불영명의 상태는, 그들이 자기 사랑 안에 있고, 그리고 다른 자들에 비하여 자기 자신을 더 애지중지하는 그런 것에서 생성됩니다. 1748년 6월 22일

매우 잘났다는 자들이나, 위선자(僞善者)들에 관하여

2374. 약간 정면에 남들의 머리 위에, 즉 거의 왕관(=정수리) 위의 높은 자리에 몇몇이 있었는데, 그들이 나와 함께 이야기를 하였습니다. 그들이 한 말은, 그들의 생애 동안 그들은 가장 겸손하였다는 것입니다. 더욱이 내가 그들에게서 들은 것은, 자신들은 자신들의 생애를 보내면서 주님나라에서 가장 위대한 자나 가장 높은 자가 될 목적으로 스스로 겸손하게 살았고, 그리고 이런 목적으로 사람들 앞에서 겸손하게 살았지만, 그럼에도 불구하고 그의 생애를 보내는 동안 사정은 전혀 달랐습니다. 그들의 내면적인 것 안에서는 세상적인 것을 찾았고, 다른 자들에 비하여 자기 자신을 사랑하였습니다. 따라서 그들은 위선자들이었습니다. 저 세상에서 이들은 천계에 있는 가장 높은 자리에 자신들을 올려놓았습니다. 나는 그들 중의 하나를 잘 알고 있는데, 그는, 경건한 자들 가운데서 배신 따위를 이루기를 좋아하기 때문에, 다른 자들에 비하여 더 배신적인 인물이었습니다.

2375. 더욱이 육신을 입은 삶에서는 교만한 마음을 가지고, 그리고 자기 자신을 위한 영예나 세상 따위를 목적해서, 자기 자신을 높은 자리에 올려놓았고, 또한 그래서 겸손하였고, 그리고 겉보기에 자신이 겸손하다는 것을 보여 주었습니다. 그럼에도 불구하고 자신들의 목적을 위해서 최고의 영예나 자기사랑을 열망하였습니다. 비록 그들은 입으로는 겸손을 고백하였지만, 그러나 마음 속에 그들은 오만한 마음을 가졌고, 따라서 그들은 역시 위선자들이었습니다.

사회들은 사람들인 자신들의 영들을 갖는다는 것에 관하여

2376. 영들의 사회들은 영들을 나에게 파송하였고, 또한 자신들을 위해 영들을 내 가까이에 두기 위하여 영들을 선발하였는데, 나는 이미 그들을 파견자들(=피술자 · subjects)이라고 명명하였습니다. 왜냐하면 그들을 통해서 그들은 생각한 것이나 말한 것을 알기 때문입니다. 그러므로 그들은 자신들의 영들을 교류의 목적 때문에 나에

게 파송하였습니다. 그렇지 않고서는 교류는 이루어지지 않을 것이기 때문입니다. 이것이 영들 안에 내재한 것인데, 그 이유는 그것이 사실이다는 것을 그들이 알고 있기 때문입니다. 악령들로부터 그것을 알게 하는 것이 허락되었는데, 악령들은, 마치 자신들의 거미줄 안에 있는 거미들처럼, 주변의 교류의 중심과 같은 자신들의 특사(特使・간첩)를 가지고 있었습니다. 따라서 그들은 자신들을 위한 교류들을 취하고 있습니다.

2377. 이상에서 추측할 수 있는 것은 거기에는 이런 영들과 함께 하지 않는 사람은 아무도 없다는 것입니다. 왜냐하면 그들이 없으면 거기에는 영들의 세계와의 교류가 전혀 없기 때문입니다.

2378. 짐승들의 경우는 이와는 전혀 다릅니다. 왜냐하면 그것들은 자신들의 본성에 속한 질서에 따라서 살아가고, 그들과 함께 하는 어떤 영도 필요하지 않기 때문입니다.

2379. 사람 가까이에 영들이 있지 않을 경우 어떠할 것인지 알게 하는 것이 내게 허락되었습니다. 그 때에도 여전히 거기에는 어떤 사회들로부터 오는 교류(入流・influx)가 있었습니다. 거기에는 표현될 수 없는 일종의 공통적인 활동적 원칙이 있었습니다. 그러나 이런 것은 어느 누구에게나 모두 존재할 수는 없습니다. 왜냐하면 그것은 기적적인 것이기 때문입니다. 질서의 상태에 있지 않고, 오히려 질서에 반대되는 사람은 자신에게 결합하는 영들 밖에 있을 수 없고, 그리고 그들을 통하여 그의 삶에 일치하는 그런 사회들과의 교류에 의한 것이 있을 수 없습니다. 왜냐하면 저 세상에서 사람에게 결합한 사회들이 어떤 것인지 잘 드러나기 때문이고, 그것은 그 자신과 꼭 닮았기 때문입니다.

오직 주님의 성언에 속한 낱말들에게만 집착하고, 그 뜻에 관해서는 거의 열망하지 않는 자들에 관하여

2380. 나에게 드러난 사실은 나는 어떤 아취 형체의 장소에 있었

다는 것입니다. 그 모양은 아취 형이었고, 그 지붕은, 네델란드나 다른 곳에 있는 일상적인 모양이었고, 그것은 분명하게 구분되는 어두운 색의 벽돌들로 만들어졌습니다. 그것들은 마치 이 벽돌들을 쌓는 일이 중단된 것처럼, 그들에게 가끔씩 나타났습니다. 그리고 거기에는 거품 따위로 가득 찬 어떤 것들이 있었고, 또한 거품이 이는 모습은 큰 거품으로 생겨난 어두운 구름 같았습니다. 지붕 한가운데에는 말하자면, 어떤 열린 것이 있었는데, 그러나 그것은 어두운 색으로 만들어진 것이었습니다. 그래서 하늘은 보이지 않았고, 따라서 해도 보이지 않았습니다. 머리의 뒤쪽, 머리 위에는 마치 빛나는 것을 희미하게 만드는 어떤 것이 나타났는데, 그것이 그것 자체에 스며들었습니다. 이것이 비판적인 견해들이나 낱말들을 이해하려는 것 이외의 다른 목적을 가지지 않고, 주님의 성언을 연구하는 자들의 주거(住居)입니다. 이런 사회의 한가운데 내가 보내졌고, 그 때 나에게는 이런 것들을 볼 수 있는 일이 허락되었습니다. 그리고 내게 일러진 것은 이런 지붕들이나 거품이 일듯이 일어나는 구름들, 등 뒤의 빛나는 본체가 그들에게 나타난다는 것입니다. 1748년 6월 22일

2381. 따라서 이런 것들 안에 남아 있는 하나의 법칙은, 보편적이고, 또한 개별적이든 전체적이든 모든 것들은 그 목적에 맞는 상태에 있다는 것, 그리고 거기에는 목적들에 속한 종(種)과 유(類)가 있다는 것, 그러므로 목적들은 무한(無限)하다는 것 등입니다.

멀리 떨어져 있는 자들도 가까이에 있는 자들에 비하여 내가 생각한 것이나, 말한 것을 보다 더 정확하게 듣고, 지각한다는 것에 관하여

2382. 나는 멀리 떨어져 있는 자들과 대화를 하였습니다. 그들은 사실 머리 위 높은 곳에 있었습니다. 따라서 다른 자들에 비하여 아주 멀리 떨어져 있었습니다. 그들이 하는 말은, 내 곁에 있는 자들에 비하여 그들은 내 생각들이나 한 말들을 더 잘 지각하였다는 것

이고, 그리고 그들이 내 곁에 있을 때보다도 더 잘 그것들을 지각하였다는 것입니다. 내가 그 사실에 관해서 확신한 사실은, 내가 생각하기에는, 그들은, 그것에 의하여 낱말들의 뜻이 사라져 버리고, 소리만 크게 된 그 어떤 강한 소리에 가까운 것과 같은 여건 하에 있었기 때문입니다. 그러나 멀리 떨어져 있는 자들은 그 일에 주의를 집중하고, 그리고 그 소리는 그와 같이 그 뜻을 옮겨가지 않았습니다. 그들은, 그들이 더 미세한 것들도 인지하였고, 그리고 사실은 총명적인 것으로 인지하였다고 말하였습니다. 1748년 6월 22일

총명적인 믿음이나, 믿음에 속한 것들의 확신에 관하여

2383. 스스로 믿음의 참된 교리를 배웠고, 시인하고, 가르쳤다고 생각하는 영들과 대화를 하였습니다. 그 내용은 많은 자들이 믿음을 가지고 있지 않았지만, 자기 자신은 믿음을 가지고 있다고 스스로 다짐하는 그런 내용이었습니다. 기억에 속한 문제의 지식은 주어졌고, 육신을 입은 삶 동안, 특히 저 세상에서의 그 지식들은 수많은 것들에 의하여 확증되었는데, 바로 주님께서 우주와 그리고 우주에 있는 단일적인 수많은 것들을 다스리신다는 것, 그들은 무가치한 존재(nothing)이다는 것, 그리고 그들은 믿음이나 중생(=거듭남)에 대해서 아무것도 할 수도 없고, 공헌할 수도 없다는 것 등입니다. 그리고 자신들 안에는 불결하고, 구역질나고, 흐리멍텅하고, 안개 같은 것 이외에는 아무것도 없다는 것을 알게 되었습니다. 이러한 것들이 경험들뿐만 아니라 다양한 확신들에 의하여 사실로 확증되었을 때, 그들은 무척 고민하였고, 난처하게 되었습니다. 그들은 저항하기도 하고, 슬퍼하기도 하고, 당황하였고, 고통 가운데 있었습니다. 그리고 그들 자신은 항변하였고, 이와 같은 확증들을 수용하려고 하지 않았습니다. 심지어 믿음에 관한 열렬한 옹호자들과도 나는 저 세상에서 대화하였는데, 그들까지도 같은 문제에 대하여 역시 이상하게 생각하였고, 그리고 그렇게 고백하였습니다. 여기서 밝히 알 수 있

는 사실은, 그들은 입으로 지껄이는 믿음을 제외하면, 믿음을 가질 수 없었다는 것이고, 그리고 그들은 입술로만 그것을 옹호하였다는 것입니다. 그럼에도 불구하고 그 때 그들은 믿음을 전혀 가지고 있지 않았다는 것입니다. 그러므로 그들은 더 이상 확신을 가지지 않았습니다.

2384. 더욱이 영혼이 천사들의 사회에 들어가기 위해서 반드시 이런 것들에 대하여 전적으로 주지, 확신을 가져야만 합니다. 다시 말하면 위에서 말한 것처럼 어려워하지 말고, 쉽게 이런 확증들을 수용하여야 할 뿐 아니라, 그것을 확증하는 것을 열망하여야 합니다. 따라서 그들은 이른바 현재 널리 유통되고 있는 사조(思潮 · the current)를 가지고 앞으로 전진하여야 할 것입니다. 그 때 주님에 의하여 한 줄기 빛이 주어지고, 그것이 사실이다는 것을 이해할 뿐만 아니라, 그 확증들을 인지하고, 그리고 확증되는 많은 것들을 부가할 것입니다. 따라서 그들은 다른 자들에 비하여 더 많은 믿음에 속한 지식을 영접, 소유할 것입니다. 이런 성격이 아닌 자들의 경우는 이와는 전혀 다릅니다. 확증하는 각각의 사실들 안에는, 비록 그들이 육신을 입은 삶에서 입술로는 고백하였다고 해도 저 세상에서는 다툼과 싸움만 생겨납니다. 따라서 그 영혼은 널리 유통되는 사조에 반항하고, 그것으로 인하여 역시 그런 지식들에 반항하고, 저항하는데, 그러므로 그들에게 그런 지식들은 주어질 수가 없습니다. 왜냐하면 그것들은 이른바 그에게 반대가 되고, 따라서 그들에게는 분명하지 않은 상태가 생기기 때문입니다. 1748년 6월 22일

2385. 그러므로 그들은 믿음을 단지 지식으로 여기지만, 그럼에도 불구하고 그 때 그 지식들 안에 확증하려는 것들의 열망이 없다면 믿음은 주어지지 않을 것이고, 그것으로 인하여 사랑도, 구원하는 믿음도 받지 못할 것입니다. 그 이유는 주님께서는 믿음 안에 계시고, 그리고 믿음 자체시고, 그리고 믿음을 주시기 때문입니다. 1748년 6월 22일

영들에게 있는 촉각(觸覺)에 관하여

2386. 어떤 영들은 영들이 촉각을 가지고 있다는 것, 사실 그것도 아주 정교한 촉각을 가지고 있다는 사실을 매우 이상하게 생각합니다. 그럼에도 불구하고 역시 그들은 영들입니다. 영들이 촉각을 가질 수 있다는 사실은 육신을 입은 삶에서의 그들의 견해들에 어긋나는 것입니다. 그들에게 일러지는 것이 허락되었는데, 이런 사실은 결코 이상할 것이 아니다는 것입니다. 그 이유는 육신을 입은 삶을 사는 동안 사람은 육체로부터는 촉각은 물론, 다른 감각들을 가지지 못하지만, 그러나 육체 안에 있는 영으로부터 감각들을 가지고 있기 때문이고, 그리고 육신은 그 영으로부터 자신의 생명을 취하기 때문입니다. 영에 속한 생명이 없다면 육체 안에 있는 촉각의 생명(the life of touch) 또한 받을 수 없습니다. 마찬가지로 영에 속한 시각을 떠나서는 눈의 시각 역시 존재하지 않습니다. 육체 안에서 생기발랄하게 보이는 것은 무엇이나 육체에 속한 것이 아니고, 육체의 영(the spirit of the body)에 속한 것입니다. 그러므로 육체의 사후에도 꼭 같은 원리는 남습니다. 왜냐하면 그 영은 확실하게 육체 안에 있다고 생각하지만, 그런 견해도 종국에는 육체의 죽음으로 소멸할 것이다고 생각하기 때문입니다. 이것이 육신을 입은 삶에서 근자에 저 세상에 들어온 자들에게 존재하는 관능적인 촉각에 관한 소견입니다. 계속 이어지고 있는 그것의 모든 것들은 그것들이 감관들이 되기 위해서는 반드시 촉각에 관계를 가지고 있어야만 합니다.

주님의 강림 전, 영들의 세계의 상태에 관하여

2387. 나는 천계에 있는 그들과 주님의 이 세상 강림 전 영들의 상태나 영들의 세계의 상태에 관해서 대화를 나누었습니다. 그것은 곧 그 때 지구 위의 사람들의 믿음이 어떤 성질이었는지, 특히 그 때의 유대 사람의 믿음의 성질이기도 한데, 그 때 유대 사람은 여러

지식들 안에 있었습니다. 다시 말하면 그들의 대부분은 사후의 삶이 있다는 것을 전혀 알지 못하고 있었습니다. 수많은 자들은 그것을 공공연하게 부인하였습니다. 그것을 옹호했던 바리새파 사람들도, 주님의 말씀에 잘 나타나고 있듯이, 몸에 속한 부활(the resurrection of the body)에 관한 확신을 가진 그런 자들은 아니었습니다. 이런 부류는 주님의 강림 전 영들의 세계(the world of spirits)에 있는 영들이었습니다. 나는 처음으로 이 사실을 알았습니다. 또 다른 관점은 메시아는 영원히 존속하는 왕국으로 그들을 영원히 구원하기 위하여 강림하실 것이라는 것을 전혀 알지 못하고, 다만 그는 그들을 이 세상의 군주들(君主 · lords)로 세우고, 그러므로 그들 가운데 지상의 최고의 왕국을 건국한다는 것으로 알고 있었다는 것입니다. 이러한 견해는 오늘날에도 널리 유포되어 있습니다. 그러므로 그들은 인류들을 구원하기 위하여 주님께서 강림하신다는 것을 전혀 알지 못하는 그런 부류의 영들입니다.

2388. 이러한 내용은 태고교회(太古敎會 · the Most Ancient Church)나, 아브라함 때에 소멸한 홍수 이후의 고대교회(古代敎會 · the Ancient Church)의 사람들과는 전적으로 다릅니다.

2389. 영들이 이런 부류였을 때, 그들은 저 세상에서 쉽게 가르침을 받을 수 없었다는 것은 이런 사실에서 잘 드러나고 있습니다. 다시 말하면, 만약에 육신을 입은 삶을 살 때 믿음에 속한 참된 지식을 가지고 있지 않다면, 저 세상에서도 그런 영들에게 그 지식을 줄 수 없다는 것입니다. 왜냐하면 육신을 입은 삶에서 그들이 취한 지식들은 사후에도 그대로 남아 있기 때문이고, 그리고 그것은 쉽게 되살아나기 때문입니다. 이러한 사실은 사후의 수많은 영들과의 수많은 대화에서 나에게 아주 명확합니다. 왜냐하면 삶에서의 그들의 믿음의 고백은 이런 부류의 것이다고 일러졌을 때, 그들은 그 때 그것이 바로 그런 것이다는 것을 즉시 시인하였고, 그리고 그것을 잘 알고 있었기 때문입니다. 이러한 사실은 다른 지식들의 경우에서도

꼭 같습니다. 다른 지식들이 그들의 마음에 떠오르게 되면, 마치 그들이 육신을 입은 삶에 여전히 있는 것과 같이, 그들은 잘 알고, 시인할 것입니다. 따라서 여기서 얻을 수 있는 결론은, 믿음에 속한 참된 지식이 사후 어떤 결과를 가져오고, 그 지식의 무지(無知)는 어떤 결과를 가져오는지 잘 알 수 있다는 것입니다. 1748년 6월 22일

2390. 따라서 명확한 사실은, 만약에 주님께서 그 때 이 세상에 강림하시지 않았다면, 인류는 모두 멸망하였을 것이다는 것, 그리고 천계와 사람들과 교류는 깨어졌을 것이다는 것 등입니다. 그러므로 인류는 멸망할 수밖에 없었을 것입니다. 그 이유는 거기에는, 중생의 대업(the work of regeneration)을 가르치는 수단인 영계를 통한 중간원인(=매개적 원인 · mediate cause)이 존재하지 않기 때문입니다. 왜냐하면 천사들은, 종속적인 영들이나, 또는 중간 영들을 통하지 않고서는, 사람의 생각에 명확하게 입류할 수 없기 때문입니다. 그 이유는 이런 성질이 바로 천사들의 생각이나 언어이고, 그리고 그런 것들은 사람에 쉽게 파악되지도 않고, 그리고 사람의 생각 안에서 파악되지 않는 것이기 때문입니다. 그러므로 그것에 관해서 쉽게 서술될 수 없고, 따라서 그것은 무엇 하나 제대로 밝힐 수도 없습니다. 1748년 6월 22일

오로지 주님의 성언의 문자적인 뜻만을 연구하고, 그것에서 결론을 도출(導出)하는 자들에 관하여

2391. 주님의 성언의 문자적인 뜻에 속한 것들만을 수집하는 몇몇들과 나는 함께 있었습니다. 내가 주님의 성언에 있는 그런 것들을 수집하고, 그리고 그 때 동시에 내면적인 뜻에 주의를 기울이고 있을 때, 그들은 오직 문자적인 뜻만을 연구하였고, 그리고 내가 시인할 수밖에 없었던 것은, 거기에는 불영명이나, 싫증 따위만 있다는 것입니다. 그리고 애씀 따위만 있었습니다. 이런 것은 일상적인 것이었습니다. 그것은 어느 누구나 모래밭을 걸을 때 그는 매 발자국

마다 자신의 발을 반드시 올려야 할 때의 애씀 같은 것입니다. 그들은, 내가 내 마음을 고양(高揚)하려고 할 때, 뒤로 후퇴하였습니다. 그것은 그들에게나 나에게 모두 귀찮은 일이었습니다. 왜냐하면 그것은 양쪽 모두를 지치고, 피곤하게 하는 고역(苦役)이기 때문입니다. 그러므로 여기서 얻는 결론은 오직 성언의 문자적인 뜻에만 집착할 뿐, 성언의 내적인 뜻에 귀를 기울이지 않고, 그것들만을 연구하는 자들이 어떻게 되는지 잘 알 수 있다는 것이고, 그리고 그런 것에는 계속적인 증오나 모순, 또는 계속적인 애씀만 있을 뿐만 아니라, 그 밖에 종자 대신에 밭에 모래를 뿌리는 것에 기쁨을 만끽하듯이, 그들은 문자들에게서 기뻐하고, 모래판을 걷는 일에 기뻐하지만, 성언의 내면적인 것들에 고양(高揚)되는 것에는 원하지 않는다는 것 등입니다. 따라서 여기서 또하나 분명한 사실은, 그들이 내면적인 것들이나 천계에 고양되기 위해서 저 세상에서 그들은 매우 심한 일종의 어려움을 겪어야 한다는 것입니다. 왜냐하면 저 세상에서 성언의 문자들이나, 문자적인 뜻은 무가치(無價値)한 것이지만, 그러나 그것들은 그들이 천계에 고양되기 전에 사람(=영혼)의 몸과 같이 깡그리 파괴될 것이기 때문입니다. 1748년 6월 23일

영들의 명확한 활동들이나 역사(役事)에 관하여

2392. 여기저기에서 명확한 사실은, 영들의 외적인 대상물들이 하는 것과 꼭 같이, 모든 감관에 관해서 보면, 내 감관들에게 전적으로 지각되는 결과들을 내 몸에서 생산한다는 것을 참고하십시오. 예를 들어 보겠습니다. 그들은 매우 자주 고약한 냄새나 감미로운 냄새를 뿜어내고 있습니다. 그들은 이런 일들을 빈번하게 야기시키고, 그리고 그들이 매우 심한 고통을 야기할 만큼 내 몸을 심하게 학대(虐待)한 것들에 관해서 그들과 이야기한 바가 있습니다. 더욱이 그들은 추위와 더위를 아주 심하게 일으켰는데, 추위가 매우 잦았습니다. 말하자면 그들은 돌풍들을 일으키었습니다. 나는 돌풍을 명확하

게 느끼었는데, 그것은 사실 촛불을 끌 정도이었습니다. 따라서 내가 의심할 수 없는 사실은 그들은 유기적인 실체(the organic substance)이지, 단순한 생각 따위가 아니라는 것입니다. 몇몇은 주체적인 실체에서 그것들을 추상적으로 이해하는 것이 일상적인 일이고, 그리고 대부분 영들에 관한 기술(記述)들에 의하여 그들도 다른 자들을 이해시키기 위하여 설득하며, 그들로부터 그들은 서술할 수 있는 것을 추상화하는데, 이런 추상화 된 것들이 이루어지는 경우 사람들은 그것들의 어떤 개념도 더 이상 가질 수 없습니다. 그러므로 그들은 의심하였고, 주저하였습니다. 그리고 그들은 몸 안에 있는 영들이나, 또는 몸에서 분리된 영들이 바로 실제적인 실체(substance)들이다는 것을 알지 못하였고, 그리고 사람 안에 있는 이런 실체들이 사람의 몸의 물질적인 부위들에게 결합된 그런 것들이다는 것도 알지 못하였습니다. 왜냐하면 사람이 사는 동안 이런 것들로부터 사람은 분리될 수 없기 때문입니다. 그러나 그것의 결합이 어떤 종류의 것인지는 역시 설명, 기술될 수 있겠습니다. 1748년 6월 23일

영들이 자신들을 사람들 앞에 명확하게 드러내서 영들의 존재나 성품에 관해서 사람들을 명확하게 가르치지 않는 이유에 관하여

2393. 주님의 비의(秘義)나 성소(聖所) 안에는 이런 것들이 존재하지 않는 것에 대한 수많은 원인들이 내재해 있습니다. 참된 믿음에 속한 지식들 안에 있지 않는 사람에게 그것들이 명확하게 설명될 수 없는 이유를 기술하는 것이 나에게 허락되었습니다. 그 이유는 주님께서는 이런 방법으로 존재하시고, 그리고 무리를 이루고, 떼를 지어서 주위를 날아다니고, 사실은 사람을 죽일 정도로, 사람을 타락시키는 것 이상 아무것도 원하지 않는 영들이 영혼이나 육체의 측면에서 사람에게 해를 끼치지 못하도록 주님께서는 그들은 통제

하시기 때문입니다. 왜냐하면 영들에게 자신들을 드러내는 일이 허락되면, 그들은, 사람의 생각들이나 의지에 대해서 명확한 감관에 작용하기 때문입니다. 그러나 참된 믿음에 속한 지식들 안에 있는 자들의 경우는 이와는 전적으로 다릅니다. 그 때 주님께서는 이런 일들이 사람에게 일어나지 않도록 돌보십니다. 더욱이 사후의 영들이나 영혼들을 사람의 눈 앞에 불러내고, 따라서 사람이 그것을 믿도록 강요한다는 것은, 사람을 멸망시키지 않고 다만 방향을 바꾸시는 주님의 지혜에 정반대가 되기 때문입니다. 이러한 내용들은 영들이나 천사들의 현존에서 기술되었습니다. 1748년 6월 23일

천사들의 총명이나 지혜에 관하여

2394. 천사들의 총명이나 지혜는, 그런 것이 인류에게는 주어지지 않았기 때문에, 사람들은 거의 믿을 수 없습니다. 그것은, 사람의 지식들에게는 수용될 수 없고, 이를 수도 없는 무한한 것들을 알고, 지각하고, 이해하고, 현명하게 되는 기능(機能 · faculty) 안에 존재합니다. 그리고 그것들은 받아들일 수도 없고, 믿을 수도 없는 사람에게 반드시 있어야만 합니다. 그 기능은, 그것에 관해서 그들이 전에 결코 들은 적도 없지만, 그들이 그것의 됨됨이(性稟) 뿐만 아니라 그것의 종(種)과 유(類)가 무엇인지 즉시 알고, 그것을 지각할 수 있는 그런 성질의 것입니다. 그리고 만약에 그것이 주님께서 원하는 일이라면, 사전의 계획이 없이 그들의 질서나 그들의 연속적인 것들 안에 밝히 제시될 수 있습니다. 나는 역시 이런 것들에 관해서 들은 적이 있고, 여러 번 그런 사실을 알게 하는 일이 주어졌습니다. 예를 들면, 만약에 사람의 육체의 내적인 기관들이나 외적인 기관들 안에 매우 신비스러운 것들이 있다면, 그들은 그것들이 일치하는지 여부와 그리고 어떻게 일치하는지 즉시 깨닫습니다. 이런 일을 그들은 최대인간(最大人間 · the Grand Man)에게서 주지하고 있습니다. 사실 나는, 전에 그것에 관해서 생각한 적이 없지만, 사전에 계획한

적도 없이 그에게 주어진 그런 것에 관해서 최대인간에 의하여 열거된 차이점들을 들었습니다. 그 이유는 그가 진리의 빛 안에 있고, 마찬가지로 영적인 것들이나 천적인 것들 안에 있고, 그리고 믿음에 속한 모든 것들 안에 있기 때문입니다. 한마디로, 이해나 지혜에 속한 그들의 기능이 그들 안에 있기 때문입니다. 그러므로 그들의 이해나 지혜로, 만약에 사람이 그 사실을 안다면, 매우 놀라워할 그런 것입니다. 왜냐하면 사람의 가장 큰 자질이나 기능까지도 거의 그들의 가장 작은 것이 되지 못하고, 사람에게 속한 것은 천사들에게는 무한의 것이 되기 때문입니다. 1748년 6월 23일

2395. 이해하고 지혜롭게 되는 그들의 기능의 성질이 어떤 성질인지는 역시 그 밖의 다른 것들에게서도 잘 알 수 있습니다. 이런 것에서 결론지을 수 있는 것은 만약에 그들이 시각을 가지고 악령들을 주시하거나, 또는 투시(透視)한다면, 마치 그가 깊은 지옥에 있는 것처럼, 그 때 그는 심한 고통을 받을 것입니다. 왜냐하면 지혜의 능력은, 소위 자신들은 모두 와해(瓦解)해 버린다고 스스로 생각하지 않는 영들의 존재는 전무(全無)할 정도로, 침투하기 때문입니다. 한 번은 천사들에 의하여 가볍게 조사를 받은 어떤 악령은, 마치 그가 죽음의 고통 속에 있는 것처럼, 슬퍼하고, 애원하기 시작하였습니다. 그는 뱀이 똬리를 튼 모습으로 나에게 나타났습니다. 이런 일은 천사들이 한 번 슬쩍 쳐다 보는 것만으로도 생기는 일이고, 따라서 그것의 투시의 힘에서 생겨나는 것입니다.

2396. 여기에서 밝히 알 수 있는 것은 만약에 영이 단지 말을 하거나, 또는 생각을 한다면 그들은 그의 됨됨이에 관해서 그의 어떤 개념에서부터 알 수 있고, 그 영은 그들이 알고 있다는 것을 도저히 믿을 수 없는 수많은 것들을 알고 있다는 것입니다.

2397. 그 때 여기서 역시 얻는 것은, 만약에 사람이 눈으로 한 권의 책을 대충 훑어보고, 그가 쓴 것이 무엇인지는 읽지 않고, 그저 단순하게 보기만 한다고 해도, 그들은 즉시, 그것이 내포하고 있는

것을 알고, 그리고 각각의 사물에 관한 그의 생각이 어떤 종류의 것인지도 잘 알 수 있습니다. 그러므로 전에 수년에 걸쳐 쓴 것이라고 해도 단 한 줄을 읽는다고 해도 그들은 무수한 것들을 알고, 그리고 그의 과거의 개념들이 어떤 종류의 것인지, 그리고 그것에서 종전의 것과 그 뒤에 나오는 것이 무엇인지도 잘 압니다. 이러한 일은 힐끗 보는 것에서 이루어집니다. 1748년 6월 23일

악령들은 추론의 기능(a faculty of reasoning)을 가지고 있는 짐승과 전적으로 같다는 것, 따라서 말하자면 합리적인 짐승(rational brutes)들과 같다는 것에 관하여

2398. 나는 가끔 악령들에게 말도 하였고, 그 때 그들은 내 생각들을 인지하고 있기 때문에, 나는 그들이 단순히 짐승들이다고 생각하였습니다. 사실은, 그들은 추론하는 기능을 가지고 있지만, 그것을 선을 위해서 실천할 수 없다는 의미에서 합리적인 짐승(the rational brutes)에 지나지 않는다고 생각하였습니다. 그러므로 여기서 그들이 소유한 관능적인 기억 따위는 없다는 것이고, 또한 그들은 그런 상태에 빠져 있다는 것입니다. 왜냐하면 그들은 스스로 가장 사악한 상태에 빠져 있다는 것입니다. 그들은 짐승들에 비하여 더 고약한 동물들이다는 것이기 때문입니다. 그 이유는 그들은 질서에 어긋나게 돌진하고, 자신들 안에서, 또는 일반적인 영기 안에 있는 질서를 왜곡시키기 때문입니다.

2399. 그러나 선한 영들, 더욱이 천사들은 전적으로 완전히 다릅니다. 왜냐하면 생각하는 것이나 행동하는 것은 모두가 주님으로부터 그들에게 주어진 것들이고, 따라서 그들은 이와 같은 구속들 안에 갇혀 있고, 오히려 모든 선에 인도됩니다. 그리고 사실은 자신들을 인도하는 것은 그들이다고 생각하는 식으로 인도됩니다. 그럼에도 불구하고 그들은 결코 그렇게 할 수 없고, 다만 주님만이 홀로 그들을 인도하신다는 것을 잘 알고 있고, 그리고 주님만이 홀로 그

들에게 합리성(合理性 · rationality)을 주신다는 것, 따라서 총명과 지혜도 주님께서 주신다는 것도 잘 알고 있습니다. 1748년 6월 24일

공포(恐怖 · fear)의 상태에 관하여

2400. 그들이 어떠한 자이든, 모든 악령들은, 공포에 의하여 겸비 · 자기무시 · 비애나 참된 믿음에 속한 것들에 대하여 그들이 더러운 존재이다는 자기시인 등등의 상태에 놓여 질 수 있습니다. 어느 누구가 자기 자신이나 세상을 사랑하면 할수록 더욱 더 쉽게 고백이나 시인에 조정, 그런 것들에 놓여 질 수 있습니다. 그 이유는 그 자기 자신을 위해서, 그리고 그들이 무척 애지중지(愛之重之)하는 그런 것들의 상실 때문에 무척 두렵기 때문입니다. 그러나 이런 상태가 결코 그의 개혁(=바로잡음 · 改革 · reformation)의 상태는 아닙니다. 왜냐하면 그들이 본래의 상태로 되돌아가면 그 즉시 그들은 종전의 상태와 꼭 같이 되기 때문입니다. 그러므로 사람이 공포나 고통이 없는 경우, 또는 우환(憂患)이 없을 때, 참된 믿음에 속한 것들을 시인하기 위하여 수도 없이 많은 다른 상태들이 생겨납니다. 따라서 주님께서는 공포들이나 그것들의 여러 종류들을 좀처럼 허락하시지는 않습니다. 1748년 6월 24일

사람과 함께 하는 영들은 그 사람에게 속해 있는 것을 모두 잘 알고 있고, 그것들을 마치 자신들의 것으로 소유한다는 것에 관하여

2401. 이 사실은 수도 없이 많은 것들로부터 명확하지만, 그러나 영들은 이 사실을 전혀 알지 못합니다. 그들은 이런 것들이 자신들의 것이다고 생각하고, 그리고 자신들의 기억에서 파생된 것이라고 생각합니다. 그럼에도 불구하고 이런 것은 감관의 오류일 뿐입니다. 나는 그 사실을 보다 더 잘 알기 위하여 히브리 말의 지극히 작은 낱말도 결코 이해하지 못하는 그런 자들 앞에서, 그 전에 어린 것들

앞에서 읽었던 것처럼 히브리 말을 읽었습니다. 그들은 내가 알고 있는 것과 꼭 같이 그 말을 알고 있었습니다. 내가 이미 배운 것을 그들은, 마치 그들이 그것을 알고 있는 것처럼, 잘 알고 있었습니다. 그들에게 깊이 생각하는 것이 허락되었을 때 그들은 사안이 그러하다는 것을 시인하였습니다. 1748년 6월 24일

상태들과 상태들의 다양한 변화들에 관하여

2402. 나는 상태들이나 상태들의 다양한 변화에 관해서 천사들과 대화를 하였습니다. 그 때 일러진 것은 상태들은 그 종류의 측면에서 보면 종전에 있었던 것과 꼭 같은 상태는 영원히 다시 생겨나지 않고, 그러나 그 다종다양함은 믿을 수 없을 정도로 많다는 것, 그리고 한 종류에 생긴 것은 다른 종류에 생기지도 않고, 개별적인 종류에도 생기지 않는다는 것 등등입니다. 여기에서 우리는 천사들의 지복(至福)의 상태를 짐작할 수 있겠습니다.

2403. 혼령들이 천사들은 어떤 상태에서는, 악령들에 관해서 이미 언급하였던 것과 같이, 천적인 것들의 사회에 현존할 수도 있고, 자장가 노래에 의하여 잠들 수도 있습니다. 그러나 천사들인 그들이 가장 작은 부분의 측면에서 모든 것 안에 존재하기 위해서 필수적인 것은 그들이 옮겨져야 한다는 것이고, 그렇지 않다면 그들은 그들이 그 안에 있을 수 없는 상태들 안에 있다는 것입니다. 이러한 일들은 영적인 개념에 의하여 더 잘 지각됩니다. 1748년 6월 25일

2404. 여기서 이어지는 것은 천사는 영원히 완전한 존재가 될 수 없지만, 그러나 단순한 일반적인 것들의 측면에서 거의 완전한 존재가 될 수 없다는 것입니다.

2405. 우리들은 또한 합일(合 · · 결합 · union)에 관해서도 대화를 하였는데, 만약에 많은 자들이나, 많은 자들의 사회가 존재하지 않는 다면, 더욱이 수많은 자들에 속한 사회들의 사회들이, 그리고 보다 많은 자들의 사회들이 존재하지 않는다면, 어떤 능력이나 성질

을 기술할 수 있는 것은 단 하나의 것도 주어지지 않는다는 것입니다. 그리고 모두가 자신보다는 이웃을 사랑하고, 그리고 자신의 이웃에 대하여 자신은 무가치한 존재라고 평가하지 않는다면, 거기에서 지복이 파생되는 합일(=결합)도 결코 있을 수 없습니다. 그런데 이런 사랑은, 사랑이신 주님의 사랑에서 존재한다는 것을 제외하면, 결코 주어질 수 없는 사랑입니다. 1748년 6월 25일

육신을 입은 삶에서 사람들의 조건(條件 · condition)은 사후 영들의 그것과는 전혀 다르다는 것에 관하여

2406. 주님께서 값진 것으로 생각하시기 때문에 나는 많은 곳에서 그것에 속한 그 밖의 많은 것들을 다루었고, 거기에는 이런 것들도 있습니다. 그들은 건강의 수단들을 가졌고, 그리고 그들은 그들이 교육을 받는 건물들을 가지고 있고, 그들이 가르침을 받는 책들을 가졌고, 그리고 주님의 성언과 그리고 수많은 다른 것들을 가졌습니다. 이 밖에도, 그들의 조건은 그들이 선택한 사회들에 관해서도, 그리고 그들이 선택할 수 있는 사회들에 관해서도 차이가 있습니다. 역시 가관들은 그들에게 수많은 대상물들을 드러내고, 그리고 따라서 다른 수단들에 의하여 그들의 의지나 총명은 지배되고 있습니다. 왜냐하면 육신을 입은 삶에서 그들은 사후에 비하여 보다 많은 것들을 자신들에게 맡겨져 있기 때문이고, 그리고 삶을 보내는 동안 더욱 넓은 자유의 분야 안에 있고, 그것을 통하여 그들은 주위에 인도되기 때문입니다. 1748년 6월 25일

주님의 성언에 속한 내면적인 것들에 속한 적용이나, 보다 내면적인 것들에 속한 적용은 보편적이다는 것, 그리고 모든 시간들이나 장소들 안에 있다는 것에 관하여

2407. 나는 천사들과 주님의 성언 안에 있는 것들에 관해서, 그리고 태고교회나 고대교회 뿐만 아니라, 우리 시대의 모든 교회에 적

용되는, 따라서 모든 세대의 교회에 적용되지만, 그러나 생겨난 변화에 따라서 다양함으로 적용되는 것들에 관해서 대화를 하였습니다. 그 다종다양함들은 너무나도 많기 때문에 그것들은 마치 가족관계처럼 놓이게 되는데, 그 가족들 안에는 언제나 그것의 공통적인 원리(its common principle) 안에 널리 퍼져 있는 어떤 특성이 있는데, 그것은 다른 것과 구분하게 합니다. 교회도, 말하자면, 사람의 머리는 주님이시다는 한 사람과 꼭 같다고 할 수 있겠는데, 모든 사회는 한 사회를 구성하는 사람이라고 칭하는 것과 같습니다. 1748년 6월 25일

저 세상에는, 자기 자신 안에서가 아니고, 다른 사람들 안에서 행동한다고 하는 이런 성격의 인물들이 있다는 것에 관하여

2408. 어떤 사람이 나와 함께 있었는데, 그는 다른 사람들의 역할하에서 하는 것을 제외하면 생각이나 말을 하지 못합니다. 다시 말하면 그는 변함없이 그가 알게 하려고 하는 다른 자들을 드러내었습니다. 결과적으로는 그는 자기 자신은 숨기었습니다. 이런 부류의 인물들은 쉽게 분별되고, 그리고 귀찮은 존재들인데, 그들이 다른 자들을 설득하기 위해서 그들은 언제나 다른 자들이 이와 같이 느끼게 하고, 말하게 하는 것을 육신을 입은 삶에서부터 얻고 있었습니다. 그런가 하면 어떤 자들은 그들이 보다 더 배신 따위를 잘 하기 위하여 그런 짓을 하기도 합니다.

겉으로 드러내지 않으려고 사람의 추악한 것들은 오직 숨겨져 있을 뿐이다는 것에 관하여

2409. 수많은 것들에게서 명확하게 알 수 있는 것은, 가장 일반적인 것들에서와 마찬가지로 가장 개별적인 것들 안에는 더럽고, 추악한 것을 제외하면 사람 안에는 아무것도 없다는 것이고, 그리고 이와 같은 더럽고, 추악한 것들은 숨겨져 있다는 것입니다. 결과적으

로 그들이 선한 영들이나 천사들처럼 나타나기 위하여 주님에 의하여 감추어져 있다는 것입니다. 나는 이런 사실을 지금 금방 외적인 것들 안에서 내게 일어난 것에서 터득하는 것이 허락되었습니다. 다시 말하면 불쾌하고, 고약한 기분이 나에게서 제거되었지만, 그럼에도 불구하고 불쾌하고 고약한 기분(=맛 · taste)이 여전히 남아 있다는 것을 내가 알 수 있었습니다. 사실 유쾌하고 좋은 기분(=맛)이 생겨났습니다. 이런 것들에게서 알 수 있는 것은 상쾌한 냄새들이나 그와 비슷한 것들이 주어졌는데, 그런 것들은 입증의 증표들로서 오직 외적인 것들 안에서만 보여졌습니다. 1748년 6월 26일

천사들의 특권, 또는 기능은 다른 영들에 비하여 보다 더 완벽하고, 따라서 사람에 비해서는 매우 뛰어난 계도 안에 있다는 것에 관하여

2410. 천사들의 보다 뛰어난 능력이나 기능에 관해서는 앞서의 내용을 참조하실 수 있겠습니다. 이런 사실은 이런 내용에서 명확할 수 있겠습니다. 다시 말하면 내가 히브리 말을 읽고 있을 때, 나는 보다 주의를 가지고, 또는 덜 주의하여 읽었던 몇몇 낱말들을 기억해낼 수 있었습니다. 그리고 어떤 때는 비록 희미하기는 하지만 어느 정도 그것들을 기억할 수 있었습니다. 그것이 주님을 기쁘게 하는 것이라면, 그 때 천사들은 수도 없이 여러 번 이런 낱말들을 나를 통해서 읽을 수 있었고, 그리고 그 때 내 마음에 있는 것들이나, 기억 속에 깊게, 또는 얕게 각인된 것들도, 그리고 그 낱말과 더불어 나의 생각들(=개념) 안에 있는 수많은 것들도 알았습니다. 이런 낱말들이 내 기억에 있었고, 내가 일지 못하는 그 밖의 많은 것들이 내 기억에 있었습니다.

육신을 입은 생애에서 조각된 초상(肖像 · a graven image)을 숭배한 자에 관한 특기할 것에 관하여

2411. 내가 사사기서 17장과 18장을 읽고 있을 때입니다. 거기에는 그들의 생애에서 조각된 초상들을 숭배했던 자들 중에서 인도에서 온 어떤 영이 있었습니다. 그리고 그 영들은 자신들이 이러저러한 자들이다는 것을 믿도록 할 수 있는 그런 부류의 영들이기 때문에, 따라서 그는, 같은 책 18장에 기술된 내용에서와 같이, 제사장을 그의 초상과 드라빔(teraphim)을 취한 단 지파에서 온 미가(Micah)이다고 생각하였습니다. 내가 이런 기록을 읽고 있을 때 내가 지각한 사실은 어떤 사람이 자신은 "미가"라고 생각하였다는 것이고, 그리고 그는 무지한 고통이나 재난 때문에 몹시 슬퍼하였고, 따라서 그는 초상과 드라빔을 잃어버렸을 때 그가 자신이 어떤 존재인지는 더 이상 알지 못하였습니다. 나는 이런 각각의 일에서 그가 무모하다는 것(=순진무구·innocence)을 인지하였습니다. 내용인 즉슨, 그가 그것을 가지고 간 자들로부터 그것을 다시 소유하기를 얼마나 열망하였는지, 그리고 이들이 그 사람에게 고약한 짓을 하였다는 것 등입니다. 한마디로 이러한 일은 참된 하나님(the true God)에 대한 무지(無知)인데, 그 이유는 이런 각각의 일에는 이노센스(innocence·純眞無垢)가 있기 때문입니다. 거기에는 역시 그것을 잘 관찰하고 있는 수많은 기독교인들이 있었고, 그리고 그들은 자신들이 초상들의 숭배자였기 때문에 그것을 이상하게 생각하였습니다. 그 뒤에 밝혀진 사실은 그는 인도에서 왔다는 것이고, 그의 생애에서 무지(無知·innocence)의 상태에서, 그리고 그의 순진함에서 어떤 초상을 숭배하였다는 것, 그리고 이와 같은 무지의 상태나 순진함은 매우 큰 영향을 그들에게 끼치었다는 것 등입니다. 그 뒤 그들은 그 사람과 대화를 하였는데 하는 말인즉슨, 그는 단순하게 그 초상을 섬길 수 없었다는 것이었지만, 그럼에도 불구하고 그가 무지한 사람이었기 때문에, 그 일이 허용되었습니다.

2412. 그에게 일러진 것은 초상을 제외하고, 천지(天地)의 창조주이신 하나님(=신·a God)에 관해서 반드시 생각하여야 한다는 것이

고, 그리고 그 신(神 · a God)이 우주적인 하늘과 땅을 다스리시는 주님이시라는 것도 반드시 생각하여야 한다는 것이었습니다. 그 때 내가 인지한 사실은 그의 숭배에 속한 내면적인 영향이나 효과(the interior effect)는 그 어떤 기독교인이 가지고 있는 것에 비하여 너무나도 거룩하다는 것이었고, 사실 그것이 진정한 내면적인 것이다는 것도 깨달았습니다. 이런 예에서 볼 때, 명확하게 알 수 있는 것은 소위 이방인(異邦人)들은 기독교인들에 비하여 매우 쉽게 천계에 들어간다는 것이고, 그리고 그와 같은 일이 일어나고 있다는 것입니다. 종전에는 유대인들에게서 일어났는데, 그 뒤에는 그들에게서부터 믿음이 옮겨간 이방인들에게서 일어나고 있습니다. 1748년 6월 27일 그는 믿음에 속한 교리적인 것들에 관하여, 다른 사람들과 같이, 교육을 받을 필요가 없었습니다. 그러나 그는 다른 사람들에 비하여 아주 쉽게 믿음을 수용하였기 때문에 그는 주님에게서 비롯된 모든 것들을 배울 수 있었고, 사실은 어느 정도 범위 내에서는, 천사와 같이, 믿음의 교리에 관해서 최고로 알고 있는 기독교인들을 가르칠 수 있었습니다. 그와 같은 일은 천사들에 의하여 내 마음에 삽입되었기 때문입니다.

2413. 내가 단 지파의 자손들에 의하여 라이스(Laish)에서 행해진 일들을 읽고 있을 때, 알게 된 것은 그 사람 마음 안에 불쌍하게 여기는 동정심(同情心 · pity)이 있다는 것입니다. 그래서 전체적으로나 개별적으로나, 모든 것들에 대한 동정심이 그에게 주어졌고, 따라서 그는 천사들과 함께 있을 수 있었습니다. 그러므로 조상들이 그의 기억에서 전부 사라졌을 때, 그는 수많은 기독교들과는 전적으로 다르게 참된 주님(the true Lord)을 예배할 수 있었습니다.

히브리 언어에 관하여

2414. 내가 천사들로부터 배운 사실은 히브리 언어(the Hebrew language)는 문자의 뜻(the sense of the letter)에는 유의하지만, 문자

에는 유의하지 않는 그런 성질을 가지고 있다는 것입니다. 이러한 사실은 수많은 것들에 의하여 확증되었습니다. 그러므로 그것은 처음에는 점들(=구두점 · 句讀點 · points)이 없이 쓰여졌습니다. 따라서 점들이 없이 읽혀졌을 때, 그 때 오직 뜻에만 유의하게 되는데, 여기에서부터 모음들(母音 · vowel sounds)이 형성되었습니다. 이러한 사실은 그 언어에 익숙한 자는 누구나 잘 알고 있었습니다. 만약에 어느 누구가 성경에서 점이 없이 그것을 읽는다면, 만약에 그 뜻을 따르지 않으면, 그는 결코 거기에 있는 뜻이 무엇인지, 특히 예언서들 안에 있는 뜻이 무엇인지 결코 알지 못합니다. 모음들이나, 이와 비슷한 부가적인 것들은 그 뜻을 그 문자에 떠맡기는 꼴이 됩니다. 더욱이 구두점들이 없이 그들이 만약에 예언서적인 동일한 책들의 여러 장절들을 읽는다면 그들은 거기에서 수많은 다른 뜻들을 형성할 것입니다. 그리고 그들이, 각각 자신의 뜻에 따라서, 모음들을 붙인다면 그 때 문자들은 각자에 의하여 서로 상이하게 나타납니다. 그리고 모음들이 그 뜻에 일치하여 그와 같이 나타나지 않는다면 그들은 그 낱말들 안에 있는 변칙적인 것이나, 이례적인 것을 찾게 될 것이고, 따라서 그들은 여전히 그들의 뜻에 적합하게 그 낱말을 만들 것입니다. 왜냐하면 이런 것이 수많은 변칙적인 것들이나 예외적인 것들을 가지고 있는 그런 언어이기 때문입니다. 그러므로 독자들이 그 뜻을 곡해하지 못하도록 그들이 육신의 삶을 사는 동안 만연(蔓延)되어 있는 사람의 상태에서 자신의 상상에 따라서 그 뜻을 만드는 것이 허락된 것처럼 생각합니다. 그러므로 그들은 각자의 기질에 따라서 다양하게 그 뜻을 왜곡할 것입니다. 따라서 허용된 것이 그 뒤에 구두점들을 붙이는 일이었는데, 그 때 그들이 신령하게 영감되었는지의 여부는 주님 이외에는 어느 누구도 결코 그 뜻을 이해하지 못하는 예언적인 저술들로부터 어느 정도는 알게 되었습니다. 주님께서는, 기뻐하는 자에게, 그것을 계시하셨습니다. 1748년 6월 27일

일반적인 상태에서 비롯된 영들이나 천사들의 지각에 관하여

2415. 일반적인 영기(靈氣) 안에 주어진, 그리고 영들이나 천사들에게 달성된 즐거움의 일반적인 상태(a general state of pleasantness)가 있었습니다. 즐거움의 일반적인 상태는 거기에 있는 그의 상태나 기질에 따라서 그들 각자에게 감동을 주고, 그리고 또한 그들의 개념들을 감동시킵니다. 심지어 그 즐거움의 지각에까지 감동을 줍니다. 따라서 그들은 거기에서 나오는 지각을 사모합니다. 여기에서 선이나 참된 것의 입류에 관해서, 그리고 사람의 단일적인 것들에 들어온 그들의 일반적인 상태들에 관해서, 대화가 있었습니다. 이와 같은 일은 인간적인 사회에서도 인지됩니다. 예를 들면 우정(友情·friendship)·아내사랑·자녀사랑 등은 일반적으로 어떤 사회에서도 널리 퍼져 있는데, 그 때 그들이 생각하고, 말하고, 행한 단일적인 것들은 즐거운 것들입니다. 그러나 사람들 가운데에 있는 경우는 명확함이나 그것의 감관적인 지각은 없는데, 이러한 일은 영들이나 천사들에게서 일어나는 것입니다. 그들 사이에서는 지각과 생생한 정동이 있고, 그리고 사실은 그것이 어디에서 온 것인지에 대한 깊은 생각이나, 지식이 수반합니다. 여기서 역시 그들이 알 수 있는 것은, 모든 선이나 참된 것에 속한 정동은 그것들의 무한한 다양함들과 함께 오직 주님에게서 온다는 것입니다. 1748년 6월 27일

자비(慈悲)와 이노센스(純眞無垢)는 한 사회 안에 있는 모든 선한 자들을 감화 감동시킨다는 것에 관하여

2416. 영적인 지각으로부터 내가 알도록 허락된 것은 자비의 상태나, 이노센스의 상태 안에 있는 자들은 그들이 사랑하는 사회 안에 있는 모든 선한 자들을 격려하고, 그들을 감화 감동시키는데, 따라서 그들은 자신에 비하여 그들이 더 잘 되기를 원하고, 결과적으로 자기 자신에 대해서는 소홀히 하고, 온 마음과 뜻을 다해서 그들을

사랑합니다. 왜냐하면 이노센스와 자비는 곧 주님을 가리키고, 그리고 주님께서는 자기 자신을 선한 사람에 주입, 격려하시고, 결과적으로 주님 자신으로부터 무한한 변화를 가지고 선한 영들이나 천사들을 격려하시기 때문입니다. 이것으로 인하여 그들의 상호적인 사랑이 일어나고, 따라서 무한한 다양함으로 그들의 지복(=영복·至福)이 생겨나기 때문입니다. 1748년 6월 27일

2417. 내가 이런 것을 지각하고, 또 그것들을 기술하고 있을 때, 같이 있었던 영들이 한 말은 그들은 자비가 무엇인지, 이노센스가 무엇인지 알지 못한다는 것입니다. 그리고 그들이 그러한 것을 받게 되었다는 것을 이상하게 생각하였습니다. 사실은 이런 것에 대한 자신들의 주장이나 드러냄에 의하여 그들은 그것들을 내 발 밑으로 분산시켰습니다. 이와 같이 그것들을 경멸하였습니다. 1748년 6월 27일

나와 거기에 있는 영들에 대한 그들의 작용에서 내가 알 수 있었던 것은, 만약에 그런 것들이 거기에 있다면 그 사회의 성질이 어떤 것인지 알게 된다는 것입니다. 그 때 나는 이른바 고통스러운 유해한 원칙을 느끼었는데, 그와 같은 것은 무자비스럽거나, 자비스러운 자들의 본성에 따라서 다양하게 발생한다는 것입니다. 그러므로 그들은 서로 함께 할 수 없었습니다. 더욱이 이런 것을 통하여 나에게 드러난 것은 그들은 자비의 상태로부터는 잔인함으로 격려를 받고, 따라서 자비는 이런 성질을 가진 영들과 함께 반대의 것으로 변한다는 것입니다.

악한 영들이나 조악(粗惡)한 자들에 속한 이해와 지각에 관해서, 그리고 그들은 무가치적인 존재이다는 것에 관하여

2418. 그들이 아무런 존재도 아니다는 것이 수차에 걸쳐 영들에게 일러졌고, 그리고 주님께서는 모든 것 안에 있는 전부(All in all)이시다는 것도 수차에 걸쳐 일러졌습니다. 사실, 밝히 일러졌고, 보여

준 사실은 그들의 존재가 아무것도 뜻하지 않는다는 것이었습니다. 그럼에도 불구하고 그들 중 몇몇은 그것을 이해하려고 하지 않았습니다. 나머지들도 그것을 이해하지 못하였는데, 그 이유는 그들의 개념들(=생각들)은 그것을 이해하기에는 너무나도 조잡하고, 조악한 성품이었기 때문입니다. 그러므로 그들이 수도 없이 주절거리는 것은 믿음의 교리(the doctrine of faith)는 어리석고, 모순된 것이다는 것입니다. 그 이유는 그들이 무가치한 존재이다는 것이 일러졌기 때문입니다. 그럼에도 불구하고 그들은 그들이 모든 것이다고 생각하였습니다. 이와 마찬가지로 그들은 자기 자신의 것으로서 자신의 생명이나 삶도 모두 소유하고, 모든 능력도 가지고 있다고 생각하였고, 자기 자신들 안에 있다고 생각하였습니다. 따라서 그들이 이와 같이 무지(無知)하기 때문에 그들은 그 교리가 하나의 어리석음이요, 부조리(不條理) 자체라고 반박하였습니다. 그들의 존재에 관해서 무가치하다고 언급된 것은 믿음의 교리에 속한 다른 것들 이외에는 아무것도 수용하지 못한다는 것입니다. 사실은 자기사랑에서 비롯된 것 외에는 아무것도 받아들이지 않는다는 것입니다. 나머지 자들도 무지(無知)로 인하여 거의 같은 일을 저질렀습니다. 1748년 6월 27일

영들의 언어에 관하여

2419. 나는 오랫동안 영들이 다양한 거리를 두고 지금과 같이 말하는 일이 어떻게 일어나는지 이상하게 생각하였습니다. 어떤 자는 다른 사람의 말이 끝나는 곳에서 대화를 시작하고, 때로는 대화의 중간에서, 따라서 아주 다양하게 대화를 하였습니다. 나에게 그 이유가 알려졌습니다. 다시 말하면 그 대화가 있는 동안 그 대화에 속한 개념들에 의하여 가장 감동을 받는 자들이 말하였다는 것입니다. 결과적으로 그것은 다른 자들에 비하여 더 감동을 받은 자에게 옮겨갔습니다. 왜냐하면 어느 누구의 정동이 자극을 받게 되면, 그 때 그 사람도 자극을 받기 때문입니다. 이 밖에도 그들은 다른 방법으

로 말하도록 자극을 받습니다. 다시 말하면 그들에게 결정짓게 된 개념들로부터 그들을 자극한 영들에 의하여 자극을 받는데, 따라서 그들은 그들과 함께, 또는 그들을 대신하여 말을 하든지, 또는 속일 목적으로 말하든지, 또는 다른 자들을 대리해서 말하는 것을 연구합니다. 1748년 6월 27일

육신을 입은 생애에서 자비를 가졌고, 순진무구한 자들이 저 세상에서 많은 것을 받는다는 것에 관하여

2420. 모든 것들 가운데서 경험을 통해서 배운 것이나, 영들이나 천사들에게 있는 삶을 통해서 배운 것 가운데는 이런 것들이 있습니다. 육신을 입은 삶의 생애에서 자비스러웠던 자들이나, 마음에서부터 자비를 베푸는 사람은 저 세상에서 한없이 수많은 것들을 받습니다. 따라서 표현할 수 없는 상급을, 다시 말하면 영복(永福)을 받습니다. 왜냐하면, 자비에서 비롯되기 때문에, 모든 영복이나 지복은 자비를 통해서 일어나기 때문입니다. 그리고 그들은 영복과 함께, 개별적이든 전체적이든, 모든 것 안에 있는 매우 많은 자비를 받습니다. 그것은 말로는 표현할 수 없지만, 가장 큰 지각과 함께 이루어집니다. 순진무구한 사람에게서도 이와 같습니다. 어느 것과도 비교할 수 없습니다. 왜냐하면 개별적이든 전체적인 것이든, 모든 것들은 저 세상에서 고양(高揚)되기 때문인데, 저 세상에서 육체는 맹위를 떨칠 수 없고, 육신의 감관들도 명령을 하지 못하지만, 그러나 그들은 내면적인 지각들이나, 보다 더 내면적인 지각에 남게 되기 때문입니다. 그러나 사람의 이해력에 이런 것들을 기술한다는 것은 불가능합니다. 그 이유는 미지(未知)의 것에 속한 이해는 지각이 아니고, 주어지는 일상적인 것(customary)이기 때문입니다. 그러므로 지각에서 비롯되는 이해는 결코 없습니다. 그리고 그들이 관능적인 존재로 있는 한, 믿음은 결코 그들에게 주어지지 않습니다. 1748년 6월 27일

광기(狂氣)에 관한 기억할만한 것에 관하여

2421. 수차에 걸쳐서 나에게 일어난 일입니다. 영들이 자신들의 광기(狂氣)에 따라서 행동하는 것이 허락되면, 그와 같은 일은 나를 통해서 행동하기 위하여 허락된 것인데, 말하자면 행동을 한 것은 바로 그들이었습니다. 그리고 그들은 다른 것은 알지 못하였습니다. 이런 일은 자주자주 일어났습니다. 그러나 내가 알게 된 것은, 그것이 나에게서 비롯된 것이 아니고, 영들에게서 발출하였다는 것입니다. 그들이 이런 일이 사실이라는 것도 전적으로 시인하였습니다. 그러므로 주목할 만한 일이 내게 일러졌는데, 그것은 믿음 안에 있는 사람은 사람들에게 다른 사람과 같지 않게 나타난다는 것입니다. 이러한 것은 그들이 말하기도 하였습니다. 그러나 관능적인 사람들은 마음, 즉 생각에서 미친 자들이라는 것, 그리고 육신 안에서도 미칠 수 있지만, 그러나 마음이나 생각 안에서, 즉 내적으로는 아니지만, 겉으로, 또는 육신에서는 천사들과 같이, 공손하고 현명한 사람 같이 나타날 수 있습니다. 따라서 질서가 뒤바뀌었기 때문에, 거기에는 뒤집힘(倒置)만 있습니다. 1748년 6월 27일

명정(酩酊 · drunkenness)에 관하여

2422. 나는 천사들과 명정(酩酊 · 大醉)에 관해서 대화를 하였습니다. 그들에 의하여 확증된 사실은 그것은 아주 크게 잘못된 죄악이고, 사람이 짐승처럼 되어서 더 이상 사람이 아니다는 것입니다. 사람은 그의 총명한 능력 안에 있을 때 사람이고, 따라서 그가 짐승이 되는 것이고, 그 밖에도 그는 자신의 몸에 유해를 불러오는 것이고, 따라서 자신의 죽음을 재촉하는 것이고, 뿐만 아니라 많은 사람에게 선용을 행할 수 있는 것을 무절제(無節制) 가운데 낭비하는 꼴이기 때문입니다. 1748년 6월 27일
그들에게 그것은 매우 불결한 것으로 보이기 때문에 그들은 이런

삶을 매우 혐오(嫌惡)하였는데, 그럼에도 불구하고 인간들은 하나의 사회적인 삶으로서 자신들에게 불러오고 있습니다.

주님께서는 질서에 의하여 내면적인 것들로부터 우주를 다스리신다는 것에 관하여

2423. 영적인 개념에 의하여 내게 확실하게 입증된 사실은 주님께서는 모든 것(=전체)을, 결과적으로는 우주를 질서에 의하여 내면적인 것으로부터 다스리신다는 것입니다. 내가 이런 생각 안에 있을 때, 그들은 전적으로 조잡한 그릇으로 나타났는데, 거기에는 결코 생명은 존재하지 않고, 따라서 아무런 능력도 없지만, 그러나 모든 것들은 주님에 의하여 내적으로는 질서정연하게 놓여 있었습니다. 내가 이런 생각에서 비롯된 드러남 가운데 있었을 때 역시 이와 비슷한 생각 안에 있는 영들이 내 주위에 있었습니다. 그 때 그들이 고백한 것은 전적으로 자신들은 아무것도 아니고, 자신들은 시체이고, 그리고 자신의 생명은 오직 주님에게서 비롯된다는 것 등이었습니다. 그리고 또한 주님께서 좋아하시고 원하시면 그들은 어디든지 간다고도 고백하였습니다. 왜냐하면 그 때 그들은 자기 자신들이 그런 존재라는 것을 명확하게 직시하였기 때문입니다. 그럼에도 불구하고 그 때 그들은 그들의 외적인 상태에서는 그들이 모든 것들을 행할 수 있다고 생각하였습니다. 1748년 6월28일

유전악(遺傳惡)에 관하여

2424. 나는 영적인 개념(=생각)에 의하여 명확하게 지각하였습니다. 역시 동시에 거기에 있었던 영혼들이나 영들도 지각한 것은, 유전악(遺傳惡 · hereditary evil)은 처음 사람(the first man)으로부터 그에게서 이어지는 모든 아버지들과 어머니들을 통하여 순차적으로 증대된다는 것입니다. 사실은 계속해서 이어지는 각자들을 통해서 자기 자신에게 취득한 악들은 어린 것들에게 파생되고, 종국에는 그

아이들에 의하여 취득한 악들에 의하여 계속해서 증대되었습니다. 따라서 명확하게 알 수 있는 것은 사람 안에는 이와 같이 유전악에서부터 발출, 증대된 악 이외에는 아무것도 없다는 사실입니다.

2425. 더욱이 거기에는 이와 같은 증대(增大 · multiplication)가 있기 때문에, 모든 사람 안에는 악에 속한 모든 종(種)과 유(類)에 기우는 경향성(傾向性 · inclination)이 있습니다. 그러므로 사람이 성장하게 되면, 그 때 그 사람의 실제적인 것들, 즉 현실성에 의하여 악에 속한 모든 종과 유는 자극을 받게 되고, 그것들은 그 사람의 사회들 · 행동들 · 생각들에 일치하여 생겨납니다. 그러므로 본성에 의하여 사람은 모든 악의 종과 유에 기울게 되고, 그리고 종결된 실제적인 것으로 말미암아 이것이나 저것에 태어나고, 그러므로 세대들이나 가문들에 따라서 그 사람의 모든 종류의 유전악은 증대됩니다.

2426. 더욱이, 그것은 부모들 안에서 지배적이었기 때문에, 사람들은 한 가지 악이나, 모든 종류의 악들에 대하여 기우는 경향이 있습니다. 이러한 사실은 모두가 잘 알 수 있지만, 그럼에도 불구하고 사람은 또다른 악에 속한 모든 종과 유에 휠 수 있습니다.

2427. 이런 사실들은, 영적인 개념들이 없는 사람이 볼 수 있는 것에 비하여 영적인 개념에 의하여 훨씬 더 잘 알 수 있습니다. 영들은 사람들에 비하여 이런 사실들을 더 잘 파악하는데, 그 이유는 그들이 가지고 있는 개념들은 본래 이런 성질이고, 사실 그들은 영적인 개념들에 의하여 지각할 수 있는 그런 존재이기 때문입니다. 1748년 6월 28일

사람들이나 영들은 자기 자신으로 말미암아서는 내면적인 것들 안에 있는 것을 아무것도 이해하지 못한다는 것에 관하여

2428. 앞에서와 같이 드러난 영적인 개념에서부터 내가 알 수 있도록 주어진 것은 사람들이나 영들은 매우 천박하고, 조잡한 그릇에 불과하고, 그 속에 주님께서는 영적인 것들이나 천적인 것들을 주입,

내재하게 하신다는 것입니다. 동일한 개념에서 나와 영들에게 직시하는 것이 허락된 것은 사람들이나 영들은 외면적인 것들로 말미암아서는 아무것도 알 수 없는 한낱 그릇에 불과하다는 것, 더욱이 그것 안에 무엇이 있는지 투시할 수도 없고, 따라서 그들의 내면적인 것이 무엇인지, 그리고 그것의 성질이 무엇인지 알 수 없는 그릇에 불과하다는 것입니다. 왜냐하면 그릇들은 그릇들로부터 그것을 볼 수 없기 때문입니다. 그러나 영적인 것들이나 천적인 것들이 주님에 의하여 주입되면, 그리고 이런 외적인 수용그릇들이 잘 영접, 수용하기에 적합하게 되면, 다시 말하면 그들은 받아들이기에 적합한 것일뿐, 아무것도 아니다는 것을, 또는 영적인 개념에 의하여 명백한 그릇이다는 것을 알 수 있을 뿐입니다. 그리고 그 때 주입된 것이 어떤 것이고, 그리고 어떤 일치하는 성질의 것인지도 어떤 식으로 알고, 인지하는 것도 허락되었습니다. 1748년 6월 28일

자기 자신에게서 생긴 영특(獰慝 · prudence)을 신뢰하는 자들에 관하여

2429. 나는, 그들의 생애에서 이것이 변함이 없는 진리이다고 알고 있는 영혼들과 이야기를 하였는데, 그 변함없는 진리는, 개별적이든 전체적이든 모든 것들은 자신들의 영특(=思慮)에 의존하고, 그리고 거기에서 유출한다는 것인데, 이것은 대부분의 인류에게서는 하나의 관습이다는 것입니다. 이런 자들에게 이르도록 허락된 것은 수백의 경험에서 비롯된 것이 아니라고 해도 거의 매일 일어나는 수많은 경험에서 내가 확실하게 알고 있는 것은 자기 자신을 신뢰하고, 그리고 자기 자신의 영특을 신뢰하는 자들은 인도하는 일이나 설득하고, 탐욕을 일으키는 일이 모두 영들에게 허락된 것이고, 그러므로 그 인간은 그런 일을 매우 열망한다는 것입니다. 그들이 확신을 가(加)하는 것은, 따라서 사람은 자신이 생각한 것 이상으로 더 참된 것은 아무것도 없다고 고집한다는 것이고, 그리고 그 때 역

시 그들은 모순되는 것들을 전적으로 이해하지 못하고, 또한 거절도 못하고, 논박(論駁)하지도 못한다는 것입니다.

2430. 자기 자신들이나 자신들의 영특함을 신뢰하는 사람들 안에는 이런 부류의 영들의 역사(役事)가 있는데, 수많은 경험을 통해서 이 사실을 알게 하는 일이 나에게 허락되었습니다. 따라서 변함없는 사실은, 믿음은 그것에 반드시 의지하여야 한다는 것입니다. 그럼에도 불구하고 그 때 그것은 이와 같이 사람들을 설득하는 악령들의 허용(許容) 이외에는 아무것도 없다는 것입니다. 그리고 사람은 그런 부류가 되었을 때 그가 철석 같이 믿는 모든 그의 주장이나 소견 따위들은 자기 자신을 완전히 망하게 하기 쉽고, 그 공동체의 파멸 또한 쉽다는 것입니다. 왜냐하면 자기 자신에게서 비롯된 것과 꼭 같이 악령들에게서 생긴 것들은 자기 자신의 멸망이나 파멸 따위를 자초하기 때문입니다.

2431. 주님을 믿는 믿음을 가진 자들에게는, 그리고 주님께서는 우주를 다스리시고, 그리고 자기 자신들에게, 공동체에게 선하고, 유익한 것은 모두가 주님에게서 올 수밖에 없다는 것을 믿는 사람들에게는, 전적으로 다릅니다. 이들은 전혀 다르게 다스려집니다. 그들의 생각이나 의지 안에는 이런 저런 방법으로 활동하는 확신(說得·persuasion)이 주입되고, 그 때 모든 것들은 그들에게 유익하게 됩니다.

2432. 수많은 경험들로부터 내가 알게 된 사실은, 나는 그것이 유익한 것이고, 최선의 것이라고 생각했지만, 탐욕을 가진 영들의 온갖 설득은, 짧게는 순간에, 또는 몇 시간이나 며칠 뒤에는, 그 설득에 정반대되는 것으로 변한다는 것입니다. 그러므로 여기에서 확실하게 안 사실은 주님께서 홀로 사람의 생각들, 그의 사려나 주장, 소견 따위를 모두 다스리신다는 것이고, 그리고 자기 자신을 믿는 것이 아니고 주님을 믿는 믿음을 반드시 두신다는 것 등입니다. 그리고 이것은 만고(萬古)의 진리이고, 의심 없이 받아 수용하여야 한

다는 것입니다. 비록 우리는 그 원인들을 알지 못하지만, 시각적인 진리(ocular truth)가 주어졌을 때 우리는 믿어야 하고, 비록 탐구자들이 그 원인들을 발견하지 못한다고 해도, 변함없이 우리는 그것을 믿어야 합니다. 그 이유는 그들이 잘 알고 있기 때문입니다. 지금 내가 이것이 틀림없는 만고의 진리이다는 것을 보았고, 들었고, 느꼈고, 알았습니다. 그러므로 그 사실은, 일상적인 것처럼, 자기가 알지 못하기 때문에, 논쟁의 대상이 될 수 없고, 그리고 또한 자기가 이해하지 못하기 때문에, 그것이 영(靈)이다, 또는 그렇지 않다 라는 논쟁의 대상 역시 아닙니다. 그러나 이 사실은 진리 안에 있고, 그리고 주님께서 그것을 말씀하셨기 때문에 감관적인 것들에 비하여 보다 빠르게 우리는 그것을 믿어야만 합니다. 1748년 6월 28일

오늘의 기적들(奇蹟 · miracles)에 관하여

2433. 고대에, 또는 주님의 이 세상 강림 전, 그 때의 예배는 외적이었고, 또한 주님의 표징적 교회(the representative church of the Lord)는 외적인 것들로 형성되었을 때, 거기에는 명확하게 온갖 기적들(奇蹟 · miracles)이 있었고, 거의 끊임없이 가나안 땅에서 일어났습니다. 예를 들면 광야에서 만나(the Manna)가 내렸고, 또 그 시대에서 역시 비(雨)를 주셨고, 또한 풍년의 축복도 주셨습니다. 이러한 사실은 엘리야 시대에서, 그리고 칠 년마다, 또는 요벨의 해(the year of jubilee)에 그 땅이 축복을 받았다고, 따라서 여러 해 동안 작물(作物)이 풍족하였다는 것이나, 그 밖의 많은 것들에서 잘 알 수 있습니다. 그와 같은 일은 것의 끊임없이 일어났고, 또한 아주 명확합니다. 그 때 그들은 오직 외적인 것들을 예배하였는데, 그것은 그들이 그런 것을 통하여 내적인 예배에 안내되기 위한 이유 때문입니다.

2434. 그럼에도 불구하고 오늘날은 그렇지 않습니다. 분명하게 기적들은 단절되었습니다. 그리고 보통 사람에게는 알려지지 않은 기적들이 계속되고 있으며, 주님께서 기적들을 계시하시고자 하는 자

들을 제외하면 계속해서 기적들은 나타나지 않고 있습니다. 왜냐하면, 가장 일반적인 것들 안에, 일반적인 것들 안에, 개별적인 것들 안에, 그리고 가장 개별적인 것 안에 있는 모든 일체의 것들인 우발적인 것들(偶發的 · contingencies)은 모두가 기적들이지만, 그러나 비가시적이고, 계속적인 명확한 기적들(manifest miracle)은 단절되어야만 하기 때문에 기적들은 누구에게나 열려 있는 것은 아니기 때문입니다. 그 이유는 믿음은 결코 기적들 위에 기초해서는 안 되는 것이기 때문입니다. 따라서 사람은, 자신이 명확하게 본 것도 여전히 왜곡시키고, 자연적인 원인들의 탓으로 돌리고, 따라서 악으로 향하게 하는 그런 성품을 지니고 있습니다. 왜냐하면 그런 이유 때문에, 사람이 무지(無知) 가운데 사로잡혀 있기 때문에 기적들은 결코 개방적일 수는 없습니다. 그 이유는 명료하고, 가시적인 것들을 왜곡한다는 것은 그것들을 모독하는 것이고, 따라서 사람은, 비록 그가 구원을 받을 수 있다고 해도, 위험한 상태에 빠지게 되기 때문입니다. 특히 믿음에 속한 내면적인 것들을 알고 있는 사람에게는 더 위험이 도사리고 있기 때문입니다. 1748년 6월 28일

어린 것들(infants)의 기도에 관하여

2435. 경험들을 통해서 내가 배우게 된 것은 어린 것들의 기도가 어른들의 기도에 비하여 천계에 충분하게 상달(上達)되고, 더욱이 자연적인 것들에 속한 생각들이나, 기억에 속한 것들에 의하여 내면적인 것들을 향한 길을 닫아버린 자들의 기도에 비하여 훨씬 더 상달됩니다. 뿐만 아니라 맹목적이고, 따라서 온전한 믿음을 가지지 못한 자들의 기도에 비하여 더욱 더 경청(傾聽)됩니다. 왜냐하면 그들에게서는 천계를 향한 길이 꽉 막혀 있기 때문입니다. 내가 배우도록 허락된 나의 경험은, 내가 주님의 기도문에 있는 것들에 대해서 주의를 집중하지 않고 있을 때 체험한 것입니다. 그 때 천사가 나에게 일러준 것이지만, 천사들은, 내가 주님의 말씀(聖言)을 열심히 탐

독할 때의 경우에서와 꼭 같이, 보다 충분하게 그것을 지각하였습니다. 그 이유는 그 길이 열려 있었기 때문입니다. 이러한 사실은 나에게는 경이롭게 보였습니다. 그럼에도 불구하고 나는 그것이 진실된 것이다는 것을 배울 수 있는 길이 허락된 것입니다. 마찬가지로 이런 사실에서도 알 수 있었습니다. 나에게서 아주 멀리 떨어져 있는 영들도 내가 조용하게 생각하고 있을 때 보다 더 잘 듣고, 지각하였습니다. 왜냐하면 서로 상이한 생각들로 채워진 내 생각은 충분하게 잘 전달되는 것을 방해하고 있기 때문입니다. 1748년 6월 28일

영들도 잠을 잔다는 것에 관하여

2436. 오늘 밤에는 내 주위에 많은 영들이 있었습니다. 아침에 나는 그들 중의 어떤 영들에 관하여 대화를 하였는데, 그 때 내가 들은 것은 그들은 잠을 자고 있다는 것입니다. 사실은 그들은 깊은 수면(睡眠) 상태에 있었습니다. 나도 역시 이 사실을 지각하였습니다. 따라서 영들의 그 상태가 사람의 상태와 같은, 수면의 상태이다는 것입니다. 내가 잠에서 깨어나기 전 그것에 관해서 한 시간 가량 생각하였는데, 그 때 나에게는 여러 빛들이 보여졌습니다. 반짝이는 장식물의 밝은 빛, 그리고 일종의 희미한 빛, 다음에는 여러 가지 색깔의 빛이 나타났습니다. 내게 일러진 것은, 이러한 색깔의 빛은 그들의 잠든 상태에서의 다양한 변화에 일치한다는 것입니다. 그리고 역시 내가 깨달은 것은 그들은 역시 꿈을 꾸고 있었다는 것, 그리고 아주 감미로운 꿈을 꾸고 있었다는 것, 그리고 이런 것들은 동시에 내가 꿈을 꾸지 않을 때 있었다는 것입니다. 왜냐하면 사람이 그들과의 교제의 상태에 있으면, 그 때 그 사람은 그들과 함께 꿈을 꾸고 있다는 것이 알려졌기 때문입니다. 이런 사실에 관해서는 수차에 걸쳐 이미 다루었습니다. 그러나 그들은 꿈을 꾸고 있고, 나는 꿈을 꾸지 않고 있었습니다. 1748년 6월 30일

2437. 그 때 비록 내 주위에 있는 자들 중에서 몇몇은 깊은 잠에

빠져 있었고, 몇몇은 그렇지가 못하였습니다. 따라서 그들이 한 장소에 있을 수 있고, 그리고 서로 다른 잠의 상태를 가질 수도 있고, 또한 꿈들에 속한 다양한 환상들을 가질 수 있다는 것도 알 수 있었습니다.

악은 그 자체를 벌한다는 것에 관하여

2438. 영들에게 자주 일러진 말입니다. 자기 자신에게 악을 불러온 자들은 그들이 벌을 받을 때 다른 영들에 의하여 가혹하게 취급을 받는다는 것이고, 그리고 그 악은 그 자체 안에, 즉 자기 자신에게 형벌을 가하고 있다는 것 등입니다. 그리고 형벌로서의 악한 형벌은 다른 것에서 오고, 자신들에게서 오는 것이 아니기 때문에, 그러므로 그들은 그 사안이 어떻게 되는지 생각하였습니다. 지금 나는 영적인 개념에서 어느 정도 알게 되었는데, 그것은 바로 악이 자체를 주위에 있는 많은 자들을 통하여 두루 퍼지게 한다는 것이고, 따라서 사악한 자의 온 세계에 두루 퍼뜨린다는 것인데, 그 때 사악한 자들은 형벌을 가하기 위하여 흥분하게 됩니다. 왜냐하면 그들의 가장 큰 탐욕이나, 가장 큰 쾌락은 형벌을 주는 것이기 때문입니다. 그러므로 그 때 사악한 자들의 일반적인 집단에게서부터 그와 같은 쾌락이 소수의 구성원에게 유입하고, 그리고 따라서 악이 내재해 있는 자를 가혹하게 다루는 자들 속에 유입합니다. 이와 같이 악은 종결에 속한 흐름의 놀라운 방법에 의하여 그 사람 자신에게 되돌아옵니다. 이러한 사실은, 주님께서 그것을 보여 주시지 않으면, 겉으로 드러날 수 없기 때문에, 그러므로 영적인 개념들을 통하여 겉으로 드러날 수밖에 없기 때문에, 따라서 그와 같은 일, 즉 그 사람 자신에게 돌아온다는 일은 그 사안이 어떻게 될 것인지는 사람에게 쉽게 드러날 수가 없습니다.

2439. 이런 사실들로부터 추론할 수 있는 것은 누구나 각자는 악한 생명에서부터, 또는 악하게 보낸 삶에서부터 자기 자신에게 온갖

질병들을 끌어당긴다는 것입니다. 여기에서 질병들이나 죽음이 생겨 나오는데, 그와 같은 일은 모두에게 비슷합니다. 왜냐하면 각자의 몸은, 영들의 세계를 가리키는, 최대인간(最大人間 · the Grand Man)을 보다 작은 초상(肖像)으로 나타내기 때문입니다. 1748년 6월 29일

나의 표징들(表徵 · representatives)은 말하자면 살아 있는 것으로 영들에 의하여 보여졌다는 것에 관하여

2440. 이런 일은 나에게 수차 허락된 것입니다. 내가 영들과 말할 때, 사실은 동시에 표징들을 통하여 말을 하는 것인데, 이와 같은 일은 영들의 세계에서는 일상적으로 일어나는 일이지만, 그들은 표징들을 통해서 말한다고 나는 생각하였습니다. 그 때 그들이 나에게 한 말은, 이런 표징들은, 마치 살아 있는 것으로, 그들 앞에 나타났다는 것이고, 그리고 그것들이 사실이기 때문에, 따라서 사람들이나 진영들(陣營 · camps), 또는 이와 비슷한 것들이 표징적으로 나타났을 때, 그들은 마치 그들이 그들을 보는 것과 꼭 같이 영들 앞에 나타난다는 것이지만, 그러나 그들은 나에게 나타나지 않았습니다.

2441. 마찬가지로 영들의 표징들도 아주 자주 나에게 나타났습니다. 그 때 내 눈은 닫혀 있었지만, 전적으로 살아 있는 것처럼, 마치 최고의 빛 안에 있는 것처럼 나타났습니다. 그런 일에 관해서는 나는 여기저기에서 다루었습니다. 1748년 6월 29일

2442. 그러나 그들은, 다만 주님께서 이런 것들을 보도록 하락한 자들에게만 나타나지, 모두에게 나타나지는 않습니다.

천계에 있는 개별적인 것들이나 전체적인 것들의 평형상태(平衡狀態)에 관하여

2443. 영적인 개념을 통하여 내가 볼 수 있도록 허락된 것은, 천계에 있는 천적인 것들 · 영적인 것들 · 자연적인 것들을 살펴보면, 개별적이든 전체적이든, 모든 것에 속한 평형상태가 존재한다는 것

이고, 그리고 많은 것에서 비롯되지 않는다면 어느 누구도 생각할 수도, 느낄 수도, 행동할 수도 없다는 것이고, 그리고 각자는, 만약에 많은 것들이 있다면, 그 많은 것으로 말미암아 그와 같이 생각하고, 느끼고, 행동할 수 있다는 것이고, 그리고 거기에는 서로 대립되는 것에서부터 비롯되는 그것에 대한 어떤 응답이 아닌 것은 아무것도 존재하지 않는다는 것이고, 그리고 마찬가지로 많고, 많은 것에서 비롯된 매개적인 것들에 반대되는 것들도 존재한다는 것 등입니다. 따라서 어느 누구도 평형상태에 있다는 것을 제외하면 생각할 수도, 원할 수도, 느낄 수도, 행동할 수도 없다는 것입니다. 그러므로 그 개념 안에 내가 있을 때 영들이 한 말은, 이런 이유 때문에, 그들은 역시 무가치한 존재(nothing)이다는 것이고, 그러므로 주님께서 직접적으로 평형상태에 두지 않는다면, 따라서 선에 의하여 평형상태에 있지 않다면, 악은 결코 누구에게도 일으킬 수 없다는 것 등입니다. 그리고 거기에 우월한 악이 있다면, 그 때 악한 자는, 선한 목적을 제외한 것이 아니라면, 형벌을 받아야만 합니다.

2444. 거기에 이런 부류의 상태가 있기 때문에, 또는 질서에 일치하는 이런 조치가 있기 때문에, 그리고 일반적이든 개별적이든 가장 단일적인 것들 안에 평형상태에 대한 이런 처리가 있기 때문에 질서는 이루어집니다. 그리고 그 질서는 주님께서 만드셨고, 그리고 영원히 보존하십니다. 그러므로 모든 것들은 주님에 의하여, 마치 어떤 저항도 미리 방비하는 것과 같이, 다스려지고 있습니다. 예를 들어 비교한다면, 사슬들이나, 비슷한 것에서 일어나는 것과 같은데, 그것들은 모든 능력과 법칙에 일치하여 처리됩니다. 1748년 6월 29일

성언의 내면적인 것들에 관한 환상에 관하여

2445. 예언서들 안에 있는 주님의 성언에 속한 내면적인 것들에 관하여 말하는 것이 허락되었고, 그 때 동시에 낱말들은 아무 것도

아니고(nothing), 그 뜻이 내면적인 것이다는 것과 그리고 표징하는 것이 주어졌을 때 살아 있는 것이 되기 시작한다는 표징에 의하여 입증하는 것이 허락되었습니다. 그리고 또한 낱말들은 아무것도 아니기(nothing) 때문에 버려져야 한다는 것도 표징에 의하여 입증하는 것이 허락되었습니다. 이러한 사실은 대화에서 있는 일상적인 것이고, 거기에서 주의하여야 하는 것은 낱말들이 아니고, 그 뜻이라는 것입니다. 주님의 성언에 관해서도 문자(文字 · letter)에 관해서는 역시 그러합니다. 그 표징에 의하여 낱말들, 즉 문자들이 제거되었을 때, 따라서 말하자면 그것들이 벗겨졌을 때, 그 때 환상 가운데 벌거벗은 사람이 나에게 나타났는데, 그는 머리 위의 꼭대기까지 올리워졌고, 영들은 이 사람을 보고서, 이상하게 생각하면서 하는 말은, 그들이 살아 있는 형체에서 나를 보는 것에 비하여 그 사람을 더 잘 보았기 때문에, 그것은 바로 하나의 기적이다는 것이었습니다. 그것에 의하여 내면적인 뜻이 드러났습니다. 왜냐하면 벌거벗은 사람(the naked man)은 내면적인 뜻을 가리키기 때문입니다. 따라서 확증된 것은, 생명이 되는 것, 또는 사람이 되기 시작하는 것은 내면적인 뜻인데, 그 뜻은 주님의 성언(the Word of the Lord) 안에 있다는 것입니다. 1748년 6월 29일

2446. 벌거벗은 사람(the naked man)이 중생된 사람을 뜻한다는 것, 또는 벌거벗은 사람에 의하여 중생된 사람이 표징된다는 것인데, 이러한 사실은 아담과 그의 아내도 역시 동일한 것을 표징하였습니다. 1748년 6월 29일

주거(住居)들이나 비슷한 것들에 관한 어떤 영들의 삶에 관하여

2447. 영들은 자신들이 집 안에, 또는 침실에서 산다고 생각하지만, 사실은 이런 것들은 온갖 종류의 도구들로 제공되는 것들이고, 그리고 각자의 경향성들에 일치하여 무한히 다양한 변화로서 제공되는 것뿐입니다. 따라서 육신을 입은 삶을 지내는 동안 이와 같은

것들을 전수받았기 때문에, 역시 그들은 사후에도 그런 것들을 간직하고 있고, 그리고 그와 같은 것들을 갈망하고 있습니다. 따라서 그와 같은 것들은 각자의 기질에 일치하여 무한한 변화와 함께 그들에게 주어집니다. 따라서 그들은 선 쪽으로 기울게 됩니다. 왜냐하면 그들은 주님께서 처리하시는 선용(善用 · use)에 일치하여 그런 것들을 처리하고 조정하기 때문이고, 그리고 동시에 그 선용은 자신들의 마음에 평온과 이노센스를 도입하기 때문입니다. 이와 같이 역시 평온(=평화)과 이노센스는 주입됩니다.

2448. 이 세상의 삶에서 저 세상에 온 어떤 영혼들이 이런 사실에 관해서 나와 대화를 하였는데, 그들은 그런 것들이 모두 환상에 불과하다고 말하였습니다. 따라서 그들은 이런 것들을 열망하지 않고, 이 세상에서와 같이 오히려 돈(金錢)이나 금은(金銀)을 원한다고 하였습니다. 그 이유는 이런 것들이 현실적(現實的)이기 때문입니다. 그것에 의하여 그들은 자신들을 위한 어떤 것들을 취할 수 있지만, 그러나 그런 것들로 말미암아서는 앞에서 언급했던 것들을 아무것도 취할 수 없기 때문입니다.

2449. 그러나 내가 그들에게 말하는 것이 허락되었는데, 이런 것은 저 세상에서 아무 소용이 없다는 것입니다. 왜냐하면 그들이 구입하여야 될 의복이 필요 없기 때문이고, 또한 구입하고 모아들이는 고기나 먹거리 따위가 필요 없기 때문입니다. 그들은 저 세상에서 이런 것들의 부족 안에 있지 않습니다. 그러므로 이런 탐욕은 잘못된 것일 뿐입니다. 그러나 앞서 언급된 이런 것들을 주님에게서 받는다는 것이나, 평온과 이노센스 상태에 있는 선용(善用)에 따라서 이런 것들을 정리, 정돈한다는 것은, 그것이 자신들의 지복(至福)이나 영복(永福)에 기여하기 때문에, 가장 중요한 현실이요, 실재입니다. 그와 같이 부르는 이런 부류의 상상들(such imaginations)은 실제적인 것인데, 그 이유는 그것들은 자신들 안에 실제적인 것들을 가지고 있기 때문입니다. 그러므로 역시 내가 말할 수 있는 것이 주어

졌고, 그리고 그것이 여전히 참된 것이라고 말하는 것 역시 허락되었는데, 그것은 바로, 만약에 이 세상의 삶에서의 육체를 위해서, 또는 육신의 씀씀이를 위해서 간직하여야 하는 그런 생각의 재물을 얻는 것이 허락된다면, 이 세상에 속한 금은보화나, 주거・먹거리・의복 따위나, 또는 육신의 삶에서 요긴한 이 세상에서 소유한 것은 무엇이든 온 심령과 마음으로 다른 자들에게 줄 것이다는 것입니다. 1748년 6월 30일

탐욕(貪慾)이나 허욕(虛慾)에 관하여

2450. 나는 선용이 목적이 아닌 돈(金錢)의 소유에 관해서 영들과 대화를 가졌습니다. 어떤 영들은 육신을 입은 삶에서 비롯된 그런 성품을 지니고 있었는데, 그런 영들은, 돈만의 목적 때문에 돈을 가지기를 원하였고, 그리고 그 돈으로 인한 쾌락 이외의 다른 선용을 위한 목적 때문에 돈을 가지기 원하지 않았습니다. 내가, 무슨 선용 때문인지, 또는 옷・집・먹거리 때문인지를 물었을 때, 그들이 한 대답은, 그들이 그것을 갈망하는 것은 금전・금은보화에 속한 다수(多數・豐富)에서 얻는 쾌락 때문이다는 것, 따라서 이런 것들에게서 비롯되는 선용(善用・use) 때문은 결코 아니라는 것이었습니다. 이런 부류의 욕망을 탐욕 또는 허욕이라고 부르는데, 이런 것은 매우 천박한 것입니다. 그 이유는 그런 것들은 조잡하고 조악하기 때문입니다. 왜냐하면 금전(金錢)은 선용을 위한 것이고, 마찬가지로 육신을 입은 삶에서 소유한 것은 무엇이든 선용을 위한 것이어야만 하기 때문입니다. 선용이 소멸하였다면 그것은 전적으로 생명이 없는 죽은 것이고, 시체(=주검)일 뿐입니다. 따라서 개별적이든 전체적이든, 모든 것들은 목적(目的・end)에서부터 판별됩니다. 그 목적은 그것의 기질이나 됨됨이를 형성하는 것입니다. 그리고 그 목적은 그들이 저 세상에서 판단되는 그것에 일치합니다. 목적은 그 기질이나 됨됨이의 모든 것 안에 있는 전부(全部)입니다. 그리고 모든 목적들 중에서

목적은 반드시 주님이어야 합니다. 1748년 6월 30일

모든 것들은 저 세상에서 목적들에 일치하여 판단된다는 것에 관하여

2451. 우리가 알고 있는 것은 목적은 사람의 생각들에 속한 모든 것들 안에 있는 전부이다는 것입니다. 그 사람이 생각한 모든 것들은 지배적인 목적(the ruling end)이나, 또는 그 목적에 속한 사랑은 다양한 순서로 우러르는 중간목적(=매개적 목적)들인데, 여기에서 그 사람의 전 성품(=기질)은 생겨납니다. 나는 이런 것들에 관해서 영들과 이야기를 하였는데, 그들이 그것을 입증하기 위하여 허락된 것은, 만약에 어느 누구가 온 세계를 기독교인으로 개종시키고, 그리고 그 목적이 자신의 광영이나, 자기사랑(自我愛) 또는 그런 것과 비슷한 부류의 것들이다면, 그 때 그 사람이 저 세상에서 그것 때문에 받는 상급은 전혀 없을 것입니다. 그 이유는 그 목적이 주님의 광영이 아니기 때문이고, 또한 인류의 구원이 아니기 때문입니다. 그리고 그와 반대로 만약에 어느 누구가 기독교를 박해(迫害)하고, 멸망시켰다고 해도, 그럼에도 불구하고 순수한 목적(an innocent end)에서 한 것이라면, 그 때 그는 상급을 받을 것입니다. 그 이유는 그 때 그는 그것이 선이라고 생각하였기 때문입니다. 영혼들이나 영들은 이런 일을 시인하려고 하지 않습니다. 그 이유는 그것이 그들에게 있어서는 일반적인 보통의 일이기 때문인데, 그 일상적인 것이란, 만약에 어느 누구가 육신을 입은 삶에서 믿음의 교리를 목적해서 무엇인가를 주었다면, 그 목적이 무엇이냐는 것은 문제가 되지 않고, 오직 그는 그것 때문에 상급을 받는다고 소망하는 그런 것이기 때문입니다.

2452. 그러므로 확증하도록 허락된 것은, 악마는 믿음에 속한 것을 파괴하는 것 이외의 어떤 것도 의도하지 않는다는 것이고, 그리고 주님께서는 모두를 선을 향하게 하신다는 것입니다. 그 이유는

선은 그들이 상급을 받을 수 없다는 이 근원에서 나오기 때문입니다. 그리고 악마들은 온갖 영적인 시험들 가운데서 사람을 아주 심하고 비참하게 시험하기 때문입니다. 그럼에도 불구하고 사람은 그것으로 인하여 중생됩니다. 따라서 이런 자들은 상급을 받을 수 없습니다. 그러므로 악한 목적에서 선을 행하는 자들은 상급을 목적한 무리에 속하지 않습니다. 더욱이 내가 말하도록 허락된 것은, 만약에 그들이 선한 목적에서 선을 행하였다면, 그들도 그 공적에서 비롯된 그것 때문에 상급을 받지 못하지만, 그러나 자비에서 비롯된 그것 때문에 상급을 받습니다. 그 이유는 주님께서는 그것들을 통해서 그 일을 역사하기 때문이고, 그리고 그들이 그런 존재들이 될 수 있게 그들을 다스리시기 때문이고, 따라서 주님의 광영 때문에, 그리고 오직 주님의 자비에서 그 일을 하시기 때문입니다. 1748년 6월 30일

사람은 모두 모든 악에 기우는 성향이 있다는 것, 그러나 실제적인 악에 의하여 또다른 악에 기우는 성향으로 태어난다는 것에 관하여

2453. 이미 언급하였지만, 사람은 모든 악 가운데 태어난다는 것, 따라서 처음 사람에서 이어져 계속되는 그 부모에게서 비롯된 온갖 악들의 취득에 의하여 모든 악에 기우는 성향이 있다는 것 등입니다. 따라서 그 사람 안에는 악 이외에는 아무것도 없습니다. 그러나 그 취득에 의하여 그 사람은 하나의 악에서 또다른 악으로 기울게 됩니다. 이러한 사실은 나에게 명확하게 드러난 것으로, 영들이 나에게 말을 할 때 나는 그들이 느끼는 것과 꼭 같이 그 사실을 느끼었습니다. 즉, 만약에 내가 이런 상태에 사로잡혀 있고, 그것을 용인하였다면, 그러나 온갖 죄악 가운데서 삶을 사는 동안 그 실제적인 것이 필요한 것으로 지각되었다면, 비록 동일한 악에 기우는 성향이 유전적인 악의 근원(=뿌리)에 숨겨진 것이라고 해도, 따라서 사람은

한 가지 악에서 또다른 악으로 기우는 성향으로 태어난다는 것을 느끼었습니다. 그러므로 내가 실제적인 것을 통하여 동일한 악을 취하였다면, 나는 역시 그들과 꼭 같은 존재이고, 그리고 역시 더욱이 또다른 악에 기울 수밖에 없습니다. 1748년 6월 30일

2454. 이러한 사실은 이미 죽은 어린 것들이나 소년소녀들에게서 확증할 수 있습니다. 이런 자들은, 비록 그들의 성향이 모든 악에 기우는 것이라고 해도, 자신들이 자신들에게 실제적인 것으로 취득한 어른들과 같은 그런 악들 안에 있을 수는 없습니다. 마찬가지로 이 사실에서 확증할 수 있는 것은 무한히 다종다양한 악들이 있다는 것입니다. 그리고 그 악들은 종과 유로 구분된다는 것이고, 그리고 개별적인 것으로도 구분된다는 것입니다. 그러므로 각자는 제 삼자가 가지고 있는 동일한 악에 기우는 성향을 가지고 있지 않다는 것도 확증됩니다. 1748년 6월 30일

내면적인 것들이나, 자연적인 마음에 속한 내면적인 것들은 외면적인 것들이나 육체적인 것들과 일치하지 않는다는 것에 관하여

2455. 나와 같이 대화를 한 어떤 영이 있었는데, 그에게 말하도록 허락된 것은, 내면적인 측면에서 보면 그와 같을 수도 없고, 그와 꼭 같이 보일 수도 없지만, 그러나 육체의 측면에서 보면 그럴 수도 있다는 것이었습니다. 이 일에 대하여 그는 내면적인 것들에서 분리된 외면적인 것들이 어떻게 있을 수 있는지 이상하게 생각하였습니다. 그 이유는 그가 내면적인 것들은 주어진 것이다는 것을 생각하지 못하였기 때문입니다. 왜냐하면 관능적이고 형이하학적인 자들은 거기까지, 다시 말하면 그 밖의 관능적인 것들이나 그들의 감관적인 내면적인 것들이 주어진 것이다는 것을 사실은 생각하지 못하기 때문입니다. 그 사람을 확신시키기 위하여 그에게 말하는 것이 허락된 것은, 이 세상에 있는 사람들은 육신 안에서 서로 다르고, 또한 그

들이 있는 생각에서 비롯된 외적인 것들과도 서로 다르다는 것을 그가 알게 하기 위한 것입니다.

2456. 왜냐하면 사람들은, 몸 안에서, 행동들 안에서 속이고, 그리고 자신들의 생각들과 일치하는 것과는 달리 다른 모습을 드러내는 일에 능숙하기 때문입니다. 그러므로 명확한 사실은 외면적인 것들이나 또는 관능적인 것들에 일치할 수 없는 내면적인 것들이 주어진다는 것입니다. 그 영이 이 말을 들었을 때, 그 영은 그것이 사실이다는 것을 시인하였습니다. 그러나 나는, 그가 이런 것들에 관해서 깊이 생각하는 것을 결코 연습하지 않았다고 생각하였습니다. 만약에 사람이 깊이 생각하고, 진리에 대하여 시인한다면, 내면적인 사람은 외면적인 사람과 전혀 다르다는 것과 같은 것이 수도 없이 많이 있다는 사실을 알 것입니다. 이런 것에서 그는 이런 사실들을 알 수 있었을 것입니다. 그러나 그 사람은 육체에 관해서만 열심히 연구하고 있기 때문에 그는 그런 것들에 대해서는 전혀 생각하지 않았습니다. 1748년 6월 30일

실제적인 것을 통해서 터득된 것은 무엇이든 근절될 수 없지만, 그러나 사람은 주님을 통하여 보다 선하게 된다는 것에 관하여

2457. 사람이 실제적인 것을 통하여 취득하고, 그리고 몸에 밴 것들은 무엇이나 마치 그것들이 근절될 수 있는 것처럼 자주 나타나 보였습니다. 다시 말하면 사람은 보다 선량하게 될 수 있는 것처럼 보였습니다. 그러나 사실은 전혀 다릅니다. 한번 터득된 것은 그대로 남아 있습니다. 그리고 사람은 보다 선량하게 성장하는 것으로 여깁니다. 이와 같이, 말하자면 악은 모두 잊어버리는 것으로 생각합니다. 따라서 사람은 악에 대해서 더 이상 악을 저지르지 않습니다. 이러한 일은 사람에게서 온 것이 아니고, 그리고 악이 제거되었다는 것도 사실이 아니지만, 그러나 주님께서는 악을 덮어서 막아주

시고, 또한 선에 속한 능력을 주시고, 그리고 그것에 의하여 악은 이른바 덮어 막아지는 것입니다. 그래서 사람은 자신이 더욱 선량하게 되었다고 여깁니다. 왜냐하면 선한 사람에게 속한 모든 것이나, 개혁된 사람(the reformed man)에 속한 모든 것이나, 중생한 사람(the regenerated man)의 모든 것은 다 주님의 것이기 때문입니다. 1748년 6월 30일

2458. 정신이나 마음에서 생성하지 않은 육체에 속한 악습들은, 살펴보면, 그 경우는 서로 상이합니다. 그러므로 만약에 육신 안에 있는 어떤 원인에서부터 포도주나 술을 즐기는 것에 대한 혐오(嫌惡) 따위가 생긴다면, 또는 질병에서 이런 일이 일어난다면, 이러한 일은 짐승들에게도 있지만, 그러나 이런 내용은 윤리적인 악들이나, 영적인 악들에 관해서 언급한 것입니다. 육체에 속한 악들은, 그의 다리가 부러졌거나, 또는 상하거나 그와 같은 일이 있기 때문에, 걸을 수도 없고, 그것으로 인하여 걷기를 원하지도 않는 자와 거의 꼭 같은 실정에 있다고 하겠습니다.

사람은 사후 그의 삶이 어떠할 것인가에 관해서 외적인 관습에서는 결코 판단될 수 없다는 것에 관하여

2459. 육신을 입은 삶에서 잘 알고 있었던 사람들의 명확한 예들로 입증된 것은, 그들에 관해서 사람들이 가혹하게 판단된 그들은 저 세상에서 선량한 자들이고, 그리고 그들에 관해서 사람들이 육신을 입은 삶에서 선량한 자들이라고 판단된 그들은 악한 사람들이었습니다. 그 이유는 사람들은 외적인 것들로부터 판단하는 것을 제외하면 어떻게 판단하는지 방법을 모르기 때문입니다. 그리고 또한 사람들은 사람들이 무지(無知)에서 행한 것인지, 그리고 그들의 목적이 무엇인지에 관해서도 알지 못하기 때문입니다. 왜냐하면 목적(目的 · end)은 오직 주님에게만 알려져 있기 때문입니다. 1748년 6월 30일

악 안에 생명은 존재하지 않는다는 것에 관하여

2460. 나는, 자신들이 악을 행할 수 있었기 때문에 다른 자들에 비하여 많은 삶(=생명 · life)을 가졌다고 생각하는 영들과 대화를 하였습니다. 그와 같은 일은 전에 여러 번 그들이 생각했던 일이기는 하지만, 그러나 나는 그 때마다 그들에게 그들은 무가치한 존재이다는 것을 말하였습니다. 가령 예를 들면, 그것은 무생물(無生物)에 비교될 수 있기 때문에 악 안에는 결코 생명이 없다는 것, 그리고 그 무생물은 내버려두면 그것들의 무게에 의하여 해를 끼치게 되는데, 이런 일은 짐승들의 경우도 꼭 같은데, 그것은 악을 가할 수 있다는 것 등입니다. 그들이 다시 악도 생명을 가질 수 있다고 생각하였을 때 그들에게 일러 줄 말이 허락된 것은, 그들이 칠흑 같은 밤에 빛이 있다고 믿는지 물었을 때 그들은 아무런 대답을 하지 않았습니다. 그 때 내게 주어진 것은 영적인 것들 안에 있는 빛은 생명을 표징하고, 흑암은 죽음(death)을 표징한다는 것입니다. 그리고 또한 생명은 진리이고 선이지만, 죽음은 악이다는 것입니다. 이것이 사실이기 때문에 그들은 생명이 죽음 안에 있다고 어떻게 말할 수 있는지를 물었습니다. 그들이 영적인 개념에 의하여 이런 사실들을 듣고 깨달았을 때 그들은 전혀 말이 없었습니다. 그리고 그들은 아무 말도 할 수 없었습니다. 그 이유는 그것이 진리이기 때문입니다. 1748년 6월 30일

아름다움과 즐거움에 관하여

2461. 나는 영들과 함께 아름다움(beauty)과 즐거움(pleasantness)에 관해서 이야기하였습니다. 아름다움은 하나의 형체(a form)이고, 그리고 그것 안에서, 따라서 그것에서부터 즐거움이 생겨나온다는 것이고, 그리고 그것에서 즐거움이 파생되고, 그리고 마찬가지로 그 형체로 변화한 그 즐거움들은 아름다움이다는 것, 그리고 마찬가지로 즐거움 안에, 따라서 즐거움들로부터 내면적인 계도의 즐거움이

생성된다는 것입니다. 한 형체로 변하는 이런 즐거움들은 그것들의 다양함에서 새로운 아름다움을 취합니다. 그 이유는 그것은 그 안에 있고, 그리고 다시 새로운 즐거움을 생성하기 때문인데, 그 새로운 즐거움은 가장 극내적인 것이고, 따라서 영복(永福·至福)이기 때문입니다. 이와 같이 모든 영복들이나 지복들은 질서 안에 존재하고, 아름다움에 입류하고, 그리고 이와 같이 가장 높은 존재(the highest)로부터 극내적이고, 내면적인 것들을 통해서 자연적인 것들이나 관능적인 것들이 있는 외면적인 것들에 계속해서 입류합니다. 1748년 6월 30일

성언(聖言)에 속한 보다 내면적인 것들이나 극내적인 것들에 관하여

2462. 주님의 성언에 속한 보다 내면적인 것들(the more interior things)이나 극내적인 것들(the inmost things)에 관해서 살펴보면, 이런 것들은, 내면적인 것들이 드러나는 것과 같이, 사람의 눈 앞에 드러날 수 없습니다. 그 이유는 그것들은 형언할 수 없는 것들이고, 그리고 이해가 쉽게 파악할 수 있는 그런 것들이 아니기 때문입니다. 그리고 만약에 이런 것들이 일러진다면, 이런 것들은 내면적인 뜻 안에 있는 것들과 연결되어 있는 것처럼 거의 나타나지 않기 때문입니다. 그 이유는 그것들의 연결도 이해될 수도 없고, 형언하기도 어렵기 때문입니다. 이와 같은 경우는 인체(人體)의 내면적인 것들에 비교하여 크게 다르지 않은데, 인체의 내면적인 것들은 숙련되지 못한 사람의 눈(unskilful eyes)에는 분명하게 나타나지만, 그것들이 한 사람을 구성하고 있는 것과 관련되어서는 결코 나타나지 않습니다. 그러나 그 때 만약에 어느 하나라도 불충분하다면 사람이나, 육신으로 살 수가 없습니다. 그러므로 거기에는 숙련된 자를 제외한다면 도저히 파악될 수 없는 그것들의 연결(=이음)이 존재하는데, 따라서 비록 그것이 그와 같이 나타나 보이지 않지만, 어떤 하나는 최

상의 조화스러운 연속성과 질서 안에서 다른 것과 관계를 가지고 있습니다. 그러나 성언의 내면적인 것들은 이해되고 파악될 수 있는 그런 것들입니다. 그 이유는, 주님께서 이해에 빛을 밝히실 때 자연적인 것들이나, 자연적인 것들 안에서 보여질 수 있기 때문입니다. 이러한 내용들은 천사들에게서 비롯된 것들입니다. 1748년 6월 30일

2463. 영들의 가족들의 몇몇이 파악되지도 않고, 형언할 수도 없는 것들에 관해서, 지금 기술하고 있는 그런 것들에 관해서, 생각하였습니다. 그런 것들은 외적인 것들이나 결과들로부터가 아니면 이해될 수 없는 것들이지만, 그런 것에서부터 가장 아름다운 관계에 밀착되어 있고, 그리고 질서 안에 유입된 것들이 생겨나는 그런 것들에 관해서 생각하였습니다. 예를 들어 보겠습니다. 그것은 사람의 외적인 것들을 가리키는 그런 것들에게서, 그리고 섬유들의 가장 아름다운 질서 안에 정리 정돈된 그 사람의 행위들로부터, 그리고 수많은 것들로 구성되어 있고, 그리고 그런 종류의 것들로 존재할 수 있는 하나의 행위로부터, 잘 나타나고 있습니다. 그러므로 그들에게 주어진 대답은, 만약에 그들이 그런 것들을 보았고, 그리고 그런 것들 안에 있었고, 사실 그런 것으로부터 생각하지 않았다면, 그들은 그것이 사실인지 아닌지에 관해서 결코 논할 수 없다는 것입니다. 그와 같은 사실은, 마치 사람이 먼저 근육들이나 내장들과 육체의 내면적인 것들에 속한 수많은 것들을 점검하고, 숙지하지 않았다면, 사람은 수많은 근육들이나 섬유들이 어떻게 연결되었는지 알 수도 없고, 그리고 수천의 것들로부터 형성된 하나의 행위가 어떻게 나타나는지도 알 수 없고, 또한 사람이 육신을 입고 어떻게 사는지도 알 수 없는 것과 마찬가지입니다. 이와 같은 경우는, 사람이 내적인 것을 결코 알지도 못하고, 그리고 내적인 것들이 있다는 것까지 모르고, 더욱이 그것들의 성질이 무엇인지 조차도 알지 못하면서 보다 내면적인 것들이나 극내적인 것들이 그러한지 여부를 외적인 것들로부터 논하려고 하는 것과 크게 다르지 않습니다. 1748년 6월 30일

사람들·영들·천사들이 자기 자신으로부터는 아무것도 수행할 수 없고, 다만 그들은 그들이 자기 자신 스스로 행동한다고 생각하고 있다는 것을 입증한 경험에 관하여

2464. 내 자신으로 말미암아서는 아무것도 수행할 수 없다는 것을 내가 알게 하기 위하여 경험에 의하여 입증되었습니다. 그것은 무엇이든 내가 행하는 것에 동시에 선택의 능력이 내 안에 주입되었다는 것입니다. 이 능력은 주입되었고, 그리고 그것에서부터 영들이 내가 무엇인가 행할 수 있다고 생각하는 깊은 생각(=내성적인 생각·reflection)이 일어났습니다. 왜냐하면 그들은 나를 위해서 어떤 것도 하기를 원하지 않았기 때문입니다. 그 일이란 순조롭게 아몬드껍질을 깨는 것이었습니다. 내게 주어진 것은, 비록 선택의 능력으로 내가 다른 것을 할 수 있는 것처럼 보였지만, 나는 다른 것을 할 수 없다는 것이었습니다. 나는 이 일에 관해서 내가 능히 다른 것을 할 수 있다고 여전히 생각하는 영들과 이야기를 하였습니다. 그러나 그들에게 보여진 사실은, 그들은 다른 것을 말할 수 없다는 것이고, 그리고 다른 것을 말하는 것도 쉽지 않다는 것입니다. 그러나 내가 할 수 있도록 주어진 것은 나는 아무것도 할 수 없다는 사실입니다. 나는 그들이 끌려가고 있다는 것을 깨달았습니다. 따라서 계속해서 이어지는 경험에서 명확하게 확증된 사실은, 사람은 자기 스스로는 인체의 지극히 작은 행동 하나도 할 수 없다는 것이고, 마찬가지로 영들도 그렇게 할 수 없다는 것 등입니다.

2465. 그러므로 영들이 그들은 그와 같이 무가치한 존재이다고 고백할 때, 일러진 대답은, 그것은 참된 것이다는 것이고, 그리고 그들이 자신들에 대하여, 마치 자기 자신으로 말미암아 행하는 것처럼, 생각하고, 말하고, 행동할 수 있는 것처럼, 보인다고 하는 것은 그들을 위하여 충분하다는 것이고, 그리고 그들이 최상으로 원하는 것은 무엇이든 그들의 것들이다는 것 등등입니다. 그러므로 몇몇은 그 대

답에 만족하였습니다.

2466. 보편적인 천계에 있는 모든 것들은 평형상태(平衡狀態)에 있는데, 그것은 마치 하나의 고리에 묶여 있는 것처럼, 하나는 다른 것으로 말미암아 움직이고, 그리고 다른 것으로 말미암아 생각합니다. 그러므로 지극히 작은 것까지도 자체로 말미암아 일어날 수는 없습니다. 이와 같이 우주는 주님에 의하여 지배됩니다. 사실인즉슨, 아무런 방해됨이 없이 주님에 의하여 다스려집니다. 1748년 6월 30일

2467. 어떤 영들은, 자신들은 무가치한 존재이고, 그래서 자신들은 자신들을 영위(營爲)할 수 없다고 하여, 매우 격분하였습니다. 그러나 그것은 최고의 영을 제외하면 거의 모든 영들에게 공통적인 일입니다. 어떤 영이 한 말은, 자기는 그와 같이 영위(=인도)되었고, 따라서 자신은 무가치한 존재이다는 것을 명확하게 밝히는 것을 원하지 않는다는 것, 그리고 만약에 이것을 안다면, 그리고 그것이 그렇다고 말할 수 있다면 그것으로 충분하다는 것이었습니다. 그러나 나에게 일러진 대답은 그것은 충분한 것이 아니고, 오히려 그것을 믿어야 하는 것이 필수적인 것이다는 것입니다. 안다는 것(knowing)은 믿는 것이 아닙니다. 거기에는 반드시 진리의 확신(persuasion of truth)이 있어야 하고, 그렇지 않다면 거기에는 진리에 속한 믿음(faith of truth)은 결코 없는 것입니다. 여기에 더 부연된 것은, 만약에 사람이 그것을 납득하지 못한다면, 또는 참된 믿음 안에 있지 않다면, 그 사람은 거짓 안에 있기 때문에, 그는 흑암에 있다는 것입니다. 그럼에도 불구하고, 그 사람에 관한 소견은 그가 다른 사람에 비하여 보다 많은 것을 알고 있다는 것입니다. 그러므로 전과 같이, 표징에 따라서 그의 머리의 외면적인 부분(the exterior part of his head)은 보다 높은 영들에게로 제거된 것처럼 나에게 보였습니다. 그와 같은 일은, 단순히 기억에 속한 믿음만을 가지고 있고, 진리에 관해서는 내면적인 믿음(interior faith)에 의하여 납득되지 않은 자들

이 어떤 종류의 흑암에 있는지 점검하기 위한 것입니다. 점검된 자들이 나에게 한 말은 그 흑암은 아주 대단히 심하였는데, 말하자면 그것은 매우 다양한 색깔의 머리카락으로 만들어진 어떤 흑암과 같다는 것이었습니다. 따라서 단지 학리적인 믿음(scientific faith)만 가지고 있고, 참된 믿음을 가지고 있지 않는 자들에게 어떤 종류의 흑암이 있는지 명확하게 되었습니다. 1748년 6월 30일

2468. 머리의 바깥부분(the outer part of the head)의 추상적인 표징은 이런 것에서 일어납니다. 그들의 방법으로 대응하고 있는 영들에게 있는 외적인 것들 안에 있는 결합(結合 · association)이 그들에게서 제거되는 때에 일어납니다. 머리, 또는 머리의 바깥 부분에서의 이와 같은 제거(a raising up)가 나타납니다. 그 때 그의 내면적인 것은 명료하게 됩니다. 이것으로 인하여 그의 내면적인 것들이나, 또는 자연적인 것들의 성질이 어떤 것인지에 관해서 그는 답사, 점검됩니다. 그러나 이런 일은 자주 일어나는 것은 아닙니다. 왜냐하면 이런 답사나 점검 등은 특별한 이유가 아니면 허락되지 않기 때문입니다. 다시 말하면 선용을 위하여 종사하는 그런 것들에 관해서 그들이 배우기 위하여 허락되고, 그리고 또한 그들이 그런 영들을 해치지 않기 위한 이유 때문에 허락되는데, 그 이유는 그런 때에는 그는 해치지 않기 때문입니다. 1748년 6월 30일

2469. 이와 같은 머리의 바깥 것의 제거나, 외적인 것들 안에 있는 영들의 사회들의 옮김(removed of societies) 따위는, 육신을 입은 삶에 대해서는 위험하기 때문에, 사람들에게는 주어지지 않습니다. 나는 그들에게, 그들은 나의 경우 안에서 그와 같이 할 수 있다는 것을 말하였지만, 그러나 이에 대한 대답은 그런 것이었습니다.

사람과 그의 자연적인 개념들이나 그의 영적인 것들은 자신에게 복종하는 그릇들에 비유된다는 것에 관하여

2470. 나는 영적인 개념에 의하여 사람은 복종하는 그릇(a

submissive vessel) 이외의 아무것도 아니다는 것을 명확하게 깨달았습니다. 다시 말하면 전체적인 것이든 개별적인 것이든, 사람의 모든 것은 복종적인 것들이다는 것입니다. 따라서 그런 것들을 그와 같이 적용시켜야 한다는 것입니다. 결과적으로는 천사들이나 영들을 통하여 주님에 의하여 주입되는 것들에 적응되어야 하고, 따라서 그들은 주입된 것에 대하여 반항하지 말아야 하고, 거절해서도 안 된다는 것입니다. 사람이 반항하지 않고, 복종하기 위해서 꼭 필요한 것은 사람이 믿음 안에, 그리고 믿음의 진리 안에 있어야 한다는 것이고, 그리고 사람은 무가치한 것이다는 것, 그리고 자기 스스로는 아무것도 하지 못하지만, 그러나 자신이 쓰여지는 존재라는 것을 스스로 선호(選好)하여야 한다는 것 등등입니다. 따라서 그 사람은 말할 수 없는 영복을 가지고 마치 자신이 스스로 하는 것처럼 행동합니다. 사람과 그의 개념들의 각각은 믿음에 속한 것들 안에 반드시 있어야 합니다. 사실은, 그가 이와 같은 그릇이 되기 위하여, 그리고 영복을 향유하고, 천계를 통하여 주님에 의하여 주입된 것들의 결과를 인지하기 위하여 믿음에 속한 모든 것들 안에, 이웃사랑과 자비 안에, 이노센스 안에 있어야만 합니다. 1748년 7월 1일

이러한 사실은, 주님을 매우 기쁘게 할 때, 그들은 그런 상태에 있다고 말하는 천사들에 의하여 확증된 것입니다.

2471. 그들이 그 때 영복을 향유할 수 있기 때문에 그들은 이와 같은 것을 원한다고 말을 한 자들에 관해서 가까이에 있는 영들을 통해서 천사들과 말을 하였습니다. 그들에게 내가 말하도록 허락된 것은, 만약에 믿음에 속한 모든 것들을 가리키는 진리 안에 있지 않다면 그들은 그런 부류의 그릇들이 될 수 없다는 것이었습니다. 따라서 그들이 오류들이나 거짓들로부터, 그리고 그 밖의 이와 비슷한 것들로부터 멀리 떨어져 있지 않으면, 그런 그릇이 될 수 없다는 것이었습니다. 왜냐하면 진리들은 거짓들의 그릇 안에 살 수 없지만, 그러나 전적으로 진리의 그릇 안에, 다시 말하면 진리 안에 살 수

있기 때문입니다. 이런 사실이 영적인 개념을 통해서 아주 명료하게 지각되었기 때문에 그들은 그런 사실들에 반대되는 것을 전적으로 말할 수 없었습니다. 1748년 7월 1일

역시 내 주위에 있는 영들에게도 그것이 참이다는 것을 지각하는 것이 허락되었습니다. 그러므로 그들이 아무런 이의(異意)없이 고백한 것은 그들이 그것이 사실이다는 것을 명확하게 깨달았다는 것과, 그리고 진리는 자기 자신의 그릇이 아니면 결코 있을 수 없다는 것과, 그리고 그 때 그 그릇은 주님의 것이다는 것 등등입니다. 1748년 7월 1일

주님에 의하여 주입된 생명이 있는 그릇들 안에 있는 개별적인 것들 안에도 주님의 성언이 있다는 것에 관하여

2472. 내가 사무엘 상서 9장 1절부터 마지막 절과 그리고 5장 25, 26절을 읽고 있을 때 내가 영적인 개념에 의하여 내면적인 것들에 관해서 어떠한지를 지각하였습니다. 그것 안에 있는 영적인 것들은 높은 것으로서(as high) 표현되었습니다. 예를 들면 사울이 높은 곳에 초대되었다는 것, 그리고 그는 초대받은 주요한 인물들 앞에 좌정하였다는 것, 그리고 그는 사무엘과 함께 그 집의 높은 자리에 올리워졌고, 거기에서 사무엘과 대화를 하였다는 것, 그리고 그는 여명(黎明)과 함께 일어났다는 것 등입니다. 거기에 언급된 것들은 모두가 높은 것을 가리키고, 또한 그것은 모두가 표의적이기 때문입니다. 예를 들어서 높은 곳(the high place)·그 집의 높은 자리·아침(=여명)이나 그 밖의 다른 많은 것들인데, 이런 것들은 임금에 속한 개념이나, 또는 우두머리나, 지배자의 개념을 형성하는 내면적인 뜻에 연관되어 있지만, 그러나 천사들은 주님에게서부터 그 연결고리를 받고 있습니다. 그 이유는 그들에게는 표현되어 있지는 않지만, 그러나 동일한 낱말들의 개념들 안에 내포된 것들과 결합되어 있기 때문입니다. 왜냐하면 모든 낱말은, 말하자면, 하나의 그릇이고, 그

리고 그 그릇 안에는, 내면적인 뜻이 아니면 표현될 수 없는 무한한 것들이 내재해 있습니다. 그리고 그것들은 사람의 마음에는 분명하지 않고, 그러나 다만 오직 문자적인 뜻만을 가리키는 낱말들의 개념들과 관련되어 있고, 그리고 따라서 그것들 안에는 거의 아무것도 없습니다. 따라서 그것들은, 앞에서 언급하였듯이, 사람의 내면적인 측면에서 보면, 일종의 사람의 마음을 닮았습니다. 왜냐하면 육체에 속한 내면적인 것들은 모두가 대응들을 가리키고, 그리고 그러므로 천계의 내면적인 것들의 표징들이기 때문입니다.

선한 행위가 없이도 주어진다고 주장하고 있는 믿음과 그리고 선행이 없는 믿음이 구원한다는 것에 관하여

2473. 어떤 무리들은 선행이 없이 오직 믿음만이 구원한다는 신념을 가지고 있습니다. 아니, 사실은 가치를 높인다는 종지(宗旨)를 가지고 있습니다. 그럼에도 불구하고 나무는 그것의 열매에서 잘 알 수 있다는 주님의 말씀에서, 더욱이 율법에서 요체(要諦)가 되는 이웃을 향한 사랑, 즉 이웃사랑이나, 그 밖의 다른 여러 가지 것들에서, 아주 분명한 것은, 믿음은 선행들에게서 분리되지 않는다는 것, 그리고 만약에 인애로 말미암아 사는 것을 가리키는 인애에 속한 선행들이 존재하지 않는다면 믿음 안에 생명은 전혀 존재하지 않는다는 것 등이 명확하게 입증되고 있습니다.

2474. 나는 이런 내용들에 관해서 천사들과 대화를 하였습니다. 그리고 내게 입증된 것은, 믿음과 선행은 마치 영혼과 육체의 관계에 있다는 사람의 인체의 비교에 의한 것이었습니다. 그것은 믿음이 없는 선행은 영혼이 없는 육체와 같고, 따라서 죽은 송장과 같고, 그리고 선행들이 없는 믿음은 육체가 없는 영혼과 같다는 것입니다. 믿음은 매우 다종다양함과 함께 주어지는데, 거기에는 단순한 입술만의 믿음(oral faith)이 있고, 그리고 학문적인 믿음(scientific faith)이 있고, 총명적인 믿음(intellectual faith)이 있고, 그리고 종지적인 믿음

이 있고, 이웃을 향한 사랑(=이웃사랑)에서 비롯된 확신적인 믿음 등이 있습니다. 따라서 생명에 속한 성품이 무엇인지는 입술적인 믿음, 학문적인 믿음, 총명적인 믿음 안에 잘 나타나고 있습니다. 왜냐하면 사랑(love)은 사랑의 기질(氣質 · 성품)을 형성하는 것이고, 그리고 그 사람에게 적용되는 그릇(an applied vessel)이 될 수 있는 기능을 부여하기 때문입니다. 여기서 잘 알 수 있는 것은 이와 같이 신념이 없는 믿음도 그 기질이나 성품을 형성한다는 것이고, 그리고 신념과 같이 하는 믿음도 그 기질이나 성품을 형성한다는 것입니다. 그리고 또한 이웃을 향한 사랑(=이웃사랑)이 없는 신념(=종지 · persuasion)이나, 그것 안에 이웃사랑이 내재한 신념(=종지)도 그 사람의 성품이나 기질을 형성한다는 것을 잘 보여주고 있습니다. 그러므로 인애에 속한 선행과 함께 하는 믿음 역시 그 성품이나 기질을 형성한다는 것도 잘 알 수 있겠습니다.

[부기] : 일반적인 이런 사실들은 오늘날(this day) 천계로부터 확증되었습니다. 주님께서 보여 주신 것입니다. 1748년 10월 19일 또는 20일

보편적인 자연 안에 있는 모든 것들은 주님나라에 속한 표징들(表徵 · representations)이다는 것에 관하여

2475. 나는 훗날 나비들이 되는 애벌레들에 관해서 영들과 대화를 하였습니다. 다시 말하면 나비들은 천계적인 삶(heavenly life)의 표징들이다는 것입니다. 즉, 그것들은 작고, 천한 벌레들로 땅 위를 기어다니고, 풀을 뜯고, 따라서 가장 작고 미천한 미물(微物)들이다는 것이고, 그러는 동안에 그것들은 자신들에게 적합한 어떤 표징적인 천국을 준비하고 있습니다. 다시 말하면 번데기의 상태를 거치면서 그것들은 날개달린 아주 멋진 곤충들로 변하고, 그리고 그것들은 땅으로부터 그들의 천국인 공중을 향해 치솟아, 훨훨 나르고, 자기 자신들을 자신들의 장미꽃에 적응, 그것들의 수액(=꿀)을 먹고, 그리고

자신들의 혼인을 한껏 축하하고, 알을 낳고, 그리고 이와 같이 그들의 지복(至福)을 마음껏 향유합니다. 이런 사실들이 겸비한 사람들의 개혁(改革·바로잡음·reformation)과 중생(重生·거듭남·regeneration)의 표징들을 가리킨다는 것은 아주 아주 명확합니다. 그리고 이런 사실들은 그것들의 후손에게 계속된다는 것, 그리고 그런 것들은 사람에게 있어서는(with man) 영원을 표징한다는 것도 역시 명확합니다. 그 때 다른 것들에 관한 대화, 즉 일반적인 동물계나 식물계에 있는 다른 것들에 관한 대화도 있었습니다. 이들 세계 안에 있는 것들은 무한한 다종다양함으로 주님의 왕국을 표징하지 않는 것은 아무것도 존재하지 않았다는 것은 없다는 것입니다. 이런 사실은 천사들에 의하여 확증되었습니다. 1748년 7월 1일
더욱이 이들 왕국에는 그렇지 않은 것은 존재할 수도 없고, 존속될 수도 없다는 것입니다. 따라서 자연 안에 있는, 개별적인 것이든 전체적인 것이든, 모든 것들은 먼 거리에서 주님의 왕국의 형상들이 되기 위하여 유입하고 있습니다.

2476. 어떤 사람이, 그렇게도 많은 계시들(啓示·revelations)은 마음을 혼란스럽게 할 것이다고 말하였을 때, 주어진 대답은 만약에 그것들이 수도 없이 많고, 혼란스럽게 하지 않고 오히려 명확하게 한다면, 그것은 여러 가지 것들을 수집하여, 그것에서부터 영적인 것들을 추론하기를 갈망하는 자들의 경우와 크게 다르지 않을 것이다는 것이었습니다. 이런 자들은 수많은 것들을 가지고 자기 자신도 혼란스럽게 만들고, 그리고 모든 것들은 그들 자신에게는 매우 혼란스러운 것으로 나타나 보일 것입니다. 그러므로 그들은 여전히 아무것도 믿지 않을 것입니다. 그러나 믿음 안에 있고, 영적인 진리들이나 천적인 진리들로부터 이런 것들을 보고, 이해하는 자들에게 이런 것들은 결코 혼란스럽게 만들지 않고, 오히려 명료하게 깨닫게 됩니다. 왜냐하면 그들은 모든 것들에 의하여 확증되기 때문입니다. 나는 이런 것들을 영적인 개념에 의하여 인식되었고, 따라서 나는 그

것에 속한 진리를 지각하였습니다.

극내적인 것들이나 보다 내면적인 것들의 불가사의(不可思議)에 관하여

2477. 주님의 나라에 속한 표징을 제외하면 우주 안에는 아무것도 없기 때문에, 그러므로 우리의 안전에 있는 것들을 통하여 우리가 배울 수 있는 것은 이런 것들입니다. 즉, 보다 더 내면적인 것들이나 극내적인 것들은 헤아릴 수 없다는 것입니다. 다시 말하면 이것에 관해서는 자궁 안에서의 인체의 형성에서부터도, 그리고 그 형성의 진전과정에서, 그리고 그 때 인체의 미세한 작은 것 안에 있는 많은 것들의 형성과정에서부터 잘 배울 수 있겠습니다. 다시 말하면 기관들의 어떤 것은 번성하지만, 수많은 것들은 어떤 움직임도 없습니다. 예를 들면, 폐장들 · 위 · 내장들 · 신장들이나 그 밖의 다른 많은 기관들은 아무런 활동을 하지 않습니다. 그 때 역시 감관의 근육들이나 기관들도 움직이지 않지만, 그럼에도 불구하고 이런 것들은, 뒤에 생기는 것들과 관련해서, 형성되고 있습니다. 그러므로 그러는 사이에 그것들은 자신들의 씀씀이를 향해 성장합니다. 따라서 수많은 달(月)들을 보내면서, 개별적이든 전체적인 것이든, 모든 것들은 뒤에 이어지는 선용들(=씀씀이들)과 관계를 가지고 있고, 그리고 그 때 그것이 섬기는 다른 것들은 계속 이어지는데, 그러는 사이에 그들의 기능에 적합한 것들이 생겨납니다. 예를 들면 난형체(卵形體)의 구멍들(胚孔)과 같은 것들이 되겠습니다. 이것이 바로 극내적인 것들이나, 보다 더 내면적인 것들에 속한 하나의 표징이고, 또한 극내적인 것들이나, 보다 더 내면적인 것들에 의한 주님에 속한 표징입니다. 그러므로 그런 것들은 짐작할 수도, 헤아릴 수도 없는 불가사의한 것이다는 것입니다. 다시 말하면 시간과 공간 안에서 계속 이어지는 것에서 이런 것들이 어떤 선용에 공헌하는지는 불가사의한 것이다는 것입니다. 그럼에도 불구하고 그것들은 자기 자신들 안에 마

지막 때에 이르기까지 계속적으로 뒤이어지는 것을 내포하고 있다는 것입니다. 그러므로 뒤에 이어지는 세월 가운데 끝없이 계속되는 것들과 관계를 가지고 있습니다. 1748년 7월 1일

2478. 그러나 내면적인 것들은, 여러분들이 위에서 볼 수 있는 것과 같이, 인체의 외형적인 형체나, 또는 외적인 것 안에 있는 선용이나 느끼고 행동하는 그것의 기능들과 관계를 가지고 있는, 인체 안에 있는 이런 것들에 의하여 드러나고 있는데, 이러한 것들은 역시 불가사의한 것들입니다. 그리고 그러한 것들은 인체의 외적인 것들로부터 추론할 수 없고, 더욱이 파악할 수도 없습니다. 그 이유는 사람은 유사한 것도 거의 알 수 없기 때문이고, 그럼에도 불구하고 내면적인 것들은, 내면적인 것이 부족하다면 무엇인가 손상을 입게 될 만큼, 외적인 것들을 형성하는데 협력하고 있습니다.

2479. 만약에 내가, 눈에 보이지도 않을 만큼 아주 정교한 지극히 작은 섬유를, 말하자면 보편적인 인체의 상태를 알고 있다고 말한다면, 어느 누구에게도 그것은 믿을 수 없는 것으로 보일 것이지만, 그러나 그것은 여전히 참된 것입니다. 그렇지 않다면, 대부분의 개별적인 것들은 공통적인 상태의 보존에 협력할 수 없을 것입니다. 1748년 7월 1일

내 소견에서 총명은 바로 그 원인을 가리킵니다. 만약에 그렇지 않다면 생명에 속한 지극히 작은 기관으로부터의 실제적인 증식이나 번성은 없을 것입니다. 사실 생명의 그 기관은 씨(seed)에 속한 것이고, 알(卵)의 형체인 몸이고, 그리고 자궁 안에 있는 난자에서 비롯된 것으로 거기에서부터 실제적인 증식은 생겨납니다. 그러므로 뒤이어지는 결론은 이런 부류의 요소나 본질(要素 · 本質 · principle)은 인체 안에 있는 지극히 단일적인 미세한 것들 안에 존재하고 있는데, 그 미세한 것은 그 요소들이나 본질들 안에 있는 매우 놀라운 계속적인 것들을 담고 있습니다. 이러한 내용들은 천사들이나 영들의 안전에서 기술된 것들이지만, 그들은 역시 아무것도 말하지 않았

습니다. 1748년 7월 1일

감관적이지도 않고, 눈에 보이지도 않지만, 참된 진리들이다는 것은 무엇이나 유식한 자에 의하여 즉시 배척된다는 것에 관하여

2480. 나에게 아주 명확한 사실은 모든 진리는, 심지어 자연적인 진리까지도 빛 속에 들어올 수 없고, 모든 진리는 이 세상의 유식한 자(學者)에 의하여 직접 배척되고, 가능한 한 멀리 쫓겨나고, 그것들 대신에 기꺼이 수용되는 것은 그릇된 것들이고, 거짓들뿐입니다. 더욱이 영적인 진리들이나 천적인 것들은 더 말할 나위가 없겠습니다. 이런 사실은 수많은 경험을 통해서 알려 준 것인데, 왜냐하면 사람 주위에 있는 영들은, 비록 그들이 그것이 진리인지 알지 못한다고 해도, 어떤 진리가 나타나게 되면 그 즉시 이런 부류가 되는데, 그들은 반감을 가지고, 그 즉시 그것에 반항하는데, 이러한 일은 진리에 정반대가 되는 그들의 자연적인 기질(氣質)에서 비롯된 것입니다.

2481. 왜냐하면 이런 부류의 영들은 악령들이기 때문입니다. 선한 것이나 참된 것이 있으면 그들은 선천적인 본질(an innate principle)로 인하여 즉시 그것에 반항하고, 배척하기 때문입니다. 그리고 오류들과 함께 물리치고, 대신에 거짓들을 기꺼이 수용합니다. 그 이유는 이런 것들은, 그들이 동의하기 때문에, 그리고 어울리기 때문에, 자신들에게는 매우 만족스럽습니다. 1748년 7월 1일

그들의 혐오가 냄새들과의 비교로 주어졌습니다. 왜냐하면 그들의 기질은 진리들에 반대되는 형상을 형성하기 때문입니다. 그러므로 어떤 진리가 그 형상에 가까이 이르게 되면, 말하자면 그 냄새를 가격하는 유해한 어떤 것이 있게 됩니다. 그들은 지금 이 사실을 들었는데, 그러나 그것을 시인할 수는 없었습니다. 가끔 그들에게 일러진 것은 그들이 이런 영적인 분위기(=형상)를 형성하기 때문인데, 그 이유는 그 사실이 나에게 지각되었기 때문입니다. 따라서 이러한 사

실들이나 내용들은 순수한 경험에서 일러진 것입니다. 1748년 7월 1일

2482. 여기에 더 부연할 수 있는 것은 학계의 학자들은, 그들이 철학적인 것들로부터 비의(秘義 · arcana)에 들어가기를 열망하기 때문에, 영혼에 관해서도 자연적인 것들에 들어가기를 열망하기 때문에, 그리고 더욱이 믿음에 속한 비의에 들어가기를 원하기 때문에, 그들은 그들이 아무것도 볼 수 없는 정도에까지 스스로를 장님 되게 하고, 그 뒤에 가서는 아무것도 믿지 않기 때문에, 따라서 이런 사안들에 관해서 어떤 것도 생각하지 않고, 그리고 그저 단순히 자연적인 빛인 선을 즐기는 자가 그들에 비하여 몇 갑절 유식한 자입니다. 1748년 7월 1일

주님의 섭리(攝理 · providence)는 불가사의하다는 것, 그리고 영원에 이르기까지 생성되는 것을 보고 있다는 것, 따라서 자연 안에 있는 것들의 표징에서부터 즉시 모든 매개적인 연속적인 것을 알고 있다는 것에 관하여

2483. 이미 앞에서 입증된 것은, 극내적인 것들이나 보다 더 내면적인 것들 안에 있는 주님에게 속한 것들은 불가사의한 것들이다는 것과, 그리고 이런 것들은 사람 안에 표징된다는 것이고, 사람이 잉태되면 난자 속에서 형성되고, 그 뒤에는 자궁 안에서 만들어지고, 그리고 그는 태어나고, 그리고 성장한다는 것이고, 이런 모든 것들은, 이런 것들이 처음 잉태되었을 때부터, 그리고 계속해서 사람이 경험하는 놀라운 변화들과 함께 씨(=정자) 안에 담겨 있고, 그리고 그것들의 모든 것들은 매우 놀라운 연속적인 필연의 결과를 형성하고 있는데, 여기에는 끊임없는 내적으로 생성하고 있는 그들 자신들의 변화와 함께 한다는 것이고, 그리고 그럼에도 불구하고 이런 모든 것들은 내포되어 있다는 것, 다시 말하면 우발적인 영속적인 것은 처음에는 눈에 보이지도 않는 씨(=정자) 안에 내포되어 있다는

것 등입니다. 그러므로 그 모든 연속적인 것 안에는 부족한 것이 아무것도 없다는 것입니다. 따라서 자연 안에 있는 그런 것들 안에는 가시적인 것들이나 또는 알려진 것들이 존재하고, 그리고 계속적인 이와 같은 섭리나, 연속적인 것이 존재하고 있습니다.

2484. 명확하게 뒤이어지는 것은, 그 안에는, 극내적인 것들이나 단순히 내면적인 것들 안에는 주님에게서 비롯된 불가사의한 것들이 표징되고 있을 뿐만 아니라, 또한 주님께서는 처음부터 마지막까지 종말에 이르는 그들의 방해받는 것이 없이 개별적인 것들이나 전체적인 것들 모두를 살피십니다. 왜냐하면 이런 모든 것들은, 다시 말하면, 섭리의 형상이나, 주님의 섭리는 모두의 양친의 기질로부터 모두의 후손에게 이어지는 것은 예외 없이 모두 주님의 섭리요, 그 섭리에 속한 하나의 형상이기 때문입니다. 따라서 만약에 우리가 자연을 올바르게 살필 수 있다면, 자연은 만약에 우리가 진리로 말미암아 이런 것들을 관찰한다면, 그러므로 가시적인 것들로부터 관찰한다면, 그것이 사실이다고 우리를 가르칠 것입니다. 그러나 그 때 우리는 결코 그런 것들로부터 진리들에게 진전해서는 안 되고, 따라서 진리들을 그런 식으로 탐구해서도 안 되지만, 그러나 주님에 의해 계시된 진리들로부터 진전하고, 탐구하여야 합니다. 그리고 확증으로서 이런 것들을 알아야 합니다. 이와 같이 사람은 빛을 받게 됩니다. 만약에 사람이 왜곡된 질서에서 진전한다면, 그 때 그는 불영명하게 되고, 혼란스럽게 되고, 더 나아가서 그는 의심하고 부정할 것입니다. 1748년 7월 2일

악령들은 짐승들보다 더 사악하다는 것에 관하여

2485. 나는 저 세상에서 내 주위에 있는 어떤 자들과 대화를 하였습니다. 그들은 영들의 상태들에 관해서, 특히 악령들의 상태에 관해서 깊이 생각하였습니다. 영들의 개념에 의하여 명확하게 깨달은 것은, 악령들은 말벌들(wasps)이나 벌들을 닮은 짐승들과 같다는 것

이고, 그것들은 자신들의 선천적인 기질로부터 행동할 때, 악 이외에는 그 어떤 것도 생각하지 않고, 그리고 행동하지 않는다는 것이고, 그리고 그것들은 이런 짐승들에 비하여 더 사악하다는 것이고, 그리고 그들은 그들이 남용하는 추론의 기능에서 행동하고, 악을 생각하고, 행한다는 것 등입니다. 그러므로 그들은 짐승들에 비하여 더 나쁜 짓을 한다는 것입니다. 그리고 그와 같은 기능으로부터 그들은 영적인 것들이나, 천적인 것들에 거슬러서 행동하고, 또는 믿음에 속한 것들에 반항하여 행동하는데, 짐승들은 이런 기능이 없기 때문에 그런 짓을 할 수 없습니다. 1748년 7월 2일

사람의 실제적인 악들이나, 본래적인 악들은 저 세상에 그에게 고통을 주는 것이다는 것에 관하여

2486. 모든 사람은 악의 상태 속에 태어납니다. 따라서 사람은 모든 악에 기우는 경향이 있고, 그리고 계속 이어지는 유전적인 악에서부터, 그리고 심지어 첫 번째 양친으로부터 터득된 악으로부터 모든 악에 기우는 성향이 있습니다. 그러나 이 악은 모두를 지옥으로 정죄하고, 영원으로 내몹니다. 그러나 주님의 자비로 말미암아 그들은 지옥에서부터 해방됩니다. 그 이유는 젖먹이들이나, 청년기에 이르지 않은 자들의 경우와 같은데, 그것이 그들의 본연의 악이 아니기 때문입니다. 그러나 그 시기가 지난 뒤, 생각하고, 판단하는 능력이 성숙하였을 때 악을 행하는 자들도 있습니다. 이와 같은 자들은 그들에게 선천적으로 가지고 있는 온갖 악들의 바다에서부터 악을 끄집어내고, 그것을 그들 자신의 것으로 만들고, 그리고 그것의 실천을 통하여 악을 취득합니다. 따라서 그들은 유전적인 것들에서 터득한 악들에 일치하여 자신들의 기질을 형성하고, 그리고 동시에 자신들의 본래의 악들은 여기에 첨가합니다. 이런 악들이 바로 저 세상에서 그들을 괴롭히고 가혹하게 하는 악들입니다. 1748년 7월 2일

사람에 속한 극내적인 것들이나, 보다 더 내면적인 것들은 손상을 입을 수 없지만, 그의 내면적인 것들은 해를 입을 수 있다는 것에 관하여

2487. 주님께서 처음 사람(the first man)으로부터, 따라서 지금에 이르기까지 사람의 보다 더 내면적인 것(the more interior things of man)을 간수, 보존시키십니다. 그래서 그것들은 왜곡, 타락하지 않았습니다. 그 이유는 극내적인 것들(the inmost things)은 왜곡, 타락할 수 없는 그런 것들이기 때문입니다. 이러한 일은 극내적인 것을 통해서 일어납니다. 그러나 그의 내면적인 것들(his interiors)은 왜곡되고 타락됩니다. 이러한 사실은, 영적인 개념에 의하여, 그리고 여러 형체들로부터, 그리고 보다 더 내면적인 형체들이나 극내적인 형체들의 성품(=기질)에 대해서 생각할 수 있는 자들에 의하여 깨닫게 되고, 생각할 수 있는 것입니다. 그런 것들은 주어질 수 있는 것에 적용될 수 있는 것이고, 또한 이 세상에서 가능한 것입니다. 그리고 그것들은 모든 것들에 적용, 결합될 수 있지만, 그러나 완전한 상태의 중심으로서 단 하나의 점에서부터 협력, 활동합니다. 왜냐하면 그것들은 능히, 다시 말하면, 주님께서 보존하시고, 그리고 변함없이 새롭게 하시는, 그들의 완전상태를 회복시키는 능력(=기능)으로부터 내면적인 것들 안에 있는 악이나, 왜곡된 것들에게 아주 쉽게 적용될 수 있기 때문입니다.

2488. 그것들은 해치지 않습니다. 내면적인 것들의 형체로서는 다릅니다. 내면적인 것들의 형체는 유전악으로 말미암아 왜곡되었습니다. 그래서 그들의 상태는 악하고, 모든 것들은 그것에 대하여 협력합니다. 이런 근원으로 말미암아 왜곡된 것은 결코 회복될 수 없지만, 그러나 다만 무가치한 것으로 되돌아갈 뿐입니다. 그래서 그것은 이른바 잠자는 것에 의하여, 또는 죽음에 의하여 진정됩니다. 그래서 그것 자체를 적용하는 것처럼 보이지만, 그럼에도 불구하고 그때 거기에는 그것의 적용 따위는 없는데, 그 이유는 그것의 상태인

악에 적용하였기 때문입니다. 그것은 단일의 점과 중심들로부터 협력하고, 따라서 그것은 단순한 그것의 수치나 굴욕을 가리키고 잠자게 하는 것일 뿐이고, 따라서 주님의 자비인 보다 더 내면적인 것들은 활동을 할 수 있습니다. 1748년 7월 2일

2489. 여기서 뒤이어지는 것은 사람은 악 이외의 아무것도 할 수 없다는 것이고, 선은 지극히 작은 것까지도 행할 수 없다는 것입니다. 그 이유는 그 사람 안에 있는 것은 어떤 것이든 악에 협력하기 때문이고, 모든 선은 오직 주님의 것이기 때문입니다.

2490. 뿐만 아니라, 사람에게 속한 모든 악들은 역시 선으로 조절, 부드럽게 되고, 따라서 일종의 무지개로 표징됩니다. 왜냐하면 사람에 속한 것은 악하고, 그렇지 않다면 더 이상 자기 자신을 위해 살지 않을 것이기 때문입니다.

참된 믿음(true faith)은 행위(action)이다는 것에 관하여

2491. 나는 저 세상에서 어떤 자들과 믿음에 관해서 대화를 하였는데, 그들은 행함이 없이 믿음이 구원하고, 행위가 없는 믿음이 구원하고 있다고 생각하였습니다. 왜냐하면 그들이 이런 내용을 주장할 때, 그것을 이해하지 못하는 많은 자들은, 생각이나 이해 안에 있는 믿음을 행위 안에 있는 믿음에서 분리시키고, 그래서 그들은, 비록 주님께서 열매에 의하여 그 나무를 안다고 말씀하셨지만, 그래도 그저 그들은 구원받는다고 생각하고 있기 때문에 그들이 어떻게 사느냐는 것에 대해서는 관심조차도 없습니다. 그 때 그들에게 일러주도록 허락된 것은 행위(行爲 · action)는 믿음 자체이다는 것이고, 이 말이 선포된 것은 그 자리에 있는 영들이 그것을 이해하고 파악하기 위해서입니다. 나는 이 사실을 명확하게 지각하였습니다. 다시 말하면 행위 안에 있는 믿음(faith in action)이 참된 믿음이다는 것, 따라서 믿음은 행위이다는 것을 명확하게 지각하였습니다. 그 이유는 행위를 믿음에서 갈라놓을 수 없기 때문이고, 그리고 행위는 믿

음으로 말미암아 사는 것이고, 믿음은 그 행위 안에 존재하기 때문입니다. 다시 말하면 믿음은 인애에 속한 선행 안에 존재하기 때문입니다. 그러므로 그것들—믿음과 행위—은 결코 분리될 수 없습니다. 1748년 7월 2일

어떤 종류의 뱀에 관하여

2492. 뱀들을 가리키는 종류의 사람들이 있고, 다시 말하면 육신을 입은 삶에서 교활하고, 그리고 저 세상에서 뱀들(serpents)이라고 불리우는 여러 종류에 속한 자들이 있습니다. 그들이 뱀들이라고 불리우는 것은 이런 이유 때문입니다. 그들은 천사들의 안전(眼前)에는 뱀들과 같이 보이기 때문입니다. 왜냐하면 천사들이 그들을 점검할 때, 그들은, 말하자면, 영들의 눈 앞에서 뱀들로 변하기 때문인데, 이러한 일은 나에게서도 이미 이전에 명확하게 드러났습니다. 그러므로 나는 그들이 전적으로 똬리를 틀고 있는 뱀의 형체로 바뀐다고 생각하였습니다. 그 때 그들은 영들에게 그렇게 나타나 보였을 뿐만 아니라, 그들 자신에게도 그렇게 보였습니다. 왜냐하면 천사들은 그들의 내면적인 것들을 직시하고, 그리고 그 때 그들의 속임들이나 간계(奸計)들은 영들의 눈 앞에는 파충류들(=뱀들)과 같이 나타나기 때문입니다. 그들에게도 이런 모습으로 보입니다. 그 이유는 뱀 안에는 독(毒)이 있고, 본성 안에 있는 이 독은 교활이나 간계들을 표징하기 때문입니다.

2493. 다른 기질의 동물들에게서도 비슷한 일이 일어나는데, 그런 일은 영들에게 나타나고, 그리고 사람의 수면 상태에서는 그것들에 의하여 표징되는 것들이 나타납니다. 왜냐하면 영들의 세계(the world of spirits)에서 이와 같이 드러나는 것은 탐욕(貪慾)들과 정동(情動)들이기 때문입니다. 그리고 그런 것들에 관해서 천사들이 함께 말하는 경우, 그와 같은 모습으로 나타나 보이기 때문입니다. 왜냐하면 천사들의 언어는 이와 같이 영들의 세계에서는 표징적인 형체

의 상태로 바뀌기 때문입니다. 그래서 그들은 자신들이 그런 존재라고 생각합니다. 다른 것들의 경우도 그러합니다.

2494. 어떤 영, 또는 영들의 어떤 사회가, 한두 주는 아니지만, 며칠 동안 나와 함께 있었습니다. 그들의 언어는 남자 같지 않고, 오히려 뒤섞인 것 같았는데, 말하자면 여성적이었고, 동시에 어린 아이들의 언어 같았습니다. 처음에 나는 그 언어에서, 그들이 선한 영들이라고 생각하였지만, 그러나 내가 그들의 교활이나 간계 따위를 파악하였을 때, 내가 안 것은 그들은 매우 교활하다는 것이었습니다. 왜냐하면 그들은 할 수만 있다면 교활한 것을 연구해서 그것을 그 즉시 써먹기 때문입니다.

2495. 또다른 종류의 교활의 무리가 있었는데, 이들은 전에 눈에 띄지 않았던 자들입니다. 다시 말하면 그들은 모든 사회에 자신들을 침투시킬 수 있었습니다. 그 이유는 그들의 생애에서 외적인 모양이나 위장(僞裝)에 의하여 다른 자들이 원하고, 의도하는 모든 것들에 자기 자신을 말하자면 적응시켰습니다. 그래서 그들은 하나의 것들로 모든 것을 관찰 할 수 있었고, 그래서 그들의 눈에서 도망갈 수 있는 것은 거의 없었습니다. 그리고 그들은, 그들이 관찰한 것은 무엇이나, 그들과 함께 있는 자들에 대해서는 양심도 없이 자기 자신들에게 보탬이 되고, 이익이 되는 것으로 바꾸어 버립니다. 한마디로 그들이 붙잡지 않을 생각으로 행동한 것은 아무것도 없고, 따라서 자기 자신의 이익을 계산하지 않고 행하지 않은 것은 아무것도 없습니다. 그래서 그들의 교활함은 매우 실제적이었습니다. 그들은 자기 자신을 위해서, 그리고 다른 자의 이익은 위해서는 아니지만, 열심히 연구하기 때문에, 그들은 자신의 소득이나 이익에 공헌하도록 어떻게 그것을 만드느냐에는 쉼 없이 관찰하고 있기 때문에 그들은 매우 활동적이고 실제적입니다.

2496. 그러나 이런 교활의 기질은 여러 종류의 것들을 가지고 있습니다. 따라서 그것을 기술한다는 것은 그렇게 쉬운 것은 아닙니

다. 겉모습에서 보면 그들은 이른바 정직합니다. 그래서 자신들을 모든 사회에 삽입시킬 수 있었습니다. 사실 그들은 그들 자신들을 모두의 열정들 안에 침투시킬 수 있기 때문에, 모두에게서 사랑을 받았습니다. 그래서 그들은 다른 자들의 이익을 향유하기도 합니다.

2497. 이들이 천사들에 의하여 점검을 받을 때, 그 때 그들의 성품이 어떠한지, 그리고 그들이 뱀들을 표징한다는 것이 밝히 드러납니다. 그 때 오른쪽 허벅지 위로 기어오르고, 또는 무릎 아래 다리 쪽으로 기어내리는 한 마리 뱀으로 보였습니다. 이와 같이 그들은 뱀으로 변한 것이 아니고, 그들은 사람의 모습을 그대로 가지고 나타났습니다. 그러므로 그들은 뱀들로 변하지 않았습니다. 그 이유는 그들이 내면적인 천사들 가운데 있는 외면적인 천사들에 의하여 점검을 받고 있기 때문입니다. 만약에 그들이 내면적인 천사들에 의하여 점검을 받는다면 사정은 달랐을 것입니다. 그 때 그들은 그들의 모습에서 계속해서 뱀들로 보였을 것인데, 그것은 그들의 교활의 등급을 드러내기 때문입니다. 이것이 그들의 모습이기 때문에, 말하자면 겉모습으로는 사람의 모습이고, 또한 선량한 사람의 모습입니다. 그리고 그들은 사랑을 받았고, 그리고 전적으로 사람을 멸망시키지도 않습니다. 그들은 이와 같은 뻔뻔함을 가지고 있지 않기 때문에, 따라서 사람처럼 나타나고, 또 그들의 말 속에는 어린이 같은 본질도 있습니다.

2498. 종국에 그들이 어떤 성품이 될 것인지에 관해서 생각하는 사이에 드디어 영들의 사회들로부터 그들이 쫓겨나는 환상에 의하여 나에게 알려졌습니다. 그들은 최후에는 그들의 인격에 관해서 모두 까발겨질 것이기 때문에, 그 때 그들은 고독한 사회들 안에 오직 고독하게 앉아 있을 것인데, 그 사회가 환상을 통하여 나에게 나타났습니다. 나에게는 이른바 넓은 얼굴(a broad face)을 지닌 사람이 보여졌고, 그의 몸은 보이지 않았고, 그의 크기는 다른 사람의 얼굴이나 몸통에 다섯 배 가량 되었습니다. 머리에는 골풀로 만든 약간

흰색의 모자를 썼습니다. 그들은 고정된 그들의 자리에 앉아 있었고, 더 이상 다른 자들과 어울리지 않았습니다. 이런 것들이 드러낸 그들의 상태를 만들었습니다. 역시 자신들에게도 그와 같이 보여졌고, 따라서 더 이상 활동적인 삶 안에는 있지 않았습니다.

2499. 또 관찰된 것은, 이런 자들이나 다른 자들이 영들의 사회들 안에 있을 때, 그리고 적발(摘發)되고, 거기에서 쫓겨나게 되면, 가인에 관해서 읽을 수 있는 것과 같이, 어떤 증표(=마크 · mark)가 언제나 그들에게 부착(附着)하게 되는데, 그 증표는 그들에게 가까이 와서 그들을 잘못 인도하려고 하는 영들에게 나타납니다. 그 증표는 종국에 점점 더 크게 되어, 그들은 어느 사회에서도 용납되지 않고, 따라서 자신들에게서 방임(放任)되고, 따라서 종국에 그들의 고독이 그들에게서 드러나고 맙니다. 이와 같은 본성은 종국에 드러납니다. 1748년 7월 3일

2500. 그들은 이런 부류의 사람들입니다. 그들은 궁전에서 살고, 사회의 이익을 위해서 노력하지 않으며, 다만 위장하여서 자기 자신만의 이익을 꾀하고, 따라서 사회적인 일이나 직무에는 적합하지 않고, 사실은 그들은 아무런 쓸모가 없습니다. 그 이유는 그들은 특히 쓸모없는 삶을 추구하기 때문입니다. 그들은 오로지 화려한 옷을 입고, 사치스러운 생활을 하고, 그리고 아무런 관심이 없이 오직 부자가 되는 것입니다. 이런 부류의 자들은 스스로 간계들이나 술책에 익숙하게 되고, 자기 자신을 침투시켜서, 다른 자들에 비하여 더 칭찬을 받으려고 합니다. 특히 그들은, 자신들의 주인의 재산을 처리하는 자들과 자기 자신을 위하여 온갖 종류의 아첨에 의하여 친밀한 관계를 가지고, 일을 잘 아는 자처럼 위장하고, 따라서 그들은 부자가 되고, 남몰래 주인을 속이고, 그리고 그의 재물을 향유합니다. 그러므로 그들은 그들에게서 무슨 재물을 빼앗으려는 자에게 칭찬을 아끼지 않습니다. 그렇게 해서 그들은 요리사나 재무담당자나, 특히 가정부나, 집사들이나, 이런 일에 종사하는 자들을 자기 자신

의 친구로 만듭니다. 그러므로 모든 것들을 자신들의 수입이나 이익에 도움이 되게 합니다. 1748년 7월 3일

2501. 이런 부류의 작자들은 고용관계에서 근면하고 정직하고 아첨하지 않는 자들을 쓸모없는 자들로 여기는 것이 일수입니다. 그들은 그들을 멸시하고, 배척하고, 비방(誹謗), 중상(中傷)합니다. 그러므로 그들은 그들을 친구가 아니라, 종들로 여깁니다. 한마디로 그들은 성가신 존재들이고, 국가나 사회에 대해서는 오직 무거운 짐들이 될 뿐입니다.

2502. 이런 작자들 안에는 선하고 참된 일을 하는 능력을 약화시키고, 따라서 모든 열정을 빼앗아가는 그런 독약이 있습니다. 그들은 나와 함께 여러 날들을 지냈습니다. 그런데 그들은, 진실하고, 참되고, 선한 것을 생각하고, 행하는 것에 나로 하여금 아주 곤란하게 하였습니다. 그런 일로 말미암아 내가 무슨 짓을 하는지 거의 알 수 없게 되었습니다. 이런 일은, 그들이 선한 영들의 사회에 있을 때, 그들이 주입시키는 일종의 독약의 유입입니다. 그들은 선한 일이나 그들의 직무에 속한 것을 행하는 것에 무심한 것을 그들 안에서 유발시킵니다. 내가 생각하기에는 공동체나 나라를 위해 애쓰고, 유익한 일에 집중하는 자가 그들 가운데, 또는 그들 사회에 들어오게 되면, 그 때 그의 모든 열정은 굼뜨게 되고, 둔하게 됩니다. 그러므로 인류는 그런 자들에 의하여 타락하게 되고, 나쁜 길에 빠지게 됩니다. 그러므로 왕들은 이런 무리를 그들의 궁전에서 내치게 됩니다. 왜냐하면 그런 무리들은 사회들을 크게 해치고, 선한 자나 참된 자에게서 제거해 버리기 때문입니다. 그러므로 그들은 종국에 얄팍한 감미로운 것들을 탐구하는 일에 의하여 올가미에 걸리게 되기 때문입니다. 왜냐하면 그들은 사치스럽게 살고, 화려한 옷을 입고, 오직 안일(安逸)한 것을 즐기고, 참되고 선한 것을 위해 근면하고, 열정적인 자들을 증오 가운데 사로잡고 있기 때문입니다. 종국에 그들은 인류를 파괴하는 자가 됩니다. 왜냐하면 잘 알려진 사실은 안일한

일에 빠지기 시작하는 것들은 가장 큰 기쁨에서부터 작은 기쁨을 끌어낸다는 것 때문입니다. 그들은 마치 안일한 것에 자기 자신을 익숙하게 하는 걸인들과 같고, 따라서 시민 사회의 일원이 되는 것에서 억제되고, 그리고 그런 모든 열정을 박탈당하는 자들과 같기 때문입니다. 이런 부류의 자들은 건전한 시민이라고 할 수 없고, 다만 시민들의 파괴자들이라고 할 수 있겠습니다. 1748년 7월 3일

2503. 이런 교활은 아첨꾼들의 교활이라고 할 수 있는데, 특히 궁정에서 자기 자신의 이득이나 쾌락 그 어느 것 때문에 행동하는 자들의 교활이라고 하겠습니다. 다시 말하면 자기사랑(自我愛)이나 세상사랑(世間愛)에서 솟아나는 온갖 탐욕들 때문에 행동하는 자들의 그것들입니다. 따라서 교활은 종(種)과 유(類)로 세분됩니다. 이런 내용들은 영들의 현존에서 기술되었습니다. 그리고 그런 성격의 인물들에게 내려진 것입니다. 그들은 묵묵하였고, 그리고 그들에게 내려진 것이 무엇인지를 생각하였습니다. 그 이유는 그들은 그들의 떠남도 그들에게 드러난다고 생각하기 때문입니다. 왜냐하면 이런 일은, 그들이 자신들의 사치스러운 삶이나 특히 자신들의 이득을 너무나 애지중지 하기 때문에, 자신들을 아주 크게 움직이기 때문입니다.

2504. 이런 부류의 인물들은 공동체에 근면한 자들을 최대로 난처하게 만듭니다. 그들은 그들을 멸시하고, 종들로 여깁니다. 그들은 기쁨의 삶을 그들에게 전혀 주지 않습니다. 그러므로 그들이 자신들의 온갖 의무들을 기쁨으로 수행할 때, 그들은 그들을 자신의 수하(手下)존재로 여기고, 다시 말하면 노예로 태어난 자들로 여기고, 자신들은 그들을 지배하는 자들로 태어났다고 여깁니다. 그러므로 그들은 모든 즐거움이나 기쁨을 그들에게서 박탈하고, 그들을 그들의 주인에게서 천대와 멸시를 받게 합니다. 그러므로 그들은 그들을 몹시 고약한 자로 여기고, 그리고 그저 단순히 추종하는 자로 여깁니다. 그들은 마치 주인인양 가장 위대한 인물로 여기고, 그래서 그들은 자신의 종에게서 모든 만족이나 기쁨을 빼앗습니다. 그 이유는

그가 이런 존재(=아첨꾼)가 되었기 때문입니다. 그들은 자신들의 아부성 때문에 그들의 사회에 들어올 수 있었습니다. 한마디로 그들은 모든 존재를 그 공동체의 종으로 고안하였고, 그들에게서부터 삶에 있는 모든 즐거움을 빼앗고, 그리고 위안이나 소망도 빼앗았습니다. 그래서 그들은 시민들을 파괴하였고, 결과적으로 국가까지도 파괴하였습니다.

2505. 이런 부류의 작자들이, 공동체를 위해서가 아니라, 자기 자신을 위해 살려고 며칠 동안 나와 함께 있었습니다. 그들은, 모든 것들이 자신들을 위한 것이다고 요구하면서, 나에게서 모든 삶의 기쁨이나 즐거움을 빼앗아 갔습니다. 이것은 그들이 저 세상에서 이런 식으로 행하기 때문입니다. 그들은 내가 읽는 것을 호기심에서 들으려고 하였고, 깨달으려고 하였습니다. 그리고 그들이 무엇인가 파악하였을 때에는 그들은 이런 것들을 자기 자신들을 위해서 요구하였습니다. 그들은 나를 문제 밖으로 멀리 쫓아냈기 때문에 나는 여지없이 내 임무를 곤혹스럽게 행하여야만 했습니다. 나는 이런 일을 통하여 자기 자신만을 위해서 일하고, 그리고 자신만의 만족을 위해서 일하고, 그리고 그 밖의 다른 것들에게는 관심도 없는 자들의 성격이 어떠한지 나는 잘 알게 되었습니다. 이러한 내용들은 그들이 있는 자리에서 기술되었습니다. 1748년 7월 3일
이러한 것들은 자기 지신들 이외의 목적으로는 전혀 쓸모가 없습니다. 다시 말하면 공동체의 선용 따위는 그들에게는 아무것도 아니고, 자기 자신의 목적으로만 유효한 것입니다. 그러므로 이런 부류의 인물들은 선용에 의하여, 또는 선용에 속한 사랑에 의하여 인도되는 자들은 결코 아닙니다.

2506. 육신을 입은 삶에서도 비슷한 자들은 오직 즐거움을 취하기를 열망하고, 따라서 사실은 선용을 성취하려고 하는 다른 자들에게서 삶의 즐거움을 빼앗기를 원하고, 그 자신들은 어떤 쓸모 있는 것을 성취하는 것을 원하지 않습니다. 그러므로 그들과의 대화에서 그

들의 됨됨이(=성품)가 무엇인지 그들에게 보여 주는 것이었습니다. 그것은, 모두 유해하고 혐오스러운 온갖 종류의 곤충들과 같다는 것이었고, 이것 역시 있는 그대로 그들 앞에 드러나 보여졌습니다. 그 때 삶의 기쁨에 관해서 말하도록 허락된 것은 기쁨이나, 즐거움은 사람의 생명이다는 것이고, 사람들은 기쁨에 속한 선용들을 창출하기 위하여 주님에 의하여 창조되었다는 것입니다. 이러한 사실은 감관들의 즐거움에서 잘 알 수 있는데, 예를 들면 미각(味覺)에서, 그리고 성교(性交)에서부터 잘 알 수 있습니다. 그 이유는 그들 자신에게 선용을 가지고 있기 때문입니다. 예를 들면 사람이 양육(養育)되기 위해서, 그리고 번식(繁殖)하기 위해서, 따라서 그들의 씀씀이(use)에는 많은 즐거움이나 기쁨 따위가 부가됩니다. 그리고 이 즐거움이나 기쁨은 선용에 일치하여 전적으로 증대합니다. 따라서 그와 같이 그것은 정해져 있습니다. 그러나 선용에서 나온 기쁨이 아닌 것을 추구하는 자들은, 또는 선용의 의도 없이 외현에 따라서 즐거움들을 추구하는 자들은, 그 때 그들이 실제로 즐거움이나 기쁨을 느끼지만, 그러나 그것은 조악한 것입니다. 그러나 그 즐거움이나 기쁨들도 선용에서 나온 것이 아니기 때문에, 그들은 구역질나고, 유해한 곤충들과 비슷합니다. 그리고 그런 것들은 무엇인가를 파괴하는 것과 같습니다. 그런 쾌락들은 그들을 파괴하는 것들입니다. 그 이유는 그들의 그런 쾌락 안에는 영적인 생명이나 천적인 생명이 존재해 있지 않기 때문입니다. 따라서 이런 인물들은 행복하지 않습니다. 다시 말하면 그들의 사회에서 추방됩니다. 그래서 그들은 고독하게 되고, 모든 것을 빼앗긴 상태에 있게 됩니다. 여기에 이르면 모든 그들의 교활함이나, 유해한 본질은 박탈되었습니다. 그래서 그것들은 더 이상 그들의 것이 아닙니다. 1748년 7월 3일

2507. 이런 부류의 인물들은 역시 영적인 것이나 신령한 것에 대해서는 아무런 관심이 없습니다. 이런 사실은 수많은 경험을 통하여 내가 알 수 있도록 허락된 것입니다. 왜냐하면 하나님이 언급되었을

때 그들은 작은 용서(a short remission)를 받았기 때문입니다. 즉시 깨달은 것은 그들은 주님에 대해서 전혀 유념하지 않고, 그래서 그들은 하나님에 속한 것에 비하여 다른 것들을 더 많이 생각하였습니다. 그 이유는 그들은 외적인 것들 안에 있고, 그리고 내적인 것들에게서 분리된 쾌락들 안에 있기 때문입니다. 1748년 7월 3일

2508. 나는 그들이 쾌락에 관해서 말하는 것을 들었습니다. 그것들은 사람들에게서 결코 부인되지 않았고, 다만 선용을 돕기 위하여 허락된 것입니다. 그것들이 선용들을 돕고, 그리고 선용으로 말미암아 생성될 때, 그 때 그들은 매우매우 즐겁고 기쁩니다. 이것 역시 그들의 많은 자들에게 말하도록 내게 허락된 것입니다.

2509. 그들은 저 세상에서 여러 사람들에게서, 또는 어떤 사회에서 인지된 그런 성품을 가지고 있었습니다. 따라서 다음의 사회들 안에서 즐겁고 행복한 것을 알게 되면 언제나 그들은 그것을 요구하기 위하여 무척 애를 씁니다. 만약에 그들이 가능하게 되면, 그들은 어떤 즐거움도 다른 자들에게 결코 남겨두지 않습니다. 이런 사실 역시 경험에서 알도록 허락된 것입니다. 그러므로 만약에 그들이 천적인 사회들 안에 오게 되면 그들은 모든 자들에게서부터 자신들의 기쁨과 영복을 손에 넣으려고 열망할 것이다는 것이 일러졌습니다. 그러므로 이런 부류의 인물들은 천계에 들어올 수 없습니다. 1748년 7월 3일

이 세상에 있는 모든 것들은 선용을 위해 존재한다는 것, 그리고 우주 안에 있는 모든 것들의 선용들은 창조주를 계시한다는 것에 관하여

2510. 나는 선용들(善用 · 씀씀이 · uses)에 관해서 영들과 이야기를 나누었습니다. 다시 말하면, 사람 안에 있는 유기적인 모든 것들은, 동물계나 식물계 모두에게 있는 모든 관능적인 것들뿐만 아니라 사람의 관능적인 것들도 선용을 위하여 형성되었고, 그리고 선용에 일

치하여 형성되었고, 그러므로 선용은 말하자면 그것들을 형성하는 원인이요, 주체이다는 것이었고, 그리고 선용에서부터 유기적인 것들을 총괄적으로 개관하는 사람은 그 부위들의 연결 관계를 볼 수 있지만, 그러나 만약에 그 부위들로부터 선용에 관하여 그가 추론한다는 것은 그렇지가 않습니다.

2511. 뿐만 아니라 식물계 안에도 선용을 위하여 형성된 것을 제외하면 아무것도 주어진 것은 없습니다. 사실 다양한 선용도 이와 같이 선용으로 말미암아 형성되었습니다. 다시 말하면 동물들이나 사람의 영양을 위해서 형성되었고, 그러므로 그 모든 것이 영양을 위해 만들어졌고, 따라서 어느 것 하나 빠짐이 없이 만들어졌습니다. 내가 마음 속에 선용에 관한 깊은 생각을 품고 있을 때, 다시 말하면 모든 것들은 동물이나 사람에 대한 선용을 위해서 창조되었는데, 이러한 것은 하나의 동물을 사육하는 모두에게 수많은 경험에서 잘 보여 주고 있습니다. 내가 그것들이 이런 선용을 위해서 창조되었다고 생각하고 있을 때, 다시 말하면 영양을 위해서, 냄새를 위해서, 그리고 의약품을 위해서 쓰여질 수 있다고 생각하고 있을 때, 그 때 선용들의 연속적인 것은 나의 숙고(熟考)나 생각 안에 들어와 있었습니다.

2512. 영적인 개념 안에서 볼 수 있는 일이 나에게 허락되었습니다. 그것은 천사적인 개념과 동일하였습니다. 그 선용 안에는 물질적인 것은 어느 것 하나 있지 않았습니다. 그럼에도 불구하고, 모든 것들은 선용에 일치하여 존재하기 때문에 선용은 이런 것들을 형성하였고, 완성하였습니다. 선용 안에는 물질적인 것이 전혀 존재하지 않기 때문에, 다시 말하면 이루어진 형체들 안에는 물질적인 것이 전혀 존재하지 않기 때문에, 영적인 개념에서 분명한 것은 신령한 것은 형성된 것이고, 그리고 자연적인 것이 그것을 만들었을 것이다는 생각은 이치에 전혀 맞지 않는다는 것 등입니다. 왜냐하면 자연적인 것은 물질적인 것에서 구분될 수 없기 때문입니다. 예를 들면

열 · 습기 · 이슬 · 비 등등은 모두가 자연적인 것들입니다. 그러나 이런 것들은 선용에 관해서 생각할 수 있는 것은 아닙니다. 1748년 7월 3일

천계에 있는 모든 자는 그들의 상태에 따라서 가장 큰 즐거움을 향유한다는 것에 관하여

2513. 내가 천사들과 대화를 한, 영적인 개념 안에서 명확하게 이해할 수 있는 것이 허락되었는데, 그것은 영들이 각자 자기 자신의 상태(=조건)에 따라서 최고의 기쁨을 향유한다는 것이고, 그리고 각자는 역시 자신의 상태에 따라서 자신의 처지에 만족한다는 것입니다. 그리고 각자는, 자신들의 환상이 그들을 거기에 인도하는데, 분에 넘치는 것들을 추구하지 않는다는 것입니다. 사실 각자는 자신들의 최고의 것이다고 여기는 그런 즐거움을 향유하고 있습니다. 왜냐하면 모두는 자신의 상태에 따라서 자기 자신의 기쁨이나 즐거움을 누리기 때문입니다. 만약에 그 사람이 분에 넘치는 것을 요구한다면, 그것은 환상으로 말미암아 그런 짓을 하는 것이다는 사실은 누구나 다 잘 알고 있습니다. 만약에 어느 촌사람에게 수많은 시중드는 자들과 고급스러운 설비와 함께 왕궁이 주어진다면 그는 불쾌하게 느낄 것이고, 그리고 그는 자기 자신의 오두막집과, 길들여진 가장지물들과, 농토나, 초지에 되돌아가는 것을 열망할 것인데, 그가 주로 즐거워하는 것은 거기에 있습니다. 그 밖의 다른 것들에서도 마찬가지입니다. 예컨대 그들에게 선물이 주어지는 경우도 마찬가지입니다. 그러므로 어느 누구가 내면적인 즐거움이나 기쁨 따위에 고양되게 될 때에도 그와 같은 데 이러한 사실은 경험에서 잘 알 수 있겠습니다. 그 때 역시 그들은 종전으로 되돌아가기를 열망할 것입니다. 천계나 영들의 세계에서도 그런 것들은 마찬가지입니다. 말하자면 어느 누구나 만약에 그들이 주님께서 주시는 처지나 분깃에 만족하고, 망상에서 비롯된 분에 넘치는 것들을 열망하지 않는다면,

각자는 최고의 기쁨을 누리는 것입니다. 1748년 7월 4일

저 세상에서는 이 세상에서의 관직이나 신분(身分) 따위는 고려되지 않는다는 것에 관하여

2514. 육신을 입은 생애에서 그들의 관직이나 학문상으로 위대했던 수많은 사람들은 육신을 입은 삶에서 터득한 고매(高邁)한 정신을 자신들과 함께 저 세상에 가지고 가고, 그리고 자신들은 다른 자들에 비하여 보다 위대하고, 뛰어난 인물이라고 생각합니다. 왜냐하면 이런 원칙은 그들에게 남아 있는데, 그런 신념이나 원칙은 이런 생각이 전혀 없고, 오히려 그들이 서로서로 사랑하는 것이 있는, 그런 사회들에 그들이 들어가는 경우, 크게 방해가 되기 때문입니다. 그리고 어느 누구나 존엄성이나 학문에서 다른 자에 비하여 자신이 뛰어나다고 여기지 않는, 사회들에 들어가는 데 크게 방해가 됩니다. 이러한 사실은 경험을 통하여 아주 명확하다는 것이 나에게 허락되었습니다. 그러므로 그런 부류의 자들에게 말할 수 있는 것은, 그리고 동시에 영적인 개념으로 명확하게 지각할 수 있는 것은 저 세상에서는 이 세상에서의 관직이나 신분 따위는 전혀 고려(考慮)되거나 참작되지 않는다는 것이고, 그리고 지극히 보잘 것 없는 시골 아이나, 가장 낮은 신분의 사람이라도 자신의 주인 가운데 있는 왕자에 비하여 더 크게 배려(配慮)되고, 참작된다는 것입니다.

2515. 모두는 그의 내면적인 것들에 일치하여 존경을 받습니다. 그와 같은 일은 사람이 그들 자신의 내면적인 것들에 의하여 왕자들이나 중요 인물들로 평가하는 것과 같습니다. 그러나 어떤 종속적인 목적 때문에 그들이 존경을 받는다면, 사람들 사이에 있었던 이런 존경이나 명예 따위는 그 사람이 죽을 때 그 사람과 함께 사멸(死滅)하고, 다만 그의 내면적인 것들에 속한 평가(評價)만 총명하고 지혜스러운 수많은 자들 사이에 남을 뿐입니다. 그들의 현존에서 더 부연할 수 있는 것은, 이 왕국의 성질은 육신을 입은 삶에서의 존귀

나 학문으로 존경받는 자는 전혀 없는, 그리고 이 세상에서의 왕국에서와는 전혀 다른 주님의 왕국의 성질이다는 것입니다. 이러한 일은 그 사회들 안에 있는 종속관계나 통치의 목적 때문입니다. 1748년 7월 4일

2516. 또 부연할 수 있는 것은, 영원한 이 나라 안에는 희열이나 영복 이외에는 아무것도 없다는 것인데, 사실 이러한 것은 다른 자들에 비하여 뛰어나다고 여기는 특권적인 존엄성에서 나오는 것이 아니고, 오히려 상호적인 사랑(mutual love)에서 생긴다는 것입니다. 내가 역설한 것은 이 세상에서는 높은 지위들이나 재물에 의한 것이 아니고, 자신들이 행복하다고 생각하고 즐거움을 얻는다고 찾는 다른 무엇이 있는가라는 말이었습니다. 주님나라에는, 그들이 이 세상에서 얻기를 갈망하였고, 그리고 그런 것들을 통해서 취했던 그와 같은 것을 그들은 아무것도 얻지 못합니다. 그 이유는 이런 것들이, 그들이 다른 것들로부터 취한 그들의 기쁨이나 즐거움인 영복들을 파괴하기 때문입니다. 그러므로 이런 것들에 의하여 온갖 즐거움이나 기쁨 따위는 그들에게 주어질 수 없고, 그리고 그런 것들은 그들이 높은 지위의 탐욕이나 우월감에서 열망한 것입니다. 1748년 7월 4일

주님께서 적당하다고 생각하시는 것 이상의 보다 높은 천계에 들어가기를 갈망하는 자는 아무도 없다는 것에 관하여

2517. 앞에서 언급한 것을 참조하십시오. 선한 자나, 믿음 안에 있는 자들은 모두가 자기 자신의 자리를 얻고, 그리고 모두는 자신의 자리에서 최고의 기쁨을 향유한다는 것이고, 그리고 만약에 그들이 망상에서 보다 높은 천계에 들어가려고 하는 상태에 있다면 그들은 이와 같은 자신들의 즐거움이나 기쁨을 모두 파괴한다는 것이었습니다. 왜냐하면 내면적인 것들 안에 있지만, 그럼에도 불구하고 아직은 그 기쁨이나 즐거움을 받기 위하여 형성되지 않은 내면적인

것들 안에 있는 자들이 자신들은 자기 본연의 천계로 되돌아가기를 원한다고 말하였기 때문입니다.

2518. 사실 분명하게 드러난 것은 그 망상이란 바로 천국에 들어가서, 수장(首長)이 되어 다른 자들을 자기 밑에 예속시키고, 그리고 그런 사회를 형성하려는 자만(自慢)에서 비롯된 것입니다. 이런 망상이, 저 세상을 이루는 것은 전무(全無)하고, 다만 자기 자신의 모든 영복을 파괴하는 일만을 빚습니다. 왜냐하면 그런 종속관계는 누구에게도 주어지지 않기 때문입니다. 존경을 받을 분은 오직 주님뿐이십니다. 그리고 서로를 향한 상호애(mutual love)에서부터 그들 자신의 모든 영복은 입류하는데, 이러한 사실은 어느 누구에게나 아주 명확합니다. 왜냐하면 그들은 거짓이나, 또는 상반되는 원칙들 안에 행복을 두기 때문입니다. 따라서 이런 것은 오직 그의 기쁨이나 즐거움을 파괴하는 것입니다.

2519. 이런 욕망으로 말미암아 천계에 들어가기를 갈망하는 자들은 최초의 경계에 이를 수도 없이, 퇴자를 받습니다. 천계가 얼마나 멀리 있는지, 따라서 천계의 기쁨이나 즐거움이 얼마나 떨어져 있는지는 이런 사실들로부터 알 수 있다는 것은 많은 경험에서 아주 명확합니다. 다시 말하면, 만약에 어떤 천사가, 그를 해칠 생각이 전혀 없이, 그를 보기만 해도 그는 매우 큰 고통을 느끼고, 이른바 그 괴로움 때문에 사멸할 것입니다. 그리고 교활한 자들은 똬리를 튼 뱀과 같이 보이고, 더욱이 단지 천사들의 영복을 보는 것에서 비롯된 선망(羨望) 때문에 심한 고통을 받습니다. 저 세상에서 다른 자들을 지배하기를 열망하는 자들의 상태는 이런 꼴이 되고, 그리고 어떤 사회에서나 우두머리가 되려고 하는 자들의 상태들 역시 이런 꼴이 됩니다.

2520. 모든 영복(永福·至福) 안에 상호애가 있다는 것이나 그리고 천계가 상호애나, 그리고 자기 자신은 무가치한 존재라고 여기는 것 안에 있다는 것이나, 사랑에 속한 그 밖의 다른 많은 것들도 자연

안에 있는 것들에게서 잘 알 수 있고, 그리고 대기(大氣)의 영역에게서, 인체의 육체 안에 있는 부위들이나, 내장들에게서 잘 알 수 있습니다. 거기에는, 그것이 일반적인 원칙에 공헌하기 때문에, 그 일반적인 원칙에서 비롯된 건강에 속한 것을 소유하지 않은 것은 아무것도 주어지지 않았다는 사실에서도 잘 알 수 있습니다. 그러므로 거기에는 자기 자신을 위해서 애쓰지 않고, 믿음 안에 있는 일반적인 선을 위해 수고하는 자들에게 입류한 모든 영복의 결합(=합침)이 있지만, 그러나 자기 자신을 위해서 애쓰고, 그리고 자기 자신에 비하여 뛰어난 자리에 자기 자신을 두기를 열망하는 자들에게는 그와 반대의 일이 일어납니다. 1748년 7월 4일

구약에 언급되어 있는 예언자들의 어느 무리에 관하여

2521. 유대 사람이나 이스라엘 민족에게 있었던, 그리고 이방 사람들 가운데 있었던 예언자들의 무리들이 있었습니다. 그들은, 성서 여기저기에 기술되어 있듯이, 어리석은 몸짓으로 자기 자신을 과시하였고, 그리고 그들은 유대 나라나 이스라엘 나라에서 거짓된 것들도 참된 것들처럼 예고하였습니다. 만약에 내가 그 이유를 그들 근처에 있는 영들로부터 가정(假定)한다면, 그들은 예배의 측면에서는 외적인 것들 안에만 있고, 내적으로는 미치광이의 상태에 있었기 때문에 그 백성에게는 그들이 예언적인 영처럼 보여졌기 때문입니다. 사후 그들의 영혼들은 가끔 이런 부류의 예언자들에게 적용되는 것처럼 보였는데, 그것은 그들이 육신을 입은 삶을 계속하고 있고, 그리고 거의 미치광이라는 것, 따라서 그들이 그들의 망상들에게서 되돌려지기 위해서입니다. 왜냐하면 육신을 입은 삶은 사후 처음에는 비슷하게 계속되기 때문입니다. 이것은 가장 가까운 원인을 보여 주는 것이지만, 나와 함께 이야기 한 영들은 내용들에게서도 적용될 수 있겠습니다.

2522. 나는 그 시대에의 어떤 자와 함께 있었는데, 그가 한 말은,

그들은 성자(聖者·聖人·saints)들로서 이런 예언자들을 존경한다고 하였고, 그리고 거의 모두가 예언하기를 열망한다고 하였고, 따라서 그런 영들이 그들을 지배한다고 하였습니다. 이런 식으로 기술된 예언적인 것들을 그들은 이해하지 못하였고, 다만 그들은 숭배하였을 뿐입니다. 이러한 내용은 고대 시인들의 신비적인 것들에게서도 비슷합니다.

학문은 배척되어서는 안 되고, 그리고 적용되는 것을 제외하면 즐거움이나 쾌락도 그와 같이 배척되어서는 안 된다는 것에 관하여

2523. 따라서 학문들은 배척되어서는 안 됩니다. 그 이유는, 사람이 그것들로부터 영적인 것들이나 천적인 것들 안에서 현명하게 되기를 원할 때, 그것들이 사람을 미치광이가 되게 하기 때문입니다. 따라서 학문이 그와 같이 사용된다면 그것들은 사람을 타락시키고 눈먼 사람으로 만듭니다. 그러나 만약에 학문들에 의하여 진리들이 확증된다면 그 때 그것들은, 사람이 학문들 안에 있기 때문에, 사람에게 빛을 발하고, 현명하게 합니다. 이와 마찬가지로 마음이나 육체에 속한 즐거움들이나 쾌락들도, 그것들이 사람을 파괴하고, 장님되게 한다는 이유에서 배척되어서는 안 됩니다. 그러나 사람은, 앞에서 언급한 것과 같이, 선용을 위해 그것들을 향유하도록 하여야 합니다. 따라서 그것들은 오직 선용들에게 적용될 수 있습니다. 왜냐하면 기쁨이나 쾌락은 육신에 속한 생명이고, 따라서 역시 그것들은 선용들에게 부여된 것들이기 때문입니다. 1748년 7월 4일

영들의 내면적인 생각들에 관하여

2524. 저속한 영기(靈氣), 또는 외현적인 생각의 영기 안에서 구분되지 않는 생각들이 있었습니다. 이것들은 저속한 생각들, 또는 외현적인 생각들을 지배하였습니다. 나는 이것들이 내면적인 사람에

속하였고, 따라서 내면적인 천계의 천사들에게 속했다고 오랫동안 생각하였습니다. 그러나 그런 생각은 잘못된 것이었습니다. 왜냐하면 많은 경험을 통해서 내가 배울 수 있었던 것은 거기에는 그런 생각들에 익숙한 영들이 있었고, 그리고 그런 생각들을 즐기는 영들이 있다는 것 때문입니다.

2525. 더욱이 이런 생각들에 관해서는 그런 것들을 즐기지도 않고 그것들을 인지하지도 못하는 어떤 영들과 영혼들이 있었습니다. 그 이유는 그들의 생각들에 속한 영기 안에 있었기 때문입니다. 그러나 저 세상에 당도하자 즉시 거기에는 이런 생각들이 있다는 것을 알고, 그리고 외적인 것들로부터 저속하고, 외현적인 생각에서부터 그것을 분리할 수 있는 영혼들이 있었습니다. 그리고 그들은 육신을 입은 삶에서는 교활했던 자들이었습니다. 나는 이런 사실을 많은 경험들을 통해서 충분하게 배웠고, 뿐만 아니라 용(龍)도 역시 꼭 같은 것을 즐긴다는 것도 경험을 통해서 배웠습니다.

2526. 저속한 생각은 언어에 유입하는 단순한 개념이지만, 그러나 그 생각은 저속한 생각에 유입하고, 그리고 생각들이나 나쁜 정욕들(evil affections)에 의한 것과 꼭 같이, 그것을 지배하였습니다. 이런 생각들은 말하자면 계속해서 이어지고 있는 것 안에서 생각하는 의도들을 가리킵니다. 그것들은 다른 사람들이 가지고 있는 생각하는 마음이나, 행동하는 마음을 부추기었고, 그리고 민첩함이나 우둔함을 유발(誘發)하였습니다. 따라서 그것은 그것의 정동들이나 탐욕들을 가지고 있는 내면적인 관능적 생각이고, 또한 물질적인 생각을 가리킵니다.

2527. 이런 것이 내면적인 영들의 생각인데, 그런 영들에 의하여 천사들은 외면적인 생각들과 교류하고, 그리고 이와 같이 언어와도 교류합니다.

2528. 나에게 관찰하도록 허락된 것은, 나에게서 멀리 떨어진 곳에 영들이 있었고, 그 영들이 하는 말은, 그들은 내가 생각하거나,

조용히 말하고 있을 때에 비하여 더 잘 지각한다는 것과 이런 생각들 안에 있는 각각의 것들은 그런 영들에게 더 잘 나타났고, 명확하였는데, 그 때 그 생각은 나에게는 거의 드러나지 않았습니다.

2529. 그러나 선한 자와 꼭 같이 악한 자도 이런 선물을 즐겼습니다. 악한 자들은 이런 생각들을 통하여 선한 영들을 타락(墮落)시키려고 애를 썼는데, 그 이유는 그들이 이와 같이 자신들의 영기 안에 빠져 있었기 때문입니다.

2530. 이런 생각들 안에 있는 자들은 그들이 내면적인 천사들이다고 여겼습니다. 선한 자들은 그들이 내면적인 천계의 천사들이다고 생각하였습니다. 그러나 그들은 모두가, 앞에서 언급한 것과 같이, 중간에 존재하는 매개적인 영들이고, 따라서 선한 영들이었습니다. 그들은 천사들이라고 불리울 수 있지만, 그러나 영들의 세계에 있는 천사들일뿐입니다. 악한 자들은, 자신들이 내면적인 천계의 영기 안에 있다고 생각하였지만, 그러나 그들은 전적으로 잘못되었습니다.

2531. 저 세상에서 오랜 세월을 보낸 자들 중에는 외적인 것들이, 말하자면 투사(投射)되기 때문에, 따라서 내면적인 것들이 드러나고, 그러나 그들은, 그들이 그와 같이 불리워지는, 내면적인 영들이 됩니다. 이러한 사실을 나는 나에게서 멀리 떨어져 있는 그런 부류의 군중들에게서 관찰하였습니다. 1748년 7월 5일

2532. 여기에서 밝히 알 수 있는 것은 교활하고, 사기를 치는 일에 익숙한 자들이 사후 매우 불행하다는 사실입니다. 왜냐하면 온갖 사기(詐欺)와 간계(奸計)가 내면적인 영기를 점유하고 있기 때문입니다. 그 이유는 이런 자들은 내면적인 영들의 영기에서 전적으로 쫓겨났기 때문이고, 따라서 영들의 세계에서 쫓겨났기 때문이고, 그리고 적절한 곳에서 남겨지게 되기 때문입니다. 이들은 아주 오랜 기간 동안 온갖 고통을 겪고, 그리고 더욱이 온갖 고통이 계속해서 연장되고, 종국에는 그들의 사기적인 것들은 전혀 남은 것이 없게 됩니다. 왜냐하면 그들의 선천적인 기질에 들어가고, 그리고 그들을

구성하는 온갖 사기나 협잡 따위가 소멸하기 전에는 이런 고통이 수반하는 아주 긴 기간이 있기 때문입니다. 왜냐하면 이런 것들이 소멸되기 전에는 내면적인 사람은 활동할 수가 없기 때문입니다. 그리고 또한 내면적인 사람과 외면적인 사람 사이에는 중간적인 것들(=매개적인 것들)이 있고, 그리고 그것들이 적합하게 되기 전까지는, 그들의 내면적인 것들을 통한 작용이나 활동이 결코 일어날 수 없기 때문입니다.

2533. 이런 영들이 내 왼쪽 눈을 따끔거리게 하였는데, 그리고 아주 명확하게 일종의 심한 고통을 거기에 주입시켰습니다. 여기에서 얻는 결론은, 지금 거기에 있는 자들은 저속한 생각들을 다스리는 자들 가운데 있다는 것입니다. 온갖 탐욕들을 지배하고, 오른쪽 눈을 움직이는 다른 자들이 활동할 때에는 그 눈의 고통은 내면적이고, 날카로웠습니다. 따라서 역시 여기서의 결론도 그들은 마치 시각이 청각과 생각 사이의 매개적인 것이듯, 매개적 존재들이다는 것입니다.

내면적인 영들(interior spirits)에 관하여

2534. 입류하는 내면적인 영들의 아주 큰 무리가 있었는데, 그들을 통하여 천사들은 외면적인 영들(exterior spirits)에 입류합니다.

2535. 내면적인 영들과 외면적인 영들에게는 이런 차이가 있었습니다. 외면적인 영들이 내면적인 영들의 사회에 인도되면 외면적인 영들은 불영명한 상태에 들어옵니다. 말하자면 잠자는 상태에 있습니다. 왜냐하면 그들은, 그들의 입류를 제외하면 그들을 인지하지 못하기 때문입니다. 이런 상태는 그들에게는 잠자는 상태처럼 불영명하고 희미하였습니다. 그러나 내면적인 영들에게 이러한 것은 매우 충분하게 영명하였고, 지각될 수 있었습니다.

2536. 어느 누구나 이런 상태에 올 때, 따라서 그는 명확한 개념 안에 있을 수 있는지는 내게는 아직은 알지 못합니다. 그러나 저 세

상에서 시간이 좀 지난 뒤에는 명료한 상태에 들어가게 됩니다.

2537. 오늘 그들은 나와 함께 있게 되었습니다. 이 상태에서 나는 깨어 있었고, 나는 그 무리를 살폈는데, 그 무리는 외면적인 영들에 비하여 수배나 월등히 많았습니다. 비록 내가 불영명한 상태에 있었지만, 내가 믿을 수 있는 것은 그들이 아주 명료한 개념 안에 있다는 것입니다. 그러나 그것은 조잡(粗雜)한 것들의 지각에서 볼 때 명료한 것뿐입니다.

2538. 좀 시간이 지난 뒤에 영들이 주님에 의하여 내면적인 상태에, 말하자면 결국은 영들에게 속해 있는 깨어 있는 상태에, 잠자는 것을 통해서, 즉 일종의 무감각 상태에 들어왔습니다. 그 때 이런 것들은 처음에는 어린 것들에게 나타나는 것처럼 그들에게 나타났습니다. 그 이유는 거기에는 조잡한 지각이 있었기 때문입니다. 종국에 그 개념은 점점 명료하게 되었고, 또한 개념들도 더 명료하게 되었습니다. 따라서 그들은, 말하자면 자신들에게 전적으로 깨어 있다고 여겨지는, 그런 상태에 인도되었습니다. 그러나 이런 상태는 내면적인 천계의 깨어 있는 상태에 비교한다면, 이른바 잠자는 상태일 뿐입니다. 1748년 7월 5일

주님의 성언에 속한 생명에 관하여

2539. 나는 천사들과 주님의 성언의 생명(the life of the Lord's Word)에 관해서 대화를 하였습니다. 다시 말하면 주님의 성언의 최고의 뜻 안에는 주님 자신이 계시다는 것입니다. 주님의 성언의 보편적인 뜻 안에는 천사들이나 선한 영들의 보편적인 천계가 있고, 성언의 보다 더 낮은 뜻 안에는 처음 창조 때부터 마지막까지 가장 보편적인 방법으로 취하고 있는, 보편적인 세계에 두루 있는 주님의 교회가 있고, 덜 보편적이 아닌 뜻에는 매우 다양한 교리로 가르침을 받은 교회에 관해서 다루어지고 있습니다. 더 낮은 보편적인 뜻 안에는 이 세상에 있는 태고교회에 관해서 다루어졌고, 더 낮은 열

등(劣等)의 뜻인 특별한 뜻(particular sense) 안에는 각각의 사람에 관해서 다루고 있습니다. 그리고 가장 개별적인 뜻 안에는 믿음에 속한 모든 조항들에 관해서 다루어졌고, 그리고 추상적인 뜻에서는 천적인 것들, 영적인 것들, 합리적인 것들, 지혜, 총명 등등에 관해서 다루어졌습니다. 1748년 7월 5일. 주제에 따라서 이런 것들이 기술되었습니다.

사람의 저 세상으로의 옮김에 관한 영들과의 대화에 관하여

2540. 영들은, 자신들이 육신을 입은 삶 안에 있다고 여기기 때문에 자신들이 저 세상에 있다는 것을 가끔 이상하게 생각합니다. 그 이유는 그들에게 반성하는 것이 주어지지 않았을 때에는 전혀 차이가 없기 때문입니다. 따라서 내가 그들에게 그들은 영들이다고 말을 하면, 그들은 이상하게 생각하였습니다. 그 이유는 그들이 육신을 입은 삶 안에 있다고 생각하기 때문인데, 그런 일에 관해서는 이미 다루었습니다.

2541. 나는 역시 영들과 이야기를 하였는데, 만약에 사람들이 주님을 믿는 믿음 안에 있다면, 지금은 닫혀져 있는 주님나라가 그들에게, 또는 천국에 이르는 길이 주님의 자비로 말미암아 내 안에서 열리고 있듯이, 열릴 것이고, 영혼들, 영들, 천사들이 이 세상에 있는 사람들과의 교제(交際)가, 그리고 이 세상에 있는 사람들의 영혼들, 영들, 천사들과의 교제가 있을 것입니다. 그래서 영들은 이 세상에서 행해진 것을 알고, 사람들은 천계에서 행해진 것을 압니다. 그러므로 그들은 양쪽에서 함께 살고 있을 것입니다.

2542. 그러므로 사람이 충분한 연령에 이르고, 육신을 입은 삶을 산다는 것을 모르는, 따라서 자신이 육신을 벗고 즉시, 천계에 옮겨지면 이런 교제와 교류가 있다는 것은 주님께서 영원부터 제정하셨습니다. 왜냐하면 이런 사람이 노년에 이르고, 세상을 떠나게 되면 그 사람은 천계에 있는 자들과 그의 육신에 관해서 대화하고, 깊이

생각하는 일은 더 이상 없기 때문입니다. 이와 같은 일이 나에게 이따끔 생기었는데, 나는 가끔 내가 육신 안에 있다는 사실을 잊고는 하였습니다. 그 이유는, 내가 영들과 대화하는 상태에 있었기 때문에, 육신에 속한 것들에 대한 깊은 생각은 전혀 없었기 때문입니다. 오늘 내가 영적인 개념에서 깨달은 것은 육신은 아무것도 아니다는 것이고, 그리고 육신이 폐기되었을 때 육신을 입은 삶과 육신이 폐기된 뒤의 삶 사이에는 아무런 차이가 없다는 것 등입니다.

2543. 뿐만 아니라 역시 그 육체에 관한 대화가 있었는데, 그 대화는 그 육신으로 이 세상에서 그의 영을 위해 보필하는 선용에 관한 것을 제외하면 아무것도 아니고, 그리고 그것의 영에게서 온전히 분리된 육신도 무가치한 것이다는 것이었고, 그들이 무척 관심을 가지지만 육신은 무가치하다는 것이었습니다. 왜냐하면 모든 짐승이나 동물은, 심지어 지극히 작은 곤충까지도 사람에 비하여 매우 멋지고, 그리고 더 완벽한 몸을 가지고 있고, 그리고 사람에 비하여 더 완벽한 후각 · 미각 · 시각의 기관을 가지고 있기 때문입니다. 그리고 수풀 속에 있는 곤충들도, 사람들이 아주 정교한 현미경을 가지고 볼 수 있고, 그리고 뛰어난 방법을 통하여 느끼는 것에 비하여 더 미세한 것들을 보고, 그리고 정교한 자연 안에 있는 것들을 보다 예리하게 느낄 수 있기 때문입니다. 왜냐하면 그것들은 자신들의 먹거리를 보고, 냄새를 맡고, 사람의 최고의 감관도 이르지 못하는 것들을 맛보기 때문입니다. 그러므로 짐승들의 몸들은 사람의 것에 비하여 보다 더 완벽합니다. 그럼에도 불구하고 사람은 본질적으로 그와 같이 미천(微賤)한 몸을 그렇게도 돌보고, 또 그렇게도 애지중지 합니다. 1748년 7월 6일

믿어야 하는 것들 안에는 멀리 하여야만 하는 감관들에 속한 오류들이 있다는 것 관하여

2544. 나는 가끔, 지금과 같이, 내 주위에 있는 영들과 대화를 하

였습니다. 그들은 비록 자신들에게는 내 가까이에 있고, 그리고 사실 내 안에서, 내 옆에서, 내 머리에서 촉각에 대하여 작용하고, 나를 만지고 옮길 만큼 아주 가까이 있는 것처럼 보이지만, 그들은 내 가까이에 있지 않았습니다. 그럼에도 불구하고 확실한 경험은 그들은 여기에 있을 수 없고, 오히려 어떤 때는 10, 100, 1,000, 3,000 마일이나 떨어져 있었습니다. 사실은 다른 별들의 영들과 함께 있는 것과 같았습니다. 그러나 영들은, 그들이 전적으로 내 곁에 있다는 외현에서 보기 때문에, 그 사실을 믿으려고 하지 않았습니다. 그 이유는 그것은 외현에 전적으로 반대가 되기 때문입니다. 그들에게 일러주는 것이 허락되었는데, 그것은 경험은 불변(不變)하고, 확실하다는 것이고, 그것이 그러하다는 원인에서도 전혀 의심할 수 없다는 것이고, 그리고 그들이 그 원인을 깨닫지 못하기 때문에 어떤 원인으로부터 그것을 깨달을 수 없다고 하는 것도 조금도 의심할 수가 없다는 것 등입니다.

2545. 내가 그들 앞에서 이 사실을 밝히 말하도록 허락된 것은 경험이 명료하고, 확실할 때, 외현(外現)은 다르다는 것 때문에, 그리고 그들이 원인들을 알지 못하기 때문에 결코 의심해서는 안 된다는 것입니다. 이와 같은 것들이 자연계 안에 있는데, 그런 사실은 경험에서 분명하고, 뿐만 아니라 진리이기 때문에 믿어야 하는 것도 있습니다. 예를 들어 보겠습니다. 우리는 지구 주위를 배로 일주할 수 있고, 그리고 우리 발에 반대되는 지점에서 반대되는 부분으로 일주할 수도 있습니다. 이런 일은 확실합니다. 그 이유는 경험이 그 사실을 입증하고 있기 때문입니다. 만약에 이 세상에서 어느 누구가 그것이 달리 보인다는 이유 때문에, 그리고 그가 그 원인을 알지 못한다는 이유 때문에, 그것에 관해서 의심한다면, 그 때 거기에는 그가 믿을 수 없는 사물들의 본성 안에는 이와 비슷한 수많은 것들이 있는데, 그럼에도 불구하고 그 때 그것들은 사실일 뿐입니다.

2546. 영계에서도, 특히 믿음에 속한 것들에서도 이와 비슷합니다.

그런 것에 관해서는 진리 자체이신 주님께서 이미 말씀하셨기 때문에, 우리가 원인들을 파악하지 못한다는 이유에서, 그리고 그것들이 외현과 일치하지 않는다는 이유에서 결코 의심할 수 없으며, 더욱이 그것을 배척해서도 안 됩니다. 예를 들면 주님만이 홀로 살아계시고, 천지(天地)에서 살아 있는 나머지 것들은 모두가 무가치하다는 것이나, 그리고 또한 이런 유의 것들은 수도 없이 많다는 것을 의심해서는 안 된다는 것입니다. 이런 것들은 역시 외현에 어긋납니다. 그리고 우리들이 이해하지 못한다고 해서, 그리고 우리 자신에게는 우리 자신으로 말미암아 사는 것이라고 보인다고 해서, 그것들이 부인되어서는 안 됩니다. 그럼에도 불구하고 그것들은 모두가 참입니다. 이런 사실은 내가 그들에게 이르도록 허락된 것입니다. 1748년 7월 6일

저 세상에서 영혼들은 처음에는 자신들의 장소(=위치)에 대해서 의심하는데, 소위 방랑자들이다는 것에 관하여

2547. 최대인간(the Grand Man) 안에서 자신의 자리를 아직까지 취하지 못한 영혼들이라고 부르는 자들이 있습니다. 그들은 가끔 여기저기를 떠돌아다니는 방랑자들입니다. 그들은 얼마동안은 오른쪽 아래에 있고, 또 얼마동안은 왼쪽 아래에 있고, 또 얼마동안은 머리 위의 여러 영역에 있고, 어떤 때에는 머리 가까이에 있습니다. 이와 같은 그들은 최대인간 안에서 한 위치를 잡지 못하고 있는데, 그 이유는 그들이 변화의 상태(a state of change)에 있기 때문입니다. 왜냐하면 거기에는 관능적인 것들이 밀착되어 있고, 그리고 그것이 자극을 받고 있기 때문입니다. 그런 것으로 말미암아 그들은 높이 오르기도 하고, 서로 상이한 영역에 옮겨지기도 합니다. 그러므로 나는 그들을 변함없이 방황하는 자들이라고 불렀는데, 그러나 그 뒤에 그들은 한 위치를 차지하였습니다. 그들은 거기에 머물러 있었지만, 종국에는 그들의 개혁(=바로잡음)의 상태(the state of their reformation)에 일치하는 긴 시간을 필요로 하는 변화가 찾아 왔습니다. 1748년 7월 6일

영들의 능력은 사람들의 능력에 비하여 월등하다는 것에 관하여

2548. 사람의 기억에 속한 모든 것들을 부여받은 영들은 사람의 언어에서도 능통하고, 그리고 사람의 생각들을 모두 인지할 뿐만 아니라, 그 이외에도 거기에는 그들에게 보여진 사람의 내면적인 온갖 생각들을 그 자리에서 꿰뚫고, 그리고 일순간에 파악하는 자들도 있습니다. 그러나 이런 사실들을 설명하기에는 상당한 시간이 요구됩니다. 그런 것들은 이 세상에서 보이는 것들과 같이 알 수 있고, 파악될 수 있는 것들은 아닙니다. 이런 것들은 관능적인 것들로부터, 또는 이 세상에 속한 것들로부터 추상된 것들에 속해 있습니다. 이런 것들이 자신들의 표징적인 개념들을 가지고 영적인 개념 안에 나타나게 되면, 그리고 그 개념이 뜻하는 것만을 드러내게 될 때에도, 그리고 불영명하고, 그것 안에 비밀스러운 것이 있다고 해도, 그들은 그 자리에서 아주 넉넉하게 모두를 파악해 버립니다. 따라서 한 시간 동안의 말로 표현될 수 없는 것들도 일순간에 파악해 버립니다.

2549. 영들은, 비록 이런 것들이 자신들에게 언급되고, 드러날 때, 그들이 그것들을 시인한다고 해도, 그들이 이런 능력을 가지고 있다는 것을 자신들이 알지 못한다고 말하였습니다. 그러나 그 이유는, 자신에게 부여된 그의 능력에 대해서 결코 깊이 생각하지 않았기 때문에, 그리고 자신에게는 그런 것이 그저 친숙하기 때문에, 다른 자들이 가지고 있는 것에 비하여 그들이 매우 월등하다고 생각하지 않기 때문입니다. 그들에게 이르도록 허락된 것은, 천사들도 자기 아래에 있는 영들을 꿰뚫어 보는 것이 허락되지 않는다면, 그리고 그것에서 차이점을 보는 것이 허락되지 않는다면, 자신들이 매우매우 뛰어나고, 훌륭한 능력을 가지고 있다는 사실도 알지 못한다는

것입니다. 1748년 7월 6일

영들의 세계에 있는 표징들(表徵·representations)에 관하여 ; 그리고 이것들이 어떻게 천계에서 입류하는지에 관하여

2550. 내가 잠든 때에 일어난 일인데, 나는 어떤 것들은 기억하지 못합니다. 그 때 내 시각에 새장에 갇혀진 몇 마리 새들이 나타났습니다. 그런 식으로 새장에 갇혀진 한 마리가 있었습니다. 그것은 나쁜 새였는데, 나는 그것을 가지고 싶지 않다는 것처럼 생각되었습니다. 거기에는 또 그 새와 함께 아름답고, 고상한 두 마리 새가 있었습니다. 나는 그것을 새장 안에 가두기를 원하였습니다. 내가 이런 생각을 하고 있는 동안, 즉시 영들이 나에게 내려왔고, 그들은 나에게 심한 폭행을 가하였고, 그리고 내 자리에서 나를 끌어냈습니다. 그리고 내가 그 전에 가끔 경험했던 것과 같이, 내 뼈들과 신경들에게 심한 고통을 가했습니다. 그래서 내 안에 있는 모든 것들이 흔들리기 시작하였습니다. 감관들은 내 온 전신에 퍼져나갔다는 것을 느끼었습니다. 내가 잠에서 깨었을 때 나는 그것을 느끼었습니다. 그리고 나는, 영들이 매우 큰 힘을 가지고 나에게 왔다는 것도 알았습니다. 그리고 지금 내가 상상한 것은, 전에도 여러 차례 있었던 것과 같이, 그들은 매우 큰 충격(衝擊)을 가지고 내 속에 있는 것들을 공격하여, 나를 파멸시키려고 했다는 것입니다.

2551. 그러므로 나는, 종전과 꼭 같이, 그 사안(事案)이 무엇인지 알기 위하여 그들과 대화를 하였습니다. 그들이 하는 말은 자신들이 그 새들에 관한 개념을 가지고 있다는 것이고, 그리고 자신들이 갑자기 나에게 던져졌다는 것이었습니다. 그들은, 그들이 떨어질 때 자신들은 머리가 깨지고, 목이 부러진다고 생각하였고, 그리고 그들은 그것을 나에게 보여 주었습니다. 그들이 알고 있는 것은 사람이 높은 집에서 땅으로 떨어질 때와 같이 사람은 확실히 멸망할 것이다는 것뿐이었습니다. 나도 그들이 역시 자신들의 두려움 때문에 떨

고 있다는 것을 지각하였지만, 그것이 나에게 알려졌습니다. 그래서 나는 그것으로부터 그들의 말이 진실이다는 것을 시인하였습니다.

2552. 내가 그 원인을 알려고 했을 때 그 새들에 관한 내 꿈이 기억에 되살아났습니다. 내가 알도록 허락된 것은 천계에도 어떤 일이 있었다는 것입니다. 그들은 생각들에 관해서 어떤 말을 가지고 있었습니다. 그리고 그 생각들은 영계에서는 새들이 뜻하였는데, 그것에 관한 대화가 있었습니다. 왜냐하면 이런 일은 명상들이나 생각들에 속한 것을 제외하면 새들에 관한 생각이 전혀 없는 천계에서 비롯된 입류를 제외하면, 영들의 세계에서는 결코 일어나지 않기 때문입니다. 전달자들을 가리키는, 영들에 속한 내면적인 세계에 있는 자들에 의하여 가르침을 받은 것은, 사람의 생각들이 사람의 생각들로부터 천계에 입류하는지에 관해서, 그럼에도 이것은 질서에 어긋나는 일이지만, 어떤 사회 안에 내재한 천계에서의 대화가 있었다는 것입니다.

2553. 사람의 생각이 천사들의 천계에 유입할 수 있다면, 천계도 사람의 생각들 안에 입류할 수 있습니다. 내 생각들이 소위 천계에 유입한다는 것이 가끔 그들에게 보였기 때문에, 따라서 어떤 영들은 그런 일이 있다고 외현에게서 결론을 얻었습니다. 결과적으로는 그들이 거짓 안에 있었기 때문에, 그들은 천사들의 사회에 있을 수 없고, 오히려, 말하자면, 천사들의 사회에서 쫓겨났습니다. 그러한 일은 천사들에 의해서 일어난 것이 아니고, 자기 자신들에 의하여 쫓겨난 것이고, 그리고 이것이 그들의 쫓겨남이고, 그리고 또한 거짓이 그 자신을 내동댕이친 것일 뿐입니다. 왜냐하면 천사들은 결코 누구도 쫓아내지 않기 때문입니다. 그러므로 그들이 사람의 생각들의 유입에 관한 거짓 때문에 그와 같이 쫓겨났기 때문에 대응하는 영들에게 꼭 같은 일이, 마치 그들의 목들과 머리들이 꺾어지고 깨어지는 것과 같이, 자신들에게 생각되는 그런 힘과 처참함이 새들의 모습으로 그들에게 드러났습니다.

2554. 그 뒤에, 겉보기에 나의 생각들이 천계에 유입한다는 것에 관해서 몇 마디 말을 하는 것이 나에게 허락되었습니다. 다시 말하면 사람으로부터 천계에의 유입은 없다는 것입니다. 왜냐하면 열등의 계도에, 또는 조잡한 계도에 있는 것들이, 비록 그렇게 보인다고 할지라도, 내면적인 계도에, 따라서 선재(先在)적인 것들에의 유입은 결코 있을 수 없습니다. 그러나 그와 같이 보여지는 원인은, 주님께서 천계에서부터 나의 생각들에의 입류가 있게 하기 위해서, 행하신 것입니다. 그리고 나의 생각들로부터 천계에의 유입이 있다는 것은 오직 하나의 외현일 뿐이다는 것입니다. 그러나 원인이 영적인 개념들에 의한 것을 제외하면 드러내 보여질 수 없기 때문에, 따라서 원인들 안에 있는 그것이 어떠한지 몇 마디 말로 그들에게 제시되었지만, 그러나 주님께서 인간의 생각들 안에 입류하고, 월등한 것들 안에 열등한 것들이 현존한다는 것이 사실이고, 참입니다. 그것이 주님을 기쁘시게 한다면 주님은 천계를 통해서 사람들의 생각들 안에 입류할 수 있고, 그리고 마치 사람의 생각들이 유입하는 것처럼 어떤 경우에서는 보여질 수도 있다는 것입니다. 열등의 것이 우월한 것에, 또는 외면적인 것이 내면적에, 또는 철학자들이 말하는 것과 같이, 후래(後來)적인 것이 선래(先來)적인 것에, 조잡한 것이 순수한 것에, 유입할 수 있다는 것은 전적으로 질서에 어긋나는 것이고, 모든 이성(理性)에 거스르는 것입니다. 1748년 7월 7일

2555. 이상에서 묵시록에 이런 말씀이 무엇을 뜻하는지 밝히 이해될 수 있겠습니다. 이 말씀에 관해서는 아마도 이미 어디에선가 다룬 것으로 생각됩니다. 즉 빛의 천사들이 그의 동료들과 함께 땅으로 던져졌다는 것, 다시 말하면 그들이 거짓 안에 있을 때 거짓이 천사들의 사회로부터 그들을 추방하였다는 것, 그리고 그 때 영들의 세계에 있는 그들에게 대응하는 자들이 이와 같이 난폭함을 가지고, 말하자면 그들의 생명에 대한 위험함을 가지고, 아래로 내던져졌던 것처럼 그들에게 보인다는 것입니다.

2556. 그러나 그들에게 대응하는 영들이 이와 동일한 소견을 가지고 있는지 여부는 내가 알 수 없습니다. 왜냐하면 대응하는 영들이 많이 있고, 때로는 동일한 소견에 속하지 않은 영들도 있기 때문입니다. 따라서 영들의 세계에서 동일한 거짓 안에 있는 자를 제외하면 그의 동료들에 의하여 꼭 같이 이해될 수 있는 다른 것은 아무것도 없기 때문입니다. 왜냐하면 그들은 그들이 천계에서 말한 것을 전혀 알지 못하고, 그들은 그저 새들의 표징 안에 있을 뿐이고, 그리고 그들이 말하고 있듯이, 불쾌함을 가지고 있을 뿐입니다. 1748년 7월 7일

그러므로 대응하는 영들은 자신들의 동료에 속해 있지 않았고, 그러나 단지 꼭 같은 거짓 안에 있는 자들이었을 뿐입니다.

영들은 사람의 생각들을 아주 충분하게 지각한다는 것에 관하여

2557. 이런 사실은 수많은 것들에서 잘 볼 수 있지만, 그러나 나는 이런 예를 들고자 합니다. 만약에 내가 그들과 이런 말들을 사용해서, 즉 그것은 이러저러하고, 또는 그것은 이와 같고, 또는 저와 같다는 낱말을 사용하고 개념이나 표징에 의하여 드러나는 다른 말들을 부연하지 않고 그들과 대화를 한다면, 그들은 즉시 모든 개념이나 생각을 즉시 깨닫습니다. 따라서 그들은 나중에 사용한 것 안에 있는 것들도 단지 몇 마디 낱말로 표현된 것에서 다 파악합니다. 개념들에 의하여 표현된 나중의 것, 따라서 여러 낱말들로 표현되지 않은 것들은 영적인 개념에 의하여 그들에게 잘 드러납니다. 여기서 밝히 알 수 있는 것은, 개념들이 없다면 판단되지 않고, 그리고 그런 것들은 사람의 눈에는 분명하지 않지만, 표현된 낱말들이 매우 적다고 해도 주님의 성언 안에는 매우 많은 수많은 것들이 존재하고, 그리고 너무나도 풍부한 개념들이 존재한다는 것입니다.

인조(人造)적인 기교에 의하여 행해진 것은 내면적인 것들에

이르는 길을 단절(斷切)한다는 것에 관하여

2558. 영적인 개념에 의하여 볼 수 있도록 허락된 것은 어느 누구가 영적인 것들이나 천적인 것들을 자기 자신 때문에 모방(模倣)하려고 하고, 그리고 자신으로부터 예술가들의 작품이나, 또는 예술의 방법으로 무엇을 만들려고 하면, 이런 것들은 모두가 마법사들이 자신들의 마법으로 하는 짓과 같아서, 그 즉시 내면적인 길은 차단(遮斷)되고, 외적인 것들이나, 가장 바깥에 있는 쓰지 못할 죽은 요소(a dead principle)만 남아 있습니다. 그럼에도 불구하고 그 예술가나 마법사들은 그것에 관해서 아무것도 알지 못합니다. 내면적인 것들이나, 그 안에 있는 것들에 관해서 알지 못하는 다른 자들에게서도 역시 마찬가지인데, 그 때 외적인 것들 안에서도 꼭 같은 일이 일어납니다. 예를 들면 사람이 오직 육안으로만 외적인 것들, 즉 그림들을 본다면 그 사람은 때로는 그것을 높이 평가하고, 심지어 살아 있는 생물(生物)로 여기겠지만, 그럼에도 불구하고 그 생물은 내면적인 것들 안에서 보다 아름답고, 매력적이고, 그리고 더 내면적이면 그럴수록 더 아름다울 뿐입니다. 1748년 7월 7일

그러므로 이런 것들이 내면적인 것들 안에 있는 자들에 의하여 펼쳐질 때, 그 겉의 것들은 물질적인 그림이나, 그 집을 지은 라임나무(a lime) 이외의 다른 것은 보이지 않고, 따라서 멋들어진 외관들을 연출하고 있는 것들을 현미경으로 살펴본다면 그 때 그것들은 더럽고, 추잡할 뿐입니다. 그러나 그들이 살아 있는 동물들이나 식물들을 살핀다면 경우는 매우 다릅니다.

사람과 마찬가지로 영들도 고삐(=구속)가 늦추어지게 되면, 즉시 자신으로 돌아가 악을 행한다는 것에 관하여

2559. 특히 영들의 세계에서 내가 관찰하도록 허락되어졌고, 또한 경험하도록 허락된 것은, 다시 말하면 그들이 허락받기만 하면 즉시 그들은 주위에 있는 자들을 파괴하고, 멸망시키기 위하여 곧장 돌진

(突進)한다는 것입니다. 그들은 사실 그것을 느끼지는 못하지만, 그들이 자신들의 즐거움이나 본성에 따라서 악을 생각하고, 더욱이 악을 도모하고, 행하지 못하게 하기 위해서 영적인 여러 가지 구속들 안에 계속해서 속박되어 있습니다. 그들은 이와 같은 구속들이나 속박 따위를 전혀 모르고 있는데, 그 이유는 그들이 이런 구속을 느끼지 못하는 그런 방법에 사로잡혀 있기 때문입니다. 그러므로 그들은 자신들에게 좋은 일이라고 생각하고 있습니다. 그러나 가끔 경험에 의하여 드러난 것은, 이런 구속이나 속박이 느슨해지면, 그들은 그 즉시 악 속으로 돌진한다는 것입니다. 사실은 주위에 있는 자들을 파멸시키려고 돌진한다는 것입니다. 뿐만 아니라, 그것을 알게 할 목적으로 그들의 구속들을 허락하는 일이 나에게 주어지자 그들은 즉시 다른 자들을 파괴시키려고 돌진하였습니다. 따라서 다른 자들은 이러한 허락이나 느슨함이 그들에게 주어지는 것을 불평하였습니다.

2560. 나의 속박들이 느슨해졌을 때 나에게 이와 비슷한 일이 일어났습니다. 나 역시 즉시 악으로 돌진하였습니다. 그래서 사람의 기질에는 악 이외에는 아무것도 없고, 그리고 선이나 자비는 오직 주님에게 속해 있을 뿐입니다. 따라서 주님께서는 그와 같은 방법으로 보편적인 천계나, 영들의 세계를 유지하십니다. 말하자면 사실은 그들은 악하고, 뿐만 아니라, 내가 가끔 그들과 함께 이것에 관해서 대화하였지만, 선이 그들 자신에게서 발출한다고 생각하는 그런 무지 가운데 있도록 구속하십니다. 그리고 그들은 선을 자신의 것으로 요구합니다. 비록 사람들은 이것을 알지 못하지만 이런 식으로 인류도 구속되어 있습니다. 그러므로 만약에 주님에 의하여 영적인 구속이나 속박이 허용된다면, 마치 들짐승들이 서로에게 달려들 듯이 사람은 즉시 서로서로에게 돌진할 것입니다. 이런 속박이나 구속에 관해서는 수많은 것들을 말할 수 있지만, 그러나 주님께서 좋게 생각하신다면 적절한 곳에서 그것들을 설명하겠습니다. 1748년 7월 7일

천계의 내면적인 것들이 사람의 이해력에 이르는 것들과 어떻게 관련되고 있는가에 관하여

2561. 내면적인 것들, 즉 내면적인 천계의 천사들에게 속한 것들은 말로 표현할 수 없고, 또한 사람의 이해에 미칠 수도 없습니다. 뿐만 아니라, 그것들이 노출된다고 해도 거기에는 가장 불영명한 요소들만 보일 것입니다. 이런 사실은, 살아 있는 인체의 신경섬유(神經纖維) 이외의 더 좋은 비교는 없겠는데, 그것들은 대뇌나 골수에서 아주 놀라운 방법으로 흘러나와 가지를 치고, 그 때마다 각각은 서로 연결되어 있는데, 그것들이 신경절(神經節)에 삽입되고, 그리고 내장에 옮겨집니다. 그러므로 그것들의 연결의 성질이 무엇인지 거의 알 수가 없습니다. 마찬가지로 다른 곳의 신경섬유들도 놀라운 형체를 형성하는데, 이러한 사실은 동물의 엷은 막이나, 곤충의 순판(盾板)에 있는 신경섬유를 관찰하는 것에서 쉽게 볼 수 있겠습니다. 뿐만 아니라 이와 같이 가지 친 것들에서부터 한데 얽히고, 상호간에 유입하고, 그리고 재차, 재삼 흘러나오고, 그리고 명확한 활동들이 생겨나옵니다.

2562. 그럼에도 불구하고 눈에 관측되는 섬유의 매체나, 매개적인 연결고리나, 이런 놀라운 섬유의 유입에 의하여 행위들은 이런 것들로 말미암아 아주 규칙적으로 존재할 수 있다는 것을 결코 생각할 수 없습니다. 뿐만 아니라 다른 것들과 이루는 그것 자체의 형체에 관계되지 않는 것은 하나도 없습니다. 그런데 그것은 서로 합쳐서 행위의 단위(the unit of an action)를 형성하고, 그리고 여러 가지 활동의 연합체에 기여하고 있습니다. 이런 개념은 내면적인 개념으로, 또는 영들의 세계의 내면적인 것들과 관계를 가지고 있는 내면적인 천계의 천사들의 개념들로 형성될 수 있겠습니다. 그리고 이런 사실로부터 이런 것들을 생각할 수 있는 자들이 결론을 지을 수 있는 것은 내면적인 것들이 헤아릴 수 없이 많다는 것이고, 그리고 내면

적인 것에 유입하는 보다 더 내면적인 것들이 있다는 것입니다. 왜냐하면 영들의 세계에 속한 하나의 개념은 무수한 힘들로 구성된 하나의 행위에 비교될 수 있고, 그리고 최소의 행위에 들어가서 그와 같은 행위를 구성하는 모양들에 비교될 수 있겠습니다. 1748년 7월 7일

주님을 믿는 믿음을 가지고 있는 자에게 주님께서는 현존하시고, 개별적이든 전체적이든, 모든 것들 안에서 그를 지켜보신다는 것에 관하여

2563. 특히 내가 영적인 개념으로 이해하고, 그리고 누구나 그 사실을 지각할 수 있는 것은, 주님께서는 주님을 믿는 믿음과 믿음의 시각을 가지고 있는 자를 위하여 일체의 것을 조언, 살피신다는 것, 그리고 주님께서는 그가 걱정하지도 않는 것까지, 그러나 필수적인 모든 것이나, 필수적인 것에 유용한 것이 무엇인지 모르고 얻는 것들까지도 살피신다는 것 등입니다. 그 때 그에게서 모든 것들은 성공적이고, 그리고 천계의 지복으로 인도됩니다. 따라서 사람이 자기 자신을 신뢰하는 것에 비례하여 주님으로부터 멀어지게 되고, 그러므로 자기 자신의 영특함을 의지하고, 신뢰하는 것을 통하여 그 사람은 자신을 주님에게서 멀리 옮기는 것인데, 그 이유는 그 정도만큼 그는 믿음에서 멀리 떨어지기 때문입니다. 1748년 7월 8일

2564. 내적인 시각(insight)이 무엇인지는 저 세상에서 사는 사람을 제외하면 그 누구도 결코 알 수 없다는 것은 잘 드러납니다. 따라서 주님을 믿는 신뢰나 믿음의 내적인 시각에 의해서 무슨 일이 일어나는지 알 수 있습니다.

광기(狂氣 · insanity)가 영들의 세계의 내면적인 영역을 지배한다는 것에 관하여

2565. 앞서 설명한 내용을 참조하십시오. 영들의 세계에는 내면적

인 영역(an interior sphere of the world of spirits)이 있는데, 여기에는 영들의 큰 무리가 있습니다. 그들의 언어는 오랫동안 나에게는 이해되지 않았지만, 그러나 지금은 약간 밝혀지기 시작하였습니다. 이 영역에서는 사람의 의도들이나 목적들을 다스리는 곳이고, 역시 육신을 입은 삶 안에 있는 자들에 속한 저 세상의 언어는 거의 생각에 명확하지 않은데, 따라서 이런 언어는 사람의 명확한 생각 안에 있습니다.

2566. 왜 거기에는 미친 영들의 무리가 있는지 질문되었을 때 내가 깨달은 대답은, 오늘날의 인류는 다른 선용을 생각하지 않고, 그리고 자기 자신 이외의 다른 목적은 전혀 없기 때문이다는 것입니다. 그들은 단지 돈·금·은을 취하고, 긁어모으는 것뿐이고, 부자가 되는 것이고, 오로지 자신의 삶이나 생명을 위하는 것뿐이지, 결코 친구들이나 공동단체를 위한 것은 결코 아닙니다. 한걸음 더 나아가서 그들은 자신이 크게 되고, 자신의 사회적인 지위나 영예를 취하는 목적이 아니면 아무런 관심도 없고, 다른 사람들에 대한 선용 따위는 아랑곳 하지 않고, 그리고 사회 대중을 위한 선용은 더더욱 아닙니다.

2567. 이런 식으로 학문으로 말미암아 현명하게 되고자 하는 자들은, 자기 자신이나, 그 자신이 위대하게 되고, 그리고 그것을 세상에 드러내기 위한 것 이외의 다른 선용을 위해서는 아무것도 하지 않습니다. 그러므로 의도들의 영역(the sphere of intentions)이라고 부르고, 영들의 세계의 내면적인 영역이라고 할 수 있는 그런 영역이나 상태에는 온갖 광기(狂氣)가 거의 넘쳐나는 그런 광기의 세상이라고 하겠습니다. 따라서 소위 기독교도들이라고 불리우는 자들의 불법이나 부정, 또는 죄악 따위는 극도에 달하고 있습니다. 그러므로 주님의 왕국은, 예고된 바와 같이, 다른 자들을 향해 있고, 만약에 그렇지 않다면 그 세계는 멸망할 것이기 때문입니다. 왜냐하면 영들의 세계로부터 인류의 됨됨이(性稟)가 알려졌기 때문이고, 그리고 인류

가 얼마나 타락하였는지는 영들의 세계의 외면적인 것들이나 영혼들로부터는 알려져 있지 않기 때문입니다.

2568. 사후 얼마 지나지 않은 몇몇 영들이 그들 가운데 오게 되었습니다. 그들은 이 세상에 있을 때 남을 속이고, 그것도 공공연하게, 그리고 온갖 힘을 다하여 다른 사람의 눈에 띄지 않는 온갖 목적들을 얻으려고 그 짓을 하였고, 앞에서 언급한 것들 이외의 다른 목적들은 염두에도 두지 않았습니다. 따라서 말하자면 그들은 스스로 다짐하고, 스스로 결심한 것들이란 자기 자신 이외에는 그 어떤 목적이나 목표 따위는 없이, 그리고 그런 것 외에는 결코 어떤 것에도 몰두하지 않는다는 것입니다. 따라서 그들은 자기 자신과 비교하여 자신의 친구들이나 사회 공동의 선 따위는 아주 가볍게 여겼습니다. 보다 심한 마음의 다른 소유자들도 이 영역에 들어왔습니다. 그 영역에 들어온 나머지 자들도 더 심한 기질을 가진 자들도 있었습니다. 1748년 7월 8일

2569. 영들의 세계의 내면적인 영들을 가리키는 그런 영들은 사실 사람의 생각들 안에 유입하지만, 그러나 그들을 지각하지 못하고, 다만 오로지 그들의 의도들만을 알 뿐입니다. 그러므로 이런 의도들이 사람에게서 없어지게 되면, 그 때 이런 자들은 그 사람의 생각들을 이해할 수 없습니다. 그리고 영들의 세계의 내면적인 영들을 가리키는 선한 영들은 들려 올려지게 됩니다. 주님께서 그와 같이 섭리, 처리하시기 때문입니다. 1748년 7월 8일

2570. 지극히 적을지라도 그들에게 유입하는 것이 허락되면 주님의 성언에 속한, 그리고 믿음과 구원에 속한 것들 안에 있는 냉랭함(cold)이나 또는 권태(=지루함) 따위를 즉시 지각합니다. 나에게 지각하도록 허락된 것은 그들에게 아주 작은 해이(解弛)나 느슨함이 주어지게 되면 그들은 자신들의 권태나 냉랭함을 가지고 유입한다는 것입니다.

2571. 이런 부류의 내면적인 영들은 선한 내면적인 영들이 있는

곳에 있을 수 없습니다. 이런 식으로 그 세계에서는 그들이 함께 있을 수 없습니다. 왜냐하면 그들의 의도들은 서로 상이(相異)하기 때문입니다. 그들이 그 세계에 함께 있을 수 있다는 것은, 자신들의 약탈(掠奪)들이나, 술책들에 의하여 오로지 그들의 재물을 빼앗기 위한 것이고, 또는 그들을 종으로 부리기 위한 것뿐입니다. 이런 일은 저 세상에서는 전혀 다릅니다. 선한 영들이 나타나게 되면 그들은 반드시 도망쳐야 합니다. 그 이유는, 말하자면 그들은 권태나 지루함으로 죽게 될 것이기 때문입니다. 왜냐하면 그들은 거기에서 그들에게서 재물 따위를 얻을 수 없기 때문입니다. 그들이 함께 있다는 것이 불가능하다는 것은 이런 사실에서도 쉽게 알 수 있습니다. 즉, 천사들이 이런 부류의 작자들에게 와서 역사하신다면, 자신들은 멸망할 것이라고 여겨지는 그런 분노와 고통에 사로잡히고, 그리고 추한 파충류들이나 야생 짐승들로 변할 것이라고 여기기 때문입니다. 그러므로 주님께서는 그들이 신앙이 돈독(敦篤)한 자에게는 악한 숨결이나 독기(毒氣)를 내뿜지 못하도록 처리하시기 때문입니다. 1748년 7월 8일

2572. 뿐만 아니라 앞에서 내가 언급한 그런 성향들 이외에도 그들은 역시 거기에서 비롯된 여러 종류의 것들을 가지고 있습니다. 다시 말하면 그들은 그들의 생명의 측면에서 인류를 멸망시키기를 열망하고 있기 때문에, 따라서 그들은 자신들의 마음 안에는 네로의 잔학(殘虐) 따위가 전적으로 가득하고, 그리고 이웃들에게서 모든 것들을 빼앗기를 열망하고, 그리고 그들의 목전에서 죽는다고 할지라도 그들은 그런 일에서 쾌락을 만끽할 것입니다. 그 이유는 그들은 모든 자비에 대해서는 전적으로 반대가 되기 때문이고, 마찬가지로 그들의 사기심 역시 모든 순진무구함(innocence)에 전적으로 반대이기 때문입니다. 뿐만 아니라, 그들은 우정을 깨는 그 일에서 쾌락을 한껏 만끽하고, 그리고 특히 혼인애(婚姻愛 · 結合愛 · conjugial love)를 소멸시키는 것에서 쾌락을 만끽합니다. 이러한 일을 그들은 선량한

부부 사이에 적대감(敵對感)을 일으키는 짓으로, 다른 자의 아내를 협박하여 간통으로 몰고 가는 짓으로 자행합니다. 이런 일들이나 비슷한 것들은 모두가 두 근원(根源)에서 반드시 나오는데, 하나는 자기사랑(自我愛)이고, 다른 하나는 세상사랑(世間愛)입니다. 1748년 7월 9일

2573. 이러한 사실은 사람의 지난 과거에서 나로 하여금 알도록 허락된 것인데, 믿음 안에 있었던 자들에 관해서 살펴보면 비록 그들이 사후 즉시 그 영역에 옮겨질 수 있다고 해도, 이들은 즉시 그 영역에 올리워지는 것은 아닙니다. 그러나 주님께서는 그들을 위하여 달리 권고하십니다. 그들은 이런 내면적인 영들 아래에 있는 영역에 머물게 되는데, 그래서 그들은 내면적인 영들을 이해할 수도 없고, 또한 명료하게 인지할 수도 없습니다. 이러한 일은, 천사들의 의도들이나, 성향에 대응하고, 그리고 동일한 영역 안에 있는 선량한 영들의 사회에 적응된 외적인 것들이 주님에 의하여 그들에게 주어지기 전에는 일어나지 않습니다. 그 때 그들은 외적인 삶에서부터 그런 영들에 속한 내면적인 삶에로 올리워지고, 그리고 그들은 자신들의 벗들과 교제를 즐길 수 있고, 그래서 천사들과 대응하게 되고, 따라서 그들은 주님에 의하여 직접, 또는 더 속히 인도되어, 매우 다종다양하고, 말로 형언할 수 없는 영복을 누리게 됩니다. 1748년 7월 9일

2574. 영들의 세계에 속한 내면적인 영역 안에 있는 자들은, 그들이 말을 할 때에는 그들이 육신을 입은 삶에서 익숙한 것처럼, 외면적인 영역 안에 있는 그런 영들을 사용하고, 생각하고 말하는 것을 위해서는 외면적인 영역에 있는 그런 영들을 사용하기 때문에 따라서 이들 영들이 분별된다는 것 이외의 차이는 거의 없습니다. 육신을 입은 삶에서 이러한 영들은 분명하게 분별되어 있지만, 그러나 그들은 자신들에게는, 이른바 한 사람이, 마치 한 사람이 명령하고 있는 그런 것처럼 보여집니다. 따라서 열등한 행동은 그들이 그러한

것처럼 일치하는데, 이런 사실은 그들이 이미 나에게 말하였습니다. 왜냐하면 그들은 자신들이 자신들의 옷을 입은 것과 같이, 자기 자신으로 옷 입기 때문입니다. 그 사람은 그가 자기 자신으로 말미암아 말한다는 것 이외는 다른 것을 전혀 알지 못하기 때문입니다. 이런 사실에서 뒤이어지는 결론은 그들은 그 사람 자신들로 자신들을 옷 입힌다고 생각한다는 것인데, 그 이유는 그런 영들은, 자신들이 그 사람이다고 생각하고 있듯이, 자신이 그 사람이라고 생각하고 있기 때문입니다.

2575. 경험에 의해서 내가 알도록 허락된 것은, 그들 아래쪽에 있는 영들에 의하여 일종의 수면상태에 빠지게 되었는데, 그들은 그들이 한 일을 알지 못한다는 것입니다. 그들은 이런 식으로 수면상태에 빠지게 되었는데, 그것은 사람의 외면적인 것들은 잠자는 상태에 있지만, 그의 내면적인 것들은 깨어 있는 것과 비슷하였습니다. 왜냐하면 나는 그들의 생명에서 어떤 섬광(閃光 · sparkling)이 일어나는 것을 인지하였기 때문입니다.

성경에서 전쟁을 배우는 일이 무엇을 뜻하는지, 그리고 왜 그들이 온갖 시험들을 겪는지에 관하여

2576. 신앙이 돈독한 자가 온갖 박해(迫害)들이나 온갖 시험(試驗)들을 반드시 받아야 하는 데는 여러 이유들이 있습니다. 내가 설명할 수 있는 하나는, 내가 배우도록 허락된 것인데, 거기에는 악한 영들의 무리가 있기 때문입니다. 특히 내면적인 영역에 그들이 있기 때문입니다. 이런 사실은 그들이 그런 경우가 있다는 것을 배울 수 있기 때문입니다. 그리고 주님께서는 질서에 일치하여 모든 것들을 다스리시기 때문에, 따라서 그들은 그것들에 대하여 반항하는 상태에서 충실할 수도 있고, 따라서 거기에는 평형(平衡)의 상태에서 충실할 수도 있습니다. 왜냐하면 악한 자는 멈춤이 없이 계속해서 공격할 것이고, 그리고 신앙이 돈독한 자는 계속해서 저항할 것입니다.

그러나 그들의 저항은 자신들에게 온 것이 아니고, 오직 주님으로 말미암은 것입니다. 1748년 7월 9일

그 영역에 속한 내면적인 영들에 관하여

2577. 그 영역에 있는 악한 영들에게 자신들의 온갖 의도들에 따라서 행동할 수 있는 승낙이 주어졌습니다. 그 때 거기에는 헤아릴 수 없이 많은 날조(捏造)된 것들이 있었고, 그리고 사실은 그것들이 매우 불결하고, 추하고, 더러워서 사람은 거기에 그런 것이 있다는 것도 생각할 수 없을 정도입니다. 왜냐하면 이런 승낙이 그들 가운데 만연(蔓延)하였을 때, 그 때 그 어떤 대상이 주어진다고 해도 그들은 그것을 자신들의 상태에 맞는 날조된 것들로 바꿀 것이고, 뿐만 아니라 반대되는 것이나, 올바른 것에 대립되는 것은 무엇이나 그들은 자신들의 손아귀에 넣고, 구역질나고, 추한 날조품들로 바꿀 것이고, 그리고 그것이 마치 무섭고, 몸서리치는 것처럼, 그것을 온갖 음모들로 꾸미고, 뒤바꾸고, 왜곡시킬 것입니다. 그것의 추악함 때문에 일반적으로 허용되지는 않지만, 그들의 의도들에 의하여 고안(考案)될 것입니다.

2578. 자연적인 사람 안에는 이런 내면적인 영기(靈氣)가 있기 때문에 여기서 얻어지는 사실은, 이런 것들은 모두가 마지막 때들(the last times)이고, 만약에 그들이 소생하지 않고, 주님을 믿는 믿음으로 소생하지 않는다면, 인류는 이 세상에서 소멸할 것이다는 것입니다.

2579. 이런 영기의 의도들 안에 있는 영기(靈氣)나 악한 자는 외적인 것들 안에 있는 악한 자들처럼 황폐하게 되지는 않습니다. 왜냐하면 사람이 내면적으로 악하면 악할수록 더욱 더 비참하게 되고, 오래 동안 형벌이 길어지게 되기 때문입니다. 따라서 그들에게는 몹시 비참하고, 긴 세월 동안의 지옥과 황폐가 남게 되고, 그리고 이미 앞에서 기술한 것과 같이, 자비에 정반대되거나 이노센스에 정반

대가 되는 자들에게 남는 것은 전무(全無)할 것이고, 그리고 사기꾼들이나, 다른 자들에 비하여 내면적으로 더 악한 자들에게 남는 것은 아무것도 없을 것입니다.

2580. 그들의 모습이 맑은 날, 내 눈에 밝히 드러났습니다. 그리고 종국에는 그들의 성품이 어떤 것인지, 선량한 자의 눈에도 드러났습니다. 다시 말하면 그들의 얼굴은 소위 해골바가지(an osseous substance) 같았고, 송장 보다 더 추하였고, 그리고 아주 무섭게 움푹 파인 몰골이었고, 색깔은 아주 흉악한 청백갈색의 뒤범벅된 그런 색깔이었습니다. 그들은 전혀 아무것도 생각할 수 없었고, 자신들에게는 죽은 송장이었습니다. 그리고 온갖 불안의 고통으로 괴로움을 겪고 있었습니다. 1748년 7월 9일

어떤 사물들에 관한 천사들의 언어는 내면적인 천사들과 더불어 여러 도시들의 표징에 흘러든다는 것에 관하여

2581. 오늘 아침, 거의 비몽사몽(非夢似夢)의 상태에서 내 생각에 미끄러지듯이 들어온 어떤 것이 있었습니다. 예를 들면 류트(lute : 기타 비슷한 현악기)와 다른 악기들이 슬며시 들어왔는데, 나는 동시에 여러 도시들을 생각하였습니다. 그래서 그런 생각들은 도시들의 개념과 함께 뒤섞였습니다. 내가 약간 잠에서 깨었을 때 나에게 일러진 것은 그와 같은 것에 관한 천사들의 대화들은 영들 사이에 있는 도시들의 개념들 속에 흘러든다는 것인데, 그것은 영들에 의하여 역시 수긍되었습니다. 사실 한 사물에 관한 천사들의 계속된 언어는, 류트(lute)나 다른 악기에 관한 것과 같이, 다종다양함이 없이, 한 도시의 개념처럼 단조롭게 영들에게 드러났습니다. 여기에서 명확한 사실은, 천사들 사이에는 매우 수많은 것들이 있지만, 그러나 내면적인 영들 가운에는 하나의 도시의 한 개념으로 나타난다는 것입니다. 따라서 천사들에게서 영적인 것들에 관한 생각은 도시의 개념이나, 비슷한 것으로 바뀌고, 그리고 천적인 것들과 관계되는 것은 동

물들이나 비슷한 것들로 바뀐다는 것입니다. 1748년 7월 10일

다른 자들에게 위해(危害)를 가하는 짓에서 즐거움을 만끽하는 영들의 큰 무리가 있다는 것에 관하여

2582. 오늘 나에게 몇몇 상태들을 경험하는 일이 주어졌는데, 그것은 전에 경험한 것과 같은 것들입니다. 그러나 그것은 사람들에게는 전적으로 알려지지 않았습니다. 사실 그것들에 관해서는 무엇이라고 표현할 수 없는 것들입니다. 만약에 몇 마디 말로 어떤 개념을 형성하려고 애를 쓴다고 해도 그것들은 이해될 수 없는 것들입니다. 따라서 믿을 수도 없었습니다. 그래서 정동의 완전한 상태는 과학적인 원칙에서부터 형성될 수 있는데, 그 상태 안에 있는 그 무엇은 정동을, 또는 더 참된 것이나 덜 참된 것을 다스립니다. 그러나 비슷한 상태들이 자연적인 것들에 속한 진리 안에 있지 않고, 영적인 것들에 속한 진리 안에 있는 자들에게 전달될 수 있습니다. 여기서 확실한 것은 이런 상태들은 무한정한 변화를 가지고 있다는 것입니다. 내면적인 영적인 세계 안에는 형언할 수도 없고, 이해할 수도 없는 그런 상태들이 주어지기 때문에, 영계에 있는 상태들이 자신들의 가장 가까운 근원을 그것에서 취하고, 그리고 영계에 있는 모두는 무한정한 변화를 가지고 있는데, 내면적인 천계에는 그 무엇이 없겠습니까? 왜냐하면 영계에서 하나의 존재로 나타나는 지극히 작은 것도 그런 것들의 무한성(無限性 · indefinity)에서 비롯된 내면적인 계도 안에 존재하기 때문이고, 사실은 모든 변화는 그것 자체의 무한성을 가지고 있기 때문입니다.

2586. 내면적인 천계의 측면에서 보면 영계 안에 있는 것은 그러하기 때문에, 여기서 명확한 사실은, 보다 더 내면적인 측면에서 보면 내면적인 천계 안에 있는 것도 앞서의 경우와 비슷하고, 그리고 극내적인 천계의 측면에서 보면 역시 보다 더 내면적인 천계 안에 있는 것도 그와 비슷하다고 하겠습니다. 그리고 극내적인 천계에 있

는 상태들의 무한성들은, 따라서 영복들에 속한 무한성들은 그것들 안에서 증대합니다.

2587. 거기에는 이런 것들이 존재하고 있고, 그리고 무엇이라고 표현할 수 없는 온갖 즐거움들의 상태들이나 영복들의 상태들이 거기에 있기 때문에, 따라서 명확한 사실은 그들의 언어 역시 표현할 수 없는 것이고, 그리고 내면적인 것들 안에는 보다 더 표현할 수 없는 것이 존재한다는 것입니다. 왜냐하면 모든 언어는 하나의 상태를 단정하고, 상태는 기초 안에 있는 언어에 대하여 단정되고, 그리고 언어가 존재하는 그것에 일치하여, 그리고 적절하게 유입하기 때문입니다.

2588. 여기서 역시 얻는 명확한 사실은, 사람이나 영이 생각할 때, 더욱이 그가 말할 때 그의 안에 있는 모든 지극히 작은 것도 내면적인 천계 안에 있는 그것 자체의 대응의 상태를 갖는다는 것이고, 각자의, 또는 이들의 생각이나 언어는 내면적인 천계 안에 있는 각자가 대응하는 자신의 상태를 갖는다는 것이고, 그리고 또한 이런 각자의 생각이나 언어는 보다 더 내면적인 천계에 있는 그것의 대응의 상태를 취한다는 것 등입니다. 그러므로 모든 개념은 하나의 확실한 정동이고, 또한 내면적인 것들 안에 있는 정동들에 속한 일반적인 상태이다는 것입니다. 만약에 그렇지 않다면 그 어떤 생각은 존재할 수도 없고, 또한 살 수도 없습니다. 1748년 7월 13일

자비(慈悲)나 순진무구(純眞無垢)는 사람에게 결코 속할 수 없다는 것에 관하여

2589. 사람은 자기사랑(自我愛)이나 세상사랑(世間愛)을 제외하면 아무런 가치가 없는 그런 존재이기 때문에, 따라서 그의 지극히 작은 본질(本質 · his least principle)에서부터 그의 가장 큰 본질까지도 모두가 자기사랑이고, 세상사랑이기 때문에 여기에서부터 이웃이나 주님에 대한 미움(憎惡)이 생겨나오고, 그리고 그 증오는 반드시 자

기사랑이나 세상사랑에서 흘러나오기 때문에, 따라서 사람은 무자비적인 존재 이외의 다른 존재가 결코 아니고, 그리고 무자비 이외에는 아무것도 아니고, 순진무구(innocence)에 정반대되는 것 이외에는 아무것도 아닙니다. 그러므로 자비나 이노센스는 반드시 어디엔가 존재하는 한 근원에서 와야 하고, 유입하여야 하고, 그리고 그것이 비롯된 근원은 신령한 존재 이외의 다른 근원(=샘)에서, 또는 자비 자체이시고, 이노센스 자체이신 주님에게서 비롯된 것들 이외의 다른 근원에서 나오겠습니까? 이러한 내용은 영적인 개념에 의하여 보다 더 충분하게 이해하기 위하여 나에게 허락된 것입니다. 1748년 7월 13일

영들은 자신들이 현존한다는 사실을 반사작용(=깊은 생각 · reflection)에서 알고 있다는 것에 관하여

2590. 내가 누군가에 관해서 생각하고 있을 때, 그가 현재 존재하고 있는 것처럼 보여졌고, 그리고 내가 그에 관해서 생각하지 않을 때에는 그가 거기에 없는 것처럼, 사실 내가 그에 관해서 생각할 때면 그는 즉시 내 가까이에, 사실은 머리 근처에 나타나고는 하였는데, 이런 일들은 수도 없이 일어났습니다. 나는 그것의 가장 가까운 원인을 알게 되었는데, 그 때 그들이 있다는 깊은 생각이 없으므로 그들은 그것을 알지 못하고 있다는 것입니다. 이러한 사실은 육신을 입은 삶에서, 그리고 여러 사회들 안에서, 일어나는 일상적인 일이기도 합니다. 비록 그들이 거기에 현존하지만, 그럼에도 깊은 생각이 없으므로 무엇이 존재하는지 알지 못합니다. 이런 사실에서 명확하게 알 수 있는 것은 깊은 생각이 저 세상에서 큰 영향을 주고, 그리고 이런 식으로 그들은 거기에서 자신에게 육신에 속한 시각을 통하여 보여진다는 것입니다. 1748년 7월 13일

주님께서는 첫 사람(the first man)의 창조 이래 온 인류를 인

도하신다는 것에 관하여

2591. 가벼운 의심이 일어났습니다. 그것은 이러하였습니다. 최대인간 안에 있는 천사들이나 영들은 사람에게 대응하고, 그리고 그의 기관들이나 부위의 각각의 것에 대응되어 있다는 것이고, 그리고 그것으로부터 온갖 시도(=노력 · *conatus*)이 생겨난다는 것이고, 그것은 힘이나 수동적인 것이 주어진 곳에서는 어디에서나 활동적이다는 것인데, 이러한 사실은 인간적인 철학에 속한 어떤 진리들로 말미암아, 그리고 만약에 그런 것들에 주의를 집중한다면, 잘 알 수 있습니다. 그러므로 이런 의심이 일어났습니다. 다시 말하면 최대인간이 형성되기 이전에 어떻게 최초의 사람(the first man), 또는 최초에 태어난 자들이 존재할 수 있었을까 하는 의문이었습니다. 나는 설득력이 있는 영적인 개념에 의하여 그 대답을 받았습니다. 확증된 사실은, 최초의 사람이나 처음에 태어난 자들은 주님 이외의 그 어떤 존재에 의하여 인도되지 않았다는 것입니다. 왜냐하면 주님은 모든 것 안에 있는 전부(All in all)이시기 때문이고, 또한 만약에 주님에게서부터 그것이 생겨나지 않았다면, 천계에나 영계에 있는 개별적인 것들에 의한 어떤 TLEH(endeavour · *conatus*)도 존재하지 않았다는 것이고, 또한 사람이 태어나기 전에도, 마찬가지로 사람이 태어난 뒤에도 역시 존재하지 않았기 때문입니다. 왜냐하면 그의 모든 계도들의 측면에서 보면 사람은, 태어나기 전이나 태어난 뒤에도, 꼭 같이 존재하였기 때문입니다. 그러므로 만약에 주님이 계시지 않았다면 창조될 수 있는 것은 아무것도 없고, 창조되어 존재하는 것이 없기 때문입니다. 그러므로 역시 주님만이 홀로 인류를 유지하십니다. 이것은 종전에도 마찬가지였습니다. 그러나 지금은 매개적인 천사들이나 영들에 의하여 인류는 유지, 존속되고, 그 때에는 천사들이나 영들이 없이 직접적으로 유지, 존속되었습니다. 이러한 사실도 역시 경험에 의하여 확증된 것입니다. 나는 이런 것에 관해서도 전에 다루었다고 생각합니다. 왜냐하면 인류는 시초부터 그분에 속한 것이

고, 따라서 그분은 모두를 돌보시기 때문입니다. 1748년 7월 13일

주님께서는 악에서부터 사람을 보호하신다는 것에 관하여

2592. 아래 사실은 나에게는 수많은 경험을 통해서 얻은 명확한 사실입니다. 그 경험들은, 만약에 내가 일반적으로 나의 경험들을 모두 모을 수 있다면 그것은 여러 권의 책들로 꾸며질 만큼 다양하고, 수도 없이 많았기 때문입니다. 왜냐하면 지금은 거의 매일매일이고, 그리고 몇 년 동안 나는 악령들에 의하여 내 주위뿐만 아니라, 머리나 등도 둘러싸여 있었기 때문입니다. 그리고 그들은 모든 노력과 공공연한 모욕이나 조롱들, 마법들이나 속임수를 가지고 열심히 노력할 뿐만 아니라, 나에게 해를 입히는 비밀스러운 술책들을 가지고 시도하였기 때문입니다. 그러나 개별적이든 전체적이든, 이런 모든 것들은 아무런 결과가 없이 허사(虛事)였지만, 따라서 종국에 나는 그들의 노력이나 공공연한 모욕 따위를 전적으로 비웃었습니다. 이와 같이 주님께서는 인류를 보호, 지키십니다. 악령들이 인류의 각자를 에워싸고 있고, 특히 오늘날에는 악령들이 어느 정도까지 증대하고, 그리고 또한 더 사악한 종류의 악령들이 그것으로 말미암아 증대하고 있지만, 주님께서는 인류를 지켜주십니다. 사람은 이런 사실을 알려고 하지 않고, 다만 사람은 그가 자신을 지킨다고 여기고 있지만, 그 때 진리에서부터 멀리 떨어지지 않은 것은 아무것도 없습니다. 왜냐하면 만약에 주님께서 그분의 손을 거두신다면 아주 짧은 순간에 사람은 멸망할 것이기 때문입니다. 1748년 7월 13일

깊은 생각이 없이 배울 수 있는 것은 전무(全無)하다는 것에 관하여

2593. 만약에 깊은 생각(reflection)이 없다면 기억에 들어올 수 있는 것이 없다는 것은 아주 명백합니다. 비록 인간의 시각은 수천수만의 대상물에 퍼져나간다고 할지라도, 그럼에도 불구하고 인간의

기억은 외적인 깊은 생각을 가지고 있지 않은 것에는 아무것도 남아 있지 않습니다. 이와 마찬가지로 그가 깊은 생각을 했던 것을 생각할 때 그것은 기억에 남습니다. 다시 말하면 깊은 생각이 없었다면 사람 안에 고정되는 것은 아무것도 없다는 것입니다.

2594. 그러나 사람이 깊이 생각했던, 하지 않았던, 무엇이나 고정되는 내면적인 기억(a interior memory)이 주어지는데, 따라서 인체의 시각이 이르렀던 것이나, 내적인 시각에 이르렀던 것은, 그것이 지극히 작은 것이라고 해도 거기에 명확하게 각인(刻印)되지 않은 것은 아무것도 없습니다. 따라서 사람이 깊이 생각하지 않은 것도 거기에 명확하게 각인됩니다.

2595. 그러나 사람의 내면적인 것들이나, 보다 더 내면적인 것들 안에 각인된 것들에 관해서 보면, 사람은 어떤 깊은 생각도 가질 수 없고, 마찬가지로 이것들에 관해서는 깊이 생각할 수 없습니다. 다시 말하면 그 사람이 분석적으로 생각하는 능력이나 결론을 짓는 능력을 어떻게 터득하는지는 깊이 생각할 수가 없는데, 그것은 기교(技巧)적인 추리능력(推理能力)에 비하여 매우 뛰어날 정도로 위대한 능력입니다. 그리고 사람은, 그가 그것에 관해서 거의 알지 못하는 그런 능력을 부여받고 있다는 것에 대해서도 무지(無知)합니다. 그리고 그 뒤 깊은 생각에 의한 것이 아니면 아무것도 알지 못합니다.

2596. 이러한 것들은 주님에 의하여 가장 깊숙이 숨겨진 깊은 생각에 의하여 점차 주입됩니다. 그 이유는 사람이 받아들인 깊은 생각을 통해서가 아니고, 더욱이 사람에게 명확하게 드러나지 않았지만 그런 것들은 다른 존재에게서가 아니고, 오직 주님에게서만 오기 때문입니다. 그러므로 그것은 주님에게 속한 선물이고, 따라서 사람은 그가 사람이다고 하는 자신에게 최소의 광영도 돌릴수 없고, 더욱이 사람이 거듭나기 위해서는 그것이 자신의 것이다고 생각할 수조차도 없습니다. 1748년 7월 13일

그들은 자주 천계에서부터 쫓겨난다는 것에 관하여

2597. 아주 자주 그리고 매일 매일 어떤 영들은 천계에서 쫓겨나, 열등의 영들에게 돌려보내지는 일이 일어납니다. 그들이 천계에서 쫓겨난 뒤 그들 중 몇몇과 나는 대화를 하였습니다. 그 이유는 그들이 어떤 거짓 안에 있었기 때문입니다. 그러므로 그들이 진리 안에 있는 자들 가운데 있게 되었을 때, 그들은 고통을 받는 것 이외에는 아무것도 없었습니다. 그 이유는, 다른 자들에 속한 진리나, 일반적이든 개별적이든, 온 천계에 속한 진리가 그들이 있는 사회 안에, 말하자면 즉시 모두 몰려오기 때문이고, 따라서 만약에 그들이 뒤로 물러나지 않는다면, 그들은 매우 비참한 고통을 받을 수밖에 없었기 때문입니다. 그 때 그들은 자신들이 쫓겨난다고, 또는 옆으로, 아래로 미끄러지고, 떨어진다고 생각하였습니다.

2598. 그들이 자주 쫓겨나고, 다시 열등의 영들에게 놓이게 되고, 그래서 그들이 그들에게 완전히 닮게 되는 이유는, 한 영이 천계에 올려질 때, 이런 일은 매일매일, 그리고 매우 큰 숫자가 올라가는 일이 일어나는데, 그 때 수많은 영적인 상태나 천적인 상태에 있게 하기 위하여 수많은 상태를 거치지 않은 영적인 상태나 천적인 상태에 들어오게 되면 그 때 그들은 거짓 안에 있고, 따라서 그들은 아래로 떨어지고, 그리고 그런 상태에 들어가게 되기 때문입니다.

2599. 이렇게 볼 때 명확한 것은 천계에서 아래로 떨어진 그들은 그것 때문에 악령이 되지는 않는다는 것입니다. 나와 이야기를 한 그들은 선하였습니다.

2600. 허용에서 일어나는 일이지만, 자기 자신을 속이고 침투한 자들의 경우, 사정은 달랐습니다. 이들이 거기에서 아래로 떨어졌을 때, 그들은 악하였습니다. 17489년 7월 14일

폭력이나 강압에 의하여 주님을 섬기도록 강요받는 자는 아무도 없다는 것에 관하여

2601. 사람들이나 영들이 강제적으로 주님을 시인하고, 예배하게 하는 방법은 수도 없이 많이 있습니다. 그리고 또한 그것은 쉬운 일은 아닙니다. 거기에는 여러 구속들이 있고, 또한 그 구속에도 여러 종류의 것들이 있습니다. 그리고 거기에는 온갖 두려움들도 있고, 또한 온갖 즐거움들도 있고, 그리고 여러 가지 명예들이 있고, 그리고 사람이나 영이 강제로 주님을 시인하도록 하는 온갖 탐욕들이 있습니다. 공포가 무슨 도움이 되는지, 명예들이 어떤 도움이 되는지는 아주 명백합니다. 그들이 즐거움의 상태에 들어가게 되면, 그때 그들은 모두 주님을 시인하려고 하고, 또 그분을 경배하려고 합니다.

2602. 그러나 이런 방법들은 내적으로 설득하는 방법은 결코 아닙니다. 그것들은 오직 관심을 유발하는 방법일 뿐입니다. 왜냐하면 그들이 다른 상태에 들어갔을 때 거기에서 어떤 반대되는 일이나 대립되는 일이 일어나면 그들은 즉시 뒤돌아서고, 그리고 주님을 시인하지 않기 때문입니다. 사실은 주님을 원망하고, 저주할 것입니다. 그러므로 시인이나 경배가 주입되기 위하여, 그리고 특히 사람에게 내면적으로 연합하기 위해서는 그것은 자의(自意)적인 것입니다. 그때 내적인 설득이 일어나고, 그리고 그것은 수많은 상태들 안에 남습니다. 왜냐하면 내적인 설득(internal persuasion)이 없다면 남는 것은 아무것도 없습니다. 그러나 그것은 상태의 모든 변화 안에서 변할 뿐입니다. 1748년 7월 14일

저 세상에 있는 영혼들은 육신을 입은 삶에서 그들을 억제했던 그런 구속들로부터 자유스럽다는 것에 관하여

2603. 사람들이 이 세상에 있을 때는 사회에 속한 수많은 구속들이 그들을 억제하고 있습니다. 예를 들면, 법률의 두려움·세평(世評)의 두려움·생명의 상실의 두려움·재산·영예 등등의 손실에 대한 두려움 따위가 되겠습니다. 이와 같이 모든 두려움은 사람이 애

지중지(愛之重之)하는 온갖 탐욕들에 속해 있습니다. 이런 구속들이나 속박들은 저 세상에서 소멸되는데, 그러므로 자신들의 내면적인 것들에 남겨지게 되면 그들은 말하자면 다른 인물들이 됩니다. 그들은 아무런 두려움이 없이 그들이 할 수만 있으면 모두를 속이는데 익숙할 것입니다. 그들은 비방하는데 익숙할 것입니다. 그리고 그들은, 비록 육신을 입은 삶에서는 공적으로 그들에게서 듣지 못했던 그런 것이지만, 그들은 여러 말이나 그런 것들을 가지고 다른 자들을 선동할 것입니다. 1748년 7월 14일

신령진리들은 철학에 의하여 확증되어야 하지만, 그 반대는 아니다는 것에 관하여

2604. 주님께서는, 일반적인 것과 꼭 같이 개별적인 것도, 그리고 보편적인 것과 꼭 같이 단일적인 것도, 다스리신다는 것은 신령진리(a divine truth)입니다. 다시 말하지만 이 진리는 신령한 진리입니다. 왜냐하면 주님께서는 그분 자신의 뜻이 없이 머리카락 하나라도 머리에서 떨어지지 않는다고 말씀하셨기 때문입니다. 이 진리는 수많은 것들로부터 자연이나, 인간의 철학에 의하여 확증될 수 있습니다. 예를 들면, 우주는 결코 존속할 수 없다는 것, 또는 천계도, 인류도, 자연도, 자연에 속한 삼 계(三界)도 존속할 수 없다는 것이 되겠습니다. 이런 것은 역시 철학에 의하여 확증됩니다. 다시 말하면 보편적인 섭리(攝理 · a universal providence)는 가장 개별적인 것들(the most singular providence)에게서 비롯된 것이 아니면 결코 주어질 수 없다는 것입니다. 따라서 주님의 보편적인 원칙(His universal principle)도, 개별적인 것들이 없으면 일반적인 원칙이 결코 존재할 수 없다는 것과 꼭 같습니다. 왜냐하면 개별적인 것들이 모여서 일반적인 것을 구성하기 때문입니다. 따라서 신령진리는 자연적인 진리들이나, 철학적인 진리들에 의하여 사람의 밝은 마음(the illumination of the human mind)에 확증될 수 있습니다. 그러나 만약에 사람이 자연과학

이나 철학에서부터 신령진리들을 추론하려고 한다면, 그는 즉시 흑암의 상태나 짙은 안개 속으로 빠질 것입니다. 그 때 그는 즉시 이런 식으로 확증할 것입니다. 다시 말하면 섭리(攝理 · providence)는 보편적인 것이지 결코 단일적인 것은 아니다는 것입니다. 그리고 사실은, 그가 이해하지 못하는, 그리고 이런 것들이 거의 모두이다고 하는, 개별적인 것들이나 단일적인 것들 안에 일어나고 있는 그런 것들로부터 그와 같이 결론을 지을 것입니다.

2605. 이 진리가 바로 신령한 것이다는 것이 오늘 천계로 말미암아 확증되었습니다. 그리고 이 규칙도 확증되었습니다. 그것은 보편적인 섭리(a universal providence)는 단일적인 것들에 속한 섭리(a providence of singular) 없이는 결코 주어질 수 없다는 것이고, 또한 그것의 성질도 보편적인 것 안에 있는 것과 꼭 같이 개별적인 것 안에 있다는 것입니다. 그러므로 신령섭리(the divine providence)는 자연 안에 있는 자연에서와 꼭 같이, 가장 개별적인 것들 안에, 그리고 모든 계도에서 가장 무한정적인 것 안에, 그리고 영원부터 영원까지 존재한다는 것입니다. 이 법칙에 속한 진리에 관한 대답은 천계로부터 정직한 영들에 의하여 주어졌고, 그리고 그 법칙은 그렇게 확증되었습니다. 1748년 7월 15일

2606. 따라서 여기서 이른바 삼단논법적인 철학(syllogistic philosophy)이 얼마나 잘못된 것이고, 무가치한 것인지를 밝히고 있습니다. 왜냐하면 그것에 의하여 이 진리를 이해하지 못하는 자들에 의하여 만들어진 무수한 삼단논법(三段論法)들을 통해서 이른바 파괴될 수 있다는 것을 볼 수 있기 때문입니다. 이런 사실은 이런 사실에서, 즉 이것은 인위적인 추리방법 보다 더 분석적인 것인데도 불구하고, 어느 누구나 거의 자기 자신의 추리하는 마음에서부터 그 진리를 부인하기 때문입니다. 왜냐하면 거기에 있는 어느 누구가 최고의 창조자에 속한 보편적인 섭리가 있다고 결정하지 않는 자가 누구이겠습니까? 그럼에도 불구하고 가장 단일적인 것들 안에 주어

진 섭리를 시인하는 자가 누구입니까!

사람들이나 영들은 말하는 자가 아니다는 것, 그러나 그들 자신이 말한다고 상상한다는 것, 그리고 모든 것들의 생명은 그들 자신이 살고, 생각하고, 말하고, 행동한다고 상사한다는 것에 관하여

2607. 나는 이런 사안들에 관해서 자주 영들과 대화를 가졌습니다. 왜냐하면 영들은 사람들에 비하여 더 많은 것을 지각하지 못하기 때문이고, 그리고 그것이 사실이다는 것을 살아 있는 경험에 대하여 그것들을 입증하고 있기 때문입니다. 사실 내가 수차에 걸쳐 지각한 사실은 그들이 다른 자들에 의하여 말하도록 인도받고 있다는 것입니다. 다른 한편에서 보면 그들은 말하는 자가 자신이다고 생각하기 때문에, 사람과 마찬가지로 영들은 그들이 다른 자들에 의하여 인도되고 있다는 것을 전혀 아무것도 알지 못한다는 것입니다. 그러나 그들은, 다른 자들에게서 비롯되는 것이 없으면, 지극히 작은 것까지도 생각할 수도 없고, 더욱이 말할 수 없었습니다. 이런 사실은 내 안에 있는 매일 매일의 경험에서 아주 강하게 확증되었습니다. 그러나 그들이 다른 자들에 의하여 인도된다는 것들을 깊이 생각하게 되었을 때 그 때 그들이 즉시 생각한 것은 그들은 자신들의 자유를 빼앗겼다는 것과, 그리고 자기 자신으로 말미암아 말하지 못한다는 것 등이었습니다. 그 사안이 어떤 것인지는 다른 곳을 참조하십시오. 1748년 7월 15일

2608. 마찬가지로 역시 나의 모국어로 말하였고, 그리고 그것이 자기 자신에게서 비롯된다고 생각하기 때문에 그들은 내 기억 안에 있는 것들을 모두 안다고 생각하고 있었습니다. 나는 이런 사실을 그들에게 수차 일러주었습니다. 왜냐하면 그들의 이런 상상은 감관에 속한 오류이기 때문입니다. 그럼에도 불구하고 그들에게는 그들은 자신에 속한 나의 언어를 알고 있다고 생각하고, 그리고 내 기억

안에 있는 것들도 자기 자신에게서, 그리고 자기 자신들의 기억에서 온 것이라고 생각합니다. 이상에서 명확한 것은 감관에 속한 오류나 외현(外現)이 사람들의 영들을 크게 조롱한다는 것입니다.

천사들은 관능적인 것들의 개념이나, 언어의 낱말들이나, 지방들 · 도시들 · 사람들의 이름들의 개념을 결코 가질 수 없고, 다만 그것들이 뜻하는 것들에 속한 개념만을 가지고 있다는 것에 관하여

2609. 내가 영적인 개념으로 명확하게 지각한 것은 천사들은 이런 것들의 개념을 결코 가질 수 없다는 것입니다. 왜냐하면 내가 생각한 관능적인 개념들이나, 사람에 속한, 이름들이나 낱말들에 속한 개념들은 천계에 들어갈 수 없을 만큼 물질적이고, 또한 닫혀 있기 때문입니다. 이런 사실을 확증하는 것들은 이 밖에도 많이 있지만, 단지 이것만을 설명하고자 하는데, 그것은 영적인 개념에 의하여 분명하게 이해될 수 있는 것이고, 또한 그것은, 낱말의 문자적인 뜻이 영적인 것들에 들어갈 수 있고, 더욱이 천적인 것들에 들어갈 수 있다는 개념과 같은 단순한 물질적인 그런 것을 가리키는 모든 합리적인 원칙에는 정반대가 됩니다. 그것보다는 낙타가 바늘구멍을 통과하고, 수륙(水陸)으로 만들어진 지구 전체가 눈에 보이지 않는 조그마한 구멍을 통과하는 편이 더 쉽겠습니다. 이것은, 문자적인 뜻에서 이해하는 존재들이 자신들이라고 생각하기 때문에, 이 세상에서 위대한 자들이라고 자랑했던 어떤 자에게 일러진 내용입니다. 그들은 그 때 아무것도 대꾸하지 못하였습니다. 1748년 7월 15일

수억의 사람이 매 시간 영원한 삶으로 들어온다는 것에 관하여

2610. 오늘 내게 일러진 것은 수억의 사람들이 매 시간 우주 안에 있는 세상에서 저 세상으로 들어온다는 것입니다. 그럼에도 불구하고 그들은 무한성(無限性 · infinity)에 관해서는 아무것도 모르고, 또

한 무한한 존재가 주님이시다는 것도 알지 못한다는 것입니다. 1748년 7월 15일

지극히 적은 것에도 만족하는 어느 영들에 관하여 ; 야곱의 넓적다리의 탈구(脫臼)된 근육에 관하여

2611. 나는 밤에 깊은 잠을 자고 있을 때 세 넷의 나무들이 일종의 통 속에 심어져 있는 곳에 내가 있는 것처럼 생각되었습니다. 그 나무들 중에서 하나는 키가 크고, 또 하나는 덜 크고, 두 셋은 작았습니다. 나는 아무것도 보지 못하였고, 다만 통 속에 심어져 있는 나무들만 보았습니다. 나중에 평안한 마음으로 있었고, 그리고 무엇이라고 기술할 수 없을 만큼 매우 즐거운 평안한 마음으로 있었습니다. 사실 그것은 내가 손으로 만질 수 있는 것으로 여기지 않은 작은 나무 때문이었고, 그 기쁨 때문이었습니다. 왜냐하면 그것은 내가 그것을 볼 때 마다 이른바 보호되고 있었기 때문입니다. 그 기쁨은 내 골수(骨髓)까지 침투하였습니다. 이런 일은 여러 번 일어났는데, 내가 생각하기에는 두 번 정도 일어났습니다. 다른 나무들도 그것이 심어져 있는 장소를 단지 볼 수 있을 정도도 지켜지고 있었습니다. 내가 기술할 수 없는 그 기쁨이 내 마음에 침투하였습니다. 지금 나에게 확실한 것은 그 나무가 혼인애(婚姻愛 · conjugial love)를 뜻한다는 것입니다. 키가 큰 나무는 남편을 뜻하고, 덜 큰 나무는 아내를, 그리고 작은 나무들은 어린 것들을 각각 뜻하였습니다.

2612. 잠에서 깨어났습니다. 그 기쁜 장소에 있었던 자와 말하는 것이 허락되었습니다. 그 장소는 그렇게 기쁜 곳이었고, 정말로 고요한 기쁨이 넘치는 곳이었습니다. 내가 깨달은 것은, 지극히 적은 것에서 만족하고, 육신을 입은 삶에서 주님 안에 있는 이런 기쁨의 상태에 있는 자들은 그와 같은 기쁘고 즐거운 상태에 있다는 것이고, 그리고 또한 최대인간 안에서는 무릎 뒤에 이르는 넓적다리의 뒷부분과 그리고 넓적다리의 내면적인 부위를 향한 부위를 구성하

고, 그리고 혼인애의 영역에 속해 있다는 것입니다.

2613. 역시 내가 깨달은 것은 그들은 발뒤꿈치를 향한 발, 따라서 발바닥을 향한 발과의 교류를 가지고 있다는 것입니다. 그 교류를 지각하는 것이 내게 허락되었습니다. 그러므로 그 진정한 기쁨이 발의 뒤꿈치, 또는 발목까지 확대되었는데, 그것에 관해서는 창세기서에 다루어져 있고, 다른 곳에서도 다루어져 있다고 나는 생각합니다. 마찬가지로 인체에서도 넓적다리와 발뒤꿈치와의 교류가 있는데, 그런 사실은 근육이나 신경들의 확장에서 잘 볼 수 있습니다. 왜냐하면 혼인애의 영역에 헌신하고 있는 신경들은 넓적다리부터 발뒤꿈치까지 확대, 뻗어 내려간 그런 것들이기 때문입니다. 이 근육이, 야곱의 경우, 밤을 지새울 때까지 천사와 씨름을 했을 때, 환도 뼈의 큰 힘줄을 쳤기 때문에 위골(違骨)된 것입니다. 그러므로 그의 후손들은 환도 뼈의 큰 힘줄부위를 먹지 않습니다. 이런 사실은 연속해서 나에 의해 보여진 여러 가지 것들로부터 더욱 명확하게 되었습니다. 이런 내용이 지금 천계로부터 나에게 밝혀졌습니다.

2614. 내가 눈을 떴을 때 무서운 아가리(=턱)를 가진 큰 개 한 마리가 보였는데, 그것이 무엇을 뜻하는지 나는 알아보았습니다. 그 뒤에 내게 일러진 것은, 어느 누구나 그것에 반대되는 기쁨에 지루하게 되면 그런 유의 개가 나타나고, 또는 그런 유의 개가 그런 것을 드러낸다는 것이었습니다. 사람이 지극히 적은 것에서 만족해하고, 그리고 그가 가장 사랑하는 아내와 그리고 어린 것들과 함께 작은 집에서, 그리고 주님을 믿는 만족스러운 마음으로 살 때, 그 사람은 내면적인 천계의 즐거움을 지닌 혼인애를 가지고 있기 때문에 천계적인 기쁨을 향유합니다. 그러나 그 사람이 천적인 사랑에 속한 기쁨에서부터 그것에 반대되는 사랑으로 옮겼을 때, 비록 천적인 사랑에 반대되는 상태에 있는 것들도 이른바 천계적인 즐거움을 느끼기는 하지만, 그럼에도 불구하고 그 때 그것은 지옥적인 것인데, 그런 때에 아와 같은 개가 나타납니다. 이런 일이 나타나는 것은, 그

와 같이 반대되는 즐거움이 교류하지 못하도록 그가 경계하고 있다는 것을 뜻합니다. 따라서 우화(寓話) 속에 나오는 케르베로스(cerberus · 지옥을 지키는 머리가 셋 달린 개)가 무엇을 뜻하는지 잘 알 수 있겠습니다.

2615. 내가 생생하게 깨어 있을 때, 이미 내가 언급한 것과 같이, 일종의 통이나, 또는 야채를 짓이기는 분쇄하는 그릇 같은 것이 보였고, 그 곁에 어떤 사람이 하나의 장비를 가지고 서 있었는데, 그 사람은 그것으로 사람의 살점을 쑤셔 박았습니다. 따라서 그 사람은 사람들을 고문하는 것을 통해 사람들을 그 통 속에 쑤셔 박았고, 그리고 사람들을 통 속에 쑤셔 박는 것으로 사람들을 죽였습니다. 그리고 마치 야채들을 부드럽게 만들 듯이 사람들을 마구 때리고, 짓이겨서 그 통 속에 넣는 일에 익숙하였습니다. 그 사람은 이 짓을 아주 큰 즐거움이나, 쾌락을 가지고 하였는데, 그런 쾌락은, 영계에서 일어나는 일종의 전달수단에 의하여 전하여졌습니다. 그러므로 내가 알 수 있었던 것은 그 작자가 아주 큰 쾌락을 가지고 그런 짓을 자행하였다는 것입니다. 이것은 천적인 기쁨에 전적으로 반대되는 것입니다. 또한 그것은 지옥적인 쾌락일 뿐입니다. 그것이 전자, 즉 천계적인 기쁨에 반대되기 때문에, 그 개는, 그들이 전적으로 분별되게 하기 위하여, 그리고 또한 그들이 일반적인 교류나, 또는 그 어떤 교류 안에 아무것도 가지고 있지 않다는 것을 보여주기 위하여, 나타나는 것입니다.

2616. 결번입니다.

2617. 이런 부류의 지옥적인 쾌락들이 야곱의 자손들을 지배하였습니다. 그들은 이방 사람들을 괴롭히는 것 이상으로 더 큰 쾌락을 얻지 못하였습니다. 이러한 사실은 다윗에 관해서 읽을 수 있는데, 그는 암몬 자손들에게 그와 같이 고통을 주었습니다. 우리는 사무엘하서 12장 31절에서 이런 사실들을 이해할 수 있고, 그리고 톱질이나, 곡괭이질 따위가 이런 사실들을 뜻하고 있습니다. 그러나 그들

은 지옥적이었고, 결코 그렇게 하도록 명령을 받은 것은 아닙니다. 더욱이 그 허벅지 근육이 탈구된 자들 이외에는 어느 누구에게도 허락되지 않았습니다. 다시 말하면 넓적다리의 아래 부위가 그것의 윗 부위에서 분리된 자들 이외에는, 따라서 윗 부위에 있는 즐거움에 반대되는 낮은 부위에 있는 그런 쾌락 안에 있는 자들 이외의 자들에게는 허락되지 않았습니다. 그러므로 야곱의 탈구(脫臼)된 근육은 이와 같은 분리를 뜻하고, 그리고 또한 반대되는 것으로 변한 것을 알 수 있습니다. 여기서 창세기서에서 뱀이 상하게 할 발뒤꿈치가 뜻하는 것이 무엇인지 잘 알 수 있겠습니다. 또한 야곱이 형에서의 발뒤꿈치를 잡았다는 말이나, 그리고 그의 이름이 동일한 것, 즉 발꿈치를 잡았다는 뜻을 뜻한다는 것이 무엇인지도 잘 알 수 있겠습니다. 따라서 여자의 후손의 발꿈치를 상하게 하는 뱀이 뜻하는 것도 특별히 이해할 수 있겠습니다. 1748년 7월 16일

2618. 야곱의 후손들은 이런 부류들로, 그들은 이방 사람들에게 잔인한 짓을 행하였고, 그리고 그들은 그런 짓에서 자신들의 최고의 쾌락을 취하였습니다. 그러므로 그들은 매우-매우 잔인하였습니다. 왜냐하면 그들이 말하고 있듯이, 그리고 거룩한 것들의 색깔 아래서, 복수를 하는 짓 이외에는 다른 목적이 없었기 때문입니다. 그 때 그들이 가지고 있는 그런 목적은 결코 눈에 드러나지 않고, 다만 그런 성질의 탐욕이라는 것은, 그들은 더 사악한 우상숭배자들이 되었을 때, 그런 것들에 관해서 이야기한 것들에서 아주 잘 드러납니다. 어느 사람이나, 원인이 무엇이든, 그들의 적이다는 생각이 그들의 마음에 들어오면, 그 즉시 그들은 스스로 그들에게 또는 그들의 부인이나 여인들에게, 어린 아이들에게 모든 잔인함을 실행하는 것이 허락되었다고 생각합니다. 이러한 사실은 역시 그래도 그들의 형제 가운데 하나였던 나발(Nabal)에게 행한 다윗의 적개심에서 잘 나타나고 있습니다. 뿐만 아니라 그들은 약탈(掠奪)을 자행하고, 모든 것들을 빼앗아가고, 사람들 가운데 있는 모든 살아 있는 것을 죽이는 일

이외의 다른 것은 아무것도 하지 않았습니다.

2619. 그들이 자주 나에게 한 말은 이런 일은 그렇게 하도록 명령을 받았다는 것이지만, 그러나 그들에게 대답하도록 허락된 말은 그것은 결코 명령을 받은 것이 아니고, 그저 허용된 것뿐이다는 것입니다. 그 이유는 그들이 바로 그런 성품이었기 때문입니다. 이런 식으로, 그런 성품이었기 때문에 악마가 사람에게 고통을 주는 것도 그저 허용된 것뿐입니다. 야곱 시대 이래 이런 성품이 있었기 때문에 이런 허용들은 그들에게는 명령된 것처럼 여겼습니다. 왜냐하면 그런 부류의 인간들은 그런 일이 명령된 그런 것이다는 것 이외에는 아무것도 파악하지 못하기 때문입니다. 그러므로 외현(外現)이나 감관의 오류에 따라서 이런 것들을 그런 말로 하는 것입니다. 그것은 신령한 일도 아니고, 주님께서 명령하신 것도 아니다는 것은 이런 사실에서, 다시 말하면 그것이 천계적인 사랑이나 다른 사람을 향하여 누구나 사람을 사랑하여야 한다는 것에 거스르고, 또한 반대이다는 사실에서 가장 명확하게 알 수 있고, 그리고 그 사랑에 관해서 주님께서는 너무나도 많이 말씀하셨고, 또한 주님께서는 그 사랑 자체이시고, 그리고 오직 그분에게서부터 천계에 있는 모든 천계적인 사랑이나, 혼인애, 자녀에 대한 부모의 사랑이 흘러나온다는 것에서도 명확하게 알 수 있습니다. 1748년 7월 16일

표징(表徵 · representations)들이 어떻게 생성하고, 그리고 그것들이 어떠한 상황에 놓이는지에 관하여

2620. 천적인 것들이나 영적인 것들, 다시 말하면 천계에 있는 주님의 것들이나, 주님에게서 비롯된 것들이 영들에 속한 악한 세계(the evil world of spirits)에 유입하게 될 때에, 사실은 처음에는 그 세계의 내면적인 영기 안에 있는 가장 가까운 영들에게 유입합니다. 그 때의 영들은 그런 성품이기 때문에, 말하자면 그들의 자연적인 기질은 완전히 왜곡되어 있기 때문에, 따라서 천적인 것이나, 영적

천사적인 것(spiritual angelic)은 정반대적인 것으로 변하고, 그러므로 반대적인 목적들로 바뀝니다. 그 이유는 그들의 자연적인 기질은 반대적인 목적들만을 중하게 여기기 때문입니다. 그것으로 인하여 영계를 거쳐서 나온 것들은 무엇이나 여전히 천적인 것들의 표징들(representations)만 남습니다. 그러므로 야곱의 후손의 경우도 이와 같이 된 것입니다. 1748년 7월 16일

다윗에 관하여 ; 간음이나 잔인함에 속한 쾌락의 상태에 빠진 자들에 관하여

2621. 내가 다윗이 저지른 밧세바와의 간음에 관해서 기술된 것들과 암몬 자손에게 행한 그의 잔인성에 관해서 알고 있을 때, 장시간, 여러 날 동안, 그들이 다윗이라고 불렀던 어떤 사람과 나는 이야기를 하였습니다. 나는 그 사람이 의로운 자들 가운데 있을 것이라고 생각하였지만, 그러나 만약에 그가 다윗이라면, 또는 그가 다윗의 인품을 나에게 나타낸 자였다면, 이런 일은 일상 일어나는 것인데, 그 때 다윗은 온갖 간음들로부터, 그리고 잔인함으로부터 최고의 쾌락을 이끌어내는 간음자들이나 잔인자들의 패거리의 지도자이었습니다. 뿐만 아니라, 그는 다른 자들에 비하여 자신의 망상이 더 높은 곳에 달하였기 때문에, 그는 아주 교활하고, 사악하였습니다. 내가 들은 사실은, 그의 생애에서 그가 시편서에 기술한 것들에 의하여 그는 자기 자신은 이해하였지만, 그가 알고 있었던 메시아는 이해하지 못하였다는 것입니다. 그러나 그가 이스라엘의 하나님 여호와를 믿었는지 안 믿었는지 나는 아직까지도 알지 못합니다. 1748년 7월 16일. 사무엘 하서 12장 31절 참조.

2622. 이미 언급한 것과 같이 저 세상에는 최대인간의 발뒤꿈치가 있을 수 있는 발 밑에 장소(場所 · a place)가 있습니다. 거기에 간음자들이 있었고, 그들은 간음자들로서 환대를 받았고, 역시 잔인한 자들로서 환대를 받았습니다. 그들의 쾌락은 그들이 이런 즐거움을

단순하게 인지하는 그런 부류의 성질이었습니다. 그리고 그들은 더 이상의 즐거움은 있을 수 없다고 생각하였습니다. 이런 것들에게서 일어나는 이런 성질의 쾌락은 오늘날 어린 것들에게까지 퍼졌을 정도로 일반적인 것이 되었습니다.

2623. 어린 것들은 육신을 입은 삶에서 아직은 이런 것들로부터 생겨난 실제적인 쾌락에 의하여 터득되지는 않았지만, 그러나 여전히 유전(遺傳)에 의하여 그것을 받아 가지고 있습니다. 그것은 그들의 초기 청년기 안에 있는 자들에게도 퍼져 있고, 그리고 그들이 그 쾌락에 의하여 마음을 움직이게 되었고, 그들은 역시 그것이 진정한 쾌락이라고 생각합니다. 어떤 자는 그것이 가장 최고의 쾌락이라고 생각했는데, 왜냐하면 저 세상에서 쾌락들은 서로 교류되기 때문입니다. 거기에는 소위 그것들의 발산(發散 · exhalation)이 있는데, 그러나 만약에 인류가 유전으로부터 감염(感染)되지 않았다면 그들은 그것으로 인한 어떤 쾌락도 느끼지 못하였을 뿐만 아니라, 불쾌나 혐오감 따위도 느끼지 못하였을 것입니다. 이렇게 볼 때 오늘날 인류의 성품이 어떠한지 밝히 알 수 있겠습니다.

2624. 그러나 그들의 쾌락은 이제 불쾌한 냄새로, 또는 사람의 인분(人糞)에서 발산하는 그 냄새로 바뀌었습니다. 나 또한 그것을 지각하였습니다. 그리고 그들도 지금 거기에 그런 유의 냄새가 있다고 말하였습니다. 왜냐하면 본질적으로 그것은 천사들의 안전(眼前)에서는 그런 성질이고, 그리고 그런 것으로 바뀌었고, 따라서 그런 부류의 작자들은 종국에 그런 똥들 가운데서 살기 때문입니다. 왜냐하면 그것은 본질적으로 정의로운 영계에서는 그와 같은 배설물(排泄物) 같은 더럽고 불결한 요소(principle)이기 때문입니다. 그러므로 역시 그것은 그런 악취(惡臭)로 변해 버리고, 놀라운 것은 내 주의의 영들도, 사람이 자신의 몸에서와 같이, 그런 냄새와 고약한 냄새를 지각한다는 것입니다. 1748년 7월 16일

2625. 종국에 그 악취는 더 고약하게 심해져서 그들은, 자신들이

멸망할 것이고, 더 이상 존재할 수 없다고 말하였습니다. 나는, 내가 높은 곳에 있었기 때문에, 아래에서부터 나오는 일종의 용해(溶解)된 것에 의하여 꼭 같은 것을 인지하였습니다.

깨어진 떡(=빵)에 관하여

2626. 환상 가운데 잘게 썬 빵이 담긴 정방형의 접시가 내 앞에 놓여졌는데, 나는 그것이 빵에 속한 전언(傳言)에 의한 것을 뜻한다고 생각하였습니다. 다시 말하면 천적인 것들을 뜻한다고 생각하였고, 그래서 반가웠습니다. 그것은 내가 먹을 수 있게 내 입으로 가져 왔지만, 그러나 잠간 사이에 그것은 빼앗겼고, 그래서 먹지를 못하였습니다. 나는 그 빵이 천적인 것들을 뜻하는 소견에 한참 동안 있었는데, 내게 일러진 것은 자르지 않고(not cut), 깬 빵(bread broken)은 천적인 것을 뜻한다는 것입니다. 왜냐하면 빵은, 먹기 전에는 먼저 손으로, 그리고 입술이나 이빨로 끊는데, 그 이유는 그렇게 하는 것이 자연의 이치에 맞는 것이기 때문에, 그러므로 손으로 입술로, 그리고 마찬가지로 이빨로, 그리고 근육이나 섬유 또는 가장 작은 손이라고 할 수 있는, 이른바 입술이나, 수용그릇의 작은 입으로 미세한 것들이 되기까지 잘게 깬 빵(bread broken)은 천적인 것들(celestial things)을 뜻하기 때문입니다.

2627. 그러나 칼을 가지고 자른 빵(bread cut up)은 천적인 원칙을 위장(僞裝)한 것인데, 그것은, 인위적으로 행한 모든 것들의 경우에서와 같이, 천적인 것은 아닙니다. 그러므로 내 앞에 놓여진 빵은 작은 정방형의 입방체(立方體)로 잘라져 있기 때문에, 이른바 칼을 가지고 자른 것이기 때문에 그것은 욕지기나는 쾌락을 뜻하는데, 나는 그것에 관해서 이미 말하였습니다. 그것은 욕지기나는 쾌락의 상태에 있는 자들이 천적인 것이라고 생각하는 것인데, 그럼에도 불구하고 그 때 그것들은 지옥적인 것입니다. 1748년 7월 16일

사람이 인도받게 되는 필수적인 것들이 있다는 것에 관하여

2628. 한밤의 오랜 기간 동안, 그리고 아침의 긴 시간 동안, 나는 여러 시간 사람이 주님에 의하여 어떻게 인도되는지 영적인 생각 안에 빠져 있었습니다. 그 때, 표현될 수는 없지만, 계속적인 영적인 생각에 의하여 깨달은 사실은 주님께서 그것에 의하여 사람을 인도하시는, 필수적인 것이 있다는 것입니다. 다시 말하면 사람은, 자기 자신을 결합시키는 사회들의 측면에서, 그런 성격을 가지고 있기 때문에, 따라서 거기에는 오직 단순한 필수적인 것이 있어야 하는데, 사실 그 필수적인 것에 의하여 사람은 그런 삶에서부터 이끌어낼 수 있는 최선의 것에 기울게 된다는 것입니다. 왜냐하면, 만약에 그가 그런 방법 이외의 것에 의하여 인도된다면, 그것은 곧 그의 파멸이나 몰락이 될 것이기 때문입니다. 왜냐하면 그의 삶에 속한 것은 무엇이든, 행동뿐만 아니라 생각까지도, 그 자신의 삶의 영속적인 것을 가지고 가기 때문입니다. 그 이유는 모든 것은 한 그루 나무가 성장하는 원천인 씨앗(種子)과 같기 때문입니다.

2629. 거기에는 새로운 종자가 나오고, 그리고 그런 것이 연속됩니다. 그러므로 그 사람에 속한 모든 개념이나, 또는 그의 생각이나 행위에 속한 지극히 작은 것까지도 일종의 종자와 같이 그와 같은 연속적인 필수적인 결과를 가지고 있기 때문에, 말하자면 그것은 필연적인 결과들의 부모와 같다고 하겠습니다. 그리고 이런 것들은 그의 삶의 모든 순간을 존재시키는데, 여기서 얻는 결론은, 거기에는 그가 인도되는 수단들인 단순한 필수적인 것들이 있다는 것이고, 다시 말하면 그 필수적인 것들은 그 사람이 처해 있는 그의 상태나, 상황에 관해서 보면 그의 최상의 것들이다는 것 등입니다.

2630. 그러나 그것들은 사람에게 필수적인 것으로 보이지 않습니다. 왜냐하면 자기 자신은 스스로 생각하고, 행동한다고 생각하기 때문이고, 사실 그가 사랑하는 것들에 의하여, 또는 그의 온갖 사랑들에 속한 것들에 의하여, 따라서 그가 열망하는 것들에 의하여, 그

는 인도되고 있다고, 그리고 그래서 선 쪽으로 기운다고 하는 이유 때문에, 어떤 사랑, 즉 탐욕에서 생겨나는 것은 무엇이나 사람에게는 마치 자유처럼 보이고, 따라서 그것은 마치 필수적이 아닌 것처럼 보이지만, 그럼에도 불구하고 그 때 그런 것들이, 그 사람이 인도되고 있는, 필수적인 수단들입니다. 그리고 그 사람은 그의 삶이나, 그리고 삶에 속한 영적인 것들이나 천적인 것들의 측면에서 조금이라도 가능한 한 그에게 선이라고 하는 것을 향해 주님에 의하여 기울게 됩니다. 1748년 7월 17일

히브리어(語)는, 영들의 언어와 꼭 같이, 인위적인 것이 전혀 없는 그런 성질이다는 것에 관하여

2631. 하브리어가 여러 개념들을 포괄(包括)하고 있다는 측면에서 그런 성질에 속해 있다는 것, 그리고 사실은 한 낱말 안에 많은 개념들이 존재하는 그런 낱말들이다는 것, 따라서 그 낱말들은 다른 언어의 낱말들에 비하여 일반적인 개념들이다는 등등의 내용은 많은 것들로부터 분명합니다. 예를 들면, 그 낱말에는 모음(母音)은 전혀 있지 않고, 따라서 문자에 속한 뜻은 내면적인 뜻(the interior sense)에서 알 수 있지만, 그러나 내면적인 뜻은 문자에 속한 뜻(文字意)에서는 알려지지 않는다는 것입니다. 그런 것은 오히려 모음이 결합될 때 생겨납니다. 그러므로 내면적인 뜻에서 문자적인 뜻을 깨닫는 사람은 그것들 보다는 모음이 없는 히브리어로 기술된 것을 더 잘 이해합니다. 그러므로 이름들 역시 대문자의 머리글자에 의하여 구분되지 않고, 그리고 또한 문자의 뜻에 주의하여야 하는 언어에서와 같이 점(点 · commas)들에 의한 분별도 없습니다. 그 밖에 성언에서의 화법(話法)은 자연적인 것이지, 인위적인 것은 아닙니다. 이러한 사실은 수많은 것들로부터 잘 드러나고 있습니다. 다시 말하면 거의 모든 곳에서 그들은, 마치 그 사람 자신이 말하는 것처럼 말하고 있습니다. 말하자면 그가 그와 같이 말하였다고 말하지 않고,

다만 마치 그가 말한 것처럼 말한다고 하고 있습니다. 1748년 7월 17일

내면적인 영들의 언어는, 하늘색과 흰색의 작은 구름들처럼 내 시각에 나타났다는 것에 관하여

2632. 내면적인 선한 영들이 나와 이야기를 하였을 때, 나는 그들의 언어를 이해하지 못하였지만, 그러나 어떤 것에 관해서는 개념으로 불영명하였습니다. 그 때 그들의 언어는 나에게 아름다운 맑은 흰색과 혼합된 하늘색과 같이 보였습니다. 나는 그 흰색의 흰(whiteness)을 기술할 수가 없었는데, 그 이유는 그런 유의 것은 결코 사람들에게 주어지지 않았기 때문입니다. 여기에서 명확한 것은 내면적인 영들의 진리들이 겉으로 드러났는데, 이러한 일은 여러 번 푸른 창공에 일고 지는 흰 구름에 의하여 나에게 드러났습니다.

2633. 성경에는 자주 구름들이 언급되고 있는데, 그것이 흰색일 때에는 그것에 의하여 진리들로 이해되고, 검정색일 때는 거짓으로 이해되고 있습니다. 그러나 진리들을 가리키는 흰 구름의 경우에서도 지각하는 사람의 성품에 따라서 다르게 나타나는데, 따라서 거짓 안에 있는 자들에게는 검은 구름도 흰 구름처럼 나타나고, 그리고 역시 흰 구름도 검은 구름으로 나타납니다. 이러한 경우는 시내 산에서 그러했지만, 다른 곳에서도 거짓 안에 있는 사람의 눈 앞에서도 그와 같이 나타났습니다. 1748년 7월 17일

자연과학과 그것들의 진리들이 영적인 진리들이나, 천적인 진리들의 측면에서 어떠한가에 관하여

2634. 영들과 무성(無聲)의 언어로 대화를 하였을 때, 그 때 마음에 주입된 것은 이 세상에 있는 박식한 자들은, 자연과 악이나 인간의 철학이 불영명할 뿐만 아니라 전부를 감추고 있다는 것을, 그리고 그래서 영적인 진리의 빛을 소멸시키고 있지만, 그럼에도 불구하

고 그것 안에는 진리들이 있다는 것을 이해하는데 매우 난처해 합니다. 그것들은 단지 확증하는데 공헌합니다. 말하자면 영적인 진리들을 밝히는 데 공헌합니다. 그러므로 그것을 이해할 수 없는 영들은 영적인 진리들이 그것들을 통해서 비추는 수단인 이른바 투명한 자연적인 진리를 드러냅니다. 따라서 이 세상의 박식한 자들은 주님께서 직접 가르친 자들을 제외하면 어느 누구도 그 이외의 다른 것을 파악하지 못한다고 생각합니다. 그러나 나에게 대답하고, 그리고 납득시키도록 허락된 것은 이런 진리들은 본질적으로 흑암이나 안개 속에 있지만, 그러나 그런 것들이 주님에게서 비롯된 영적인 진리들에 의하여 조요되게 되면, 그 때 그것들은 이른바 투명한 것이 됩니다. 왜냐하면 영적인 진리 안에는 주님의 빛이 존재하고, 그리고 자연적인 진리들을 속을 다 드러내 보이는 투명한 것(transparent)으로 만들기 때문입니다. 그리고 그 역(逆)은 결코 성립되지 않기 때문입니다. 왜냐하면 그것은 본질적으로 죽은 것이고, 그리고 안개를 가리키는 것은 생명이나 빛에 속한 것들에게 생명이나 빛을 주는 질서나 모든 이성에 어긋나기 때문입니다.

2635. 사실 영적인 것들은 천적인 것들로 말미암지 않으면 투명한 것이 될 수 없고, 또한 천적인 것들도 주님으로 말미암지 않고서는 투명한 것이 될 수 없습니다. 1748년 7월 17일

2636. 매우 많은 자들은 인간적인 철학이 영적인 진리들이 그러한 것이라고 인식할 수 있다고 생각하지만, 그러나 그들이 이와 같이 볼 수 없다면 여전히 그들은 믿지 않습니다. 그러므로 그들은 주님에게서 비롯된 진리들에 관해서도 의심을 합니다.

거짓 안에 있는 자들은 최대인간에 속한 발뒤꿈치가 있는 곳에 존재한다는 것에 관하여

2637. 내가 철학을 통해서 거짓 상태에 빠져 있는 자들에게서 들은 것은 그들은 역시 발 밑에 있다는 것, 사실은 오른쪽 발 밑에 있

다는 것입니다. 그리고 그들은 자신들의 구원에 관해서 불평하였고, 그리고 또한 절망하고 있었습니다. 1748년 7월 17일

앞서 7월 16일에 내가 언급한 바 있는 고난과 고뇌에 관하여

2638. 고통에 관해서 다룬 앞서의 내용을 참조하십시오. 다시 말하면, 그것들은, 거기에 언급된 것과 같이, 철로 된 분쇄기로 야채를 으깨는 그릇들인데, 저 세상에서는 그것들에 의하여 잔인함과 간음으로 쾌락의 상태에 있는, 그리고 왼쪽 발뒤꿈치 영역에 사는 자들의 패거리를 줄어들게 하였습니다. 그들은 자신들의 망상에서 계속되는 잔인함을 실천하기 위하여 이런 도구를 잘 활용한다고 자신들은 생각하고 있었습니다. 그러므로 다윗은 이런 영들에게서, 또한 환상들 가운데 있었던, 그리고 이런 부류의 영들 가운데서 이런 것들을 본 그의 동료들에게서 이런 것을 배웠고, 그리고 그는 그와 같은 잔인함을, 말하자면 그에게 결코 명령된 것이 아닌 하나의 지옥적인 잔인함을 채택하였습니다. 그래서 비록 그가 거룩한 것들을 표징한다고 해도 그들은 다윗의 성품이 어떠한 것인지를 역시 파악하였습니다.

2639. 더욱이 거기에는 쇠로 만든 도끼가 있었는데, 그것에 관해서 사무엘 하서 12장 31절에서 언급되었습니다. 그 쇠 도끼는 망상을 통하여 동일한 장소에 있는 비슷한 지옥적인 영들이 사용한 도구들로 이해되었습니다. 그 도끼들은 사형 집행자들에 의하여 널리 채용된 것들인데, 그들은 사람을 절단(切斷), 즉 죽이지 않았고, 오히려 그들은 복부를 가르고, 그래서 내장이 모두 밖으로 나올 때가지 그 큰 도끼로 내장들을 둘둘 감아서 끄집어내었습니다.

2640. 동일한 장절에 언급된 괴로움이나 고통에 관해서 보면, 그것들은 두루 사용되었는데, 그것들을 가지고 그들은 사람들을 찌르고, 절단하였습니다. 사실은 사람의 가슴 영역을 절단하였습니다. 지옥적인 영들이 가장 큰 쾌락을 가지고 스스로 사용한다고 여긴 도

구들은 세 종류가 있었습니다. 다윗이 자신의 잔인함에 빠져 있을 때, 그는 그 패거리들에게서 배웠습니다. 여기에서 그의 성품이 어떠한지 분명하게 드러났습니다. 그의 시편서에 관해서 살펴보면 그는 지극히 적은 낱말도 말하지 않았지만, 그러나 주님의 영(the Spirit of the Lord)은 그를 통해서 말씀하셨습니다. 그 이유는 그가 왕이었고, 그리고 그런 성격이었기 때문입니다. 그러나 기술된 것은 메시아와 그 분의 나라에 관한 것인데, 그는 그것을 자기 자신에게 적용하였습니다. 왜냐하면 모두는 이런 식으로 그의 성품을 그대로 느끼고 있기 때문입니다.

2641. 거기에는 벽돌로 만든 가마, 즉 화덕에 관해서 언급되었습니다. 그것은 일종의 둥글게 나무로 만든 큰 그릇이었습니다. 사람들은 그것 안에 빙글빙글 돌리면서 사람들을 던져 넣었다가, 다시 꺼내서, 다시 던져 넣었습니다. 그리고 사람이 죽을 때에도 다시 그 속에 던져 넣었는데, 그것은 이와 같이 음식물을 토해 내는 것을 그들이 보여 주기 위해서입니다. 그가 그들을 불 가운데를 통과시켰다는 것이나, 또는 불 붙은 화덕 가운데를 통과시켰다는 것은 모두 부인되었습니다. 왜냐하면 망상들에 의하여 지옥 가운데 있는 자신들과 닮은 자들을 데리고 오는 것을 금하고 있기 때문입니다. 왜냐하면 이와 같이 그들이 아주 심하게 고통을 받고 있기 때문이고, 그리고 그들도 불의 환상에서 크게 떨고 있기 때문입니다.

2642. 이런 일들이 나에게 보여졌고, 일러졌으며, 또한 확증되었습니다. 거기에 언급된 어린 것들에 관해서 살펴보면 그들은 어린 것들을 죽이지 않았습니다. 왜냐하면 지옥에서 어린 것들을 죽이는 짓은 금지되었기 때문입니다. 왜냐하면 자신에게서 이런 망상들을 유발하는 것이 허락되지 않았기 때문입니다. 그러나 유대 사람들은 이런 식으로 어린 것들을 다루었습니다. 다시 말하면 유아들이 배내옷을 입고 있을 때, 그들은 배내옷 끈을 잡고, 큰 길이나 또는 똥이 있는 곳, 또는 개천으로 끌어내어 손으로 그 갓난 애기의 배내옷의

끈을 잡아끌고 와서, 그 어린 것을 던져버렸습니다. 이것이 나에게 일러진 것이고, 따라서 그와 같이 일어난 것이다고 일러졌습니다. 1748년 7월 18일

2643. 이 발뒤꿈치, 즉 왼쪽 발의 영역을 담고 있는 그것은 오늘날 크게 증대하고 있습니다. 왜냐하면 오늘날 그런 무리들은 온갖 간음들이나 잔인함에 의하여 증대되기 때문입니다. 그리고 또한 온갖 간음들이나 잔인함 안에서 쾌락을 만끽하는 자들에 의하여 증대되기 때문입니다. 그리고 그런 망상을 가지고 있는 패거리에 의하여 증대되기 때문입니다. 사실 이런 부류의 무리들이 거기에 많이 있습니다. 육신을 입은 삶에서, 사람들의 여러 사회들에서는 경건하고 겸손한 것 같이 보이지만, 사람들은 그들에 관해서 결코 그런 것을 의심하지 않고, 그리고 그들은 고귀한 자리에 있고, 거기에서 망상들 가운데 그런 지위를 좋아하고, 그런 쾌락을 다른 어떤 즐거움보다도 더 으뜸으로 여기고 있습니다. 이와 같이 그들은 자신의 절친한 친구를 통하여 다른 자들을 괴롭히는 것을 무척 좋아합니다.

2644. 그러나 이런 부류의 쾌락은 모든 신령한 것에 정반대가 되기 때문에, 그리고 그것 자체를 소멸하기 때문에, 그러므로 그것은 결국에 그들에게 매우 역겹고, 가증한 것이 될 수밖에 없고, 따라서 종국에 앞에서 언급한 것과 같이, 혐오스러운 악취 속에 사는 것은 말할 것도 없고, 그리고 이웃에 속한 것을 모두 빼앗아 버리고, 그리고 아주 흉물스러운 해골같이 되어 고통 속에서 몸부림치며, 불구자로 좌절하게 되고 맙니다. 1748년 7월 18일

2645. 이런 일이 내가 볼 수 있게 하기 위하여 드러나 보여졌을 때, 얼굴의 영역으로부터 오른쪽으로 조금 떨어진 곳으로부터 중간키 정도의 어떤 남자가 작은 방에서 아주 급하게 나에게 왔습니다. 그는 추하게 생겼고, 붉은 색의 외투를 입었습니다. 그 사람 주위에는 작은 유성(遊星)들이 어지럽게 보였습니다. 그 때 그는 내게 달려왔고, 잔인한 방법으로 나를 취급하려고 하였습니다. 그는 역시 자

신이 그렇게 한다고 생각하였고, 그러나 나는 그것이 환상에 의한 것이다는 것을 배웠습니다.

사람들이나 영들은 자기 자신으로부터 그 어떤 선에 속한 것을 행할 수 없지만, 그러나 자신들은 능히 그렇게 할 수 있다고 생각한다는 것에 관하여

2646. 오늘밤 어떤 때는 깨어 있는 상태와 잠자는 상태 사이의 중간 상태에서, 그리고 어떤 때는 일종의 깨어 있는 상태에서 내가 지각한 것은 왼쪽 발의 발뒤꿈치의 영역에 있는 어떤 의로운 영들은 자신들을 위하여 여러 가지(枝)를 가지고 있는 촛대와 등을 주님을 예배하기 위하여 전심을 다하여 만들려고 하였습니다. 그리고 시간 시간마다 내가 지각한 것은 그들은 매우 애쓴다는 것이고, 그리고 사실 그들은 자기들 스스로 활동을 해서, 따라서 하나하나를 잘 연구하여 아주 멋진 촛대를 만들려고 생각하였다는 것입니다. 내가 환상 가운데서 명확하게 지각한 것은 그들은 자신에 속한 것은 아무것도 결코 발명할 수 없다는 것이고, 그리고 그들은 전적으로 자기 자신으로 말미암아 활동한다고 생각한다는 것 등입니다. 왜냐하면 그들에게 속한 것은 무엇이나 무가치한 것이다는 것을 명확하게 지각하였고, 그리고 그들이 그것을 알지 못한다는 것을 명확하게 지각하였기 때문입니다.

2647. 서너 시간 지난 뒤에 그들이 한 말은 그들은 지금 자신들의 촛대를 완성하였다는 것이었습니다. 그것은 나에게 희미하게 보였습니다. 그것은 자신의 등들과 꽃으로 장식한 아주 멋진 것이었습니다. 그 때 내가 그들과 말하면서 그들에게 한 말은, 그들은 자기 자신 스스로는 아무것도 만들지 못하였고, 그리고 그것을 만들지 못하였지만, 그러나 주님께서는 그들을 위하여 그것을 완성할 수 있다는 것입니다. 그들은 처음에는 이 사실을 거의 믿을 수 없었습니다. 그 이유는 그들은 자신들의 힘으로 그것을 만들 수 있다는 소견 안에

여전히 있었기 때문이었습니다. 그러나 종국에 내가 지각했던 그런 일이 영적인 개념 안에서 그들에게 드러났고, 그리고 따라서 나는 그 사실을 확실한 사실로서 확증할 수 있었기 때문입니다. 그 때 그들이 시인한 것은, 그들은 그들이 모든 것을 수행한다고 생각하였다는 것이지만, 그러나 종국에 그들이 받아들인 것은 주님께서 그런 것들의 모든 것들을 완성하신다는 것이었습니다.

2648. 그것들이 사람들에게 속했든, 영들에게 속했든, 삶에서 선한 것이다고 하는 것들은 그런 것들로서, 주님께서는 그들 안에 이런 마음을 부여하시고, 또 심어 준다는 것인데, 그것은 곧 그들은 그들이 자기 자신 스스로 선을 행한다고 생각하지만, 그럼에도 불구하고 그 때 거기에는 결코 아무것도, 이런 것들의 최소의 것까지도 존재하지 않지만, 그러나 종국에 주님께서 가르치신 것은 그들 자신에 속한 것은 아니고, 오직 주님에게 속한 것이다는 것입니다. 1748년 7월 18일

2649. 이런 일들이 지금 왼쪽 발 발꿈치가 있는 동일한 지역에서 일어났습니다. 그러나 야곱의 후손들에 의하여 해를 입은 발뒤꿈치는 주님의 이 세상 강림을 통해서 회복되었기 때문에, 그러므로 온몸은 여전히 완전하게 되었고, 발뒤꿈치나, 또는 발뒤꿈치의 영역은 같은 생각들로 기뻐하는 자들로 구성되었는데, 그들은, 예를 들면 촛대나 그것의 일곱 등들에 의하여 표징되고 있듯이, 주님의 천적인 것들을 표징하고 있습니다. 천계의 모형이나 주님을 가리키는 주님의 성언에 기록되어 있듯이 이런 것들을 표징하는 그들은 그 영역을 점유하고 있고, 그리고 왼쪽 발을 통해서 발뒤꿈치의 영역에서부터 어느 정도 높이 올리워졌고, 그리고 보다 장엄하고, 보다 즐거운 지역에 올리워졌습니다. 1748년 7월 18일

2650. 거짓들로 이루어진 오른쪽 발의 발뒤꿈치 영역은 지금은 아직까지 건전한 것처럼 보이지 않습니다. 그러나 이것에 관해서는, 만약에 주님께서 값진 것으로 여기신다면, 나는 적정한 곳에서 다루

겠습니다. 그 이유는 나는 오른발의 발뒤꿈치의 영역이 확실히 어떤 상태인지를 아직 알고 있지 못하기 때문입니다.

≪영계일기≫ [4]권 끝

영 계 일 기 [4]

2009년 7월 10일 인쇄
2009년 7월 14일 발행

지 은 이 E. 스베덴보리
옮 긴 이 안곡・박예숙
펴 낸 이 이 영 근
펴 낸 곳 예 수 인

1994년 12월 28일 등록 제 11-101호
(우) 157-014・서울 강서구 화곡 4동 488-49
연락처・예수교회 제일 예배당・서울 강서구 화곡 4동 488-49
전 화· 0505-516-8771・2649-8771・2644-2188

대금송금・국민은행 848-21-0070-108 (이영근)
우리은행 143-095057-12-008 (이영근)
우체국 012427-02-016134 (이영근)

ISBN 89-88992-08-3 04230
ISBN 97889-88992-37-1 04230
값 11,000원